M. Hebst

uniscope. Publikationen der SGO Stiftung

Herausgegeben von
Markus Sulzberger, Glattbrugg, Schweiz

Weitere Bände in dieser Reihe
http://www.springer.com/series/12146

Lizenz zum Wissen.

Sichern Sie sich umfassendes Wirtschaftswissen mit Sofortzugriff auf tausende Fachbücher und Fachzeitschriften aus den Bereichen: Management, Finance & Controlling, Business IT, Marketing, Public Relations, Vertrieb und Banking.

Exklusiv für Leser von Springer-Fachbüchern: Testen Sie Springer für Professionals 30 Tage unverbindlich. Nutzen Sie dazu im Bestellverlauf Ihren persönlichen Aktionscode C0005407 auf *www.springerprofessional.de/buchkunden/*

Springer für Professionals.
Digitale Fachbibliothek. Themen-Scout. Knowledge-Manager.

- Zugriff auf tausende von Fachbüchern und Fachzeitschriften
- Selektion, Komprimierung und Verknüpfung relevanter Themen durch Fachredaktionen
- Tools zur persönlichen Wissensorganisation und Vernetzung

www.entschieden-intelligenter.de

Springer für Professionals

Stephanie Kaudela-Baum
Jacqueline Holzer
Pierre-Yves Kocher

Innovation Leadership

Führung zwischen Freiheit und Norm

Stephanie Kaudela-Baum
Pierre-Yves Kocher

Hochschule Luzern – Wirtschaft
Luzern
Schweiz

Jacqueline Holzer
Zürcher Hochschule der Künste
Zürich
Schweiz

Das Projekt wurde von der Kommission für Technologie und Innovation KTI mitfinanziert.

Mitglieder der SGO (Schweizerische Gesellschaft für Organisation und Management) erhalten auf diesen Titel einen Nachlass in Höhe von 10% auf den Ladenpreis.

ISBN 978-3-658-06525-6
DOI 10.1007/978-3-658-06526-3

ISBN 978-3-658-06526-3 (eBook)

Die Deutsche Nationalbibliothek verzeichnet diese Publikation in der Deutschen Nationalbibliografie; detaillierte bibliografische Daten sind im Internet über http://dnb.d-nb.de abrufbar.

Springer Gabler
© Springer Fachmedien Wiesbaden 2014
Das Werk einschließlich aller seiner Teile ist urheberrechtlich geschützt. Jede Verwertung, die nicht ausdrücklich vom Urheberrechtsgesetz zugelassen ist, bedarf der vorherigen Zustimmung des Verlags. Das gilt insbesondere für Vervielfältigungen, Bearbeitungen, Übersetzungen, Mikroverfilmungen und die Einspeicherung und Verarbeitung in elektronischen Systemen.

Die Wiedergabe von Gebrauchsnamen, Handelsnamen, Warenbezeichnungen usw. in diesem Werk berechtigt auch ohne besondere Kennzeichnung nicht zu der Annahme, dass solche Namen im Sinne der Warenzeichen- und Markenschutz-Gesetzgebung als frei zu betrachten wären und daher von jedermann benutzt werden dürften.

Lektorat: Ulrike Lörcher, Katharina Harsdorf

Gedruckt auf säurefreiem und chlorfrei gebleichtem Papier

Springer Gabler ist eine Marke von Springer DE. Springer DE ist Teil der Fachverlagsgruppe Springer Science+Business Media
www.springer-gabler.de

Geleitwort

Ein Autorenteam der Hochschule Luzern – Wirtschaft hat ein Forschungsprojekt, das auch die SGO-Stiftung unterstützte, in eigenständiger Form erfolgreich realisiert.

Den Kern bildet ein facettenreiches „Innovation Leadership Modell" (kurz: innoLEAD-Modell). Dieses bildet den hilfreichen Bezugsrahmen für eine große Fülle theoretischer Ansätze, kritischer Reflexionsfragen, anschaulicher Praxisbeispiele und nützlicher Checklists für alle Personen, die innovatives Verhalten in Organisationen fördern oder zumindest besser verstehen wollen. Besonders eindrucksvoll am innoLEAD-Modell der Luzerner Autoren ist die Vielfalt der Perspektiven, mit denen sie das hochkomplexe Phänomen innovativen Verhaltens beleuchten und verstehend erfassen. In dieser Hinsicht geht das vorliegende Werk eindeutig über rein betriebswirtschaftlich und instrumentell orientierte Darstellungen hinaus. Dieses Buch stellt den Menschen und die Beziehungen zwischen Menschen in Führungs- und Kooperationsprozessen zweifellos in den Mittelpunkt. Daher werden auch Erkenntnisse der Psychologie, beispielsweise der psychologischen Kreativitätsforschung, in erhellender Weise in das innoLEAD-Modell integriert. Sogar Erkenntnisse aus der Welt der künstlerischen Gestaltung kommen zur Geltung.

Die beiden Autorinnen und der Autor versuchen, in der enormen Fülle der von ihnen verarbeiteten Theorieansätze immer wieder dem Gestalter in der Praxis griffige Orientierungshilfen zu geben. Dies geschieht wesentlich durch eine erfreulich anregende Textgestaltung. Dazu verwenden die Autoren Darstellungselemente wie z.B. Abbildungen, Tabellen, hervorgehobene Textteile, Fallbeispiele, Definitionen und drei größere Fallstudien am Buchende.

Die Literaturbasis des Werkes ist sehr reichhaltig. Klassische und moderne Werke deutsch- und englischsprachiger Autoren unterschiedlicher Fachrichtungen wurden ausgewertet. Damit sticht diese Publikation die Bücher sprachmonistischer angelsächsischer Autoren sicher bei weitem aus. Darüber hinaus haben die drei Verfasser originäre Forschungsresultate, die sie überwiegend mit qualitativer Forschungsmethodik in Industrieunternehmen in der Schweiz erarbeitet haben, in dieses Buch erkenntnisfördernd einfließen lassen.

Mögen die Grenzen zwischen dem „Innovation Management" und der „Innovation Leadership" in den verschiedenen Publikationen auch teilweise fließend sein, das Autorengespann Kaudela-Baum/Holzer/Kocher hat ohne Zweifel unverwechselbare Akzente gesetzt. Ihr innoLEAD-Modell ist umfassender und vielseitiger als andere Werke gleichen Umfanges. Diese Feststellung erlaubt sich der Geleitwortverfasser, da er die Innovationsliteratur seit den 1970er Jahren verfolgt und selbst zu ihr mehrfach beigetragen hat.

Dieses Buch hat das Potenzial, die Realität des Innovationsgeschehens in Institutionen tiefgründiger zu erfassen und viel zum Verständnis der Einflüsse auf innovatives Verhalten beizutragen. Die Autoren haben nicht den Anspruch, ihrer Leserschaft ein generelles Rezeptbuch vorzulegen. Sie möchten inspirieren und zum kritischen Mitdenken anregen. Dies wird der Besonderheit des nichtlinearen Innovationsphänomens gerecht, welches nicht wie ein Kostenrechnungsbeispiel im Detail zerlegt und restlos verdaut werden kann. Eine große Leitidee der Autoren ist die ausbalancierte Gestaltung von Freiräumen im Organisationsalltag. Es bedarf der wohlreflektierten Öffnung und Schließung solcher Freiräume. Für die Leserschaft ist es faszinierend, diesen schwierigen Balanceakt durch das ganze Werk hinweg zu verfolgen. Die Gestaltung von Innovationsprozessen hat eine breite wissenschaftliche Basis, es wurden viele Instrumente entwickelt, aber am Ende muss ein Kunstwerk gelingen, das den spezifischen Kontextfaktoren einer konkreten Institution Rechnung trägt.

Das Projekt wurde von der Kommission für Technologie und Innovation KTI mitfinanziert.

Die SGO-Stiftung wünscht den Autoren die wohlverdiente gute Aufnahme ihrer Publikation bei interessierten Leserinnen und Lesern aus Wissenschaft und Praxis sowie bei fortgeschrittenen Studierenden an Hochschulen aller Art.

Bern, im August 2014
Prof. Dr. Norbert Thom
Prof.h.c. Dr.h.c.mult.
Ehemals Mitglied der SGO-Stiftung

Vorwort

Das vorliegende Buch basiert einerseits auf einer Erarbeitung theoretischer Grundlagen zum Thema Führung und Innovation und andererseits auf mehreren empirischen Forschungsprojekten, die an der Hochschule Luzern – Wirtschaft in den letzten Jahren durchgeführt worden sind und den Zusammenhang zwischen Führung und Innovation aus verschiedenen Perspektiven beleuchten. Die mehrheitlich qualitativen Forschungsprojekte haben sich zum Ziel gesetzt, mehr über das *Wie* der Führung im Rahmen der Gestaltung des Neuen zu erkunden, zentrale „Good Practices" für verschiedene Unternehmenstypen herauszuarbeiten, aber auch einem kritischen Ansatz zu folgen, d. h. etablierte Theorien kritisch zu hinterfragen. Innovationsförderung stellt die Führung immer wieder vor weitreichende Probleme, da sie dabei ein strategisches „Zukunftsspiel" spielen muss, das durch rationale Planung allein nicht zu gewinnen ist. Durch theoretische Vorarbeit lässt sich Führungswissen zur Innovationsförderung zwar im Sinne von generellen und wiederkehrenden Chancen und Problemlagen ableiten. Aber Erfolgsrezepte für *Die* „gute Führung" von Innovationsvorhaben gibt es wenige. Mehrheitlich beschränken sich diese Rezepte auf grundlegende unternehmenskulturelle sowie kommunikative Bedingungen für Innovativität und daraus abgeleitet auf vage formulierte Schlussfolgerungen für die „gute Führung". Das ist nicht verwunderlich, denn Führung ist an sich ein komplexes Geschehen und Führung, die die Innovationsfähigkeit einer Unternehmung fördert, ist eine noch komplexere Begebenheit. Insbesondere in hochinnovativen Unternehmensbereichen stößt man auf sehr individuelle Formen der Führung. Auch dieses Buch liefert keine universellen Rezepte, sondern entfaltet neben grundlegenden Theorien und Konzepten zu Führung und Innovation ein mehrdimensionales Führungsmodell, welches Führungspersonen mit Innovationsverantwortung Orientierung bietet und zur Reflexion ihrer Praxis befähigt.

Innovation Leadership, d. h. innovationsfördernde Führung ist ein Thema, das in den letzten Jahren stark an Bedeutung gewonnen hat und das parallel zum Themenbereich Innovationsmanagement vermehrt Eingang in die Forschung, Lehre und Beratung gefunden hat. Wir schließen uns dem weit verbreiteten Postulat, dass der Mensch im Mittelpunkt der Innovation steht, vorbehaltslos an.

Und wir nehmen in diesem Buch die Implikation aus diesem Postulat ernst, nämlich den Fokus auf die Beziehungsgestaltung zwischen Führenden und Geführten zur Förderung der Innovationsfähigkeit, und führen sie systematisch in einem Innovation

Leadership-Modell (kurz: innoLEAD-Modell©) zusammen. Es gibt zahlreiche Bücher zum Thema Innovationsmanagement. Meistens beinhalten diese Bücher auch Unterkapitel zu den Themen „Führung" und „Innovationskultur". Wir möchten hier eine andere Perspektive einnehmen und die Führung von Mitarbeitenden ins Zentrum der Betrachtung rücken. Dieses Buch behandelt vordergründig das Thema Innovation Leadership und beinhaltet auch Unterkapitel zu den Themen innovationsfördernde Unternehmensführung und Innovationsmanagement. Das heißt nicht, dass wir mit dieser stärkeren Gewichtung des Themas „Führung" zur Förderung der Innovationsfähigkeit das Rad neu erfinden, aber wir wollen das Rad aus einer Führungsperspektive konsequent neu betrachten und vordergründig Führungsthemen und nicht Managementthemen beleuchten, weil eine wirksame Gestaltung von Innovationsvorhaben mit einer ausschließlichen Managementperspektive heute immer schwieriger wird.

Dieses Modell unterstützt Führungspersonen dabei, zentrale Stärken und Schwächen in Bezug auf die Innovationsorientierung zu identifizieren und Entwicklungsfelder in Bezug auf die Organisations- und Personalentwicklung abzuleiten. Das Buch soll Führungspersonen in innovationsgetriebenen und globalen Unternehmen inspirieren, ihre Führungspraxis kritisch zu hinterfragen und integriert zu betrachten. Die Teilelemente bzw. Dimensionen des hier vorgestellten innoLEAD©-Modells werden mit Praxisbeispielen illustriert und vor dem Hintergrund der gewählten Theorien kritisch reflektiert.

Die nachfolgend verwendeten innovationsbezogenen Organisations- und Führungstheorien werden einerseits auf der Basis eines systemisch-konstruktivistischen Theorieparadigmas und andererseits auf der Basis eines paradoxietheoretischen Ansatzes entfaltet und vor diesem Hintergrund kritisch reflektiert. Die systemisch-konstruktivistische Perspektive auf innovative Unternehmen und Führungsbeziehungen ermöglicht die Übersetzung innovationsbezogener Phänomene in eine andere Sprache und Regelhaftigkeit. Sie wird in diesem Buch aber nicht als ein alleinstehender Prämissensatz zum hier entfalteten Innovation Leadership-Modell genutzt, sondern eher als eine Form, neue Fragestellungen zu entwickeln. Dies gilt ebenso für die paradoxietheoretischen Überlegungen in Bezug auf den Charakter von Innovationen. Jedes Theorieparadigma bietet einen spezifischen Beobachtungshintergrund und liefert für verschiedene innovationsfördernde Führungsdimensionen einen besonders hohen Erklärungsgehalt. Die „Brücke" zwischen den verschiedenen Theoriebausteinen bildet in diesem Buch die Praxis der Innovationsförderung mit all den relevanten Führungsherausforderungen.

Das Buch ergänzt verschiedene organisationswissenschaftliche und führungstheoretische Ansätze mit Ansätzen aus der psychologischen Kreativitätsforschung zur Erläuterung und Diskussion handlungsorientierter Führungsphänomene. Als Resultat der theoretischen Auseinandersetzung steht am Ende nicht eine in sich geschlossene Theorie, sondern ein durch verschiedene Theorien inspiriertes praxisorientiertes Führungsmodell. Im Zentrum dieses Modells steht neben den klassischen Kontextfaktoren der Innovationsförderung wie Strategie, Struktur und Kultur eine anwendungsbezogene Auseinandersetzung mit der Frage, wie Führungskräfte die Balance zwischen öffnenden und schließenden Logiken im Führungsalltag halten, indem sie Freiräume proaktiv gestalten. Daneben findet eine

Fokussierung auf die Frage statt, wie Führungskräfte die Beziehung zu Innovationsteams, zu innovierenden Mitarbeitenden und zu sich selbst kompetent aufbauen.

Die Adressaten dieses Buches sind innovationsverantwortliche Führungspersonen, Professionals aus den Bereichen Technologie- und Innovationsmanagement, Professionals aus den Bereichen Organisation und Personalmanagement, Forschende aus den Bereichen Innovationsmanagement, Kreativitätsmanagement, Führung und Personalmanagement, Beratende, Dozierende und Studierende (Stufe Master). Dieses Buch entstand in Zusammenarbeit mit vielen Institutionen und Menschen. Uns ist es wichtig, diese zu nennen: Ein grosser Dank geht an die Stiftung der Schweizerischen Gesellschaft für Organisation und Management (SGO), die von der Relevanz und Aktualität des Forschungsprojektes stets überzeugt war und dieses mit einem Beitrag finanziell unterstützt hat. Speziell sind Dr. Markus Sulzberger und Prof. Dr. Norbert Thom zu nennen, welche die Entwicklung des Buches seitens der Stiftung mit viel Engagement bis zum Schluss begleitet haben. Ein ebenso grosser Dank geht an die Kommission für Technologie und Innovation (KTI), die den Grossteil der empirischen Forschung, auf welche das Buch basiert, finanziert hat. Besonders danken möchten wir auch Prof. Dr. Erik Nagel, Co-Leiter des Instituts für Betriebs- und Regionalökonomie der Hochschule Luzern – Wirtschaft, der immer flexible und unterstützende Rahmenbedingungen für unsere Forschungsarbeit im Bereich der Innovations- und Führungsforschung geschaffen hat. Ein grosser Dank geht auch an das gesamte Forschungsteam des KTI-Projektes am Competence Center General Management des Instituts für Betriebs- und Regionalökonomie: an Dr. Nikola Böhrer, an Tamara Durrer, an Sylvie Scherrer, an Dr. Martin Sprenger. Insbesondere Sylvie Scherrer hat gerade in der Schlussphase des Buchprojektes viele wertvolle Beiträge geleistet und massgeblich zum Erfolg der Publikation beigetragen. Herzlichen Dank für die wunderbare Zusammenarbeit. Danken möchten wir auch Amadeus Waltenspühl für die Illustrationen im Buch. Ein Dank geht ebenfalls an die hier im Buch (in anonymisierter Form) erwähnten Unternehmen und zahlreichen Interviewpartner, die uns Raum für unsere Forschung eröffnet haben und uns mit einer grossen Offenheit und viel Vertrauen begegnet sind.

Ebenfalls danken möchten wir Matthias Zabel aus Freiburg (D) für sein hervorragendes Lektorat. Er stand uns als Germanist und Sprachwissenschaftler vor der Abgabe des Manuskripts an den Verlag zur Seite und lieferte zahlreiche wertvolle Kommentare und Anregungen.

Auch dem Springer Gabler Verlag sei ausdrücklich gedankt, insbesondere Frau Ulrike Lörcher für die gute Betreuung und Frau Katharina Harsdorf für das Lektorat seitens des Verlags.

Luzern, im August 2014
Prof. Dr. Stephanie Kaudela-Baum
Prof. Dr. Jacqueline Holzer
Pierre-Yves Kocher

Inhaltsverzeichnis

1	**Führen im Innovationskontext**	1
1.1	Innovationsmanagement als Expertenaufgabe	2
1.2	Lean Management: natürlicher Gegner von Innovation?	3
1.3	Open Innovation und Netzwerke	6
1.4	Globale Vernetzung	8
1.5	Beschleunigung von Innovationszyklen	9
1.6	Gestiegene Komplexität und Zunahme wissensintensiver Prozesse	12
1.7	Innovationsfördernde Führung: Öffnung gestalten auf allen Ebenen	15
	Literatur	17
2	**Das innovative Unternehmen und Innovationsförderung: Grundlagen**	21
2.1	Der Innovationsbegriff	21
	2.1.1 Innovation: Ursprung des Begriffs	22
	2.1.2 Innovation: per se positiv?	22
	2.1.3 Innovation: objektiv messbar?	23
	2.1.4 Gegenstand der Innovation	24
	2.1.5 Innovationsgrad	26
	2.1.6 Exploration vs. Exploitation	28
2.2	Der Kreativitätsbegriff	29
	2.2.1 Kreativität: Ursprung des Begriffs	29
	2.2.2 Kreativität im linearen Innovationsprozess und ihr soziokulturelles Umfeld	31
	2.2.3 Kreativität und Bewertung	35
2.3	Das innovative Unternehmen als soziales System	36
	2.3.1 Einführung: die systemisch-konstruktivistische Perspektive	36
	2.3.2 Selbstorganisation und Veränderung	37
	2.3.3 Gemeinsam neue Wirklichkeiten schaffen	38
	2.3.4 (Ent-)Lernen und Routinen hinterfragen	40
2.4	Das innovative Unternehmen und Paradoxien der Innovation	42
	2.4.1 Spannungsfelder in Innovationsvorhaben und der Paradoxiebegriff	42

         2.4.2   Inhaltliche Dimensionen von Paradoxien 45
  2.5   Wege der Innovationsförderung: das „3-Säulen-Modell" 51
  Literatur 54

3 **Innovationsförderung und Führung: Innovation Leadership** 59
  3.1   Führung und Innovation: ein integriertes Forschungsfeld? 59
  3.2   Innovationsfördernde Führung als Beziehungsgestaltung 61
  3.3   Innovationsfördernde Führung als Impulsgeber in
        komplexen sozialen Systemen 63
  3.4   Innovationsfördernde Führung zwischen Öffnung und
        Schließung: ein Balanceakt 66
  3.5   Innovationsfördernde Führung vs. Innovationsmanagement 71
  3.6   State-of-the-Art-Forschung 73
        3.6.1   Transformational-charismatische Führung 73
        3.6.2   Delegativ-partizipative Führung und Empowerment 79
        3.6.3   Unternehmerische Führung 81
        3.6.4   State-of-the-Art: eine kritische Reflexion 85
  Literatur 86

4 **InnoLEAD©: integrierte innovationsfördernde Führung** 93
  4.1   Paradoxie-Management zwischen Theorie und Praxis 93
  4.2   Empirische Grundlagen des innoLEAD©-Modells 97
        4.2.1   Einleitung 97
        4.2.2   Fallstudiendesign 98
  Literatur 107

5 **innoLEAD© – Gestaltungsfeld 1: Gestaltung
  innovatorischer Freiräume** 109
  5.1   Perspektiven aus der Praxis I: nicht zu viel und nicht zu wenig 110
  5.2   Innovatorische Freiräume: Grundlagen und
        begriffliche Abgrenzung 113
        5.2.1   Freiräume im Interesse der innovativen
                Organisation: ein Widerspruch? 114
        5.2.2   Freiraum-Begriff 116
        5.2.3   Autonomie-Begriff 119
        5.2.4   Freiraum und Innovation 122
        5.2.5   Organizational Slack, Freiräume und Innovation 124
  5.3   Perspektiven aus der Praxis II: innovatorische
        Freiräume – eine Typisierung 127
        5.3.1   Das Freiraumdreieck 128
        5.3.2   Fremdorganisierter Freiraum seitens der
                Unternehmensleitung 129

		5.3.3	Selbstorganisation von Freiräumen	136
		5.3.4	Freiräume durch Macht- und Fachpromotoren	139
		5.3.5	Zeitliche Freiräume	142
		5.3.6	Methodische Freiräume	145
		5.3.7	Kooperationsfreiräume	147
	5.4	Exkurs: Die 20-Prozent-Regel von Google: Chancen und Grenzen		148
	5.5	Fazit und Reflexionsfragen		154
	Literatur			157

6 innoLEAD©-Gestaltungsfeld 2: strategische Dimension der innovationsfördernden Führung ... 161

   6.1 Perspektiven aus der Praxis ... 162
      6.1.1 Strategieverständnis: Suchende Innovatoren ... 163
      6.1.2 Strategische Führungsebene und die Bedeutung von Freiräumen ... 167
   6.2 Innovationsstrategie und Grundlagen der Unternehmenssteuerung ... 169
      6.2.1 Innovationsorientierte Steuerung des Unternehmens ... 170
      6.2.2 Innovationsakteure strategiegeleitet definieren ... 175
      6.2.3 Innovationsstrategien entwickeln: Strategietypen und -instrumente ... 181
   6.3 Fazit und Reflexionsfragen ... 187
   Literatur ... 191

7 innoLEAD©-Gestaltungsfeld 3: strukturelle Dimension der innovationsfördernden Führung ... 193

   7.1 Perspektiven aus der Praxis ... 194
      7.1.1 Führung zwischen zwei Betriebssystemen ... 194
      7.1.2 Innovationsprozesse und Freiräume ... 197
   7.2 Innovationsfördernde Strukturen: Grundlagen ... 199
      7.2.1 Mechanische versus organische Systeme ... 199
      7.2.2 Flache Hierarchien ... 200
      7.2.3 Zielkonflikte im Hintergrund ... 203
      7.2.4 Netzwerkstrukturen ... 205
      7.2.5 Innovationsprozesse ... 208
   7.3 Fazit und Reflexionsfragen ... 214
   Literatur ... 218

8 innoLEAD©-Gestaltungsfeld 4: kulturelle Dimension der innovationsfördernden Führung ... 221

   8.1 Perspektiven aus der Praxis ... 222
   8.2 Grundlagen: innovationsfördernde kulturelle Bedingungen ... 228
      8.2.1 Definition der Unternehmenskultur ... 228

		8.2.2	Innovationsfördernde Unternehmenskultur	232

        8.2.2   Innovationsfördernde Unternehmenskultur 232
        8.2.3   Führungskulturelle Bedingungen 235
   8.3   Fazit und Reflexionsfragen 237
   Literatur 240

9   innoLEAD©-Gestaltungsfeld 5: relationale Dimension der innovationsfördernden Führung 243
   9.1   Perspektiven aus der Praxis 244
   9.2   Theoretische Grundlagen 251
        9.2.1   Führungsbeziehungen, Führungsrolle und Eigenschaften: ein Rahmenmodell 251
        9.2.2   Dimension Individuum: Ich und meine innovationsfördernde Rolle 253
        9.2.3   Dimension Dyade: Ich und innovative Mitarbeitende 255
        9.2.4   Dimension Gruppe: Ich und Innovationsteams 263
   9.3   Dimension Selbstführung und Kompetenzentwicklung 273
        9.3.1   Selbstführung 273
        9.3.2   Kompetenzentwicklung 275
   9.4   Gestaltung von Führungsbeziehungen jenseits der Norm 279
   9.5   Implikationen für das Personalmanagement 282
   Literatur 289

10 Die eigene Praxis befragen und die eigene Praxis selbst beschreiben 293
   10.1 Die eigene Praxis befragen: das Führungs- und Innovationsverständnis erkunden 293
   10.2 Fallstudien 297
        10.2.1 Das neue Duo 297
        10.2.2 Der freie Halbtag 300
        10.2.3 Die Insellösung 305

Abbildungsverzeichnis

Abb. 1.1 Schiebepuzzle mit leerem Feld 5
Abb. 1.2 Schiebepuzzle ohne leeres Feld 6
Abb. 1.3 InnoLEAD©: Integriertes Modell zur innovationsfördernden Führung 16
Abb. 2.1 Die 4 Ps im Innovationsfeld 24
Abb. 2.2 Zirkulärer Zusammenhang von Routine und Innovation 41
Abb. 2.3 Die innovative Organisation im Spannungsfeld widersprüchlicher Anforderungen 46
Abb. 2.4 3-Säulen-Modell: Theoretische Perspektiven der Innovationsförderung 52
Abb. 3.1 Führung als Beziehungsgestaltung 62
Abb. 3.2 Beziehung zwischen Führungskraft und System 64
Abb. 3.3 Innovationsfördernde Führung als Balance-Management 67
Abb. 3.4 Janusköpfigkeit 68
Abb. 3.5 „Mona Lisa". (Leonardo da Vinci) 69
Abb. 4.1 InnoLEAD©: Integriertes Modell zur innovationsfördernden Führung 94
Abb. 5.1 InnoLEAD©: Gestaltungsfeld 1: Gestaltung innovatorischer Freiräume 110
Abb. 5.2 Freiraum 117
Abb. 5.3 Integration als Puffer der Risiken innovationsförderlicher Führung 121
Abb. 5.4 Zusammenhang zwischen Slack und Innovation 124
Abb. 5.5 Das Freiraumdreieck 129
Abb. 5.6 Googles 20-Prozent-Regel: Organisationale Bedingungen und Spielregeln der Führung 150
Abb. 6.1 InnoLEAD©: Gestaltungsfeld 2: Strategische Führungsebene 162
Abb. 6.2 Innovieren unter der beruhigenden Vertriebs-Glocke 164
Abb. 6.3 König Kunde 167
Abb. 6.4 Der Spielraum von Innovation Governance 173
Abb. 6.5 Innovation Leadership Akteure 175
Abb. 6.6 Das Technologiemanagement neben der Linie 178

Abb. 6.7 Grundaufbau der Portfoliotechnik 184
Abb. 6.8 Timing in Bezug auf den Produktlebenszyklus 185
Abb. 6.9 Technologielebenszyklus 186
Abb. 7.1 InnoLEAD©: Gestaltungsfeld 3: strukturelle Führungsebene 194
Abb. 7.2 Duale Betriebssysteme und Anforderungen an die
Führung und Kommunikation 195
Abb. 7.3 Divergierende Zielhierarchien der Funktionsbereiche 204
Abb. 7.4 Kombination von Hierarchie und Netzwerkstruktur 206
Abb. 7.5 Führungslogiken in der Kreativitäts- und Umsetzungsphase 211
Abb. 7.6 Innovation Leadership in der Getränke AG 217
Abb. 8.1 InnoLEAD©: Gestaltungsfeld 4: kulturelle Führungsebene 222
Abb. 8.2 Fehlertoleranz und Freiräume 224
Abb. 8.3 Ebenen der Unternehmenskultur 229
Abb. 8.4 Vertrauensbildung durch persönliche Faktoren und
Normen der Organisationskultur 235
Abb. 8.5 Führungsselbstverständnis und Führungskultur 236
Abb. 9.1 innoLEAD© und das Führungsbeziehungsmodell 244
Abb. 9.2 innoLEAD© Führungsbeziehungsmodell 252
Abb. 9.3 Zweidimensionales Konstrukt „Innovationsorientierter
Teamgeist." 266
Abb. 9.4 Dimensionen eines innovationsförderlichen Teamklimas 267
Abb. 9.5 Drei Führungsrollen des erfolgreichen Teamleiters von
Innovations-, Forschungs- und Entwicklungsprojekten 270
Abb. 9.6 Rollen im Innovationsteam 271
Abb. 9.7 Zusammenstellung von Innovationsteams mit dem MBTI 272

Tabellenverzeichnis

Tab. 2.1	Einteilung von Prozessinnovationen nach Gegenstandsbereichen	25
Tab. 2.2	Innovationsgrad der Innovation	27
Tab. 2.3	Übersicht Ansätze der Kreativitätsforschung	30
Tab. 2.4	Paradoxiebegriff und begriffliche Abgrenzung	43
Tab. 2.5	Differenzierungskriterien der Organisation und ihr Verhältnis zur Dualität von Öffnung und Schließung	51
Tab. 3.1	Generative vs. fokussierte Führungsmodi	70
Tab. 3.2	Unterschiede zwischen Innovation Leadership und Innovation Management	72
Tab. 3.3	Die vier Komponenten der transformationalen Führung	74
Tab. 3.4	Studien zur transformationalen Führung	76
Tab. 3.5	Die vier Dimensionen des Intrapreneurship	83
Tab. 3.6	Einflussfaktoren auf die unternehmerische Einstellung von Mitarbeitenden	84
Tab. 4.1	Strukturdaten der untersuchten Unternehmen	99
Tab. 4.2	Forschungsprozess und –methoden	106
Tab. 5.1	Ausgewählte Widersprüche in der Organisationsgestaltung	116
Tab. 7.1	Phasenmodelle des Innovationsprozessmanagements	210
Tab. 8.1	Chancen und Gefahren starker Unternehmenskulturen	231
Tab. 9.1	Eigenschaften von Mitarbeitenden, die Ideen umsetzen	262

Führen im Innovationskontext 1

Warum besteht überhaupt Bedarf an einer vertieften Auseinandersetzung mit Führungsfragen zur Innovationsförderung? Warum ist Innovation Leadership ein Thema? Vor dem Hintergrund der reichhaltigen Literatur zum Innovationsmanagement ist die Frage berechtigt. Auch dort werden Führungsaufgaben, welche die Gestaltung von Innovationen beinhalten, thematisiert (vgl. Isaksen und Tidd 2006; Bergmann und Daub 2008; Hauschildt und Salomo 2011). Dabei steht die Konzipierung von Innovation als linearer Prozess von der Ideenentwicklung, über die Ideenselektion, die Umsetzung von Ideen bis hin zu deren Vermarktung, im Vordergrund. Gemäß Hauschildt und Salomo (2011) ist der Innovationsprozess als Führungsprozess „stets darauf ausgerichtet, die kognitiven Leistungen der Innovatoren zu fördern und die von der Innovation ausgelösten Konflikte zu regulieren" (S. 38). Diese Führungsaufgaben im Sinne der Überwindung von organisationsinternen Innovationsbarrieren, um rational geplante Innovationsprozesse umzusetzen, sind sicher zentral, reichen aber vor dem Hintergrund des hyperkompetitiven Umfeldes und der damit verbundenen neuen Paradigmen im Innovationskontext wie „Open Innovation", „Cross-Industry Innovation", „Crowdsourcing", „Green Innovation", „Design Thinking", der Internationalisierung der Innovationstätigkeit sowie der zunehmenden Unübersichtlichkeit von Wissensströmen nicht aus. Bei einem derart hohen Anteil an Nichtwissen bei Entscheidungen im Zuge der Entwicklung von Innovationen stellen die Prozessperspektive alleine und die damit verbundenen „unterstützenden" Führungs- und Personalmanagementpraktiken nicht mehr zufrieden. Wir gehen vielmehr davon aus, dass die Gestaltung von Innovationsvorhaben grundsätzlich als Führungsaufgabe und integrative organisationale Leistung zu konzipieren ist. Daraus leiten sich dann auf einer breiten organisatorischen Ebene Führungs- und Managementansätze zur Innovationsförderung ab. Um die Notwendigkeit einer stärkeren Auseinandersetzung mit „Innovation Leadership" im Sinne einer langfristigen und unternehmerischen Führungsaufgabe zu verdeutlichen, werden in den nachfolgenden Kapiteln zentrale Aspekte des gegenwärtigen Innovationskontextes beschrieben.

1.1 Innovationsmanagement als Expertenaufgabe

Innovation erscheint heute oft als große „Marketingformel" und man kommt – auch als Business to Business-Unternehmen (BtoB) mit inkrementellen Innovationen und hoch erklärungsbedürftigen, komplexen Innovationsverfahren – nicht umhin, überall Innovativität als Marketingformel einzusetzen. Schließlich sind auch die Mitarbeitenden im Unternehmen Konsumierende dieses stark medial geprägten Begriffs von Innovation. Wenn Innovation aber eine heilige Kuh ist, die bloß um ihrer selbst willen existiert und „von einer ausgesuchten Priesterkaste gemästet wird, um Ordnung zu repräsentieren und zu legitimieren" (Duschlbauer et al. 2012, S. 14), dann wird sie zur Routine; Innovationsprozesse werden kritiklos aufgesetzt und abgesetzt, und die Verantwortung für den Innovationsbetrieb wird an die Experten im Unternehmen delegiert. Diese kontrollieren konstant die Innovationskennziffern und bewirtschaften die Innovationsarbeit mit all den Managementinstrumenten, die auch für die Produktion oder den Vertrieb gelten. Schlimmstenfalls bekommen alle Mitarbeitenden die Aufgabe, pro Jahr genau drei Verbesserungsvorschläge oder Ideen in eine Ideenplattform einzuspeisen, die der Innovations- oder Technologiemanager einsammelt und an seine vorgesetzte Person rapportiert. Falls Mitarbeitende z. B. nur zwei Ideen einspeisen, gibt es mitunter eine „Fehlermeldung" und die Betreffenden werden aufgefordert, die fehlende Idee nachzureichen. Innovationsmanagement passiert so nicht innerhalb des eigenen Handlungssystems, sondern außerhalb, irgendwo in einem Expertengremium, das sich mit der Selektion und Umsetzung von Ideen beschäftigt. Der Sinn von Innovationsmanagement bleibt so oft im Dunkeln und erschließt sich nur einem kleinen ausgewählten Kreis von Innovationsteams. Die restlichen Unternehmensmitglieder haben keine klare Vorstellung, was Innovation für ihren Bereich genau bedeutet.

Hinzu kommt, dass Innovation zu einem Begriff geworden ist, der viele von uns „in seiner Monstrosität mehr und mehr erschaudern lässt. Sie ist etwas, was über uns hereinbricht oder wie ein Medikament verordnet werden muss" (Duschlbauer et al. 2012, S. 13). Innovation ist Teil jeder Geschäftsstrategie, insbesondere jeder Marketingstrategie, und hat in vielen Unternehmen auf einer organisationalen Ebene auch etwas Unantastbares. Gerade kleinere und mittlere Unternehmen erkennen vermehrt, dass sie neben Rationalisierungsinnovationen auch (wenn auch nur in ausgewählten Teilbereichen) radikale Innovationen vorantreiben müssen, auch wenn das mit „aufgesetzten", evtl. von Beratungsunternehmen fremdorganisierten Innovationsmanagement-Formeln nicht so einfach geht. Auch gibt es insbesondere in kleineren oder mittleren Unternehmen oft keine ausgewiesenen Expertinnen und Experten für Innovationsmanagement bzw. offiziell berufene Innovationsagenten, an die man die Förderung von Innovation als Führungsaufgabe delegieren könnte. Gerade in diesem organisationalen Kontext bleibt der Unternehmensführung nichts anderes übrig, als Führungskräfte in der Linie zu entwickeln, die Innovation als kollektiven Entwicklungs- und Lernprozess (Abschn. 2.3.4) verstehen: Innovationsförderung ist nicht ausschließlich Sache von Vorgesetzten oder Spezialisten im Bereich Innovations- und Technologiemanagement, sondern hat mit der Kultur des Unternehmens, also mit den Grundeinstellungen aller Mitarbeitenden zu tun. Diese integrierte Perspektive muss sich in einer durchdachten Steuerung und Leitung der unternehmensweiten Innovationstätigkeit (Abschn. 6.2) widerspiegeln.

Die Anforderung an die Führung lautet also, die Mitarbeitenden vor dem Hintergrund ihrer jeweiligen Organisations- und Innovationskultur vom Sinn und der Notwendigkeit von Innovationsprojekten zu überzeugen. Dazu gehört, dass Führungspersonen Regelbrüche bewusst in Kauf nehmen und vor allem Entwicklungsfreiräume einrichten, damit diese überhaupt geschehen. Wenn alle kreativen und innovativen Köpfe im Unternehmen hastig von einem Projekt zum anderen jagen und nicht bewusst Freiräume eingerichtet werden, wird ein Unternehmen nicht über eine „geordnete" und damit auch überraschungsfreie Innovationspraxis hinauswachsen.

Wenn Innovationsförderung als Expertenaufgabe verstanden wird, besteht die Gefahr, dass sich unter den Linienvorgesetzten das „Not-invented-here"-Syndrom verbreitet und langfristig ausgerichtete, strategische Innovationsaufträge seitens der Unternehmensführung von der Linie mit einer großen Distanz zum operativen Geschäft betrachtet werden. Eine Studie von Audia et al. (2000, zitiert in Gebert 2002, S. 170) zeigt auf, dass mit zunehmendem Erfolg die Zufriedenheit der Manager und auch ihr Glaube an die Angemessenheit der etablierten Handlungsweisen steigen. Dagegen sinkt allerdings die Neigung, die eigene Praxis kritisch zu reflektieren und festgetretene Pfade zu verlassen. So werden wichtige Innovationsaufträge unweigerlich von dringlichen Geschäftsaufträgen verdrängt. Innovationsaktivitäten schlafen ein und bleiben Ausnahmehandlungen, die Expertinnen und Experten verantworten.

1.2 Lean Management: natürlicher Gegner von Innovation?

Prozesse als handlungsleitende Maximen sind in den meisten international tätigen Unternehmen zu einem nicht zu hinterfragenden Paradigma geworden. Routinehafte, kontinuierliche Verbesserungsprozesse werden meist als zentraler Veränderungsmotor betrachtet. Egal, ob in der Produktion, in Dienstleistungen, im Marketing, in der Innovation – die ständige Suche nach Verbesserungen hat sich als Denkstil nicht nur bei der Führung, sondern auch bei den Mitarbeitenden durchgesetzt. Dies bedeutet, dass sie alle Handlungen dahingehend überprüfen, ob sie diese allenfalls noch einfacher, schlanker („lean") gestalten können. Inkrementelle Innovation ist in diesem Denkstil selbstverständlich möglich, doch wie steht es mit der radikalen Innovation?

Wenn sich ein Unternehmen radikale Innovationen zum Ziel setzt, gilt es, die Kontingenz, das heißt die Zufälligkeit von Handlungen, zu erhöhen, um neue Entscheidungschancen zu ermöglichen: „Modernes Innovationsmanagement hat grundsätzlich die Aufgabe, einen geeigneten Rahmen (Strategie, Regeln) für Entfaltung und Lernen zu schaffen, eine passende Atmosphäre (Kultur, Evokation) zu entwickeln und Anregungen (Initiative, Provokation) zu geben." (Bergmann und Daub 2006, S. 9). Oder mit anderen Worten: Es ist für die Akteure eine entsprechende Lernumgebung zu schaffen. Eigeninitiative und Querdenken müssen erlaubt sein. Denn letztlich neigen Unternehmen mehr dazu, bestehende

Strukturen und Prozesse zu erhalten oder allenfalls noch zu verbessern, als sie grundsätzlich zu erneuern. Eine radikale Innovation bedeutet immer auch ein Risiko für eine Firma, einen „Aufbruch zu neuen Ufern", dessen Ausgang nicht gegeben ist.

Das **Lean Management** birgt demzufolge Gefahren. Es hat „teilweise dazu geführt, eine erstarrte Replikation des Bestehenden zu bewirken" (Bergmann und Daub 2006, S. 10). Die Kompetenzen der Mitarbeitenden, alles kontinuierlich zu verbessern, lässt sie blind werden für die Erkenntnis der Möglichkeit zu radikalen Veränderungen. Tatsächlich neigen Unternehmen dazu, das Bestehende zu verfestigen, weil sie sich aus bestehenden Kommunikationsmustern immer wieder neu bilden. Radikal Neues nehmen sie nicht wahr.

Um wieder innovativ zu werden, benötigen Unternehmen also **innovatorische bzw. innovationswirksame Freiräume** im Sinne von Puffern, Doppelspurigkeiten bzw. Redundanzen. Es geht um die „Einrichtung von innovativen Reservaten und die irritierende kommunikative Störung", die „ein Unternehmen in Veränderung bringen und ein Lernen ermöglichen" (Bergmann und Daub 2006a, S. 11). Innovatorische Freiräume sorgen dafür, dass das Unternehmen nicht „betriebsblind" wird. Letztlich handelt es sich um eine eigentümliche Divergenz. Das Lean Management hat die Organisation in das Korsett einer rigiden Handlungslogik gezwungen, in welchem sämtliche noch vorhandenen Freiräume abgeschafft worden sind. Und nun versuchen viele Unternehmen, die finanziellen Effizienzgewinne bzw. Puffer wieder in „innovatorische Puffer" umzuwandeln. Allerdings fällt das vielen erfolgreichen Unternehmen gar nicht leicht.

Aufgrund des hyperkompetitiven internationalen Wettbewerbs und dem Wegbrechen von Märkten sind jedoch immer mehr Unternehmen gezwungen, offensiv zu innovieren. Weil diese Form der offensiven, radikalen Innovation allerdings bestehende Strukturen und Prozesse in Frage stellt und auch oft eigene Kompetenzen entwertet, beschränkt man sich gerne auf Rationalisierungsinnovationen (Abschn. 2.1.4) und sucht (immer enger werdende) Marktnischen. Oder man strebt Fusionen an, um den ganz großen Schritt und damit auch das ganz große Risiko zu vermeiden. „Lean Management, Reengineeringansätze oder KVP (Kontinuierlicher Verbesserungsprozess) haben zwar insgesamt zu riesigen Anfangserfolgen geführt – das zeigt zunächst aber nur, dass lange nichts geschehen ist" (Kriegesmann und Kerka 2007, S. 15). Viele Unternehmen haben so einen großen Effizienzvorsprung aufgebaut, aber sich aus dieser „Effizienzglocke" herauszubewegen und offensiv neue Entwicklungen anzustoßen ist noch schwieriger geworden. Das Management von Geschäftsprozessen mit Hilfe von Six Sigma oder Kaizen ist mittlerweile oft dermaßen stark in den Köpfen der Unternehmensstrategen und -entwickler verankert, dass eine geschäftsprozessfreie Auseinandersetzung mit der Entwicklung von Innovationen kaum mehr möglich ist.

Als Metapher dieses unternehmerischen Zustands dient ein bekanntes Spiel aus Kindertagen: Bei diesem Spiel, auch „Schiebepuzzle" oder „Fünfzehnerspiel" genannt (vgl. Abb. 1.1), geht es darum, die mit Zahlen beschrifteten Quadrate nacheinander so in das vorhandene leere Feld zu schieben, dass am Schluss eine perfekte Ordnung entsteht. Ziel ist es, die Zahlen mit Hilfe des leeren Feldes von 1 bis 15 aufsteigend anzuordnen (vgl. DeMarco 2001).

Abb. 1.1 Schiebepuzzle mit leerem Feld

Die Aufgabe, die Quadrate in die richtige Reihenfolge zu bringen, ist alles andere als einfach. Aber nun stelle man sich erst einmal die folgende veränderte – verbesserte? – Form des Spiels vor (vgl. Abb. 1.2):

Statt fünfzehn Quadraten und einem leeren Feld finden sich im Spiel sechzehn Quadrate. Kein leeres Feld ist mehr vorhanden. Es ließe sich argumentieren, dass diese Anordnung eine höhere Effizienz aufweist, schließlich wurde das „überflüssige" leere Feld eliminiert. Und die Spielfläche verfügt nunmehr über eine Auslastung von 100 %. Doch ohne das leere Feld lassen sich die Quadrate nicht mehr bewegen. Die Anordnung der Quadrate mag zwar in ihrer neuen Form optimal sein. Doch sollte die Zeit etwas anderes erweisen, besteht keine Möglichkeit mehr, eine Veränderung vorzunehmen. Das leere Feld repräsentiert den „**Freiraum**": den Freiheitsgrad, der notwendig ist, um Innovationsinitiativen umzusetzen und zum Erfolg zu führen.

▶ Freiräume sind in dieser Sichtweise die natürlichen Feinde von Effizienz, und **Effizienz ist der natürliche Feind von Freiräumen**. Und genau da liegt die **innovationsfördernde Führungsaufgabe:** Entscheidungen in diesem Spannungsfeld sind so zu treffen, dass die Innovationseffizienz eines Unternehmens langfristig gesteigert wird, aber die Fähigkeit nicht beeinträchtigt ist, sich in Zukunft radikal neu zu erfinden. Um diese Führungspraxis umzusetzen, müssen **innovatorische Freiräume** gestaltet werden – als Gegenangebot zum Gestaltungszwang durch die „strenge" Prozessausrichtung.

Abb. 1.2 Schiebepuzzle ohne leeres Feld

Um also auch in Zukunft fähig zu sein, radikale Innovationen zu initialisieren, sind neben den Innovationsmanagementkompetenzen unbedingt Führungskompetenzen für die „Unsicherheits-Zone", d. h. für das leere Feld im Spiel, zu entwickeln, die vor allem dann zentral sind, wenn ein innovatives und gleichzeitig hocheffizientes Unternehmen mit unübersehbaren Widersprüchen konfrontiert ist. Skizziert man eine idealtypische Lern- und damit Innovationsumgebung, heißt es, eine Balance zu finden zwischen den Routinen, die für ein Unternehmen notwendig sind, um sich selbst zu erhalten bzw. zu stabilisieren, und den Freiräumen, in welchen Experimente fern einer Alltagslogik möglich sind (vgl. Kaudela-Baum 2012). In Unternehmen wird also immer ein gewisser Grad an „Organizational Slack" (Abschn. 5.2.5) benötigt, um innovatives Verhalten hervorzurufen (vgl. Bergmann und Daub 2006, S. 10).

Warum noch so viele Unternehmen auf Lean Management als Erfolgsbegriff setzen, obwohl durch die Globalisierung zahlreiche Signale gesendet werden, dass gerade europäische Unternehmen nur durch Innovationssteigerung nachhaltig überleben, ist schwierig zu beurteilen.

1.3 Open Innovation und Netzwerke

Parallel zum Lean Management beeinflusst eine weitere Herausforderung die Führungspraxis in innovativen Unternehmen: Open Innovation und die verstärkte Zusammenarbeit von Know-how-Trägern in organisationsinternen und -externen Netzwerken (vgl. Reichwald und Piller 2009). Open Innovation ist längst in aller Munde, aber auch hier zeigt sich, dass die entwickelten Managementmodelle sich in der Praxis nur schwer bzw. nicht so umsetzen lassen, wie in den gängigen Open Innovation-Modellen angedacht (vgl. Chesbrough 2006; Chesbrough et al. 2008; Ili 2010). Auch in der Open Innovation-Literatur gibt es Unterkapitel zu kommunikativen und kulturellen Bedingungen von Open Innovation (vgl. Glanz und Lambertus 2010) – letztlich münden die Herausforderungen auch hier in der Frage, wie man Menschen dazu bewegen kann, diese Innovationsstrategie zum Leben zu erwecken und eine „Öffnung" in ihren Denk- und Handlungsmustern Wirklichkeit werden zu lassen.

Der Innovationsdruck steigt und gleichzeitig sinken vielerorts die Forschungs- und Entwicklungs-(F&E)-Budgets. Dadurch sind Unternehmen gezwungen, ihre Innovationsprozesse zu öffnen, um durch den Einbezug der Umwelt gezielt ihr Innovationspotenzial zu steigern. Diese Einbeziehung der Außenwelt in den Innovationsprozess wird als Open Innovation-Ansatz bezeichnet (vgl. Gassmann und Enkel 2006). „Open Innovation" bedeutet demnach die Abkehr von der klassischen Vorstellung des Innovationsprozesses, der sich mehrheitlich innerhalb der Organisationsgrenzen abspielt. Unternehmen verstehen unter Innovation zunehmend einen „vielschichtigen offenen Such- und Lösungsprozess, der zwischen mehreren Akteuren über die Unternehmensgrenzen hinweg abläuft" (Reichwald und Piller 2009, S. 117). Dies schafft viele neue Möglichkeiten: Es kommt einerseits mehr externer Input in das Unternehmen und dieses kann andererseits Aufgaben an andere Akteure auslagern, die ergänzende Kompetenzen mitbringen. Innovationsprozesse in interorganisationalen Netzwerken können sich auf die Integration verschiedener Netzwerkpartner stützen. Dazu zählen z. B. Zulieferer, Kunden, Hochschulen oder auch potenzielle Konkurrenten im Bereich der F&E. Während vor einigen Jahren noch eine starke interne F&E als die Innovationsquelle schlechthin betrachtet wurde, wird diese Sichtweise heute um Open Innovation-Ansätze ergänzt.

Wenn Innovationsprozesse auf dem Know-how verschiedener Branchen aufbauen, dann spricht man von „Cross-Industry Innovation", d. h. für konkrete technologische Problemstellungen wird in anderen Branchen nach analogisierbaren Lösungsmöglichkeiten gesucht. Warum soll man auf das kreative Potenzial anderer Branchen in verschiedenen Innovationsphasen verzichten? In diesem Innovationskontext müssen innovationsverantwortliche Führungskräfte eine hohe **Interaktionskompetenz** aufweisen. Innovieren in Open Innovation-Netzwerken erzeugt einen hohen Koordinationsaufwand. Neben einer Menge juristischer Abklärungen sind vertrauensbildende Kommunikationsmaßnahmen zu treffen. Weiterhin gilt es in einer arbeitsteiligen Gestaltung des Innovationsprozesses über die Organisationsgrenzen hinaus, über verschiedene Unternehmens- und Führungskulturen hinweg alle Akteure zu motivieren, an einem Strang zu ziehen (vgl. Reichwald und Piller 2009, S. 155).

Bei der Zusammenarbeit in Netzwerken ist die informelle Dimension enorm wichtig. Durch die Fluktuation von Mitarbeitenden ist es nicht einfach, Netzwerke aufrechtzuerhalten. Häufig basieren Netzwerke im Innovationskontext auf persönlichen, langjährigen und vertrauensvollen Beziehungen, praktisch als „Gegengewicht" zur Öffnung und Virtualisierung. Die Barrieren durch räumliche Distanzen kann man bereits durch technologische Entwicklungen relativ leicht überwinden, aber ohne „weiche Faktoren", d. h. Empathie für Innovationspartner und eine hohe Aufmerksamkeit seitens der Führungskräfte auf die Beziehungspflege zu Netzwerkpartnern, funktioniert das nicht.

Vor dem Hintergrund dieser Herausforderungen ist eine kontinuierliche, breite, organisationale Auseinandersetzung notwendig. Und diese Auseinandersetzung können nur Führungskräfte entfachen. Diese haben qua Positionsmacht folglich eine ganz besondere Verantwortung und stellen die wichtigste Orientierungshilfe der Mitarbeitenden dar. Für eine nachhaltige Öffnung von Strukturen und Prozessen und für die Etablierung von damit verbundenen innovatorischen Freiräumen für Mitarbeitende werden einerseits finanzielle und personelle Ressourcen benötigt. Andererseits braucht es Führungskräfte, die gemeinsam mit ihren Mitarbeitenden eine Strategie entwickeln, wie sie diese Freiräume nutzen, die im Kontext von „Open Innovation"-Initiativen geschaffen wurden. Daher sollten sich Unternehmen, die Open Innovation umsetzen wollen, immer wieder die Frage stellen, welche kulturelle Realität ihre Führungspersonen vorleben. „Papier ist geduldig, verbale Kommunikation bewusst gesteuert, doch ohne die nonverbale Unterstützung durch das gelebte Verhalten werden Reden zu Floskeln und dadurch kontraproduktiv" (Sackmann 2000, S. 155).

1.4 Globale Vernetzung

Viele europäische Unternehmen agieren in gesättigten Märkten oder stoßen aufgrund hoher Marktanteile an Wachstumsgrenzen. Der Ausweg aus gesättigten Märkten lautet: 1) diversifizieren und neue Produkte, Dienstleistungen oder Geschäftsmodelle entwickeln, 2) internationalisieren und neue Märkte erschließen oder 3) in Rationalisierungsinnovationen investieren und mit marginalen Verbesserungen in die kleiner werdenden Nischen vordringen oder auch 4) alle diese Strategien gleichzeitig wählen.

Die Globalisierung beschleunigt sich zunehmend. Der internationale Austausch von Gütern ist heute mehr als 1500-mal so hoch wie vor 100 Jahren (vgl. Simon 2012, S. 15). Die Weltexporte sind deutlich stärker gestiegen als die nationalen Bruttoinlandsprodukte (vgl. Simon 2012, S. 43). Auch kleine und mittlere Unternehmen stoßen durch eine Internationalisierungsstrategie rasch in neue Größenordnungen vor. Internationalisierungsstrategien erfordern insbesondere für diesen Unternehmenstyp Ausdauer und eine äußerst langfristige Orientierung. Das hat auch Auswirkungen für die Führung und das Management von Innovationsprozessen.

Eine globale Ausrichtung ist in mittleren und großen Unternehmen in Funktionen wie Vertrieb, Marketing, Produktion und auch Logistik inzwischen üblich. Die Forschungs- und Entwicklungsabteilung wurde jedoch lange noch als „nationaler Schatz" (Gassmann 2011, S. 271) gehandelt und in der Nähe des Stammsitzes angesiedelt. Heute ist die Internationalisierung von Innovation inkl. der damit verbundenen Führungsfragen längst Alltagsrealität in vielen Unternehmen. Gemäß Gassmann (2011, S. 271) haben 91 % der 1000 F&E-intensivsten Unternehmen Innovationsaktivitäten im Ausland, europäische Unternehmen geben rund 30 % ihrer F&E-Aufwendungen im Ausland aus. Rund ein Drittel der innovationsaktiven deutschen Unternehmen innovieren auch im Ausland. Von diesen Unternehmen führen 18 % auch Innovationsprojekte im Ausland durch. Schweizer Unternehmen stehen mit 56 % ihrer F&E-Aufwendungen im Ausland im Jahr 2010 an der Spitze. Die häufigste Innovationstätigkeit sind Arbeiten im Bereich Konstruktion, Design und Konzeption sowie Herstellung neuer Produkte. Investitionen in komplett neue Verfahren und F&E finden eher selten im Ausland statt. Hauptstandorte für Innovationsprojekte im Ausland sind die westeuropäischen Länder. Danach folgen die Regionen Osteuropa, Nordamerika und Asien (vgl. Rammer und Schmiele 2008). Die wichtigsten Anreize für die Innovationsverlagerung ins Ausland sind lokale Schlüsselmärkte, Zugang zu regionalen Wissenszentren und Kostenreduktionen (vgl. Gassmann 2011).

Unternehmen öffnen sich im Rahmen der Innovationstätigkeit also nicht nur gegenüber interorganisationalen Netzwerken im Sinne des Open Innovation-Ansatzes, sondern auch vermehrt gegenüber internationalen Innovationsnetzwerken, was durch Firmen wie z. B. die US-Firma Innocentive (www.innocentive.com), einer webbasierten Ideenbörse für Erfinder, auf internationaler Ebene erleichtert wird.

Was heißt dies für die Entwicklung eines Innovation-Leadership-Ansatzes? Durch die Öffnung der Innovationstätigkeit gegenüber internationalen Forschungsnetzwerken, Hochschulen und Unternehmenspartnern wachsen die Anforderungen an die Führungskräfte in Bezug auf die Steuerung, Organisation und Kontrolle. Und auch die Anforderungen zwischen Führenden und Geführten auf einer operativen Ebene steigen, denn neben einer ausgeprägten Kooperationsbereitschaft sind in internationalen Innovationsprojekten **Konflikt- und Kommunikationskompetenzen** sowie **interkulturelle Führungs- und Managementkompetenzen** gefragt. Passt die F&E-Internationalisierung überhaupt zu unserer Unternehmenskultur? Wie viele Subkulturen möchten wir in unserem Unternehmen zulassen bzw. pflegen? Daneben stellt sich häufig die Frage, ob das Unternehmen überhaupt genügend Führungs- und Managementkapazität hat, um die Internationalisierung zu bewältigen. Auch stellen sich in interkulturellen Innovationsteams vermehrt Fragen der Wissenstransformation. Je nach Land müssen auch die Möglichkeiten zum Schutz des geistigen Eigentums in verschiedenen Phasen der Entwicklung von Innovationen überprüft werden. Generell entsteht ein nicht zu unterschätzender Koordinationsaufwand. All diese Herausforderungen können nur in einem innovationsorientierten Führungssystem mit mehreren Akteuren auf allen Ebenen der Organisation und mit klaren innovationsstrategischen Vorgaben bewältigt werden.

1.5 Beschleunigung von Innovationszyklen

Der Druck auf das Innovationstempo und die Qualität steigt im Zuge der wachsenden Technologiedynamik sowie der Globalisierung von Innovationsaktivitäten. Die heutigen Industrieunternehmen, deren Umwelt meist durch eine hohe Technologiedynamik geprägt ist, lassen sich nicht entschleunigen, diese Hoffnung wäre utopisch (vgl. Luhmann 1990). Neue Kommunikationstechnologien ermöglichen eine geografische Ausdehnung und eine zunehmende Interaktionsdichte der globalen Geschäftsbeziehungen. Sowohl Industriegüter als auch Dienstleistungen können an immer weiter entfernten Orten immer schneller entwickelt, produziert und konsumiert werden (vgl. Schneider et al. 2007). Gemäß Geissler (2004) verflüssigen, entmaterialisieren und virtualisieren sich Zeit und Raum zunehmend. Dadurch entstehen einerseits neue Handlungsfreiräume, und andererseits wird die Zeitorganisation zur permanenten individuellen Entscheidung und zu einer Aufgabe der Selbstdisziplinierung, mit der nicht jede Person umgehen kann.

3D-Druck

In einem aktuellen McKinsey-Bericht (Cohen et al. 2014) schätzt die Unternehmensberatung den ökonomischen Einfluss von **3D-Druck** im Jahr 2025 auf 230 bis 550 Milliarden $. In dem Bericht werden fünf Neuerungen beschrieben, mit welchen 3D-Druck die Wirtschaft verändern kann:

1. **Schnellere Produktentwicklungszyklen**
   Bereits die ersten 3D-Drucker, die vermarktet wurden, halfen Unternehmen Prototypen schneller zu entwickeln. Wegen der sinkenden Kosten der 3D-Druck-Technologie wird diese von immer mehr Firmen in der Entwicklungsphase von Produkten eingesetzt. Prototypen können so schneller hergestellt und angepasst werden. Dadurch beschleunigen sich auch die Produktentwicklungszyklen.
2. **Neue Fertigungsstrategien**
   Durch die verbesserten 3D-Druck-Technologien werden Endprodukte qualitativ hochwertiger und schneller hergestellt. Somit verringern sich die Kosten bei der Produktion, vor allem bei Produkten, die nur in einer niedrigen Stückzahl produziert werden oder auf komplexen Strukturen basieren.
3. **Neue Produktionsmodelle**
   Der 3D-Druck eröffnet neue Möglichkeiten in Bezug auf Individualisierung (z. B. in der Herstellung von künstlichen Körperteilen in der Medizintechnik), Modularisierung und die Erzeugung von Ersatzteilen. Dies erfordert Anpassungen von den Unternehmen, aber auch bei den Konsumenten. Bisher eingesetzte Produktionsmodelle sind neu zu bewerten.
4. **Neue Möglichkeiten**
   3D-Druck eröffnet neue Möglichkeiten beim Design und bei der Entwicklung. Unternehmen, die sich heute schon mit den neuen Produktionsformen beschäftigen, haben in der Zukunft einen Wissensvorsprung.
5. **Neue Mitbewerber**
   3D-Druck senkt die Herstellungskosten von Produkten mit niedriger Stückzahl. Außerdem ist es denkbar, mit niedrigen Investitionskosten eine Produktion schnell zu verwirklichen. Das ist besonders interessant für Start-ups, die mit dieser Technologie in Nischenmärkte vordringen. Dies führt automatisch zu mehr Mitbewerbern. Auch verändern 3D-Drucker für zu Hause die Spielregeln der Produktion.
   Quelle: Cohen et al. (2014)

1.5 Beschleunigung von Innovationszyklen

Unzweifelhaft sind Unternehmen heute gefordert, ihre Innovationen rascher zu entwickeln und schneller einen Return-on-Investment zu erzielen. Die **Reduzierung von Time-to-Market** gewinnt durch die sich ständig verkürzenden Produkt- und Service-Lebenszyklen entscheidend an Bedeutung (vgl. Reichwald und Piller 2009).

Aber: „Gut Ding will Weile haben". Kann man Großes von seinen Mitarbeitenden erwarten und gleichzeitig Zeitdruck aufsetzen? Wären die Mitarbeitenden, um die es in diesem Buch geht, keine Wissensarbeiter und potenzielle Innovatorinnen und Innovatoren, dann könnte man annehmen, dass das funktioniert, so nach dem Motto: Schwingen wir die Peitsche, dann rudern die schon schneller. Aber Wissensarbeiter unter Zeitdruck denken nicht schneller. Die Denkgeschwindigkeit ist unveränderlich. Daher gilt es, weniger auf aggressive Terminpläne zu setzen, sondern mehr Gewicht auf **Innovationsnetzwerke** zu legen.

Heute wird intensiv daran geforscht, wie Unternehmen ihr Innovationstempo steigern können (vgl. Slama et al. 2006), u. a. mit Hilfe von offenen Innovationsnetzwerken (vgl. Voigt und Wettengl 1999). Die Reduktion von Entwicklungszeit wird durch Arbeitsteilung erreicht. Einerseits werden z. B. diejenigen Innovationsaktivitäten zum Kunden getragen, die implizites Kundenwissen benötigen. So werden zeitraubende Anpassungsschleifen vermieden. Andererseits trägt auch die Integration externer Experten (z. B. durch webbasierte Ideenbörsen) zum Zugriff auf bisher nicht verfügbare Problemlösungen bei (vgl. Reichwald und Piller 2009). Open Innovation erfordert also auf den ersten Blick einen großen Kooperationsaufwand und verbraucht viel Kommunikationszeit, Zeit für Vertrauensarbeit, Zeit für ungeklärte Rechtsfragen usw., ist aber auch eine Möglichkeit, innovative Ideen rascher zur Marktreife zu bringen. Neben der Umsetzung von Open Innovation-Ansätzen muss also ein Ziel der Innovationsförderung sein, innerhalb der Organisation geeignete Zeitmodelle für Innovationsarbeit zu entwickeln.

Im Rahmen der Führung von Innovationsprozessen stellt sich in Bezug auf das Innovationstempo die Frage: Was soll schnell gehen? Wofür soll Zeit da sein? Und Zeit ist gemäß Schneider et al. (2007) nicht primär eine Sache des Tempos, sondern eine der spezifischen Beziehungsgestaltung, eine soziale Konstruktion unter Organisationsmitgliedern, d. h. insbesondere auch zwischen Führungskräften und Mitarbeitenden. Es gibt nicht *die* Zeit in einem Unternehmen, es gibt Kreativitätszeiten, Entwicklungszeiten, Produktionszeiten, Teamzeiten, Marktzeiten usw. Aus betriebswirtschaftlicher Sicht gilt natürlich klar: „Zeit ist Geld". Wer schneller am Markt ist, hat die Möglichkeit, rasch einen hohen Marktanteil und somit Markteintrittsbarrieren aufzubauen. Es lassen sich Erfahrungskurven und Skaleneffekte ausnutzen, und die Zahlungsbereitschaft der Kunden ist in einer frühen Phase des Produktlebenszyklus erhöht (vgl. Reichwald und Piller 2009). Zur Innovationsförderung sind aber unbedingt (Gegen-)Mechanismen der Zeitverzögerung einzurichten: Zeit, die zum Innehalten und zum Nachdenken anregen, beides Grundbedingungen der Kreativitätsentfaltung.

Glotz (1999) denkt in diesem Zusammenhang über „**Verlangsamungskartelle**" nach und sieht, dass …

... ein ungeheurer Geschwindigkeitsimpuls durch die Informationsgesellschaft geht. Die aktuellen Themen sind ‚Time-Based-Management', ‚Simultaneous-Engineering' und ‚Verkürzung der Entwicklungszeiten'. Die Marktpräsenzzeiten der Produkte verkürzen sich spürbar; die alten Generationen werden von den neuen kannibalisiert. Inzwischen frisst nicht mehr der Große den Kleinen, sondern der Schnelle den Langsamen. [...] In einigen Branchen würde man sich am liebsten zusammentun, um das Tempo zu drosseln. Solche Verlangsamungskartelle sind aber natürlich verboten (und nicht durchsetzbar). (Glotz 1999, S. 93 f., zitiert in Schneider et al. 2007, S. 34)

Unternehmen wie Google oder 3M haben mit ihren 20- bzw. 15-Prozent-Regeln „**flexible Zeitregime**" (Castells 2001) geschaffen (Abschn. 5.4). Diese Regeln besagen, dass die Mitarbeitenden diesen Prozentsatz an Arbeitszeit für Projekte aufwenden dürfen, die außerhalb ihres täglichen Arbeitsbereichs liegen. Die Unternehmen verbinden mit dieser Form der Entschleunigung die Erwartung, dass die Mitarbeitenden in dieser „freien" Zeit Projekte bearbeiten, „an denen ihr Herz hängt, und tatsächlich sind in den vergangenen Jahren etliche Erfindungen wie Google Suggest, Ad Sense oder Orkut daraus entstanden" (Gassmann und Friesike 2012, S. 128). Der Faktor „Zeit" spielt heute im Innovationswettbewerb eine bedeutende Rolle. Das zeigt sich auch an den zahlreichen fehlerhaften Produkten und den damit verbundenen Rückrufaktionen (z. B. Autos) oder der kontinuierlichen „Fehlerbehebung" über den gesamten Produktlebenszyklus hinweg (z. B. Software). Kunden werden so zu Co-Innovatoren bzw. „arbeitenden Kunden". Daran wird deutlich, dass Schnelligkeit mehr zählt als Perfektion, zumindest auf dem Konsumgütermarkt.

1.6 Gestiegene Komplexität und Zunahme wissensintensiver Prozesse

Die „Great-Man-Stories", die in den vergangenen Jahren eine Renaissance in der Management- und Führungsliteratur erleben, zeugen von der Sehnsucht nach klarer Orientierung. In Büchern über Führungspersönlichkeiten wie Steve Jobs (Apple), Dietrich Mateschitz (Red Bull) oder Richard Branson (Virgin) erfahren die Leser, wie die Führungsstärke einzelner Person die Innovationskraft eines Unternehmens beflügelt hat. Dass solche Bücher auf den Bestseller-Listen stehen, kann als Reflex auf die gestiegene Komplexität der Problemstellungen von Unternehmen betrachtet werden. Doch Innovation ist in der Realität nicht (allein) der Kreativität einzelner Persönlichkeiten zuzuschreiben. **Innovation ist eine komplexe organisationale Leistung**, die durch ein entwicklungsorientiertes Innovationsführungssystem gefördert oder überhaupt erst ermöglicht wird. Während Schumpeter in seinen frühen Werken einzelne Führungspersonen als zentrale Treiber von Innovationsprozessen (Schumpeter 1911) beschreibt, zeigen gegenwärtig zahlreiche Erkenntnisse aus Forschung und Praxis (vgl. Braun 1992; Hauschildt und Gemünden 1999; Rogers 2003; Bergmann und Daub 2008; Reichwald und Piller 2009), dass der Erfolg in-

1.6 Gestiegene Komplexität und Zunahme wissensintensiver Prozesse

novativer Prozesse auf einer Vielzahl vernetzt handelnder inter- und intraorganisationaler Akteure beruht.

Die Realität von innovationsgetriebenen Unternehmen ist heute so unübersichtlich, dass einfache Führungskonzepte, die auf das Charisma einer einzelnen Führungsperson setzen, keine wirkliche Orientierung mehr bieten. Gerade in forschungs- und wissensintensiven Unternehmen, die mit einer zunehmenden Unübersichtlichkeit der Wissensströme, organisationalen Strukturen und agilen Arbeitsprozessen zu „kämpfen" haben, ist man auf der Suche nach neuen, adäquaten Führungsansätzen, die der Komplexitätssteigerung sensibel begegnen. Die Entwicklung von Innovationen ist ein gutes Beispiel für einen sehr wissensgetriebenen Prozess unter komplexen Bedingungen, der auf eine reflektierende, aufmerksame und kooperative Führung angewiesen ist.

Innovieren im Sinne eines dynamischen organisationalen Lernprozesses verlangt also aufgrund der gestiegenen Komplexität grundsätzlich nach **Öffnung** und nicht nach Schließung. Führungskräfte müssen in diesem Kontext ihre Wahrnehmung für komplexe Strukturen schärfen und wirksame Wege finden, um auf die Spezifität und Differenzierung der komplexen Außenwelt zu reagieren. Innovation ist heute mehr denn je das Resultat des Zusammenspiels vieler Organisationsmitglieder sowie externer Kooperationspartner, die an unterschiedlichen Punkten des Entstehungs- und Entwicklungsprozesses ihr spezifisches Wissen einbringen. Innovationsquellen kann man zunehmend überall im Unternehmen lokalisieren, und entscheidende innovationsrelevante Entwicklungen finden häufig außerhalb der Unternehmung bzw. in Unternehmensnetzwerken statt.

Aufgrund der inzwischen etablierten Erkenntnis der **Nichtlinearität von Innovationsprozessen** wird vielmehr das Modell eines zielgerichteten Wissens- und Innovationsnetzwerkes bevorzugt (vgl. Caspers et al. 2004). Dieses Netzwerk basiert auf allen am Innovationsprozess beteiligten Akteuren, welche die gemeinsame Entwicklung einer wissensintensiven Innovation verfolgen. Damit verbunden ist die Erkenntnis, dass solche Entwicklungsnetzwerke, die als heterarchisch zu charakterisieren sind, eine andere Führung benötigen als lineare Prozesse. Im Vordergrund stehen demokratische Führungsansätze, die spontane **Selbstorganisation, Eigeninitiative und Eigenverantwortung** (vgl. Abschn. 3.6) fördern, Freiräume eröffnen und damit das Kreativitätspotenzial von Mitarbeitenden entfalten. Dem Weisungsprinzip der Hierarchie wird folglich das Verhandlungsprinzip der Heterarchie entgegengesetzt (Schildhauer und Johanssen 2007).

Innovationsverantwortliche Führungskräfte haben die komplexe Aufgabe, diese vielfältigen Innovationsquellen im Unternehmen sowie der Unternehmensumwelt aufzuspüren und diese vor dem Hintergrund der gegenwärtigen strategischen Ausrichtung zu prüfen und daraus Entscheidungen für die zukünftige Entwicklung des Unternehmens abzuleiten. Dies wird heute durch die Einrichtung von Innovation-Labs, Innovations-Inkubatoren usw. gefördert, wo Unternehmen untereinander und in Zusammenarbeit mit Forschungsinstitutionen Innovationen auf den Weg bringen.

Um sich in einem hochkompetitiven Umfeld zu bewähren, setzen sowohl kleine und mittlere Unternehmen (KMU) als auch Großunternehmen im globalen Wettbewerb auf forschungs- und wissensintensive, oftmals auf die Kundenbedürfnisse maßgeschneiderte Produkte und Dienstleistungen (vgl. Allocca und Kessler 2006). **Forschungs- und wissensintensive Branchen** erschließen über Innovationen neue Märkte und machen traditionelle Branchen global wettbewerbsfähig (vgl. Nusser 2006). Wissen ist in den vergangenen Jahren daher immer mehr zur Grundlage des nachhaltigen Wettbewerbsvorteils für Unternehmen geworden, womit auch die Bedeutung von **innovativer Wissensarbeit** gewachsen ist (vgl. Alvesson 2004; Robertson und Swan 2004; Davenport 2005; Carleton 2011). In der Bemühung, Wissen übertragbarer zu machen, stand lange die Entwicklung von Wissensmanagementprozessen im Vordergrund. Viele dieser Prozesse konnten jedoch nur begrenzt Erfolge aufweisen, denn Wissen ist vielmehr als Prozess oder zielorientierte Aktivität, welche die Herleitung eines neuen Verständnisses einer Problemstellung erlaubt, zu verstehen und weniger als beobachtbare und übertragbare Ressource (Reinhardt et al. 2011, S. 151). Dementsprechend gewannen in den letzten Jahren die Fragen, wie wissensintensive Unternehmen geführt werden, wie Wissensarbeit gestaltet wird und wie Wissensarbeiter angeregt werden, ihr Wissen zu teilen und zum Vorteil des Unternehmens einzusetzen, an Bedeutung.

Besonders industrialisierte Länder sehen in der Abkehr von rohstoffintensiven und der Hinwendung zu wissensbasierten Wertschöpfungsprozessen eine attraktive Wachstumsstrategie. Forschungs- und wissensintensiven Unternehmen (FWU) werden oftmals zu Recht als Innovationsmotor moderner Volkswirtschaften bezeichnet. Nusser (2006) verdeutlicht dies in seiner Studie zur wirtschaftlichen Bedeutung von FWU für die deutsche Wirtschaft: „In diesem Kontext sind forschungs- und wissensintensive Branchen in ihrer Eigenschaft als Kunde für 48 % aller Produktinnovationen bei den Zulieferern und als Lieferant von Technologien für 55 % aller Produkt- und 58 % aller Prozessinnovationen in nachgelagerten Sektoren verantwortlich" (S. 65). Grundsätzlich lassen sich FWU grob in zwei Kategorien einteilen: in wissensintensive Dienstleistungsunternehmen wie Managementberatung, Anwaltskanzleien oder Finanzdienstleister und in forschungsintensive Produktionsunternehmen wie Pharmaunternehmen, Maschinenbau oder Elektrotechnik. Für die Schweiz besonders wichtig sind die wissensintensiven Dienstleistungen aus dem Finanzsektor, doch auch dank ihrer forschungsintensiven Industrieunternehmen nimmt die Schweiz einen Spitzenplatz in Innovationsranglisten ein. Die Branchen Pharma, Hochtechnologieinstrumente und Maschinen waren 2012 für die Hälfte der gesamtschweizerischen F&E-Aufwendungen von fast 13 Milliarden Schweizer Franken verantwortlich (vgl. BFS 2013). Weitere 3 Milliarden verwendeten Schweizer Unternehmen zudem für den Einkauf von F&E im Ausland (vgl. BFS 2013, S. 8). Das stetige Wachstum von F&E-Aufwendungen zeigt, dass Unternehmen der Entwicklung von neuem Wissen eine große Bedeutung beimessen und entsprechend stark in hochqualifiziertes Personal investieren (vgl. BFS 2013, S. 6). Schließlich decken rund 60 % der Aufwendungen für F&E die anfallenden Personalkosten (vgl. BFS 2013, S. 7).

1.7 Innovationsfördernde Führung: Öffnung gestalten auf allen Ebenen

Um in dem oben beschriebenen globalen, sich stetig öffnenden und immer stärker vernetzten Innovationskontext eine wirksame innovationsfördernde Führung (Innovation Leadership) zu gestalten, wird Innovation Leadership als ein integriertes Multi-Ebenen-System konzipiert. Dieses System wird nachfolgend als **innoLEAD©-Modell** (vgl. Abb. 1.3) bezeichnet. In diesem System werden Führungspersonen in einem Unternehmen auf verschiedenen Ebenen und in verschiedenen Rollen befähigt, wirksam Innovationsförderung mit internen und externen Innovationspartnern zu gestalten. Dies gilt sowohl für das Topmanagement auf einer **strategischen Führungsebene** (Kap. 6) als auch für Führungsakteure auf einer mittleren und unteren Hierarchieebene sowie für verschiedene Fachexperten und expertinnen „neben der Linie", die auf vielfältige Weise dazu beitragen, dass optimale innovationsfördernde **strukturelle und kulturelle Bedingungen** auf einer organisationalen Führungsebene (Kap. 7 und 8) geschaffen werden.

Weiterhin gilt es in einem engeren Sinne, Führungsbeziehungen zwischen Führenden und Geführten so zu gestalten (**relationale Führungsebene**, Kap. 9), dass alle Beteiligten ihre jeweiligen Stärken innovationsfördernd einbringen. Und im Kern müssen innovationsverantwortliche Führungskräfte auch die Fähigkeit aufweisen, sich selbst zu führen (**Selbstführung**, Abschn. 9.3) und ihre eigene Führungsrolle in Bezug auf verschiedene Anspruchsgruppen und deren Erwartungen innerhalb und außerhalb des Unternehmens zu reflektieren.

Getragen wird diese Multi-Ebenen-Betrachtung innovationsfördernder Führung von der Grundannahme, dass innovationsfördernde Führung als Führung von Lern- und Entwicklungsprozessen in einem Unternehmen betrachtet werden muss und einen Balanceakt zwischen öffnenden und schließenden Leitungsaufgaben darstellt. „**Balance halten**" bezieht sich auf die Kunst, Innovation Leadership im Spannungsfeld zwischen paradoxen Konstellationen (Abschn. 2.4) wirksam zu gestalten. Dabei spielt insbesondere die Gestaltung des Spannungsfeldes „Öffnung vs. Schließung" bzw. das „Grenzmanagement" zwischen öffnenden und schließenden Logiken eine bedeutende Rolle (Abschn. 2.5). Die Perspektive des „Ausbalancierens" von Spannungsfeldern als zentrale Führungsaufgabe berührt alle nachfolgenden Dimensionen des Führungsmodells und ist mit der Perspektive einer langfristigen, nachhaltigen Innovationsförderung verbunden. „Balance-Management" ist die integrierende Klammer des innoLEAD©-Modells und zieht sich wie ein roter Faden durch dieses Buch.

Da die Funktion des Innovationsmanagements traditionell eher mit ordnenden bzw. Komplexität reduzierenden, schließenden Aufgaben verbunden ist (Abschn. 3.5), wird hier die Annahme vertreten, dass der Führung die Hauptverantwortung im Umgang mit öffnenden, komplexitätssteigernden Konstellationen zukommt. Daher befasst sich das erste innoLEAD©-Gestaltungsfeld mit der Gestaltung von Öffnungsprozessen bzw. bezieht sich auf die **Gestaltung von Freiräumen** (Abschn. 5.2) als zentrale innovationsfördernde „Meta"-Führungsaufgabe. Dies in Ergänzung zur „Meta"-Managementaufgabe, Innova-

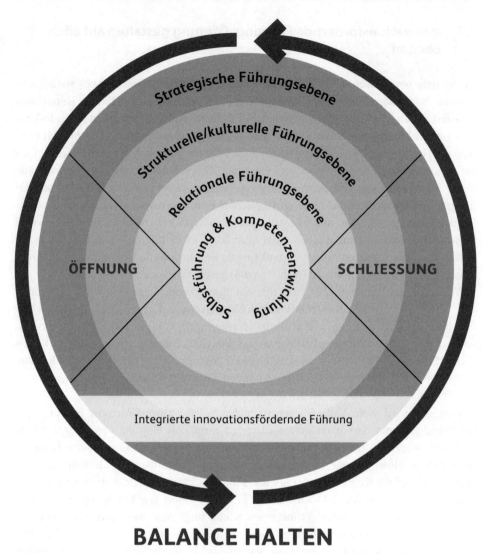

Abb. 1.3 InnoLEAD©: Integriertes Modell zur innovationsfördernden Führung

tionsprozesse zu strukturieren, zu kontrollieren und nicht zuletzt effizient bzw. „lean" zu gestalten. Führungskräfte, die die Aufgabe haben, Innovation nachhaltig und langfristig zu fördern, müssen jedoch v. a. „Öffnungsprozesse" einleiten, Komplexität und Varietät steigernde Führungspraktiken anwenden, und dafür bieten bestehende Innovationsmanagement-Modelle kaum geeignete Heuristiken: Die vorhandenen Heuristiken sind stark fragmentiert und bieten jeweils nur Orientierung für wenige „Ausschnitte" oder „Ausnahmehandlungen" im Rahmen der Gestaltung von Innovation (z. B. Ansätze im Bereich Kreativitätsmanagement oder für die Zusammensetzung von Innovationsteams). Die Gestaltung von „Öffnung" wird auch in der Praxis eher stiefmütterlich behandelt, und es scheint so, als ob es für dieses Gestaltungsfeld kaum passende Führungs- und Managementvokabeln gibt, außer dem Ruf nach „Freiräumen", mit dem sich das Buch ausführlich auseinandersetzt.

Alle weiteren innoLEAD-Gestaltungsfelder orientieren sich an den in Abb. 1.3 dargestellten Führungsebenen und werden nach den theoretisch-konzeptionellen und begrifflichen Grundlagen in den Kap. 2 und 3 „Schicht für Schicht" vertieft thematisiert und mit Fallbeispielen illustriert. Ergänzend werden Reflexionsfragen und Checklisten zu einzelnen Abschnitten entworfen.

Im Schlusskapitel führen wir noch einmal alle Elemente des innoLEAD©-Modells zu einer integrierten „Checkliste" zusammen, die der Reflexion der innovationsfördernden Unternehmens- und Personalführung dient.

Literatur

Allocca, M. A., & Kessler, E. H. (2006). Innovation speed in small and medium-sized enterprises. *Creativity and Innovation Management, 15*(3), 279–295.

Alvesson, M. (2004). *Knowledge work and knowledge-intensive firms*. Oxford: Oxford University Press.

Audia, P., Locke, E., & Smith, K. (2000). The paradox of success: An archival and a laboratory study of strategic persistence following radical environmental change. *Academy of Management Journal, 43*(4), 837–853.

Bergmann, G., & Daub, J. (2006). *Systemisches Innovations- und Kompetenzmanagement. Grundlagen – Prozesse – Perspektiven* (1. Aufl). Wiesbaden: Gabler.

Bergmann, G., & Daub, J. (2006a). Relationales Innovationsmanagement – oder Innovationen entwickeln heisst Lernen verstehen. *Zeitschrift für Management,2,* 112–167. <http://www.wiwi.uni-siegen.de/inno/download/pdf_dateien/12._relationales_innovationsmanagement.pdf>. Zugegriffen: 25. Mai. 2014.

Bergmann, G., & Daub, J. (2008). *Systemisches Innovations- und Kompetenzmanagement. Grundlagen – Prozesse – Perspektiven* (2. Aufl). Wiesbaden: Gabler.

Braun, H.-J. (1992). Social studies of science. *Symposium on „Failed Innovations", 22*(2), 213–230.

Bundesamt für Statistik (BFS) (2013). BFS Aktuell. Forschung und Entwicklung: Aufwendungen und Personal der schweizerischen Privatunternehmen 2012. http://www.bfs.admin.ch/bfs/portal/de/index/news/publikationen.html?publicationID=5446. Zugegriffen: 03. Apr. 2013.

Carleton, K. (2011). How to motivate and retain knowledge workers in organizations: A review of the literature. *International Journal of Management, 28*(2), 459–468.

Caspers, R., Bickhoff, N., & Bieger, T. (Hrsg.). (2004). *Interorganisatorische Wissensnetzwerke. Mit Kooperation zum Erfolg*. Berlin: Springer.

Castells, M. (2001). *Der Aufstieg der Netzwerkgesellschaft. Teil I der Trilogie „Das Informationszeitalter"*. Opladen: Leke & Budrich.

Chesbrough, H. W. (2006). *Open innovation: The new imperative for creating and profiting from technology*. Boston: Harvard Business Press.

Chesbrough, H. W., Vanhaverbeke, W., & West, J. (Hrsg.). (2008). *Open innovation: Researching a new paradigm*. Oxford: Oxford University Press.

Cohen, D., Sargeant, M., & Somers, K. (2014). 3-D printing takes shape. Additive manufacturing is evolving quickly. Senior executives should begin preparing for five disruptions that will accompany it. http://www.mckinsey.com/insights/manufacturing/3-d_printing_takes_shape. Zugegriffen: 27. Mär. 2014.

Davenport, T. H. (2005). *Thinking for a living: How to get better performances and results from knowledge workers*. Boston: Harvard Business Press.

DeMarco, T. (2001). *Spielräume – Projektmanagement jenseits von Burnout, Stress und Effizienzwahn*. München: Hanser.

Duschlbauer, T., Lanz, W., & Hattmannsdorfer, A. (2012). *Innovationsguerilla*. St. Gallen: Midas Management.

Gassmann, O. (2011). Globalisierung von Technologie und Innovation: Wie managen? In O. Gassmann & P. Sutter (Hrsg.), *Praxiswissen Innovationsmanagement. Von der Idee zum Markterfolg* (S. 271–292). München: Hanser.

Gassmann, O., & Enkel, E. (2006). Open Innovation. Die Öffnung des Innovationsprozesses erhöht das Innovationspotenzial. *Zeitschrift für Führung und Organisation, 75*(3), 132–138.

Gassmann, O., & Friesike, S. (2012). *33 Erfolgsprinzipien der Innovation*. München: Hanser.

Gebert, D. (2002). *Führung und Innovation*. Stuttgart: Kohlhammer.

Geissler, K. A. (2004). Grenzenlose Zeiten. *Aus Politik und Zeitgeschichte, 54*(31/32), 7–12.

Glanz, A., & Lambertus, T. (2010). Kulturelle und kommunikative Voraussetzungen für OI. In S. Ili (Hrsg.), *Open Innovation umsetzen. Prozesse, Methoden, Systeme, Kultur* (S. 359–383). Düsseldorf: Symposion.

Glotz, P. (1999). *Die beschleunigte Gesellschaft. Kulturkämpfe im digitalen Kapitalismus*. München: Kindler.

Hauschildt, J., & Gemünden, H.-G. (Hrsg.). (1999). *Promotoren – Champions der Innovation* (2. Aufl). Wiesbaden: Gabler.

Hauschildt, J., & Salomo, S. (2011). *Innovationsmanagement* (5. Aufl). München: Vahlen.

Ili, S. (Hrsg.). (2010). *Open Innovation umsetzen. Prozesse, Methoden, Systeme, Kultur*. Düsseldorf: Symposion.

Isaksen, S., & Tidd, J. (2006). *Meeting the iInnovation cChallenge. Leadership for tTransformation and gGrowth*. Chichester: Wiley.

Kaudela-Baum, S. (2012). Innovation leadership: Balancing paradoxes of innovation. In E. Nagel (Hrsg.), *Forschungswerkstatt Innovation. Verständnisse – Gestaltung – Kommunikation – Ressourcen* (S. 63–85). Stuttgart: Lucius & Lucius.

Kriegesmann, B., & Kerka, F. (2007). Managementkonzepte im Wandel – Vom Lean Management und Business Reengineering zur Lernenden Organisation. In B. Kriegesmann & F. Kerka (Hrsg.), *Innovationskulturen für den Aufbruch zu Neuem. Missverständnisse – praktische Erfahrungen – Handlungsfelder des Innovationsmanagements* (S. 15–41). Wiesbaden: Gabler.

Luhmann, N. (1990). Die Zukunft kann nicht beginnen. Temporalstrukturen der modernen Gesellschaft. In P. Sloterdijk (Hrsg.), *Vor der Jahrtausendwende: Bericht zur Lage der Zukunft* (Bd. 1, S. 119–150). Frankfurt a. M.: Suhrkamp.

Nusser, M. (2006). Wirtschaftliche Bedeutung und Wettbewerbsfähigkeit forschungs- und wissensintensiver Branchen. *TAB-Brief, 30,* 65–67.

Rammer, C., & Schmiele, A. (2008). Globalisation of innovation in SMEs: Why they go abroad and what they bring back home. *Applied Economics Quarterly Supplement, 59,* 173–206.

Reichwald, R., & Piller, F. (2009). *Interaktive Wertschöpfung. Open Innovation, Individualisierung und neue Formen der Arbeitsteilung* (2. Aufl). Wiesbaden: Gabler.

Reinhardt, W., Schmidt, B., Sloep, P., & Drachsler, H. (2011). Knowledge worker roles and actions – results of two empirical studies. *Knowledge and Process Management, 18*(3), 150–174.

Robertson, M., & Swan, J. (2004). Control – what control? – Culture and ambiguity within a knowledge intensive firm. *Journal of Management Studies, 40*(4), 831–858.

Rogers, E. M. (2003). *Diffusion of iInnovations* (5. Aufl). New York: Free Press.

Sackmann, S. (2000). Unternehmenskultur – Konstruktivistische Betrachtungen und deren Implikationen für die Unternehmenspraxis. In P. M. Hejl & H. K. Stahl (Hrsg.), *Management und Wirklichkeit. Das Konstruieren von Unternehmen, Märkten und Zukünften* (S. 141–158). Heidelberg: Carl Auer.

Schildhauer, T., & Johanssen, P. (2007). Führungsmethoden im Innovationsprozess. *Symposion Publishing*, 1–21.

Schneider, M., Kreibe, S., & Ilg, G. (2007). Teil I: Zeitlandschaften – Zeiten der Natur, Wirtschaft und Gesellschaft. In K. Weiss (Hrsg.), *Zeitstrategien in Innovationsprozessen. Neue Konzepte einer nachhaltigen Mobilität* (S. 23–74). Wiesbaden: DUV.

Schumpeter, J. (1911). *Theorie der wirtschaftlichen Entwicklung. Eine Untersuchung über Unternehmergewinn, Kapital, Kredit, Zins und den Konjunkturzyklus* (2. Aufl). München: Duncker & Humblot.

Simon, H. (2012). *Hidden Champions. Aufbruch nach Globalia. Die Erfolgsstrategien unbekannter Weltmarktführer*. Frankfurt a. M.: Campus.

Slama, A., Korell, M., Warschat, J., & Ohlhausen, P. (2006). Auf dem Weg zu schnelleren Innovationsprojekten. In H.-J. Bullinger (Hrsg.), *Fokus Innovation. Kräfte bündeln – Prozesse beschleunigen* (S. 111–136). München: Carl Hanser.

Voigt, K. I., & Wettengl, S. (1999). Innovationskooperationen im Zeitwettbewerb. http://wettengl.info/60_Veroeffentlichungen/VoWe1999.pdf. Zugegriffen: 31. Jan. 2013.

Das innovative Unternehmen und Innovationsförderung: Grundlagen

2

Um das Phänomen „Innovation Leadership" in dem in Kap. 1 beschriebenen Kontext systematisch zu fassen, sind einige theoretische und begriffliche Entscheidungen zu treffen. Im Folgenden werden zentrale Begriffsdefinitionen zu **Innovation** und **Kreativität** eingeführt. Danach wird ein sozialwissenschaftliches Fundament für die Konzeption von „Innovation Leadership" erarbeitet. Dafür wird einerseits der „Tatort" der innovationsfördernden Führung, d. h. das innovative Unternehmen als **„soziales System"**, und andererseits die Führungswirklichkeit als soziale Konstruktion konzeptualisiert. Die erkenntnistheoretischen Ausgangspunkte bilden dabei der **Sozialkonstruktivismus** (vgl. Gergen 2002; Burr 2003), die **neuere Systemtheorie** (vgl. Baecker 1999; Luhmann 2000) und **paradoxietheoretische Ansätze** (vgl. Smith und Lewis 2011).

2.1 Der Innovationsbegriff

Stellt man sich der Frage, was Innovation heißt, sind unterschiedliche Definitionen möglich – je nach wissenschaftlichem oder praktischem Diskurs, dem man sich anschließen will. Wenn man der Bedeutung von Innovation auf den Grund geht, kommt man nicht umhin, den Blick auf die Gegenstände der Innovation, deren Innovationsgrad, Wirkungen auf die organisationalen Beziehungen sowie die Handlungsfelder und die Kontexte, in denen Innovationen stattfinden, zu richten. Das folgende Kapitel widmet sich dem Hochwertbegriff „Innovation", beleuchtet ihn genauer und diskutiert ihn kritisch.

2.1.1 Innovation: Ursprung des Begriffs

Etymologisch leitet sich der Begriff aus dem lateinischen „innovare" ab. Das Wort „innovatio" taucht als erstes im Kirchenlatein ca. um 200 n. Chr. auf und bedeutet „Veränderung", „Erneuerung". Im Französischen ist der Begriff seit dem 13. Jahrhundert in Gebrauch. Dante verwendete das Verb „innovare" in seinen Werken; Shakespeare bezeichnete mit „innuator" die politische Neuerung; Schiller schließlich verknüpfte mit diesem Begriff etwas „Neues" (Müller 1997). – So viel zur Wortherkunft.

Im wirtschaftswissenschaftlichen Kontext findet sich die wohl klassischste und am meisten zitierte Definition von Innovation bei Joseph Alois Schumpeter (1911, 1939). Er bezeichnet nicht ein neues Produkt, sondern erst die Durchsetzung einer technischen oder organisatorischen Neuerung im Markt als Innovation. Der Rechtswissenschaftler Schumpeter hat sich in seinen zwei wichtigen Klassikern „Theorie der wirtschaftlichen Entwicklung" (1911) und „Business Cycles. A Theoretical, Historical, and Statistical Analysis of the Capitalist Process" (1939) eingehend mit der Frage beschäftigt, was eine Innovation ist und was als deren Gegenstand gilt. Innovation bedeutet für ihn: „[t]o produce other things, or the same things by different methods, means to combine these materials and forces differently" (1911, S. 65). Schumpeter unterscheidet insgesamt fünf verschiedene Typen von Innovationen: neue Güter, neue Produktionsmethoden, die Öffnung neuer Märkte, die Verwendung neuer (Roh-)Materialien sowie neue Organisationsformen in der Industrie (vgl. Schumpeter 1911, S. 87).

Schumpeters Definition von Innovation klingt wenig spektakulär. Doch zieht er in seinen Werken eine klare Grenze zwischen Invention – die eigentliche Erfindung, das heißt eine Erfindung wie etwa, um ein Beispiel von Schumpeter zu zitieren, Montgolfières Heißluftballon – und Innovation. Denn letztlich, so glaubt er, bleiben Erfindungen ökonomisch bedeutungslos, wenn sie nicht umgesetzt werden: „As long as [innovations] are not carried into practice, inventions are economically irrelevant" (Schumpeter 1911, S. 88).

2.1.2 Innovation: per se positiv?

Sei es in der Praxis, sei es in der Wissenschaft: Der Begriff der Innovation ist positiv konnotiert (vgl. Bauer 2006; Gärtner 2007); er ist geradezu zum Hochglanz-Begriff mutiert: Das Neue ist erfolgreicher, technisch überlegen und oft auch rationaler. Vor allem das Kriterium der Rationalität scheint der Impetus moderner Gesellschaften geworden zu sein, der seinen Ausdruck in der Ökonomie findet. Doch lässt sich mit dem berühmten Soziologen Max Weber auch argumentieren, dass zweckrationales Handeln durchaus nicht voraussetzungslos ist (vgl. Weber 2002). Als Wertmaßstäbe für das, was als rational gilt, werden „ethische, politische, utilitaristische, hedonistische, ständische, egalitäre oder irgendwelche anderen Forderungen" (Weber 2002, S. 45) herangezogen. Es geht also im normativen Sinne bei der Definition von Innovation immer darum, wer die entsprechenden Bewertungen vornimmt.

Ob eine Innovation tatsächlich einen Gewinn für die Unternehmung darstellt, ist grundsätzlich perspektivisch zu betrachten. Innovationsprozesse gehen meist mit organisationalen Veränderungsprozessen einher und in Veränderungsprozessen gibt es immer Gewinner und Verlierer. Wenn eine neue Software der Treiber eines neuen Geschäftsmodells ist, dann ist der Entwickler, der die alte Software perfekt beherrscht hat, erst einmal der Verlierer und muss sich anstrengen, um in Zukunft mitzuhalten. Produktinnovationen können für die einen Machtgewinn, Gewinnsteigerung, Sicherheit oder Wachstumsmöglichkeiten darstellen. Für die anderen ziehen dieselben Produktinnovationen möglicherweise unabsehbare ökologische und gesundheitliche Konsequenzen nach sich (denken wir an Weichmacher in der Plastikindustrie, die Entwicklung der Atombombe, Pflanzenschutzmittel gegen Schädlinge).

2.1.3 Innovation: objektiv messbar?

Ist Innovation objektiv messbar? Ob ein Gegenstand als innovativ betrachtet wird, ist abhängig von den Zuschreibungen seitens der Mitarbeitenden oder Kunden. Sie sind es letztlich, die das Neue definieren und auch bewerten. Rogers fasst die „subjektive Dimension" von Innovation wie folgt: „An innovation […] is perceived as new by an individual or other unit of adoption. It matters little, so far as human behaviour is concerned, whether or not an idea is ‚objectively' new as measured by the lapse of time since its first use or discovery" (Rogers 2003, S. 12). Individuen oder auch gesellschaftliche Gruppen, Organisationen, Branchen erleben einen Gegenstand als innovativ und schreiben diesem entsprechend neue Bedeutungen zu, die allenthalben veränderte Praktiken nach sich ziehen. So hat zum Beispiel das Mobiltelefon eine neue Bedeutung in unserem Leben erhalten. Wir verlassen das Haus nicht mehr ohne – es ist Teil einer Selbstverständlichkeit geworden, immer erreichbar zu sein. Das neue Artefakt hat auch unsere Kommunikationsmuster verändert: Abmachungen werden in der letzten Minute per Mobiltelefon abgesagt oder verschoben; Anrufe auf dem Festnetz gibt es kaum noch – mit Ausnahme derjenigen der Schwiegermama.

Arbeiten aus dem Bereich der Wissenschafts- und Techniksoziologie unterstreichen dies. Liest man zum Beispiel die Texte von Ilkka Tuomi, der Innovationstheorien und soziale Kollaborationen untersucht hat, die das Internet, das WWW und die Open-Resource-Systeme generiert haben, ist Innovation „therefore as much about creating meaning as it is about creating novel material artefacts. Or – more exactly – it is more about creating meanings than it is about creating artefacts" (Tuomi 2002, S. 13). Interessant an Tuomis Interpretation von Innovation ist, dass es vor allem die Konstruktion von Bedeutungszusammenhängen ist, die mit der Schaffung von innovativen Produkten einhergeht. Indem die Mitarbeitenden, die in einem Team unterschiedliche Funktionen und Rollen einnehmen, sich über ein Produkt erst verständigen, Bedeutung aushandeln und sich auch einigen, verändern sie die Bedeutung eines innovativen Produktes. Dies ähnelt einem hermeneutischen Verfahren. Neue Technologien werden eingeführt, von Kunden getestet, und mit Hilfe vorläufiger Zwischenergebnisse werden erste Erkenntnisse generiert. Diese

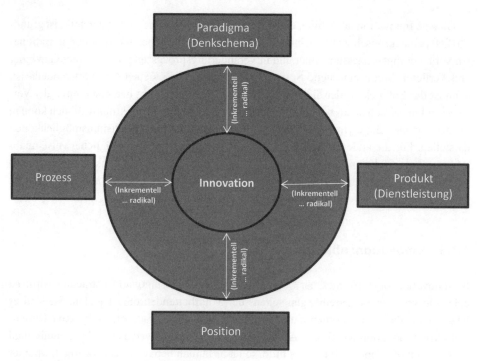

Abb. 2.1 Die 4 Ps im Innovationsfeld. (Quelle: in Anlehnung an Tidd und Bessant 2009, S. 22)

reflektieren Forscher und Entwickler wieder, sie entwickeln neue Assoziationen, sammeln Eindrücke, werfen Fragen auf – und so geht es immer weiter. Und dabei schält sich der Innovationsgehalt einer Idee oder eines Entwurfs immer klarer heraus.

Diese Veränderungen in der Bedeutung eines innovativen Produktes oder einer innovativen Dienstleistung wirken sich denn auch auf die Praktiken aus. Des Weiteren agieren Mitarbeitende in diesen Aushandlungsprozessen immer in einem bestimmten organisationalen Kontext, der auch einen Einfluss auf ihr Handeln ausübt. Innovative Diskurse sind also immer eingebettet in verschiedene Strukturen, die auch auf die Praxis einwirken. Eines ist gewiss: Je nach verwendeter Definition fließen andere Aspekte in die Betrachtung ein: Macht, Interessen, subjektive Erwartungen, Vertrauen, Rollen, Kontext, Strukturen, Institutionen sind nur einige dieser Konzepte, die man betrachten könnte. Das Thema lässt sich also nicht auf wenige „Regeln" reduzieren. Gleichwohl lohnt es sich, die verschiedenen Aspekte der Innovation zu beleuchten. Im Folgenden wird versucht, anhand der inhaltlichen Dimension ein wenig Licht ins Dunkel zu bringen, um dem Prozess des Innovierens achtsamer zu begegnen.

2.1.4 Gegenstand der Innovation

Die inhaltliche Dimension (vgl. Abb. 2.1) setzt sich mit der Frage auseinander, *was* neu ist. Auch hier hat Schumpeters Ansatz Eingang in zahlreiche Definitionen gefunden. Die

Tab. 2.1 Einteilung von Prozessinnovationen nach Gegenstandsbereichen. (Quelle: in Anlehnung an Kaudela-Baum et al. 2008)

Gegenstandsbereich	Beispiel
Fertigungsprozessinnovation	Serienproduktion von Carbon-Teilen in der Automobilindustrie
Verfahrensprozessinnovation	BPA-freie Babyplastikflaschen
Verteilungsprozessinnovation	E-Books
Sozialinnovation	Elterngeld
Managementinnovation	Virtual Communities of Practice
Organisationsinnovation	Strategische Allianzen mit Kunden

Produktinnovation – die „Real- oder Sachtechnik" (Rammert 1993, S. 11) –, welche eine Änderung, eine Verbesserung von Produkten bedeutet, die eine Organisation vornimmt, ist wohl die geläufigste Definition (vgl. Tidd und Bessant 2009).

Der Innovationsbegriff lässt sich stark erweitern. So finden sich in der Literatur Begriffe wie „behaviour, thing, device, system, policy, process, product, procedure oder technology" (Gärtner 2007, S. 18), um den Gegenstand der Innovation zu fassen. Die Prozessdefinition etwa richtet das Augenmerk auf die Erneuerung der Verfahren, wie ein Produkt hergestellt wird (vgl. Tidd und Bessant 2009). Bei der Produkt- wie auch Prozessinnovation handelt es sich um technische Innovationen, wenn wir die Definition von Technik als „künstlich hervorgebrachte Verfahren und Gebilde" (Rammert 1993, S. 10) akzeptieren.

Unter **Prozessinnovation** werden nicht nur Fertigungs-, Verfahrens- und Verteilungsprozesse der Produktinnovation verstanden; es können zudem auch noch die bereits bei Schumpeter mitgedachten Sozial-, Management- und Organisationsinnovationen miteinbezogen werden (vgl. Gärtner 2007, S. 18). Die organisationale Innovation hat sich als Begriff weitgehend durchgesetzt und „refers to the creation or adoption of an idea or behaviour new to the organization" (Lam 2004, S. 3). Teilweise ist die Unterscheidung zwischen organisationsbasierten Innovationen und Prozessinnovationen schwierig, da beide meist zur Kostensenkung und Effizienzsteigerung dienen. Als grobe Richtlinie beinhalten Organisationsinnovationen generell die Organisation von Menschen und Arbeitsabläufen, während Prozessinnovationen eher neue Techniken oder neue Betriebsmittel umfassen. In Tab. 2.1 werden die Unterschiede zwischen den verschiedenen Prozessinnovationstypen anhand von Beispielen illustriert.

Eine weitere inhaltliche Dimension von Innovation ist die von Tidd und Bessant (2009, S. 21–22) vorgeschlagene **Positionsinnovation**. Das Beispiel der Levi-Strauss-Jeans macht dieses Konzept deutlich. Ursprünglich trugen nur Arbeiter die Jeans, welche strapazierfähig und fast unverwüstlich war. Heutzutage ist die Jeans zu einem nicht mehr wegzudenkenden *fashion item* der Modeindustrie geworden. Ein weiteres Beispiel ist die Neupositionierung der Armbanduhr als *fashion item* durch die Markenstrategie der Swatch in den 1980er-Jahren. Auch da hat sich eine andere Positionierung des Produktes durchgesetzt.

Bei der **Paradigmainnovation** schließlich handelt es sich in der Regel um einen sozialen Wandel, in welchem die Kundinnen und Kunden sich gegenüber einem Produkt anders verhalten – sozusagen einen Wandel in ihren Denkschemata vollzogen haben. So kaufen heute viele Kundinnen nicht mehr in Boutiquen ein, sondern bestellen ihre Kleider online zu Hause und verzichten auf das „Kauferlebnis" in der Stadt. Ein Paradigmenwechsel hat also stattgefunden.

Die Abb. 2.1 von Tidd und Bessant (2009, S. 22) gibt einen Überblick über die inhaltlichen Dimensionen der Innovation.

2.1.5 Innovationsgrad

Wenn von Innovation die Rede ist, heben heute die Medien gerne die *big steps* bzw. die radikalen Innovationen hervor. Auf Fachkonferenzen und Wirtschaftsveranstaltungen halten Expertinnen Vorträge über Innovationen und illustrieren diese üblicherweise mit prominenten Beispielen aus dem Bereich der Produkt- und Marketinginnovationen. Dabei werden insbesondere Innovationen aus dem Business-to-Consumer-Markt (BtoC) wie der iPod®, die Bionade oder der Dyson-Staubsauger in den Vordergrund gestellt, greifbare „Hochglanzprodukte" für Endkunden, deren Innovationsgeschichte gut erzählbar ist (vgl. z. B. Scholtissek 2009).

Doch wie neu muss ein Gegenstand oder ein Prozess sein, damit er tatsächlich als Innovation gilt? Wiederum findet sich bei Schumpeter eine überzeugende Vorlage. Die Veränderungen beziehungsweise Entwicklungen, die sich aus einer Innovation ergeben, sind …

> …entirely foreign to what may be observed in the circular flow or in the tendency towards equilibrium. It is spontaneous and discontinuous change in the channels of the flow, disturbance of equilibrium, which forever alters and displaces the equilibrium state previously existing. (Schumpeter 1911, S. 64)

Adaptionen – oder um einen heute gängigen Begriff zu verwenden: inkrementelle Innovationen – interessieren ihn nicht; denn sie sind „part and parcel of the most ordinary run of economic routine within given production functions" (Schumpeter 1911, S. 88). Die **inkrementelle Innovation** ist also von der **radikalen Innovation** zu unterscheiden. Um ein Beispiel zu geben: „Eine radikale Innovation ist bspw. die Erfindung des Rades, während die anhaltende Verbesserung des Rades (Material, Nabe und Pneu etc.) mit inkrementellem Fortschritt zu beschreiben ist." (Biniok 2013, S. 10 f.).

Das Bild der schöpferischen Zerstörung, das Schumpeter geprägt hat, beschreibt die radikale Innovation. Es handelt sich um Erfolgsgeschichten wie z. B. die Entwicklung von Touchscreen-Handys, die revolutionär, disruptiv sind und so die Tiefe des dadurch verursachten wirtschaftlichen und gesellschaftlichen (Bedeutungs-)Wandels darstellen.

Die drei in der Literatur häufig aufgeführten Neuigkeitsgrade (vgl. Hauschild und Salomo 2011) werden in Tab. 2.2 aufgeführt und jeweils mit Beispielen illustriert.

So ist die Bäckereikette in einem Zukunftsmeeting mit dem Hersteller von Brotbackmischungen beispielsweise an einer Toskana-Brotbackmischung oder Rustikal-Brotbackmischung interessiert, damit kann die Kette ihr Sortiment ergänzen und auffrischen. Aber es geht nicht um die Erfindung einer Alternative zum herkömmlichen Brotprodukt.

Tab. 2.2 Innovationsgrad der Innovation. (Quelle: in Anlehnung an Hartschen, Scherer und Brügger 2009)

Ausmaß der Neuartigkeit der Innovation	Beispiele
Routineinnovationen optimieren bestehende Produkt-, Dienstleistungs- oder Prozesseigenschaften und haben nur eine kurze Wettbewerbswirkung	Weihnachtsgewürze im Joghurt Stromspargeräte
Inkrementelle Innovationen stellen eine wesentliche Verbesserung gegenüber einem bestehenden Produkt, einer Dienstleistung oder einem Prozess dar. Sie bieten einen mittelfristigen Wettbewerbsvorteil	Neue Benutzeroberfläche für ein industrielles Messgerät Energieeffizientere Motoren
Radikale Innovationen beinhalten vollkommen neue Anwenderlösungen und stellen einen Paradigmenwechsel für Kunden dar	Atmungsaktive Schuhe Touch Pad

Gerade Business-to-Business-Kunden gehen im Rahmen einer gemeinsamen Produktentwicklung ungern das Wagnis ein, ihrer Geschäftsleitung den Vorschlag zu machen, mit Hilfe neuer Produkte oder Dienstleistungen des Anbieters ihrerseits neue Angebote am Markt zu platzieren oder große Investitionen in Kauf zu nehmen, um die neuen Produkte im Unternehmen umzusetzen. „Viele meiden den Aufwand und das Risiko von neuen Strategien, solange ihr bisheriges Verhalten an ihrem eigenen Markt nach ihren eigenen Maßstäben noch hinreichend profitabel ist" (Weidmann und Armutat 2008, S. 71). Häufig warten Kunden auch bis zu dem Zeitpunkt, an dem einzelne Komponenten nicht mehr erhältlich sind oder die Software nicht mehr auf einem veralteten System läuft, bis sie also gezwungen sind, größere Investitionen in die Erneuerung ihrer Produkte, Applikationen oder Dienstleistungen zu tätigen.

Für eine Unternehmung stellt die radikale Innovation ein hohes Risiko dar. Denn bei einer inkrementellen Innovation ist der Prozess noch klar umschrieben und planbar. Kontinuierliche Verbesserungen folgen einer Routinelogik, die systematisch und relativ einfach zu modellieren ist. Schließlich funktionieren inkrementelle Innovationen in der Regel gemäß der Praxis „do better, yet more of the same".

Doch eine radikale Innovation bricht mit den in der Organisation vorhandenen Logiken. Prozesse, die radikale Innovationen hervorbringen, sind kaum zu definieren; sie als Ziel zu setzen ist fast nicht möglich (Tidd und Bessant 2009). Bei einer radikalen Innovation sind vielfache organisationale Barrieren zu überwinden; es gilt, etablierte Pfade zu verlassen. Innovationsprozesse, die auf eine radikale Innovation zusteuern, gehorchen keiner Logik und benötigen – wie in Abschn. 2.1.4 erwähnt – besonders hohe Freiheitsgrade, um schnell und unkompliziert auf Chancen und Risiken, die mit einer radikalen Innovation einhergehen, zu reagieren.

Wenn Innovation per se nur auf radikale Innovation beschränkt wird, dann besteht die Gefahr, dass dieses Innovationsparadigma, das sich heute durch viele Managementansätze zieht, zur Bedrohung für das Unternehmen wird. Denn Routinen sind neben radikalen Experimenten für ein Unternehmen notwendig, um sich selbst zu erhalten bzw. zu stabilisieren. Auch besteht bei einer Beschränkung auf radikale Innovation die Gefahr, dass alle anderen Entwicklungsarbeiten, die einen Beitrag zur Innovationsfähigkeit des Unternehmens leisten, als nicht besonders förderungs- und führungswürdig bewertet werden. Branchen, die mehrheitlich inkrementell bzw. routinehaft innovieren, werden so komplett vom aktuellen Diskurs im Bereich der Innovationsförderung ausgeschlossen bzw. fühlen sich auch nicht „angesprochen". Hier gilt es, eine differenzierte Betrachtung vorzunehmen und Führungs- und Managementkonzepte zu entwickeln, die auf den jeweiligen Innovationsgrad im Unternehmen zugeschnitten sind.

2.1.6 Exploration vs. Exploitation

In Bezug auf die innovationsorientierte Führung ist insbesondere die organisationstheoretische Betrachtung des paradoxen Zusammenspiels (Abschn. 2.4) zwischen Exploration und Exploitation relevant (vgl. March 1991; Andriopoulos und Lewis 2009; Beech et al. 2004; Smith und Tushman 2005). Gemäß March (1991) pflegen Organisationen zwei divergierende Handlungsmuster im Umgang mit Wissen. Diese Handlungsmuster orientieren sich einerseits an der Entwicklung vollständig neuen Wissens jenseits des bisherigen Tätigkeitsfeldes (Exploration) und andererseits an der Nutzung bereits in der Organisation vorhandener Wissensvorräte (Exploitation). Diese unterschiedlichen Muster münden in Wissen von jeweils unterschiedlicher Quantität und Qualität (vgl. Levinthal und March 1993). Durch die Nutzung bereits vorhandener Wissensvorräte lässt sich ein Wissensgewinn erreichen, dieser stellt aber nur eine Vertiefung der bestehenden Wissensbasis dar. Explorative Verhaltensmuster sind verbunden mit Experimentieren, mit Suchen nach neuem Wissen, d. h. das Ziel ist es, die organisationale Wissensbasis auszudehnen. Im Falle der Exploitation lassen sich vorhandene Kompetenzen effizienter nutzen oder ausbauen; im Falle der Exploration lassen sich zusätzlich vollkommen neue Kompetenzen gewinnen, um so die Anpassungsfähigkeit der Organisation an neue Anforderungen zu stärken.

Übertragen wir diesen Ansatz auf organisationale Innovationsprozesse, dann ist Exploration stärker mit radikaler Innovation, dem Eintritt in neue Absatzmärkte und neue Technologieentwicklungen verbunden, während Exploitation stärker mit der Reduktion von Varianz, der Einhaltung von Regeln, Konformität und Risikovermeidung, d. h. auch Entwicklung nach Kundenauftrag, verbunden ist (vgl. Rosing et al. 2010).

> Both exploration and exploitation have their benefits and their costs. For example, exploration may lead to radically new products, but the success of these products may be very uncertain. The outcome of exploitation in turn is rather predictable, but will be unlikely to lead to competitive advantage in the long run. Thus, for firms to be successful in the short and also the long run it is necessary to be both explorative and exploitative – i.e. to be ambidextrous. (Rosing et al. 2010, S. 192)

Das heißt: Organisationen müssen lernen, zwei Spiele gleichzeitig zu spielen. „They must be able to evolve productively through periods of incremental adaptation and ride the rough waves of discontinuity" (Isaksen und Tidd 2006, S. 41). Die Gefahr besteht demnach in der einseitigen Fokussierung auf eines der beiden Lern- und Innovationsmuster. Die daraus abgeleitete Forderung nach einer gleichberechtigten Koexistenz von Exploration und Exploitation findet ihre Entsprechung u. a. im Konzept der **ambidextren Organisation** bzw. der **ambidextren Führung** (vgl. Tushman und O'Reilly 1996; Isaksen und Tidd 2006; Rosing et al. 2010; Smith und Lewis 2011) (Abschn. 3.4).

2.2 Der Kreativitätsbegriff

Ein weiterer Begriff, der für die konzeptionelle Fassung von Innnovation Leadership eine Basis bildet, ist der Begriff der Kreativität. In der Literatur existieren zahlreiche Vorstellungen und Definitionsangebote dazu, und es ist schwierig, einen roten Faden zu finden. Kreativität kann daher nur in einem differenzierten Konzept zusammengefasst werden. Wir beginnen mit der klassischen Kreativitätsforschung und widmen uns danach der Kreativität als systemischem, kontextgebundenem Phänomen.

2.2.1 Kreativität: Ursprung des Begriffs

Nachdem das Kreativitätskonstrukt bis Mitte des 20. Jahrhunderts in erster Linie als Subelement des Intelligenzbegriffes verstanden wurde, existiert in der einschlägigen Literatur bis heute keine allgemeingültige Definition der Kreativität. Sie lässt sich nur unscharf definieren. Holm-Hadulla (2010) definiert Kreativität als „Fähigkeit, etwas Neues zu schaffen, sei es eine Problemlösung, eine Entdeckung, Erfindung oder ein neues Produkt" (S. 11). Es entsteht zusehends ein Konsens in der heutigen Literatur, dass Kreativität das Erarbeiten von qualitativ hochstehenden, originellen und eleganten Lösungen von komplexen, neuen, schlecht definierten oder strukturierten Problemstellungen ist (vgl. Mumford et al. 2012; Christiaans 2002; Heber 2010).

Klassicherweise wird der Terminus in vier Dimensionen beleuchtet (vgl. Amabile 1988): 1) das kreative Produkt, 2) der kreative Prozess, 3) die kreative Persönlichkeit und 4) die kreative Umwelt. Die erste Dimension möchten wir hier nicht weiter vertiefen, sie berührt eher den Bereich der Produktentwicklung. Die zweite Dimension fließt in unsere Prozessbetrachtung ein (Abschn. 7.2.5), die dritte Dimension wird in Abschn. 9.2.3 vertieft, und die vierte Dimension wird in der organisationalen Dimension unseres integrierten innovationsfördernden Führungsmodells behandelt, indem die Merkmale einer Innovationskultur beschrieben werden (Kap. 7 und 8).

Entsprechend den oben genannten Dimensionen lassen sich die Definitionen grundsätzlich auch in die Kategorien produktorientiert, prozessorientiert, persönlichkeitsorientiert oder umweltorientiert einordnen (vgl. Tab. 2.3).

Tab. 2.3 Übersicht Ansätze der Kreativitätsforschung. (Quelle: in Anlehnung an Heber 2010)

Ansätze der Kreativitätsforschung			
Produktorientierter Ansatz	Prozessorientierter Ansatz	Umweltorientierter Ansatz	Persönlichkeitsorientierter Ansatz
Bewertung, Inhalt, Qualität und Quantität des kreativen Produktes	Phasen des kreativen Prozesses z. B. Problemdefinition, Ideenfindung	Soziale und physische Umwelt z. B. Organisation, Kultur	Kreativität im Zusammenhang mit Intelligenz, Leistung, Fähigkeiten, Persönlichkeitsmerkmalen, kognitiven Stilen und Problemlösungsstrategien

Die Fähigkeit, etwas Neues zu schaffen, ist in vielen Unternehmensbereichen und Funktionen gefragt. So spielt die Förderung von Kreativität in verschiedene Führungsbereiche hinein und wird in verschiedenen nachfolgenden Kapiteln diskutiert. In diesem Abschnitt widmen wir uns lediglich einer grundlegenden Einführung des Begriffs.

Die unterschiedlichen Ansätze zur Kreativitätsforschung weisen eine große disziplinäre Spannweite auf. So wird Kreativität unter anderem aus einer klinischen, kognitiven, interkulturellen, genetischen, organisatorischen oder auch sozialwissenschaftlichen Perspektive beleuchtet. Fragt man nach Kreativität im Berufsleben, denkt man schnell an als kreativ empfundene Jobs wie Modedesigner, Architekten, Marketing Manager, Floristen oder gar den Chocolatier. Doch Kreativität umfasst mehr als das künstlerische Geschick oder die Originalität, mit denen wir den Begriff verbinden. Im betriebswirtschaftlichen Kontext muss eine kreative Idee auch nützlich und umsetzbar sein, um als Innovation erfolgreich zu sein.

Theresa Amabile (1996) beschränkt Kreativität nicht nur auf eine flexible, erfinderische Denkweise, sondern definiert sie anhand von drei Komponenten: **Expertise, schöpferisches Denken und Motivation**.

Unter **Expertise** versteht Amabile im weitesten Sinn das Wissen und das Können einer Person. Ob dieses Wissen und das Können zum Beispiel über Praxiserfahrung oder formal über ein Studium angeeignet worden sind, ist nebensächlich. Amabile definiert den Begriff Expertise als einen intellektuellen Raum, in dem die Person Probleme erkennt und löst. Je größer dieser Raum, desto besser.

Das **schöpferische Denken** bezieht sich im Gegensatz dazu darauf, wie jemand Probleme angeht und Lösungen findet. Die Fähigkeit, Bestehendes neu zu kombinieren, den Status quo in Frage zu stellen und davon abzuweichen, Wissen aus unterschiedlichen Bereichen zu kombinieren sowie auch der produktive Umgang mit Hemmnissen und Misserfolgen sind wichtige Indikatoren des schöpferischen Denkens. Dieser Aspekt hängt verhältnismäßig stark von der Persönlichkeit ab sowie von dem Denk- und Arbeitsstil der Person. Während sowohl die Expertise als auch das schöpferische Denken sozusagen das Rohmaterial für das kreative Schaffen sind, bestimmt letztlich die Motivation, ob dieses Potenzial vom Mitarbeitenden auch genutzt wird.

2.2 Der Kreativitätsbegriff

Die Forschungsergebnisse von Amabile (1988) zeigen jedoch auch auf, dass die **intrinsische Motivation** – also die Leidenschaft und das Interesse des Mitarbeitenden für seinen Job – für das kreative Handeln deutlich wichtiger ist. Während die extrinsische Motivation zum Beispiel in Form von monetären Anreizen den Geführten antreibt, seine Aufgabe zu erfüllen, kann sie kaum die Begeisterung, das Interesse und den Spaß an der Arbeit selbst ersetzen.

2.2.2 Kreativität im linearen Innovationsprozess und ihr soziokulturelles Umfeld

Es existiert also eine Vielfalt an Kreativitätsvorstellungen. Aber dies ist kein Grund zur Resignation. Es kommt einfach stark darauf an, wo sich Kreativität realisiert. Dieser Gedankengang soll nachfolgend ausgeführt werden.

> Die vielschichtigen, sich teilweise widersprechenden Ideen zur Kreativität reflektieren nämlich eine Realität: Kreative Persönlichkeiten, kreative Arbeitsformen und kreative Rahmenbedingungen unterscheiden sich in verschiedenen Tätigkeitsbereichen in grundsätzlicher Weise. So werden technische Erfindungen von Menschen mit anderen Persönlichkeitsprofilen und Arbeitstechniken erbracht als kulturwissenschaftliche Entdeckungen, und politische Innovationen kommen auf anderen Wegen zustande als Kunstwerke. (Holm-Hadulla 2010, S. 10)

Wir gehen davon aus, dass die Kreativität von Mitarbeitenden in verschiedenen Bereichen der Entwicklung von Innovationen einen Erfolgsfaktor darstellt. Wenn man das in der Praxis sehr etablierte Bild der Innovation als Prozess übernimmt, der sich von der Phase der Ideengenerierung über die Phase der Ideenentwicklung und Ideenselektion bis hin zur Ideenimplementation erstreckt, dann lässt sich vor dem Hintergrund der breit gefassten Definition von Kreativität festhalten, dass diese in allen Phasen gefragt ist. Sicher spielen kreative Prozesse vor allem in der Ideengenerierungsphase eine bedeutende Rolle, dürfen jedoch auch in späteren Phasen, das heißt z. B. im Rahmen der Produktentwicklung oder vermarktung oder in der Entwicklung oder Überarbeitung von Geschäftsmodellen nicht ausgeblendet werden. Auch in der Umsetzungsphase von Ideen sind kreative Köpfe gefragt. Aber in dieser Phase müssen neben kreativitätsbegünstigenden noch innovationsbegünstigende Eigenschaften dazu kommen (Abschn. 9.3). Gerade weil sich das Prozessverständnis im Innovationsmanagement so stark in der Praxis durchgesetzt hat, ist eine analytische Trennlinie zwischen einer Kreativitätsphase und einer Umsetzungsphase im Innovationsprozess durchaus vertretbar und wird in Abschn. 7.2.5 im Hinblick auf Implikationen für die Personalführung näher ausgeführt.

> **Die Swatch fiel nicht vom Himmel**
>
> Die Entwicklung der Swatch zeigt auf, wie viele kreative Akteure aus unterschiedlichen Funktionsbereichen und mit mannigfachen Branchenkenntnissen zu verschiede-

nen Zeitpunkten wichtige Beiträge zum Innovationserfolg geliefert haben. Darüber hinaus zeigt die Geschichte der Swatch auf, wie bedeutend Freiräume für die Entstehung von bahnbrechenden Innovationen sind:

Auf der Basis einer vagen Zeichnung des damaligen Chefs der Uhrenfabrik ETA, Ernst Thomke, entwickelten zwei junge Ingenieure, Elmar Mock (Uhrmacher, Mikrotechnik- und Kunststoffingenieur) und Jacques Müller (Mikrotechnik-Ingenieur) ohne Businessplan, ohne Pflichtenheft, ohne Amortisationsplan, ohne Preisstudie, ohne Untersuchung des Marktes, ohne Margenberechnung, ohne Berechnung der erforderlichen Investitionen, aber mit einigen sehr klaren konzeptionellen Einschränkungen (geschlossener Raum) den Prototypen der Swatch-Uhr. „Unser wichtigster Trumpf war die Freiheit, die man uns zugestand. Wir brauchten nicht Bestandteile von bereits existierenden Uhren zu rezyklieren. Wir waren bei der Wahl der technischen Optionen vollständig frei. Maßgebend war das Erreichen des Zieles", fasst Mock zusammen (Mock et al. 2013, S. 30–31). Die kulturellen Innovationsbedingungen bezeichnen Mock et al. (2013) als „königlicher Friede für die beiden Hofnarren" (S. 31). Thomke stellte das Duo von allen bestehenden Projekten und Verpflichtungen frei, gab ihnen aber nur sechs Monate, um die Uhr zu entwickeln. Von der ersten Zeichnung 1979 bis zum Verkauf der ersten Swatch-Kollektion in den USA dauerte es drei Jahre. Um aus einem industriellen Produkt mit extrem niedrigen Produktionskosten einen Modeartikel zu kreieren, reichte die Ingenieurskunst jedoch nicht aus. Ursprünglich wurde die Swatch als reine Billiguhr („Kampfuhr") für Asien, Afrika und Südamerika konzipiert. Aber das Preisargument alleine überzeugte nicht, weil die Japaner bereits mit Quarzuhren im unteren Preissegment auf den Markt kamen.

Da kam Jürg Sprecher, branchenunabhängiger Marketingspezialist, mit ins Spiel. Er entwickelte ein Marketingkonzept, in dem nicht die „Billiguhr", sondern die „Modeuhr" im Vordergrund stand. Er dachte die Uhr völlig neu als „Mode-Accessoire" analog zu einer Krawatte oder Ohrringen. Und dieses Modeprodukt wurde durch ständig wechselnde Kollektionen in kurzen Zeitabständen immer wieder neu entwickelt. Durch den günstigen Preis konnten sich die Kundinnen und Kunden immer wieder eine Uhr aus der neuen „Mode-Kollektion" leisten (kurze Produktlebenszyklen mit ständig wechselnder Neuauflage).

Auch die Distribution der Uhr war völlig neu: Sie wurde zunehmend in Form von Shop-in-Shop-Systemen in Warenhäusern vertrieben. Das war für den Vertrieb von Uhren ebenfalls völlig neu. Nur durch diese Kombination zwischen Ingenieurs- und Vermarktungskunst wurde die Swatch zu einer radikalen Innovation: billig, robust, einfach, modisch, austauschbar – das war die neue Formel. In diesen kreativen Prozess waren neben den genannten Personen natürlich noch viele weitere eingebunden und haben wichtige Beiträge geleistet, aber anhand dieses Beispiels kann der Mythos des einzelnen Erfinders, des kreativen Genies deutlich entmystifiziert werden. (Vgl. Mock et al. 2013)

Es ist hervorzuheben, dass Kreativität nicht im Kopf einer Person stattfindet, sondern in der Interaktion zwischen individuellen Denkprozessen und einem soziokulturellen Kon-

2.2 Der Kreativitätsbegriff

text. **Kreativität ist ein ausgeprägt systemisches Phänomen** (vgl. Csikszentmihalyi 2010):

> Damit eine Idee Wirkung zeigen kann, muss sie in Begriffe gekleidet werden, die für andere verständlich sind; sie muss von den Experten im Feld anerkannt und schließlich in ihre jeweilige kulturelle Domäne aufgenommen werden. Deshalb geht meine erste Frage nicht dahin, *was* Kreativität ist, sondern *wo* sie in Erscheinung tritt. (Csikszentmihalyi 2010, S. 47, Hervorhebung im Original)

Nach Csikszentmihalyi (2010) setzt sich das System, in dem man Kreativität wahrnehmen kann, aus drei Dimensionen zusammen:

1. **Domäne**: Eine Domäne besteht – ähnlich wie eine Disziplin – aus symbolischen Regeln und Verfahrensweisen. Eine solche Domäne ist beispielsweise die Architektur oder die Mathematik. Eine Domäne ist wiederum eingebettet in gesellschaftlich geteilte kulturelle Normen und Werte
2. **Feld:** Dazu gehören alle Personen, die den Zugang zu einer Domäne bestimmen. Vom Feld hängt es ab, ob die Idee angenommen wird oder nicht. Ob bspw. ein neuer Managementansatz es wert ist, anerkannt, erhalten und erinnert zu werden, bestimmt ein Feld aus Managementforschenden, Studierenden, Mitgliedern von Unternehmen, Beratungen, Buchverlagen, Herausgebern von Zeitschriften, Organisatoren von Fachkonferenzen, Journalisten usw. Eben alle, die das Feld bilden
3. **Individuum:** Kreativität findet statt, wenn ein Mensch, der mit den Symbolen einer bestehenden Domäne arbeitet, eine neue Idee entwickelt, und wenn diese von dem entsprechenden Feld ausgewählt und in die relevante Domäne integriert wird

Die **Definition von Kreativität**, die sich aus diesem Ansatz ableitet, lautet:

▶ **Kreativität** ist jede Handlung, Idee oder Sache, die eine bestehende Domäne verändert oder eine bestehende Domäne in eine neue verwandelt. Und ein kreativer Mensch ist eine Person, deren Denken oder Handeln eine Domäne verändert oder eine neue Domäne begründet. (Csikszentmihalyi 2010, S. 48)

Preiser (1976) liefert eine ähnliche Definition: „Eine Idee wird in einem sozialen System als kreativ akzeptiert, wenn sie in einer bestimmten Situation neu ist oder neuartige Elemente enthält und wenn ein sinnvoller Beitrag zu einer Problemlösung gesehen wird" (S. 5). Die Bewertung der Neuheit ist dabei vom sozialen Kontext abhängig, und Wertungen in Bezug auf die Sinnhaftigkeit einer Idee hängen von der Interpretation der Beurteilenden ab (vgl. Preiser 1976).

Was impliziert diese systemische Definition von Kreativität? Kreative Menschen unterscheiden sich nicht zwangsläufig von anderen Menschen bzw. die Eigenschaft „Kreativität" ist nicht entscheidend dafür, ob eine Person kreativ sein wird oder nicht. Vielmehr ist es zentral, ob ihr kreatives Handeln anerkannt und in die Domäne, d. h. in das soziale

„Referenzsystem" aufgenommen wird. Wenn man eine Innovation als Veränderung einer Domäne interpretiert, so kann das Merkmal der persönlichen Kreativität zu einem erfolgreichen Innovationsprozess beitragen, muss aber nicht. **Kreativität und soziale Anerkennung sind vor diesem Hintergrund untrennbar miteinander verbunden.**

Damian Hirst – Wie schafft man sich einen eigenen (Kunst-)Markt?

Das Beispiel von Damian Hirst entstammt dem Kunstmarkt. 2007 stellte er seine Kunstwerke in der *Beyond Belief*-Ausstellung in der White Cube Gallery in London aus. Das zentrale Ausstellungsstück war ein Totenkopf aus Platin, besetzt mit 8601 Diamanten. Die Herstellungskosten lagen bei ca. 15 Millionen Pfund. Die Produktionskosten für dieses Kunstwerk sprengten alle bestehenden Grenzen der modernen Kunstszene. Damian Hirst setzte den Kaufpreis bei 50 Millionen Pfund an. Wie zu erwarten fand sich für den funkelnden Totenschädel mit dem Namen „For the Love of God" nicht sofort ein Käufer. Bis zum Jahr 2008. In diesem Jahr wurde das Kunstwerk an ein Konsortium verkauft, zu dem u. a. Damian Hirst selbst und auch die White Cube Gallery gehörte.

Hirst innovierte in zweierlei Hinsicht: Erstens setzte er sich kreativ mit dem historischen Kunstthema der Sterblichkeit bzw. Vergänglichkeit auseinander (welches sehr prominent im 18. und 19. Jahrhundert behandelt wurde); er hat dieses Kunstthema effektvoller inszeniert als jemals zuvor. Zweitens hat er ein eigenes Geschäftsmodell für die Vermarktung seiner eigenen Kunst entwickelt. Er ist gleichzeitig Künstler, Kurator, Unternehmer und Marketingexperte. Er hat es geschafft, dass seine Kunst im Rijks Museum in Amsterdam neben Künstlern wie Rembrandt und Vermeer ausgestellt wird. Die dortige Ausstellung „For the Love of God" folgte einem ausgeklügelten Marketingplan. In Amsterdam hingen überall Poster, es gab zahlreiche Berichte über die Ausstellung in den Medien, T-Shirts, Tassen etc. Das war der Auftakt einer neuen Form der Kunstvermarktung und Bewertung von Kunst. (Vgl. Anderson et al. 2011).

Damien Hirst ist einer der reichsten Gegenwartskünstler unserer Zeit. Er hat parallel zur Schaffung seiner Kunstwerke zuerst die Domäne, dann das Feld „bewegt" und so seine individuelle Kreativität gekonnt in „Szene" gesetzt. Wenn Künstler also zu Kunstmanagern werden, erhöhen sie zumindest die Wahrscheinlichkeit, dass ihre Kunst vom Feld aufgenommen wird. Sie beeinflussen zuerst die Erwartungen der Marktteilnehmenden an Kunst aktiv mit und erfüllen diese dann am Ende mit ihren Werken. Das Feld ist in der Kunst so oder so bedeutender als die Domäne (im Gegensatz zur Wissenschaft). Auch radikal innovierende Unternehmen wie bspw. Apple verhalten sich nicht anders. Die Erfindung des Smartphones hat unser Kommunikationsverhalten und damit die Domäne der Online-Kommunikation verändert bzw. eine neue Domäne begründet. Das ist der Weg, wie Neues in unsere Welt gelangt.

2.2.3 Kreativität und Bewertung

Sind denn die Bedingungen für Innovation in jeder Domäne gleich? Die Frage ist klar mit Nein zu beantworten. Heute erhalten Domänen, in denen Resultate messbar sind, Vorrang vor Domänen, in welchen diese Möglichkeit nicht oder nur in geringem Ausmaß besteht (vgl. Csikszentmihalyi 2010). So wird auch in der Kreativitätsforschung häufig das Merkmal der individuellen Intelligenz hervorgehoben (vgl. Abschn. 9.2.3). Für die Messung menschlicher Intelligenz gibt es einen „objektiven" IQ-Test: Daher klammern sich viele Autoren an die kreativitätsbegünstigende Eigenschaft „Intelligenz". Es ist schwieriger zu messen, ob jemand emotional, intuitiv, sensibel, aufmerksam, energetisch oder kooperativ handelt und in welchem Zusammenhang diese Eigenschaften zur Kreativität stehen. Und was wir nicht messen können, ist auch von geringerem Interesse in der quantitativ geprägten Kreativitätsforschung. Ohne Bewertung von Kreativität sind kaum Vergleiche anzustellen oder Fortschritte abzuleiten. Je geringer also die Möglichkeiten zur Messung von kreativem Potenzial oder Kreativität in einer Domäne sind, desto unwahrscheinlicher ist es, dass Erfindungen Eingang in eine bestimmte Domäne finden.

Es spielt also eine nicht unerhebliche Rolle, wie klar die Struktur einer Domäne ist. Mathematik beispielsweise zeichnet sich durch eine „strenge innere Logik" (Csikszentmihalyi 2010, S. 63) aus, bietet „maximale Klarheit und minimale Redundanz" (Csikszentmihalyi 2010, S. 63). In dieser Domäne können kreative Leistungen von einzelnen Personen bereits in jungen Jahren erbracht und vom „Feld" gut und rasch erkannt werden. Im Gegensatz zur Sozialwissenschaft: Hier dauert es oft Jahrzehnte, bis sich Erfindungen durchsetzen. Meistens entwickeln Forschende ihre Theorien im Rahmen lose gekoppelter und teilweise weit verzweigter Denksysteme und müssen sehr viel veröffentlichen, bevor ihrer kreativen Tätigkeit Beachtung geschenkt wird.

Ähnlich verhält es sich in Bezug auf die Möglichkeiten zur Bewertung von Kreativität in Industriezweigen bzw. Branchen. In der Konsumgüterindustrie wird z. B. viel Gewicht auf das Marketing gelegt. Produktinnovationen spielen eine zentrale Rolle in der Außenkommunikation, werden in der Öffentlichkeit stark beworben, die Produkte stehen greifbar im Regal, eine große Masse Konsumenten kauft und testet sie und die Marktforschungsabteilung liefert klare Ergebnisse. Die Analyse zeigt im Anschluss transparent auf, ob die Konsumenten die neue, kreative Verpackung eines kalten Milchkaffees (z. B. Caffè Latte) annehmen oder nicht. Anders verhält es sich in der Grundstoff- oder Produktionsgüterindustrie, deren Produkte (Rohstoffe und Halbfabrikate) der Weiterverarbeitung dienen und deren Akzeptanz am Markt teilweise von hohen Folgeinvestitionen auf Kundenseite abhängig ist. Das Wissen ist hier häufig nicht so klar strukturiert, weit verzweigt und nicht so gut zugänglich. Es dauert im Allgemeinen auch länger, bis sich Ideen durchsetzen und vom Markt als Innovation bewertet werden. Die Marktforschung spielt dabei eine untergeordnete Rolle, vielmehr sind gute Beziehungen zu Kunden und die „Co-Creation" mit den Kunden von Bedeutung. Diese Thematik wird später in Bezug auf empirische Forschungsergebnisse zu innovationsfördernden Führungspraktiken in der industriellen Forschung und Entwicklung noch einmal aufgegriffen (Abschn. 4.2).

Die kreative Umwelt spielt eine bedeutende Rolle und die Merkmalsausprägungen kreativer Persönlichkeiten können nicht ohne Bezug zu ihrem sozialen Kontext gedacht werden. Damit eine Person kreativ sein kann, muss sie das System, das Kreativität ermöglicht, verstehen. Nun stellt sich die Frage: Gibt es kontextunabhängige Denk- und Handlungstendenzen, die bei kreativen Menschen häufiger vorkommen als bei anderen? Können wir Innovationsfähigkeit im Unternehmen kunstvoller fördern, wenn wir diese Denk- und Handlungsmuster kennen? Diese Frage wird in Abschn. 9.2 ausführlicher erläutert.

2.3 Das innovative Unternehmen als soziales System

Die Ausführungen in den vorangegangenen Abschnitten haben gezeigt, dass individuelle und kollektive Handlungen innerhalb eines Unternehmens keinen **direkten** Einfluss auf Innovationen haben. Wenn etwas hervorgebracht wird, was zuvor noch nicht in dieser Form bestanden hat, dann gilt das im Allgemeinen als kreativ. Dieses Kreativitätspotenzial verwandelt sich jedoch erst außerhalb der Unternehmensgrenzen in eine Innovation. Innerhalb der Unternehmensgrenzen ist also nur die Innovationsfähigkeit als potenzielle Einleitung einer Innovation zu fördern, diese aber nicht direkt zu steuern (vgl. Baitsch 1998). Die Grundbausteine einer systemischen und sozialkonstruktivistischen Interpretation von Innovationsförderung in Unternehmen werden nachfolgend ausgeführt.

2.3.1 Einführung: die systemisch-konstruktivistische Perspektive

Die These zu Beginn dieses Kapitels lautet: Systemtheorie und Sozialkonstruktivismus können, was ihre theoretisch-modellhafte Komplexität, ihre einheitliche Terminologie und ihre empirische Brauchbarkeit anbelangt, zusammen als Metatheorien für die Führungsaufgabe, die Innovationsfähigkeit des Unternehmens zu fördern, betrachtet werden. Während die Systemtheorie einen Paradigmenwechsel vom Steuerungsdenken zur systemischen Selbstorganisation von Unternehmen eingeläutet hat, begründet der Sozialkonstruktivismus „die relationale Wende" (Bergmann und Daub 2008, S. 40); er geht davon aus, dass Wirklichkeit in Beziehung mit Anderen konstruiert wird. Sowohl systemische als auch sozialkonstruktivistische Ansätze gehen von einer wechselseitigen Beeinflussung und Aushandlung von Wirklichkeiten aus. Unternehmen werden als Produkt menschlichen Handelns, aber nicht unbedingt menschlicher Absichten, verstanden. Die neuere Systemtheorie dient dabei vor allem der Analyse der Systemwirkung von innovationsfördernden Führungshandlungen und der Sozialkonstruktivismus insbesondere der Analyse interaktiver Konstruktionsprozesse, z. B. der interaktiven Konstruktion von „innovatorischen Freiräumen" in Führungsbeziehungen (Abschn. 9.1). Dadurch können Kontextbedingungen erfasst und Führungshandlungen im Kontext dieser Bedingungen reflektiert werden.

Wie wirkt sich dieser theoretische Bezugsrahmen auf unser Verständnis eines innovativen Unternehmens und den Möglichkeiten zur Innovationsförderung durch die Führung aus? Das wird nachfolgend genauer erläutert.

2.3.2 Selbstorganisation und Veränderung

Organisationen wandeln sich und treten dabei in eine enge Wechselwirkung mit Innovationen, wobei deren Reflexionskompetenz entscheidend ist. Denn reflexive Organisationen konzentrieren sich eher auf das Lösen statt auf das Festigen organisationaler Formen (vgl. Pohlmann 2005, S. 15). Begriffe wie „lebendes System", „Selbstregulierung" und „Varietät" unterstreichen dieses Phänomen der **Deorganisation**, welches zum zentralen Innovationsmodell dieses Paradigmas geworden ist. Systemtheoretische Überlegungen helfen diesen auf den ersten Blick paradox erscheinenden Begriff der Deorganisation zu erfassen und mit dem Phänomen der Innovation in Verbindung zu setzen. Im Folgenden werden die wichtigsten Prämissen und Theoreme dazu erarbeitet.

Organisationen werden als **komplexe Systeme** gefasst. Das systemtheoretische Konzept der Komplexität geht davon aus, dass jedes System Selektionen vorzunehmen hat, um sich selbst zu erhalten. Denn schließlich ist es in einer Organisation nicht möglich, dass alle Elemente miteinander verbunden sind. Um ein Beispiel zu geben: Würden 100 Mitarbeitende eines Unternehmens im Rahmen ihrer Interaktion sich ständig Informationen darüber liefern, was sie gerade tun, wäre das Unternehmen kaum handlungsfähig. Ein Unternehmen organisiert sich also, schafft Organigramme, Abteilungen, Hierarchien etc. Dadurch differenziert es Strukturen aus und grenzt sich so von der Umwelt ab. Es ist also immer klar, wer und was zum Unternehmen gehört und was nicht.

Auf der Grundlage der ausdifferenzierten Strukturen verarbeitet das Unternehmen als soziales System Informationen aus der Umwelt und passt sich an die sich ändernden Umweltbedingungen an. Die **Abgrenzung gegenüber der Umwelt** gelingt dem System aber nur, indem es sich auf sich selbst bezieht. Es handelt sich also um ein selbst-referenzielles System, ein **autonomes System**, das sich fortwährend auf der Grundlage der eigenen Strukturen an die Umwelt anpasst: Der eigene Erhalt wird somit zu einem permanenten Problem (vgl. Luhmann 1973, S. 39 ff.)

Es ist für ein System entscheidend, wie viel Varietät – oder anders formuliert: wie viel **Freiraum oder „Experimentierraum"** – es bereithält, um auf potenzielle Änderungen in der Umwelt zu reagieren. Dabei ist es entscheidend, wie es seine Struktur organisiert, um seine Zustände erfolgreich zu ändern, wenn es neue Informationen verarbeitet (Kap. 7). Es ist für eine Organisation von zentraler Bedeutung, auf welche Weise sie neues Wissen in ein System einführt. Jedes soziale System verfügt also über eine ausgeprägte **Eigendynamik.** Für das System sind nur solche neuen Informationen – oder wie sie im systemtheoretischen Jargon heißen: Irritationen (vgl. Bateson 1983) – von Bedeutung, welche Anschluss an die systeminternen Reproduktionsvorgänge finden (vgl. Aderhold und Jutzi 2003, S. 123).

Anschluss findet eine Irritation, indem sie für das System einen Unterschied macht. Eine solche vom System wahrgenommene Differenz in der Umwelt wird jedoch nicht einfach in das System „übertragen". Die Irritation bzw. die Information konstituiert das System vielmehr selbst. Ein soziales System kann selbstverständlich nicht alle Informationen verarbeiten. Soziale wie auch psychische Systeme (Menschen) wählen aus der Fülle der Informationen immer aus, sie unterliegen einem Selektionszwang. Nach dem einflussreichen Systemtheoretiker Niklas Luhmann (1984, S. 92 ff.) ist **Sinn** jener Mechanismus, der die notwendige Reduktion leistet. Er legt bestimmte Anschlussmöglichkeiten nahe und macht andere unwahrscheinlich bzw. schwierig (vgl. Luhmann 1984, S. 94). Unter Sinn wird – etwas abstrakt formuliert – das fortlaufende Prozessieren der Differenz von Aktualität und Möglichkeit verstanden (vgl. Luhmann 1984, S. 111). Mit anderen Worten: Sinn zieht die Grenze zwischen systemzugehöriger und nicht systemzugehöriger Kommunikation.

In der Kommunikation wird entschieden, was als nächstes geschehen oder thematisiert wird. Der Freiraum, den eine Organisation hat, um Anschlüsse zu wählen, richtet sich nach den Möglichkeiten, die dem organisationalen System in Abhängigkeit von seinen ausgebildeten Strukturen zur Verfügung stehen. Die Struktur wirkt also auch in diesem organisationalen Verständnis einschränkend darauf, welche Kommunikationen möglich sind und welche nicht. Diese Begrenzung ist jedoch Voraussetzung dafür, dass Sinnkomplexe aufgebaut werden (vgl. Aderhold und Jutzi 2003, S. 146).

Thematisierungen verlaufen also nicht beliebig. Diese Beschränkung der Verarbeitungskapazität ist nicht als Fehler eines Systems zu verstehen, sondern wirkt vielmehr konstitutiv für alle sozialen Gebilde (vgl. Aderhold und Jutzi 2003, S. 123). Anders ausgedrückt: Die Strukturen legen den **Resonanzbereich** fest. „Mit dem Begriff der Resonanz ist die Fähigkeit eines Systems angesprochen, intern auf bestimmte Umweltereignisse reagieren zu können" (Aderhold und Jutzi 2003, S. 124).

Unternehmen benötigen insbesondere unter dem Gesichtspunkt von Veränderungen ein möglichst großes „internes Repertoire" unterschiedlicher Wirklichkeitsvorstellungen. Es ist die zentrale Bedingung für die Ermöglichung von Innovationen (vgl. Hejl und Stahl 2000, S. 23–24; Nagel und Wimmer 2002, S. 17–24).

2.3.3 Gemeinsam neue Wirklichkeiten schaffen

Betrachtet man Unternehmen als relationale Systeme, werden diese definiert als „Produkt einer Mehrzahl von Menschen, deren Handeln aufeinander bezogen ist" (Müller und Hurter 1999, S. 4). Wirklichkeit stellt sich demnach her, indem die Individuen ihr Handeln bzw. ihre Kommunikation aufeinander beziehen. „Das (Bezugs-)Handeln ‚macht Wirklichkeit' aus individuellen Vorstellungen und Bildern über diese Organisation, über ihre Orientierung und Lenkung, ihre Struktur, ihre Grenzen, Vorstellungen über das, was wesentlich, sinnvoll, erwünscht, erwartet, gefordert, erlaubt und verboten ist" (Müller und Hurter 1999, S. 4). Unternehmen reproduzieren sich demnach durch das Handeln bzw. die

2.3 Das innovative Unternehmen als soziales System

Kommunikation der Menschen. Differenziert sich also eine bestimmte Vorstellung einer Unternehmung aus, „sollten wir uns stets vergegenwärtigen, dass wir es lediglich mit einer von vielen möglichen Beschreibungen zu tun haben. Es sind ‚Wahrheiten durch Übereinstimmung' – d. h. Darstellungsformen, die von bestimmten Gruppen von Personen bevorzugt werden" (Gergen 2002, S. 41). Die Wirklichkeit im Unternehmen konstituieren die Unternehmensmitglieder intersubjektiv, sie existiert für den Einzelnen nicht, wenn sie nicht unaufhörlich verhandelt und bestätigt wird. Sprache bildet dabei die Grundlage.

▶ Eine solche **sozialkonstruktivistische Position** nimmt Abstand vom absoluten Objektivitätsanspruch von Wissen und Erkennen. Zudem ergibt sich ein Menschenbild, das nicht durch Anpassung an Strukturen geprägt ist, sondern grundsätzlich **Handlungsfreiräume** aufzeigt.

Die Freiräume sind zwar nicht beliebig, denn die selbst konstruierten Verfestigungen von Wirklichkeitskonstruktionen (darunter fallen z. B. auch Institutionen wie Innovationsmessgrößen oder die Bewertung von Risiken) wirken auf die Menschen zurück und beschränken deren Handeln.

Die Auffassung, dass Innovationen einem einsamen Genie vorbehalten sind, ist also in dieser theoretischen Konzeption aufzugeben. Denn „Innovationsprozesse [sind] in hohem Masse an die Kooperationsprozesse und die dabei ablaufenden Wissensprozesse gebunden." (Wehner und Vollmer 2007, S. 31). Sie implizieren eine "ever-dynamic social construction", die sich auf die Bedeutungen abstützen, welche die Mitarbeitenden in ihren Interaktionen und Dialogen verwenden (vgl. Bouwen und Fry 1991, S. 38).

Diese Prozesse beginnen aus diesem Grunde auch nie bei der Stunde Null. Sie nehmen Bezug auf bereits vorhandenes Wissen und Erfahrungen der einzelnen Mitarbeitenden (vgl. Bergmann und Daub 2008, S. 79 ff.). Um Wissen und Erfahrungen auszutauschen, muss ein gemeinsames Bedeutungsverständnis vorhanden sein, damit die einzelnen Mitarbeitenden in der Kommunikation auch an das Gesagte der anderen anschließen können. Eine Organisation ist demnach ….

> […] a negotiated social reality with a certain degree of shared meaning. Through communication and negotiation, a continuing social construction process is going on among the actors involved, in order to reach a level of confidence where some common action is possible. (Bouwen und Fry 1991, S. 38)

Um innovativ zu sein, muss eine Organisation Austauschmöglichkeiten schaffen, welche auch die vorhandene organisationale Logik in Frage stellen. Bouwen und Fry fordern weiterhin ein Führungsmodell, in dem die Konfrontation zwischen etablierten Praktiken und neuen Ideen und Visionen innerhalb der Organisation kontinuierlich über Diskurse eingeübt wird. Nur so kann die **lernende Organisation** langfristig innovativ sein (vgl. Bouwen und Fry 1991, S. 49). Lernende Organisationen sind also (be-)fähig(t), eine Haltung zu entwickeln, um die eigenen Kompetenzen dynamisch zu erneuern und auch auf die Forderungen des Marktes mit einer kreativen Zerstörung zu reagieren (vgl. Teece und Pisano 1994).

2.3.4 (Ent-)Lernen und Routinen hinterfragen

Die systemtheoretische Perspektive beschreibt wie bereits ausgeführt die Unternehmung als selbst-referenzielles System, das heißt, die Organisation reproduziert sich selbst, indem sie auf der Grundlage der vorhandenen Strukturen diese erneuert und zu verbessern versucht. Eine Implikation dieser Aussage ist, dass eine Organisation nur überlebensfähig ist, wenn sie produktive Routinen ausgebildet hat und ihre Erfahrungen entsprechend differenziert und systematisiert hat. Organisationen benötigen also einen entsprechenden Grad an Beständigkeit, um ihr Überleben zu sichern (vgl. Bergmann und Daub 2006). Nur wie ist innerhalb dieser Beharrungswirkung Innovation überhaupt möglich?

Zunächst muss ein Unternehmen versuchen, **Beharrungstendenzen** zu überwinden: Ein Unternehmen ist schließlich immer in einen institutionellen Kontext eingebunden, in ein Netzwerk von Werten, Normen, Regeln und nicht zu hinterfragenden Annahmen, die nur schwer zu ändern sind (vgl. Lam 2004, S. 26). Vorhandene Strukturen reproduziert das Unternehmen folglich in der Regel. Denn die Mitarbeitenden vertrauen eher auf das Bekannte, als dass sie sich auf Experimente mit offenem Ausgang einlassen.

> [...] it is far easier for most employees to stick to routine tried and tested methods that are typically more efficient rather than experimenting and trying to come up with creative approaches. (Shalley und Gilson 2004, S. 39)

Innovationen, die für eine Unternehmung und ihre Mitarbeitenden immer auch ein Risiko, vielleicht gar eine Gefahr darstellen, sind also schwierig umzusetzen. Innovationsvorhaben erzeugen Widerstand und lassen sich daher nicht ohne neue Wirklichkeitskonstruktionen, d. h. die **Gestaltung organisationaler Veränderungs- und Lernprozesse** umsetzen. Es stellt sich in diesem Zusammenhang also immer auch die Frage, welche Bedingungen Unternehmungen erfüllen müssen, damit sie diese Beharrungstendenzen überwinden und sich zu lernenden und veränderungswilligen Organisationen entwickeln. Die eigentliche Schwierigkeit im organisationalen Lernen besteht darin, die **Balance zu halten** zwischen der Verwertung alter Gewissheiten einerseits und der Erforschung neuer Möglichkeiten andererseits (vgl. March 1991). Innovationskonstellationen bilden demnach eine Spannung zwischen der dominierenden, etablierten Logik und der neuen, zukünftigen organisationalen Logik (vgl. Bouwen und Fry 1991).

Dominierende Logiken basieren auf **Routinen**. In der Literatur (für einen Überblick vgl. Feldmann und Pentland 2003) finden sich zahlreiche Definitionen, wie Routinen zu fassen sind. Einerseits strukturieren sie den Alltag und finden sich auch in Prozessbeschreibungen wieder. Andererseits stellen sie Wirklichkeiten her, die organisationale Strukturen reproduzieren und verfestigen. Etablierte Routinen können Beharrungstendenzen in einer Organisation verstärken und schließlich zu **Pfadabhängigkeiten** und sogenannten Lock-in-Effekten führen (vgl. Sydow et al. 2009, S. 691 ff.).

2.3 Das innovative Unternehmen als soziales System

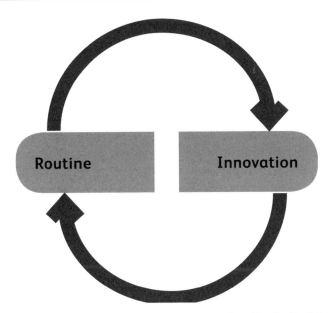

Abb. 2.2 Zirkulärer Zusammenhang von Routine und Innovation. (Quelle: De Vries 1998, S. 78)

Pentland und Feldman (Feldman 2000; Feldman und Pentland 2003; Pentland und Feldman 2005) machen in ihren Arbeiten deutlich, dass durch ein gewohnheitsmäßiges Handeln Pfadabhängigkeiten in Unternehmen entstehen können, aus denen auszubrechen fast unmöglich scheint. Will man dies verhindern, sind Irritationen im System zuzulassen, welche die Wahrnehmungs- und Verhaltensroutinen der Mitarbeitenden stören. Denn die Unternehmung benötigt Experimentierräume, welche die Chance bieten, Strukturen wie auch Routinen zu verändern, beziehungsweise innovationsfördernde Kommunikations- und Handlungsmuster (Holzer 2012) zu etablieren – und dadurch erhärtete Gewohnheiten aufzubrechen. De Vries (1998) nimmt das Verhältnis zwischen Routine und Innovation ebenfalls in den Blick und schreibt: Wenn Unternehmen derart stabil durch Routinen geprägt sind, „dann bleibt nur noch die Routine als Mittel zur Innovation" (S. 77).

▶ **Innovationsmanagement** wird so als routinierte Suche nach Erneuerung bzw. Verbesserungen betrachtet. „Routinen produzieren routinemäßig Innovationen. Innovationen bestehen im Wesentlichen aus der Rekombination von Routinen" (De Vries 1998, S. 77).

Und: Ideen werden erst im Zuge der Implementation einer Idee – in der Regel durch standardisierte, lineare Routineprozesse – zur Innovation. Das heißt, es besteht eine wechselseitige Beziehung zwischen Innovation und Routine. Ohne Routine ist keine Innovation denkbar. Ohne Innovation ist keine Routine denkbar (vgl. Abb. 2.2). Das grundlegende Paradox der Innovation liegt darin, dass sie etwas voraussetzt, das sie erneuert. „Sie bricht mit der Vergangenheit, indem sie sie fortsetzt, und setzt sie fort, indem sie den Gang der Dinge unterbricht" (Waldenfels 1991, S. 96). Es besteht also für Unternehmen ein **Di-**

lemma zwischen Innovation und Routine. Und trotz dieses Dilemmas können beide Elemente nur symbiotisch existieren. Doch im Moment ihrer „Neuigkeit" stellen Innovationen einen Bruch mit der „alten" Routine dar. Mit jedem „Folgeauftritt" der Innovation wird diese aber wiederum zur Routine und wird somit anschlussfähig an bestehende Strukturen des Systems. Somit wird auch deutlich, dass Innovationen erstens nur rückblickend als solche beobachtet werden können und dass zweitens – wie wir wissen – Innovationen nur in Bezug auf ihren sozialen Kontext begreifbar sind (vgl. De Vries 1998). Das ist paradox, aber lange nicht die einzige Paradoxie in Bezug auf die Gestaltung von Innovationsvorhaben, wie das nächste Kapitel zeigt.

2.4 Das innovative Unternehmen und Paradoxien der Innovation

Vor dem oben dargelegten Hintergrund wird deutlich, dass das **Management von Paradoxien** in Bezug auf die Entwicklung eines innovationsfördernden Führungsmodells eine zentrale Stellung einnehmen muss. Daher behandeln wir die Thematik nachfolgend etwas ausführlicher. Zuerst wird der Paradoxiebegriff eingehend erläutert und wesentliche begriffliche Abgrenzungen vorgenommen. Danach wird die inhaltliche Dimension von Paradoxien bei Innovationsvorhaben erläutert. Aufbauend auf dieses Kapitel werden handlungsorientierte Führungsansätze in Bezug auf eine innovationsfördernde Gestaltung von Paradoxien entfaltet.

2.4.1 Spannungsfelder in Innovationsvorhaben und der Paradoxiebegriff

Die Verwendung des Paradoxiebegriffs im Zusammenhang mit Innovation ist inzwischen *en vogue* (vgl. Sauer und Lang 1999; Gebert 2002; Smith und Tushman 2005; Smith und Lewis 2011). Zu Recht weist Gebert (2002, S. 153) darauf hin, dass das Adjektiv „paradox" heute fast inflationär verwendet wird. Bevor auf verschiedene **Paradoxien im Rahmen von Innovationsvorhaben** eingegangen wird, ist erst eine begriffliche Abgrenzung zwischen verschiedenen Begriffen vorzunehmen (vgl. Tab. 2.4; vgl. Tushman und O'Reilly 1996; Gebert 2002; Müller-Christ 2007; Smith und Lewis 2011, S. 387), die eng mit dem Paradoxiebegriff verknüpft sind und vor allem im Rahmen der Innovations- und Führungsliteratur häufig genannt werden.

Um ein **Dilemma** zu lösen, müssen die Vor- und Nachteile der Alternativen A und B gegeneinander abgewogen werden. Beispielsweise kann eine „Make-versus-buy"-Entscheidung (vgl. Smith und Lewis 2011) im Rahmen eines Produktentwicklungsprozesses ein Dilemma auslösen. Oder das Topmanagement steht vor der Entscheidung, die Forschungs- und Entwicklungsabteilung auszulagern. Beide Optionen haben Vor- und Nachteile, die abzuwägen sind. Gebert und Boerner (1995) beschreiben bspw. das Dilemma zwischen Offenheit und Geschlossenheit von Gesellschaften.

2.4 Das innovative Unternehmen und Paradoxien der Innovation

Tab. 2.4 Paradoxiebegriff und begriffliche Abgrenzung

Typ Spannungsfeld	Definition
Dilemma	Die *Auswahl* zwischen zwei in gleicher Weise erstrebenswerten oder unangenehmen Möglichkeiten. Jede Wahl hat klare Vor- und Nachteile. Dilemmata sind nur paradox, wenn die Auswahlmöglichkeiten widersprüchlich sind und nicht unabhängig voneinander betrachtet werden können
Dualität (A und B)	Abgeleitet aus dem lateinischen Wort dualis = „zwei enthaltend" bzw. „Zweiheit". Eine Dualität beinhaltet einen unversöhnlichen Gegensatz zweier Elemente A und B *innerhalb einer Einheit*. Der Pol A existiert nur unter Bezug auf Pol B. Dualismen drängen nicht nach Versöhnung von Gegensätzen
Paradoxie	Widersprüchliche, aber doch *miteinander zusammenhängende Elemente* (Dualitäten A und B), die gleichzeitig vorkommen und über einen längeren Zeitraum fortbestehen. Solche Elemente wirken für sich genommen logisch. Stellt man sie nebeneinander, wirken sie irrational, inkonsistent und absurd. Sie laufen der allgemeinen Wahrnehmung zuwider
Dialektik	Die Dialektik kann als Methode der Gesprächsführung so interpretiert werden: Widersprüchliche Elemente (A = „These" und B = „Antithese") werden durch *Integration* (C = „Synthese") zusammengebracht bzw. miteinander „versöhnt". Über die Zeit hinweg kann sich zur Synthese wieder eine Antithese bilden usw. Eine Dialektik ist paradox, wenn die Elemente sowohl widersprüchlich als auch untrennbar miteinander verbunden sind
Widerspruch	Ein Widerspruch (Oberbegriff für alle anderen Definitionen) bezeichnet eine logische Unvereinbarkeit mehrerer gegensätzlicher Informationen
Ambidextrie	„Beidhändigkeit" oder *Koexistenz divergierender Elemente*, die früher als unüberwindbares Dilemma betrachtet wurden.
Ambivalenz	Eine Ambivalenz kann als *Doppelwertigkeit* betrachtet werden, d. h. gleichzeitig bestehende, einander entgegengesetzte Gefühle, Bestrebungen oder Vorstellungen
Ambiguität	Eine Ambiguität ist eine *Doppel- oder Mehrdeutigkeit* einer Aussage
Konflikt	Ein Konflikt bedeutet im allgemeinen Sprachgebraucht *Zusammenstoß* oder *Widerstreit*

Eine Situation ist dann **paradox**, wenn die Vor- und Nachteile widersprüchlich sind und diese *nicht unabhängig voneinander betrachtet* werden können (Dualitäten A und B). Eine Aussage gilt z. B. als paradox, wenn sie scheinbar gleichzeitig wahr und falsch ist. Ein Definitionsversuch der **Paradoxie** von Sainsbury (1993) lautet: „Aus scheinbar annehmbaren Prämissen wird durch einen offensichtlich konsistenten Gedankengang eine offenkundig unannehmbare Schlussfolgerung abgeleitet" (S. 8). Gemäß Ortmann (1999) liegt eine **operative Paradoxie** dann vor, „wenn die Bedingungen der Möglichkeit einer

Operation die Bedingungen ihrer Unmöglichkeit implizieren" (S. 249). Der *Modus Operandi* des Auflösens von Paradoxien bzw. der Erfolgsbegriff des Paradoxiemanagements besteht „darin, aufzuzeigen, dass entweder die Prämisse und der Gedankengang Schwächen zeigen oder die Schlussfolgerung gar nicht so unannehmbar ist, wie sie zunächst erscheint" (Wolf 1999, S. 212) und „im rekursiven Durchlaufen iterativer Schleifen forschender, suchender, experimentierender Praxis" (Ortmann 1999, S. 253).

Dagegen zeichnet sich eine **Dialektik** durch einen laufenden Prozess der Bearbeitung von Spannungsfeldern durch Integration aus, d. h., ein dialektischer Prozess ist durch eine andauernde Synthese von **Widersprüchen** geprägt. Diese Prämisse der „Versöhnung" taucht in der Bewältigung von Gegensätzen im Alltag oft auf. Letztlich kann das aber nur durch eine Umdefinition des Gegensätzlichen geschehen. Zu einem späteren Zeitpunkt kann auch die Synthese zweier widersprüchlicher Alternativen (C) wieder eine neue These werden und eventuell wieder eine neue Antithese (D) hervorbringen usw. Ein Beispiel: In einigen Industrieunternehmen müssen Mitarbeitende sich sowohl auf dem Gebiet „Design" als auch auf dem Gebiet „Management" auskennen. Früher konnte man sich entweder für den Studiengang „Design" oder „Management" entscheiden. Beides zusammen konnte man nicht wählen. Dieses Dilemma konnte inzwischen durch die Synthese der beiden Fachgebiete mit der Entwicklung eines Studiengangs „Design Management" gelöst werden (vgl. Smith und Lewis 2011, S. 387–388).

Das führt zum nächsten „Hochwertbegriff": dem Begriff „**Ambidextrie**" (vgl. Tushman und O'Reilly 1996; Isaksen und Tidd 2006; Konlechner und Güttel 2009; Rosing et al. 2010; Smith und Lewis 2011; Proff 2012). Für den Begriff, der auch als „**Beidhändigkeit**" (vgl. Kearney 2009) oder „**Januskopfigkeit**" (vgl. Isaksen und Tidd 2006) bezeichnet wird (Abschn. 3.4), gibt es kein einheitliches Verständnis, sicherlich auch deshalb, weil die Ambidextrieforschung multidisziplinär ist. Eine mögliche Auslegung von Ambidextrie ist die Koexistenz divergierender Logiken, die früher als unüberwindbares Dilemma betrachtet wurden. Eine Literaturübersicht findet sich z. B. in Raisch und Birkinshaw (2008).

Den Begriff **Ambivalenz** kann man gemäß Stahl und Fischer (2013) als „psychologisches Derivat des logischen Widerspruchs bzw. der Konsequenz des logischen Entweder oder" (S. 97) betrachten. Sie stellen **drei Arten von Ambivalenzen** in den Vordergrund (vgl. Stahl und Fischer 2013, S. 97–98):

1. *Affektive Ambivalenz*: Zwei sich nur durch die Logik ausschließenden Gefühle sind zugleich im Bewusstsein vorhanden (z. B. Liebe und Hass)
2. *Intellektuelle Ambivalenz*: Es liegen zwei sich widersprechende Bewertungen vor (positiv und gleichzeitig negativ)
3. *Voluntative Ambivalenz*: Es liegen zwei sich widersprechende Wünsche vor

Ambivalenzen halten unser Denken in permanentem Ungleichgewicht und erzeugen auf Dauer ein Gefühl der Zerrissenheit bzw. Zwiespältigkeit (vgl. Stahl und Fischer 2013). **Ambiguitäts- und Ambivalenztoleranz** sind zentrale Konzepte in der Führungspsychologie, welche die Bewältigung der Spannungen umschreiben, die durch gegensätzliche Führungsanforderungen hervorgerufen werden.

Die Spannung bei **Konflikten** beruht hingegen nicht auf logischen oder dialektischen Gegensätzen, sondern auf Ziel-, Bewertungs-, Verteilungs- und Beziehungsunvereinbarkeiten (vgl. Müller-Christ 2007, S. 139). Diese Spannungen entstehen in emotionalen und mentalen Denkwelten, die grundsätzlich veränderbar sind. Es lassen sich Kompromisse finden, und wenn die Spannungen auf ein erträgliches Maß reduziert werden können, dann wird von einem Konsens gesprochen. Im Rahmen der Bewertung von Ideen kommt es in Organisationen häufig zu Konflikten. Die Produktionsleitung beurteilt z. B. eine Idee als nicht umsetzbar, die Marketingleitung behauptet das Gegenteil (und bezieht sich z. B. dabei auf Best Practices aus anderen Unternehmen).

Warum ist es so wichtig, diese analytischen Grenzen zu ziehen? Gerade in Bezug auf die Gestaltung von Innovationsvorhaben sind viele Führungskräfte nicht nur mit Widersprüchen, sondern insbesondere mit **Paradoxien** konfrontiert. So liegen bspw. das Schöpferische und das Zerstörerische von Innovation nahe beieinander und koexistieren nebeneinander. Teilweise müssen sich Führungskräfte sogar mit mehreren, sich gegenseitig überlappenden paradoxen Anforderungen an das Unternehmen auseinandersetzen. Dies gilt nicht ausschließlich für das Topmanagement auf einer strategischen Führungsebene, sondern auch in Bezug auf die operative Führungsebene und die Gestaltung von innovationsfördernden Strukturen, Kulturen und Führungsbeziehungen. Gerade im Rahmen der Innovationsförderung müssen Führungskräfte oft adäquate Formen der Widerspruchsbewältigung entwickeln.

2.4.2 Inhaltliche Dimensionen von Paradoxien

Die innovative Organisation steht im Spannungsfeld zahlreicher Widersprüche (vgl. Abb. 2.3), z. B. Individuum–Kollektiv, Flexibilität–Effizienz, Exploration–Exploitation, Zufall–Steuerung, Zerstörung–Schöpfung, Sicherheit–Risiko, Konformität–Abweichung, Routine–Erneuerung, Freiheit–Kontrolle bzw. Zwang, Integration–Separation, Öffnung–Schließung, um nur einige Spannungsfelder zu nennen (vgl. Tushman und O'Reilly 1997; Bouchikhi 1998; Gebert 2002; Smith und Tushman 2005; Andriopoulos und Lewis 2009; Rosing et al. 2010; Smith und Lewis 2011).

Die Anforderung an Führungskräfte, die Innovationsvorhaben verantworten, könnte nun lauten: Versuche die potenziellen Spannungsfelder gut zusammenzustellen. Doch diese bereiten auch oft Kopfzerbrechen. Ist die Zusammenstellung geleistet, stellt sich die Frage: Wie weiter? Was bietet die Forschung, um das von den Spannungsfeldern gezeichnete Führungsleben zu erleichtern?

Nachfolgend werden einige ausgewählte widersprüchliche Aspekte ausführlicher beschrieben. In Bezug auf konkrete Handlungsstrategien zur Akzeptanz der unauflösbaren Paradoxien bzw. zum kunstvollen Umgang damit finden sich im Kap. 3 weitere Ausführungen. Die Auswahl der behandelten Paradoxien ist nicht abschließend und erfolgt auf

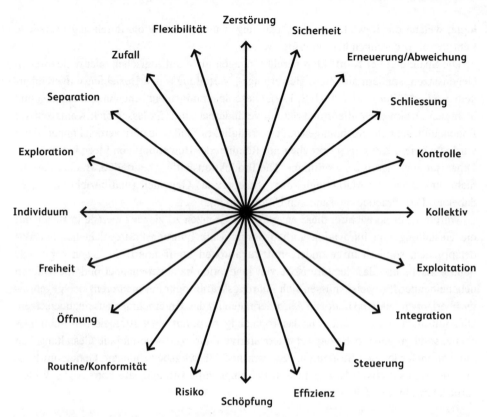

Abb. 2.3 Die innovative Organisation im Spannungsfeld widersprüchlicher Anforderungen. (in Anlehnung an Bouchikhi 1998, S. 224; zitiert in Gebert 2002, S. 153)

der Grundlage des Reflexionspotenzials im Hinblick auf die empirischen Ergebnisse des Innovation-Leadership-Forschungsprojektes (Kap. 4).

2.4.2.1 Zukunftsparadox

Die Innovation entfaltet sich zunächst als Zukunfts- bzw. Suchparadox. Ortmann formulierte diese widersprüchliche Eigentümlichkeit wie folgt:

> Nicht suchen wir einfach nach dem passenden Schlüssel für ein fix und fertiges Schloss, sondern wir erschließen uns die Eigenschaften des Schlosses erst während der Suche und des Ausprobierens des Schlüssels, und nie ist ausgeschlossen, dass wir am Ende statt eines passenden Schlüssels für ein Schloss ein passendes Schloss für einen Schlüssel gefunden haben. (Ortmann 1999, S. 251)

Die Konsequenz einer solchen Aussage ist letztlich, dass das Neue iterativ zu suchen ist, man muss ausprobieren, experimentieren, um das Neue in die Welt zu bringen. Es geht dabei nicht um eine Neuschöpfung, sondern um ein Erkennen im Wiedererkennen. In diesem Sinne entstehen Innovationen aus dem Bekannten und der Wiederholung und Routine heraus – eben als iteratives Durchlaufen „rekursiver Schleifen vom Bekannten zum Unbekannten und zurück in die Welt" (Ortmann 1999, S. 250).

Auf der anderen Seite zeigt sich, „dass die Rekursivität zwischen Problemstellung und Problemlösung durch ein ‚So-tun-als-ob' am Laufen gehalten wird" (Kaudela-Baum et al. 2008). Das Management hält an einer Vorstellung fest, obwohl es weiß, dass es vielleicht nicht diese sein wird, die sich in Zukunft dann tatsächlich durchsetzt. Ein zukünftiger möglicher Zustand wird „wie eine relativ stabile Identität, […] wie ein Ding behandelt und für rekursive Zugriffe verfügbar gehalten" (Luhmann 2000, S. 163). Hat die zukünftige Innovation einen Wert haben und ist ein Zweck sichtbar, wird die Innovation „planbar" und man „gewinnt" Zeit. Mit anderen Worten: „Problem und Lösung stabilisieren sich auf diese Weise gegenseitig" (Kaudela-Baum et al. 2008, S. 28). Vor diesem Hintergrund wird deutlich, warum Innovationsprozessmodelle (als „So-tun-als-ob"-Mechanismen) und Zeit im Innovationsprozess zentrale Aspekte sind.

2.4.2.2 Risiko vs. Sicherheit – Risiko vs. Gefahr

Kriegesmann et al. (2007, S. 257–258) untersuchten 400 Produktinnovationsprozesse aus Hochtechnologiebranchen: 28 % der Erfinder trieben ihre radikalen Innovationsvorhaben im Kontext einer risikoaversen Null-Fehler-Kultur voran. Im Falle eines Scheiterns rechneten sie mit „Häme und Spott" seitens ihrer Kolleginnen und Kollegen. In 39 % dieser radikalen Innovationsvorhaben rechnen die Erfinder zudem mit einem Verlust an Ansehen und Reputation, sollte das Innovationsvorhaben nicht erfolgreich verlaufen. An diesem Beispiel kann man sehen, wie dieses Innovationsparadox im Führungsalltag „an die Oberfläche" kommen kann.

Innovieren ist inhärent risikoreich, denn es ist nie genau zu bestimmen, ob eine Idee auf genügend passende Erwartungen im Markt trifft und sich vermarkten lässt. Es wäre unklug, sich nun als Führungskraft darauf zu versteifen, die Innovationsrisiken zu eliminieren und durch Marktforschungsstudien, Trendanalysen, Kundenbefragungen über das gängige Maß hinaus auch noch das letzte Restrisiko ausschließen zu wollen. Das wäre Energieverschwendung, denn es ist schlicht nicht möglich zu innovieren, ohne ein gewisses Risiko einzugehen.

Innovationen erzeugen in einem sozialen System gleichzeitig Sicherheit und Unsicherheit. Sicherheit ist dabei als ein kalkulierbares Risiko zu verstehen: Das Management kann eine Abfolge von Handlungen mit einer bestimmten Eintrittswahrscheinlichkeit bewerten (Simonis 1999, S. 153), bekanntermaßen wird mit jeder Entscheidung im Innovationsprozess die (prinzipiell offene) Zukunft eingeschränkt. Die Folgen von Entscheidungen – intendierte oder nicht-intendierte – werden damit auch im Nachhinein sichtbar und zurechenbar. Unsicherheit ist hingegen eine Situation, in der nicht einmal mehr eine Risikobewertung eines zukünftigen Zustandes abgegeben werden kann.

Innovationen sind Zukunftsprobleme, die immer ein Wagnis bedeuten. Doch handelt es sich um ein Risiko? Oder ist eher von einer Gefahr zu sprechen? Diese Unterscheidung „Risiko versus Gefahr" lässt sich an den folgenden Beispielen erörtern: Ein Manager hat zu entscheiden, ob er eine Innovation initiieren soll – oder eben nicht. Er lässt sich in der Regel in seiner Entscheidung von den möglichen Gewinnrealisierungen leiten. Innovationsentscheidungen rechnet er sich also selbst zu und versucht so das Überleben seines Unternehmens zu sichern. *Risiko* bedeutet hier, dass die Folgen seiner Entscheidung eben dieser eigenen Entscheidung zugerechnet werden (vgl. Kaudela-Baum et al. 2008, S. 32).

Für seine Mitarbeitenden aber können seine Entscheidungen zu einer *Gefahr* werden, da ihre Arbeitsplätze oder ihre Gesundheit unter Umständen bedroht sind. Gefahr bedeutet, dass sich die Folgen der Entscheidung nicht auf eine eigene Entscheidung beziehen, sondern einem externen Verursacher zugeschrieben werden (vgl. Kneer und Nassehi 2000, S. 167 ff.). Für den Innovationsprozess wird es somit relevant, wer die Innovation als Risiko und wer sie als Gefahr betrachtet (vgl. Kaudela-Baum et al. 2008).

Damit tritt die Unvermeidbarkeit von Risiken und Gefahren ins Zentrum des Interesses. Nun wird das Problem sichtbar, wie Innovationsentscheidungen angesichts eines unumgänglichen Risikos überhaupt möglich sind.

▶ Die Paradoxie wird in der Regel verdeckt, und zwar dadurch, dass der Innovation mehr zugemutet wird, als sie eigentlich leisten kann. Mit anderen Worten, das bereits diskutierte „**so tun, als ob**" bzw. ein „fake it, until you make it" wird entscheidend, um Innovationsprozesse überhaupt zu riskieren. Man entwickelt die Software und Hardware eines neuen Handys, als ob das Handy perfekt funktionieren würde. Man entwirft ein Elektroauto, als ob man wüsste, dass es bald überall Elektrotankstellen gibt.

2.4.2.3 Konforme und nicht-konforme Innovationen

Innovationen entstehen also, weil eine Fiktion oder Vision als potenzieller Zustand als Grundlage dient, auf den sich die Verantwortlichen in ihren zukunfträchtigen Handlungen beziehen. Jedoch zeigt sich, dass damit immer auch ein Rückgriff auf das bereits Bekannte erfolgt. Pohlmann erkennt darin eine weitere Paradoxie der Innovation:

> Organizations and other social systems prefer innovations that are „conform – non-conform". They have to be understandable and usable according to old rules but rule breaking at the same time. (Pohlmann 2005, S. 11)

Die von Pohlmann formulierte Paradoxie entspricht dem Konzept der Pfadabhängigkeit bzw. der Pfadkreation. **History matters** – ein Schlagwort, das widerspiegelt, dass eine zu starke Abweichung zum gegebenen Pfad zu „Ablehnung und Unverständnis führen könnte, während eine zu geringe Abweichung nicht als Neuerung erkannt werden würde" (Meyer und Schubert 2005, S. 6). Um erfolgreich einen neuen Pfad zu kreieren, muss man sich vor allem auf die vorhandenen Strukturen beziehen und diese so verändern, dass sich die Modifikation als Neuerung erkennen lässt (vgl. Kaudela-Baum et al. 2008, S. 33).

Die Weiterführung des Bekannten im Neuen erhöht zudem die Chance, dass sich die Innovation an das Vorhandene anschließen lässt.

> **Egg McMuffin – Frühstücken bei McDonald's**
> Vor einigen Jahren führte McDonald's ein neues Produkt namens Egg McMuffin ein – ein Rührei in einem Brötchen. „Damit sollten die Kunden ermuntert werden, McDonald's auch am Morgen aufzusuchen." Fragt man nachträglich, ob die Einführung des Egg McMuffin eine strategische Veränderung für das Unternehmen war, bekommt man unweigerlich zwei Antworten zu hören: „Ja, natürlich. Der Egg McMuffin verschaffte McDonald's Zugang zum Frühstücksmarkt." Und: „Ach was, das war doch dasselbe wie immer. McDonald's bietet etwas Altes an – in einer neuen Verpackung." (Mintzberg 2003, S. 25).
> Zwar hat sich das genannte Unternehmen eine neue externe Marktposition erarbeitet, indem es ein neues Produkt eingeführt hat. Jedoch bleibt die eigene interne Perspektive bzw. das Selbstverständnis erhalten.

Organisationen spiegeln in der beispielhaft dargestellten Weiterführung des Alten im Neuen die Erwartungen ihrer maßgeblichen Umwelten wider (Hasse und Krücken 2005, S. 55).

▶ Die Kennzeichnung einer Innovation als „**radikal**" vor dem Hintergrund der Paradoxie konform versus non-konform ist kritisch zu beleuchten. Das Attribut „radikal" impliziert eine Totalität und einen revolutionären Charakter des Neuen, obwohl auch hier auf vorhandene Strukturen zurückzugreifen ist.

Der paradoxe Charakter von Innovation als konform/nicht-konform lässt sich vor allem auf die Phänomene der Pfadabhängigkeit, der Unsicherheitsabsorption und der Konzeptübertragung bei technischer Problemlösung zurückführen. Aufgrund der zahlreichen Einbettungsmöglichkeiten ist dieser paradoxe Charakter verstärkt als besondere Erscheinungsform von Innovation zu verstehen.

2.4.2.4 Zufall vs. Steuerung

Innovationen werden weder durch zielorientierte Akteure noch durch eine mechanisch orientierte organisationale Kontrollfunktion direkt geführt. Aufgrund der Unsicherheit von Zukunft sind keine strikt gekoppelten Ursache-Wirkungs-Beziehungen vorzufinden. Diese werden unter Umständen im Nachhinein einer erfolgreichen Innovation zugeschrieben. Im eigentlichen Innovationsprozess lassen sich diese Zusammenhänge jedoch verstärkt als Zufall auffassen und nur über die wechselseitige Erzeugung von Kontexten beeinflussen.

Natürlich ist es zu einem gewissen Grad möglich, Innovation indirekt zu steuern und z. B. durch die Förderung von Selbstorganisation oder die Auswahl innovationsorientierter Führungskräfte den Pfad zum Innovationserfolg zu ebnen. Das ermöglicht sicher eine gewisse Stabilität und Berechenbarkeit für den zukünftigen Innovationserfolg. Aber gleichzeitig verlaufen Entwicklungsprozesse häufig so vielschichtig und basieren auf so viel verknüpftem Wissen und Erfahrungen, dass das „Aha!"-Erlebnis, der Moment, wenn ein wichtiges Problem so konkrete Formen annimmt, dass eine Lösung nur noch eine Frage der Zeit scheint, ganz zufällig auftaucht. Sei es beim Gespräch an der Kaffeestation, sei es beim Joggen. Es macht meistens „Klick", völlig unerwartet und selten im Rahmen eines Innovationsprojektmeetings. Der Fortschritt im Rahmen von Innovationsprozessen ist daher auch nur sehr begrenzt steuerbar.

Wie die Organisation diesen „Zufall" verarbeitet, ist eine andere Frage. Ist sie offen genug und hält entsprechend eine Varietät bereit, findet die Irritation „Zufall" eher Anschluss an die systeminternen Reproduktionsvorgänge. Die Einrichtung von Freiräumen, um auf potenzielle Änderungen zu reagieren, und die Etablierung von Strukturen, welche die Organisation nicht gefährden, ist ein ständiger Balanceakt, welchen das Management zu leisten hat. Wie dies systemtheoretisch zu fassen ist, zeigt der folgende Abschnitt.

2.4.2.5 Öffnung vs. Schließung

Vor dem Hintergrund der zunehmenden strukturellen und dynamischen Komplexität innovatorischer Prozesse sehen sich Versuche einer zentralen, prozessintegrierten Innovationsplanung und steuerung mit stets steigenden Herausforderungen konfrontiert. Dezentrale, auf Selbstorganisation und größeren Handlungsfreiräumen basierende Ansätze gewinnen – wie bereits ausgeführt – immer mehr Aufmerksamkeit. Selbstorganisation und Selbststeuerung versprechen ein hohes Maß an Flexibilität und Sinnstiftung bzw. Identifikation mit den Innovationszielen der Organisationseinheit. Eine zentrale Organisation der Innovation garantiert, dass alle Aktivitäten auch tatsächlich im Interesse des Gesamtunternehmens gesteuert werden. Irgendwo zwischen der vollkommenen Zentralisierung und vollkommenen Dezentralisierung kann man die eigene Innovationspraxis einordnen.

Die Entscheidung, wo genau man sich als Unternehmen verortet, kann als „Grenzproblem" (Arndt 2007) im Sinne der Systemtheorie (vgl. Luhmann 2000) rekonstruiert werden. Die Grenze zwischen einem Unternehmen als sozialer Organisation und seiner Umwelt verläuft demnach entlang eines Komplexitätsgefälles. Das heißt, nur wenn es Unternehmen gelingt, sich dauerhaft durch eine selektiv reduzierte Komplexität von einer komplexeren Umwelt abzuheben, ist ihr Erhalt gesichert. Ohne Grenzen würde ein Unternehmen schlicht in seiner Umwelt aufgehen und könnte nicht mehr als (Sinn-)Einheit betrachtet werden. Unternehmen sind aber nie ganz geschlossen und nie ganz offen. Durch ein dauerhaftes Grenzmanagement zwischen Selbstreferenz (Bezug auf interne Elemente) und Fremdreferenz (Umwelt) bildet sich die Identität des Unternehmens aus. Selbstreferenz heißt, dass jedes Verhalten des Systems auf dieses selbst zurückwirkt und so zum Ausgangspunkt für weiteres Verhalten wird (vgl. Stahl 2013). Ein Unternehmen, das sich öffnet, nimmt einen größeren Ausschnitt der Umwelt wahr, erweitert seinen Wahrnehmungshorizont; dadurch müssen aber auch mehr Entscheidungen getroffen werden. Unternehmen, die sich zu sehr verschließen, erstarren, und die Überlebensfähigkeit ist gefährdet. „Sicherung der langfristigen Viabilität erfordert eine ständige und komplizierte Neujustierung des Verhältnisses von Öffnung und Schließung" (Arndt 2007, S. 228; vgl. Tab. 2.5).

Tab. 2.5 Differenzierungskriterien der Organisation und ihr Verhältnis zur Dualität von Öffnung und Schließung. (Quelle: Arndt 2007, S. 229)

Öffnung	Schließung
Komplexitätserweiterung	Komplexitätsreduktion
Varietät	Redundanz
Flexibilität	Inflexibilität
Viabilität	Optimierung
Lose Kopplung	Feste Kopplung
Ressourcenüberschuss	Leanness

Es liegt nahe, dass eine teilweise Befreiung von Unternehmensmitgliedern von strukturellen Beschränkungen, d. h. eine **Erhöhung der Entscheidungsfreiräume durch Dezentralität,** mit einer Erhöhung der Varietät von Entscheidungen einhergeht. Je mehr Varietät ein Unternehmen „bereithält" bzw. je offener ein Unternehmen für Irritationen bleibt, desto mehr (Umwelt-)Komplexität kann es verarbeiten. Diese für die Innovationsfähigkeit von Unternehmen essenziell wichtige Varietät hat aber natürlich auch negative Folgen. Hier liegt das Dilemma: Je mehr Selbststeuerung und Freiräume in Bezug auf die Reaktion auf Umwelteinflüsse vorhanden sind bzw. je größer der „Verzicht auf Entscheidungsstrukturierung durch Hierarchie" (Arndt 2007, S. 230), desto mehr Konflikte entstehen. Die Anschlussfähigkeit von dezentral getroffenen Entscheidungen ist nicht immer gegeben und erfordert oft einen hohen Kommunikationsaufwand.

▶ Aus einer Führungsperspektive liegt die Herausforderung darin, dieses **Wechselspiel zwischen Öffnung und Schließung** gezielt zu beeinflussen. Eine innovationsfördernde Führung muss das Unternehmen klar in Richtung „Öffnung" steuern, muss aber dieses „Grenzmanagement" (Arndt 2007, S. 231) immer vor dem Hintergrund der Dualität von Öffnung und Schließung reflektiert gestalten (Abschn. 3.4 und 5.2). Es gilt also der Ansatz: Öffnung fördern, aber unter dem Vorbehalt des unauflöslichen Balanceaktes zwischen Öffnung und Schließung.

Wir gehen aus einer systemtheoretischen Perspektive davon aus, dass das Verhältnis zwischen den Polen der offenen und geschlossenen Strukturen zumindest ein partiell unauflösliches ist, und damit kann das Verhältnis als paradox charakterisiert werden.

2.5 Wege der Innovationsförderung: das „3-Säulen-Modell"

Im vorliegenden Buch werden drei verschiedene Theoriestränge zu einer integrierten „Theorie der Innovationsförderung" aufgespannt: 1) die Systemtheorie, 2) der Sozialkonstruktivismus und 3) die Paradoxietheorie. Wenn nachfolgend von Innovationsförderung die Rede ist, dann wird darunter die **Förderung der organisationalen Innovationsfähigkeit bzw. Innovativität** verstanden.

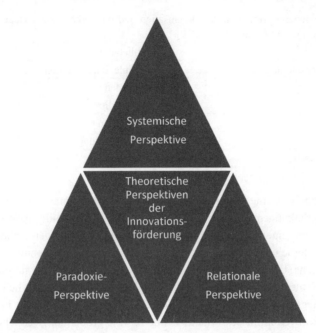

Abb. 2.4 3-Säulen-Modell: Theoretische Perspektiven der Innovationsförderung

▶ Unter **Innovationsförderung** wird die Förderung der Befähigung eines Unternehmens zur Generierung und Umsetzung bedeutsamer Neuerungen im Hinblick auf die von ihm erarbeiteten Leistungsangebote oder Verfahren verstanden (vgl. Gebert et al. 2001). Diese weit gefasste Definition ist zentral, um verschiedene Arten von Innovationen und innovationsfördernden Bedingungen zu berücksichtigen.

Die drei vorgestellten Theoriebezüge bzw. das „**3-Säulen-Modell**" (vgl. Abb. 2.4) eröffnen neue Beschreibungs- und Handlungsspielräume, um die organisationale Innovationsfähigkeit fundierter zu fassen: Der systemisch-theoretische Blick zwingt uns dazu, uns vom Gedanken eines plan- und steuerbaren Innovationsmanagements zu verabschieden, denn die Zukunft ist ungewiss und kein „Gegenstand rationaler Planung und Kontrolle" (Luhmann 2000, S. 158). Das Management, das die Zukunft zu bestimmen versucht, sieht sich mit einem nicht gerade einfachen Entscheidungsproblem konfrontiert – denn über die zur Realisierung von Zukunft notwendigen Mittel und Informationen verfügt es gegenwärtig nicht.

An die Stelle eines von einem Machbarkeitsglauben ausgehenden, kontrollierenden Managements tritt eine Organisation, die selbstreferenziell funktioniert, das heißt, den Prinzipien der Selbstorganisation entspricht: eigendynamisch, dezentral und – in Abgrenzung zur Umwelt – autonom sich selbst erneuernd. Was sie als Neuerung zulässt, ist demnach abhängig von den ausdifferenzierten Strukturen. Denn welche Idee in einem Unternehmen als innovativ eingestuft wird, hängt vor allem von den organisationalen Bedingungen ab und ist „kein Reflex auf unverrückbare Marktanforderungen" (Nicolai 2000,

S. 215). Die Organisation und deren Umwelten gelten als **„loosely coupled systems"** und stehen nicht länger in einer mechanistisch verstandenen Input-Output-Beziehung (vgl. Pohlmann 2005, S. 13 ff.).

Die Innovationsfähigkeit ist in dieser Betrachtung abhängig von der Schaffung von Varietäten und Redundanzen, die es dem System ermöglichen, Irritationen flexibel zu adaptieren und anschlussfähig zu machen. Mit anderen Worten: Letztlich muss es der Organisation gelingen, Freiräume zu schaffen, die einerseits groß genug sind, um einen „Überschusszustand" zuzulassen, der sich auf Finanzen, Investitionsgüter, Personen, Informationen, Know-how etc. bezieht, die andererseits aber nicht ein solches Maß erreichen, dass sie den Fortbestand des Unternehmens gefährden.

Die **sozialkonstruktivistische bzw. relationale Perspektive** zeugt von einem Verständnis von Wirklichkeiten, die sozial ausgehandelt werden. In der Interaktion nehmen die Mitarbeitenden zwar Bezug auf bereits vorhandenes Wissen und Erfahrungen – was ein gemeinsames Bedeutungsverständnis voraussetzt –, doch stellen sie in einer fortlaufenden und dynamischen sozialen Konstruktion Wirklichkeiten her, indem sie ihr Handeln bzw. ihre Kommunikation aufeinander beziehen. Dies impliziert, dass auch immer eine andere Wirklichkeit möglich ist. Mit anderen Worten: Die (organisationale) Wirklichkeit ist kontingent. Überträgt man diesen Gedanken auf Innovationsprozesse, so sind sie an die Kooperations- und Wissensprozesse gebunden. Dieses Bewusstsein ist für die Innovativität einer Organisation grundlegend. Aus diesem Grund sind in der Organisation die Beziehungen zwischen den Mitarbeitenden so zu gestalten, dass für sie **Handlungsfreiräume** entstehen, in welchen sie miteinander Bedeutungen aushandeln, in Alternativen denken und die organisationale Logik in Frage stellen können. Die Freiräume sind nicht beliebig, denn die selbst konstruierten Verfestigungen von Wirklichkeiten (darunter fallen z. B. auch Institutionen wie Innovationsmessgrößen oder die Bewertung von Risiken) wirken auf die Menschen zurück und beschränken deren Handeln.

Die **Paradoxien-Perspektive** schließlich führt zu der Erkenntnis, dass Innovationsprozesse in etliche, alltägliche Spannungsfelder eingebunden sind. Das Management, das sich vom Machbarkeitsglauben zu verabschieden hat, muss eine erhöhte Sensibilität für diesen Balanceakt zwischen Zufall und Steuerung, Konformität und Nicht-Konformität, Öffnung und Schließung sowie Risiko und Gefahr entwickeln. Denn letztlich impliziert diese Einsicht, dass das Management eine Offenheit haben muss, um all diese Paradoxien zu bewältigen.

Konfliktfähigkeit ist gefragt. Um ein Beispiel zu geben: Für die Führung ist es zentral, zu erkennen, dass Innovationen inmitten von organisationserhaltenden Routinen gefährlich sein können. Bei dem ganzen Hype um Innovationen und deren positiver Charakterisierung dürfen die Risiken und Gefahren für Unternehmen nicht in Vergessenheit geraten. Ein fehlender Aufbau von Routinen zieht Qualitätsprobleme oder Führungskonflikte im Rahmen ungeklärter Verantwortungsbereiche nach sich. Je weniger Brüche mit „alten" Routinen, desto wahrscheinlicher sind marktnahe, kundengetriebene und inkrementelle Innovationen.

▶ Überträgt man die Konsequenzen der unterschiedlichen Theorien auf Geschäfts- und Innovationsstrategien, nimmt die Führung mit ihrer Konstruktion von unternehmerischen und innovationsfördernden Wirklichkeiten eine absolut zentrale Rolle ein. Der Fokus richtet sich also auf die **soziale Praxis des Führungshandelns** und somit auf das Problem des „doing innovation".

Widersprüchliche Anforderungen sind in der innovationsfördernden Führung also alltäglich und es ist zentral, sich vor diesem Hintergrund mit konstruktiven Formen des Umgangs mit Widersprüchen auseinanderzusetzen. Weiterhin ist es vor dem Hintergrund des sich ausbreitenden Perfektionismus im Bereich des Innovationsprozessmanagements wichtig, sich stärker mit Fragen der **Öffnung von Organisationen** gegenüber neuen Ideen von außen auseinanderzusetzen. Hier muss wieder eine stärkere Balance zwischen einer kurzfristigen und rationalistischen Gestaltungsperspektive und einer eher langfristigen, integrierten, organisationsbasierten Gestaltungsperspektive von Innovation hergestellt werden. Die Entwicklung eines Führungsmodells zur Förderung von Innovation ist eine vielversprechende Möglichkeit für Unternehmen, das bewusst zu tun.

Literatur

Aderhold, J., & Jutzi, K. (2003). Theorie sozialer Systeme. In E. Weik & R. Lang (Hrsg.), *Moderne Organisationstheorien 2. Strukturorientierte Ansätze* (S. 121–151). Wiesbaden: Gabler.
Amabile, T. M. (1988). A model of creativity and innovation in organizations. *Research in Organizational Behavior, 10,* 123–167.
Amabile, T. M. (1996). *Creativity in context: Update to the social psychology of creativity.* Boulder: Westview Press.
Anderson, J., Rechhenrich, J., & Kupp, M. (2011). *The fine art of success. How learning great art can create great business.* Chichester: Wiley.
Andriopoulos, C., & Lewis, M. W. (2009). Exploitation-exploration tensions and organizational ambidexterity: Managing paradoxes of innovation. *Organization Science, 20*(4), 696–717.
Arndt, L. (2007). Grenzmanagement und die Dualität von Öffnung und Schliessung im Kontext der Selbststeuerung in der Logistik. In G. Müller-Christ, L., Arndt, & I. Ehnert (Hrsg.), *Nachhaltigkeit und Widersprüche. Eine Managementperspektive* (S. 220–237). Hamburg: LIT.
Baecker, D. (1999). *Die Organisation als System* (4. Aufl). Frankfurt a. M.: Suhrkamp.
Baitsch, C. (1998). Innovation und Kompetenz – Zur Verknüpfung zweier Chimären. In F. Heideloff & T. Radel (Hrsg.), *Organisation von Innovation. Strukturen, Prozesse, Interventionen* (S. 89–103). München: Rainer Hampp.
Bateson, G. (1983). *Ökologie des Geistes. Anthropologische, psychologische, biologische und epistemologische Perspektiven.* Frankfurt a. M.: Suhrkamp.
Bauer, R. (2006). *Gescheiterte Innovationen: Fehlschläge und technischer Wandel.* Frankfurt a. M.: Campus.
Beech, N., Burns, H., de Caestecker, L., MacIntosh, R., & MacLean, D. (2004). Paradox as invitation to act in problematic change situations. *Human Relations, 57*(10), 1313–1332.
Bergmann, G., & Daub, J. (2006). Relationales Innovationsmanagement – oder Innovationen entwickeln heisst Lernen verstehen. *Zeitschrift für Management, 2,* 112–167. http://www.wiwi.uni-siegen.de/inno/download/pdf_dateien/12._relationales_innovationsmanagement.pdf. Zugegriffen: 06 Juni 2014.

Bergmann, G., & Daub, J. (2008). *Systemisches Innovations- und Kompetenzmanagement. Grundlagen – Prozesse – Perspektiven* (2. Aufl). Wiesbaden: Gabler.

Biniok, P. (2013). Kooperationsnetzwerk Nanotechnologie – Verkörperung eines neuen Innovationsregimes? http://www.ts.tu-berlin.de/fileadmin/fg226/TUTS/TUTS_WP_7_2005.pdf. Zugegriffen: 07 Feb. 2013.

Bouchikhi, H. (1998). Living with and building on complexity: A constructivist perspective on organizations. *Organization, 5*(2), 217–232.

Bouwen, R., & Fry, R. (1991). Organizational innovation and learning. Four patterns of dialog between dominant logic and the new logic. *International Studies of Management and Organization, 21*(4), 37–51.

Burr, V. (2003). *Social constructionism*. 2. Aufl. East Sussex: Routledge.

Christiaans, H. H. (2002). Creativity as a design criterion. *Communication Research Journal, 14*(1), 41–54.

Csikszentmihalyi, M. (2010). *Kreativität. Wie Sie das Unmögliche schaffen und Ihre Grenzen überwinden* (8. Aufl). Stuttgart: Klett-Cotta.

De Vries, M. (1998). Die Paradoxie der Innovation. In F. Heideloff & T. Radel (Hrsg.), *Organisation von Innovation. Strukturen, Prozesse und Interventionen* (S. 75–87). München: Hampp.

Feldman, M. S. (2000). Organizational routines as a source of continuous change. *Organization Science, 11*, 611–629.

Feldman, M. S., & Pentland, B. T. (2003). Reconceptualizing organizational routines as a source of flexibility and change. *Administrative Science Quarterly, 48*(1), 94–118.

Gärtner, C. (2007). *Innovationsmanagement als soziale Praxis – Grundlagentheoretische Vorarbeiten zu einer Organisationstheorie des Neuen* (1. Aufl). Mering: Rainer Hampp.

Gebert, D. (2002). *Führung und Innovation*. Stuttgart: Kohlhammer.

Gebert, D., & Boerner, S. (1995). *Manager im Dilemma – Abschied von der geschlossenen Gesellschaft?* Frankfurt a. M.: Campus.

Gebert, D., Boerner, S., & Lanwehr, R. (2001). Innovationsförderliche Öffnungsprozesse: Je mehr, desto besser? *Die Betriebswirtschaft, 61*(2), 204–222.

Gergen, K. J. (2002). *Konstruierte Wirklichkeiten. Eine Hinführung zum sozialen Konstruktionismus*. Stuttgart: Kohlhammer.

Hartschen, M., Scherer, J., & Brügger, C. (2009). *Innovationsmanagement. Die 6 Phasen von der Idee zur Umsetzung*. Offenbach: Gabal.

Hasse, R., & Krücken, G. (2005). *Neo-Institutionalismus* (2. Aufl). Bielefeld: Transcript.

Hauschildt, J., & Salomo, S. (2011). *Innovationsmanagement* (5. Aufl). München: Vahlen.

Heber, I. (2010). *Transformationale Führung und Kreativität. Zusammenhang zwischen transformationaler Führung und individueller Mitarbeiterkreativität – Ergebnisse einer empirischen Untersuchung*. Saarbrücken: VDM.

Hejl, P. M., & Stahl, H. K. (2000). Einleitung. Acht Thesen zu Unternehmen aus konstruktivistischer Sicht. In P. M. Hejl & H. K. Stahl (Hrsg.), *Management und Wirklichkeit. Das Konstruieren von Unternehmen, Märkten und Zukünften* (S. 13–29). Heidelberg: Carl Auer.

Holm-Hadulla, R. (2010). *Kreativität. Konzept und Lebensstil*. Göttingen: Vandenhoeck & Ruprecht.

Holzer, J. (2012). Construction of meaning in socio-technical networks: Artefacts as mediators between routine and crisis conditions. *Creativity and Innovation Management, 21*(1), 49–60.

Isaksen, S., & Tidd, J. (2006). *Meeting the innovation challenge. Leadership for transformation and growth*. Chichester: Wiley.

Kaudela-Baum, S., Scheiber, L., Holzer, J., Nagel, E., Wolf, P., & Kocher, P. Y. (2008). Innovation – zwischen Steuerung und Zufall. *IBR Arbeitsbericht der Serie IDIP Innovation Dynamics in Practice 001*, Hochschule Luzern – Wirtschaft. http://www.hslu.ch/theoriebericht_content_form_fin_veroeffentlicht.pdf. Zugegriffen: 27 Juli 2014.

Kearney, E. (2009). Mehr Innovation durch „Beidhändigkeit" – Wie Führungskräfte wirksam handeln können. *Vortrag am Flow Kongress, 12. Nov. 2009, Celler Impulse: Macht – Veränderung – Führung*. Celle.

Kneer, G., & Nassehi, A. (2000). *Niklas Luhmann – Theorie sozialer Systeme* (4. Aufl). München: Fink.
Konlechner, S. W., & Güttel, W. H. (2009). Kontinuierlicher Wandel durch Ambidexterity. Vorhandenes Wissen nutzen und gleichzeitig neues entwickeln. *Zeitschrift für Organisation, 78,* 45–53.
Kriegesmann, B., Kley, T., & Schwering, M. G. (2007). „Mutige Nachahmer gesucht!" – Mit dem Wettbewerb zum „Kreativen Fehler des Monats" zu einer neuen Fehlerkultur. In B. Kriegesmann & F. Kerka (Hrsg.), *Innovationskulturen für den Aufbruch zu Neuem. Missverständnisse – praktische Erfahrungen – Handlungsfelder des Innovationsmanagements* (S. 250–271). Wiesbaden: Gabler.
Lam, A. (2004). Organizational Innovation. http://mpra.ub.uni-muenchen.de/11539/1/MPRA_paper_11539.pdf. Zugegriffen: 27 Juli 2014.
Levinthal, D. A., & March, J. G. (1993). The myopia of learning. *Strategic Management Journal, 14*(2), 95–112.
Luhmann, N. (1973). *Zweckbegriff und Systemrationalität – Über die Funktion von Zwecken in sozialen Systemen.* Frankfurt a. M.: Campus.
Luhmann, N. (1984). *Soziale Systeme. Grundriss einer allgemeinen Theorie.* Frankfurt a. M.: Suhrkamp.
Luhmann, N. (2000). *Organisation und Entscheidung.* Opladen: Westdeutscher.
March, J. (1991). Exploration and exploitation in organisational learning. *Organization Science, 2*(1), 71–87.
Meyer, U., & Schubert, C. (2005). Die Konstitution technologischer Pfade – Überlegung jenseits der Dichotomie von Pfadabhängigkeit und Pfadkreation. http://www2.tu-berlin.de/~soziologie/Tuts/Wp/TUTS_WP_6_2005.pdf. Zugegriffen: 31 Mai 2013.
Mintzberg, H. (2003). *Strategy Safari – Eine Reise durch die Welt des strategischen Managements.* Frankfurt a. M.: Wirtschaftsverlag Carl Ueberreuter.
Mock, E., Garel, G., Huber, D., & Kaufmann, H. (2013). *Innovation Factory. Management radikaler Innovation.* Fribourg: Growth.
Müller, R. (1997). *Innovation gewinnt. Kulturgeschichte und Erfolgsrezepte.* Zürich: Orell Füssli.
Müller, R. W., & Hurter, M. (1999). Führung als Schlüssel der organisationalen Lernfähigkeit. In G. Schreyögg & J. Sydow (Hrsg.), *Führung – neu gesehen* (S. 1–54). Berlin: de Gruyter.
Müller-Christ, G. (2007). Formen der Bewältigung von Widersprüchen. Die Rechtfertigung von Trade-offs als Kernproblem. In G. Müller-Christ, L. Arndt & I. Ehnert (Hrsg.), *Nachhaltigkeit und Widersprüche. Eine Managementperspektive* (S. 127–177). Hamburg: LIT.
Mumford, M. D., Kelsey, E. M., & Partlow, P. J. (2012). Creative thinking: Processes, strategies, and knowledge. *The Journal of Creative Behavior, 46*(1), 30–47.
Nagel, R., & Wimmer, R. (2002). *Systemische Strategieentwicklung. Modelle und Instrumente für Berater und Entscheider.* Stuttgart: Klett-Cotta.
Nicolai, A. T. (2000). *Die Strategie-Industrie. Systemtheoretische Analyse des Zusammenspiels von Wissenschaft, Praxis und Unternehmensberatung.* Wiesbaden: Gabler.
Ortmann, G. (1999). Innovation als Paradoxieentfaltung. In D. Sauer (Hrsg.), *Paradoxien der Innovation – Perspektiven sozialwissenschaftlicher Forschung* (S. 249–262). Frankfurt a. M.: Campus.
Pentland, B. T., & Feldman, M. S. (2005). Organizational routines as a unit of analysis. *Industrial and corporate change, 14*(5), 793–815.
Pohlmann, M. (2005). The evolution of innovation – cultural backgrounds and the use of innovation models. *Technology Analysis & Strategic Management, 17*(1), 9–19.
Preiser, S. (1976). *Kreativitätsforschung.* Darmstadt: Wissenschaftliche Buchgesellschaft.
Proff, H. (2012). Beidhändiges Management im langfristigen, radikalen, diskontinuierlichen Übergang der Automobilindustrie in die Elektromobilität. Unterschiede zwischen Automobilherstellern und -zulieferern. In H. Proff et al. (Hrsg.), *Zukünftige Entwicklungen in der Mobilität* (S. 259–270). Wiesbaden: Gabler.
Raisch, S., & Birkinshaw, J. (2008). Organizational ambidexterity: antecedents, outcomes, and moderators. *Journal of Management, 34*(3), 375–409.

Rammert, W. (1993). *Technik aus soziologischer Perspektive*. Opladen: Westdeutscher.
Rogers, E. M. (2003). *Diffusion of innovations* (5. Aufl). New York: Free Press.
Rosing, K., Rosenbusch, N., & Frese, M. (2010). Ambidextrous leadership in the innovation process. In A. Gerybadze et al. (Hrsg.), *Innovation and international corporate growth* (S. 191–204). Berlin: Springer.
Sainsbury, R. M. (1993). *Paradoxien*. Stuttgart: Reclam.
Sauer, D., & Lang, C. (Hrsg.). (1999). *Paradoxien der Innovation. Perspektiven sozialwissenschaftlicher Innovationsforschung*. Frankfurt a. M.: Campus.
Scholtissek, S. (2009). *Die Magie der Innovation. Erfolgsgeschichten von Audi bis Zara*. München: mi-Wirtschaftsbuch.
Schumpeter, J. (1911). *Theorie der wirtschaftlichen Entwicklung*. München: Duncker & Humblot.
Schumpeter, J. (1939). *Business cycles: A theoretical, historical and statistical analysis of the capitalist process*. New York: McGraw-Hill.
Shalley, C. E., & Gilson, L. L. (2004). What leaders need to know. A review of social and contextual factors that can foster or hinder creativity. *The Leadership Quartely, 15,* 33–53.
Simonis, G. (1999). Die Zukunftsfähigkeit von Innovation – das Z-Paradox. In D. Sauer (Hrsg.), *Paradoxien der Innovation – Perspektiven sozialwissenschaftlicher Innovationsforschung* (S. 149–173). Frankfurt a. M.: Campus.
Smith, W., & Lewis, M. (2011). Toward a theory of paradox. A dynamic equilibrium model of organizing. *Academy of Management Review, 36*(2), 381–403.
Smith, W., & Tushman, M. (2005). Managing strategic contradictions: A top management model for managing innovation streams. *Organization Sciences, 16*(5), 522–562.
Stahl, H. K. (2013). *Leistungsmotivation in Organisationen. Ein interdisziplinärer Leitfaden für die Führungspraxis*. Berlin: Erich Schmid.
Stahl, H. K., & Fischer, H. R. (2013). Herausforderungen im Dazwischen. Balanceakte des neuen Führens. *Konfliktdynamik, 2*(2), 96–105.
Sydow, J., Schreyögg, G., & Koch, J. (2009). Organizational path dependence: Opening the black box. *Academy of Management Review, 34*(4), 689–709.
Teece, D., & Pisano, G. (1994). The dynamic capabilities of firms: An introduction. *Industrial and Corporate Change, 3*(3), 537–556.
Tidd, J., & Bessant, J. (2009). *Managing innovation: Integrating technological, market and organizational change* (4. Aufl). Chichester: Wiley.
Tuomi, I. (2002). *Networks of innovation. Change and meaning in the age of the internet*. New York: Oxford University Press.
Tushman, M., & O'Reilly, C. (1996). Ambidextrous organizations: Managing evolutionary and revolutionary change. *California Management Review*, 38 (4), 8–30.
Tushman, M., & O'Reilly, C. (1997). *Winning trough innovation: A practical guide to leading organizational change and renewal*. Boston: Harvard Business School Press.
Waldenfels, B. (1991). *Der Stachel des Fremden*. Frankfurt a. M.: Suhrkamp.
Weber, M. (2002). *Wirtschaft und Gesellschaft: Grundriss der verstehenden Soziologie* (5. Aufl). Tübingen: Mohr Siebeck.
Wehner, T., & Vollmer, A. (2007). Innovation und wissensorientierte Kooperation. *Profile, 13*(7), 30–36.
Weidmann, R., & Armutat, S. (2008). *Gedankenblitz und Kreativität – Ideen für ein innovationsförderndes Personalmanagement*. Bielefeld: Bertelsmann.
Wolf, R. (1999). Innovation, Risiko und Sicherheit. Paradoxien eines Rechts der technischen Innovation am Beispiel des Umweltschutzes. In D. Sauer & Ch. Lang (Hrsg.), *Paradoxien der Innovation. Perspektiven sozialwissenschaftlicher Innovationsforschung* (S. 211–228). Frankfurt a. M.: Campus.

Innovationsförderung und Führung: Innovation Leadership

3

Im folgenden Kapitel werden anhand der oben beschriebenen drei theoretischen Grundpfeiler der Innovationsförderung die Grundlagen für eine innovationsfördernde Führung formuliert. Einleitend wird *erstens* der Zusammenhang zwischen den beiden Konzepten „Führung" und „Innovation" grundlegend reflektiert. *Zweitens* wird der sozialkonstruktivistischen Perspektive dadurch Rechnung getragen, dass die Führung als Prozess der Beziehungsgestaltung zwischen Führenden und Geführten definiert wird. Danach werden *drittens* Elemente der neueren Systemtheorie zu einer systemischen Betrachtung innovationsfördernder Führung zusammengeführt. *Viertens* betrachtet die paradoxietheoretische Perspektive Führen als Balanceakt und erläutert die Strategien zur Begegnung bzw. Entgegnung von Paradoxien. All diese Erklärungsansätze werden zur integralen Entwicklung eines innovationsfördernden Führungsansatzes herangezogen, der die Öffnung des Unternehmens bzw. die Vergrößerung irritierender Umwelteinflüsse betont. *Fünftens* wird vor diesem Hintergrund eine begriffliche Abgrenzung zwischen innovationsfördernder Führung und Innovationsmanagement vorgenommen. *Sechstens* werden drei ausgewählte State-of-the-Art-Forschungsrichtungen im Kontext der innovationsfördernden Führung präsentiert und vor dem Hintergrund der gewählten Innovation-Leadership-Perspektive im Buch kritisch reflektiert. Es wird der Frage nachgegangen, inwieweit diese Ansätze ebenfalls auf generative, öffnende Logiken abstellen und wo Verbindungslinien bzw. Grenzen zu dem hier präsentierten Theoriegerüst und dem innoLEAD©-Modell bestehen.

3.1 Führung und Innovation: ein integriertes Forschungsfeld?

Es gibt zwar zahlreiche Literatur, die auf den Zusammenhang zwischen Innovation und Führung eingeht (vgl. z. B. Kuczmarski 1996; Hohn 2000; Gebert 2002; Isaksen und Tidd 2006; Rickards und Morger 2006; Surie und Hazy 2006; Bossink 2007; Bergmann und

Daub 2008; von Stamm 2008; Duschlbauer et al. 2012; Guldin 2012), doch ist die Integration der beiden Konzepte in der Forschung nicht weit vorangeschritten (vgl. Jaskyte 2004; de Jong und Hartog 2007; Ailin und Lindgren 2008).

> Despite agreement on the importance of leaders in triggering individual innovation, little integration of leadership and innovation research is found in the literature. (De Jong und Hartog 2007, S. 42)

> There seems to be hardly any research with a specific focus on the combination of innovation and leadership, or the strategic role that innovation plays in companies. (Ailin und Lindgren 2008, S. 98)

Gemäß Volmer (2013) haben die Forschungsaktivitäten zum Thema „Führung und Kreativität" in den letzten zehn Jahren überproportional zugenommen. Die vorhandene Forschungsliteratur fokussiert zudem einerseits stark auf Merkmale der kreativen Person (vgl. Cattell et al. 1970; Barron und Harrington 1981; Mansfield und Busse 1981; Binnewies et al. 2007) und andererseits auf den Zusammenhang zwischen individuellen Führungsstilen bzw. verhaltensweisen und der Kreativität(sförderung) (vgl. Jaussi und Dionne 2003; Shin und Zhou 2003; Amabile et al. 2004; Chen und Aryee 2007), dem innovativen Verhalten von Mitarbeitenden (vgl. Ramamoorthy et al. 2005; De Jong und Den Hartog 2007) oder der Innovationsfähigkeit der Firma (vgl. Jaskyte 2004; Jung et al. 2008). Weniger ausgeprägt sind Untersuchungen der Bedeutung von Führung im Sinne eines strategischen und somit mit der Führungs- und Organisationsentwicklung abgestimmten integrativen Innovationsführungsmodells. Auch Volmer (2013) plädiert für einen stärkeren Kontextbezug bzw. „Cross-level"-Effekte: „[D]iese würden dazu beitragen, Effekte von Führung auf unterschiedlichen Untersuchungsebenen besser zu verstehen" (S. 69).

▶ Grundsätzlich gehen die meisten Ansätze davon aus, dass Führungskräfte Kreativität fördern wollen und dass es Geführte gibt, welche die Voraussetzung mitbringen, kreativ zu sein. Auch wurde in den bisherigen Studien fast ausschließlich der Einfluss einer Führungsperson auf die Beschäftigten untersucht (vgl. Volmer 2013, S. 70).

Weiterhin leiten Rickards und Moger (2006) aus einer Makrostudie ab, dass die Beziehungen unter den Konzepten „Kreativität", „Innovation", „Führung" und „Management" mehrheitlich im Rahmen einer rationalistischen und objektivistischen Perspektive untersucht werden. Damit bleiben interaktive, kultur- und kontextgebundene Aspekte der innovationsfördernden Führung weitgehend unberücksichtigt.

> Creativity and leadership remain highly ambiguous in definitional and operational terms. Innovation is somewhat ambiguous with no universally agreed definition, although mostly within a rationalistic (modernist) context. (Rickards und Moger 2006, S. 14)

Die konzeptionelle Zusammenführung der beiden Begriffe „Führung" und „Innovation" ist also grundsätzlich nicht einfach. Die beiden Begriffe sind für sich betrachtet bereits sehr tiefgreifend und multidisziplinär beforscht, „sprachlich schillernd und wenig randscharf" (Guldin 2012, S. 214).

Gerade deshalb wurde im vorliegenden Buch großer Wert auf eine klare **erkenntnistheoretische Verortung** gelegt. Nur so ist das Innovation Leadership-Konzept überhaupt gegenüber den bisherigen Innovationsmanagement-Konzepten klar abzugrenzen bzw. Verbindungslinien zu definieren. Weiterhin liegt in diesem Buch der Fokus auf einer **integrierten Perspektive** der innovationsfördernden Führung, d. h. Führungstheorien und Organisationstheorien zur Innovationsförderung werden systematisch miteinander verwoben.

3.2 Innovationsfördernde Führung als Beziehungsgestaltung

Im Einklang mit den theoretischen Grundlagen in Kap. 2 wird Führung hier als **soziale Konstruktion** verstanden (vgl. Burla et al. 1995; Hejl und Stahl 2000a; Müller 2005; Endrissat et al. 2007). Führung wird also nicht unabhängig von gesellschaftlichen, kulturellen sowie historischen Rahmenbedingungen betrachtet, sondern als dynamische Interaktion zwischen Führungspersonen, Geführten und ihrer Umwelt interpretiert, die neue Wirklichkeiten hervorbringt.

▶ Führung ist als ein **relationales Geschehen** innerhalb eines bestimmten kulturellen Kontextes zu verstehen. Führungswirklichkeit entsteht im Prozess der Beziehungsgestaltung zwischen Führenden und Geführten. Führung wird immer wieder neu „erfunden" bzw. erschaffen (vgl. Biggart und Hamilton 1987; Pettigrew und Whipp 1991; Burla et al. 1995; Bryman et al. 1996; Müller und Endrissat 2005). Damit ist auch die Wirksamkeit von Führung bzw. Führungserfolg als Funktion einer Interaktion zwischen Führenden und Geführten zu betrachten.

Die Definition von Rickards und Moger (2006) geht in eine ähnliche Richtung: „Leadership is seen as interpretive, and a property of the perceptual relationship between leaders and others within a context, or community of practice" (S. 14). Der konkrete Kontext (Herkunft der Unternehmung, Branche, konkrete Erlebnisse und Ereignisse in der Unternehmung usw.) prägt das gemeinsame Vorverständnis von Innovation, Führung und Geführt-Werden. Dieses Vorverständnis beinhaltet das notwendige Wissen, um bestimmte Handlungsweisen als innovatives Handeln bzw. Führungshandeln zu erkennen. Damit verleiht dieser Kontext dem Handeln Sinn und beeinflusst die Akzeptanz von Führungshandlungen zur Förderung von Innovativität maßgeblich.

Führung ist, wie oben ausgeführt, als dynamisches Zusammenspiel zwischen Individuen zu verstehen, die am Führungsgeschehen beteiligt sind. Dies lässt sich anhand der Abb. 3.1 darstellen. Die Führungsperson A handelt vor dem Hintergrund ihres Führungsselbstverständnisses und wirkt so auf die Beziehung zwischen A und B ein. Die Geführte

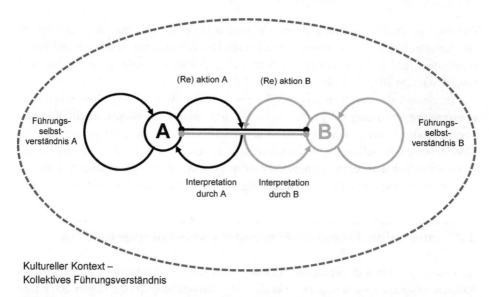

Abb. 3.1 Führung als Beziehungsgestaltung. (Quelle: in Anlehnung an Müller et al. 2006, S. 191)

B interpretiert die Handlung von A vor dem Hintergrund ihres (möglicherweise abweichenden) Führungsselbstverständnisses und wirkt ihrerseits mit ihrer Handlung auf die Beziehung ein. A interpretiert ihr Verhalten wieder vor dem Hintergrund ihres Führungsselbstverständnisses usw.

All dies geschieht nicht in einem luftleeren Raum, sondern wird beeinflusst vom unternehmenskulturellen Kontext und dem damit verbundenen kollektiven Führungsverständnis. In diesem Sinne fokussiert die hier eingenommene Sichtweise von Führung nicht auf die Führungspersonen und deren innovationsfördernde, z. B. visionär-charismatische Stilelemente im Führungsverhalten (Abschn. 3.6). Mit einer solchen einseitigen Betonung auf den Einfluss von Führungskräften ist die Annahme eines starken Machtgefälles und einer einseitigen Einflussnahme verbunden. In diesem sozialkonstruktivistischen Verständnis stehen vielmehr vielschichtige organisationale Einflussgrößen und mögliche Implikationen für die Gestaltung von Führungsbeziehungen im Zentrum.

Damit ist nun noch nichts – zumindest im engeren Sinne – über den Zusammenhang dieser interaktionistischen Perspektive mit der Förderung von Innovationen in Unternehmen gesagt. Aber eines ist klar: Diese Perspektive lenkt den Blick auf die Aufgabe der Führung, Innovationsvorhaben im Sinne von **kollektiven Lern- und Entwicklungsprozessen** zu begleiten und ihnen im Rahmen der Gestaltung von Führungsbeziehungen Sinn zu verleihen. Die Entstehung von Neuem bzw. die Ablösung von Altem wird so als **gemeinschaftlicher Interpretationsprozess** zwischen Führenden und Geführten verstanden. Wie weiter oben ausgeführt, müssen Führungskräfte kontinuierlich Spannungsfelder zwischen etablierten Praktiken und neuen Ideen und Visionen innerhalb der Organisation über Diskurse aushandeln, so dass eine innovationsfördernde Lernumgebung entsteht bzw. erhalten bleibt.

Der Fokus der innovationsfördernden Führung liegt hier also auf der **kommunikativen Eröffnung neuer Wirklichkeiten** seitens der Führung, z. B. indem Geschichten, d. h. neue denkbare Wirklichkeiten über erfolgreiche Innovationen oder Innovationsteams verbreitet werden und so eine Innovationskultur entsteht, die wiederum das Selbstverständnis der Führenden und Geführten maßgeblich prägt und den Grundstein für eine innovationsfördernde Führungs- und Personalentwicklung legt.

3.3 Innovationsfördernde Führung als Impulsgeber in komplexen sozialen Systemen

Aus einer **systemischen Perspektive** bedeutet Führung, einen steuerbaren Einfluss auf nicht steuerbare, eigendynamische Systeme auszuüben, was vor allem durch das Schaffen von Rahmenbedingungen und Vertrauen auf die Eigendynamik des Systems geschehen soll. Doppler (2009) bezeichnet diese Form von Führung als „Führung am System" und nicht „Führung im System". Zentrale Prinzipien der systemischen Führung sind: 1) Autopoiesis (Selbstorganisation), 2) Koevolution (wechselseitige Anpassung), 3) nichtlineares Ursache-Wirkungsdenken und 4) Konstruktivismus (vgl. von der Oelsnitz 2012, zitiert in Kaehler 2014, S. 50). Aus einer systemisch-konstruktivistischen Führungsperspektive sind Interaktions- und Kommunikationsprozesse zentraler als eine Handlungs- und Individuumszentrierung. Wer wirksam führen will, muss aus dieser Perspektive seine Führungspraktiken laufend vor dem Hintergrund von Kommunikationsmuster und Sprachspielen einordnen und versuchen, innerhalb dieser „Spiele" kommunikative „Anschlüsse" zu finden.

Im Vordergrund einer **systemischen Führungsperspektive** steht, dass Führungskräfte nicht an einer Veränderung der Geführten bzw. deren Verhalten ansetzen, sondern an einer Veränderung der Kommunikationsbeziehungen zwischen Systemelementen.

Zwischen den Elementen bestehen Beziehungen und Wechselwirkungen, die einer bestimmten Vernetzung entsprechen. Der Begriff der Vernetztheit umfasst dabei zwei Aspekte: Zum einen ist nicht jedes Element mit einem anderen verbunden, zum anderen weisen die einzelnen Relationen und Wechselwirkungen zwischen den verbundenen Elementen eine ganz bestimmte Qualität auf.

Aus der spezifischen Art der Vernetzung ergibt sich auf das gesamte System bezogen eine charakteristische systemeigene Ordnung, die durch bestimmte Strukturen verkörpert wird. Damit verbunden ist ein bestimmtes Repertoire zulässigen Verhaltens. Jedes Verhalten, das nicht mit der systemeigenen Ordnung verträglich ist, stellt, wie im Abschn. 2.3.2 ausgeführt, eine Störung bzw. „Irritation" dar, die nach Maßgabe der systemeigenen Ordnung weiter verarbeitet werden muss. Je nach Rigidität dieser Ordnung können aufgrund solcher Störungen Strukturen einen kontinuierlichen oder schubweisen Entwicklungsprozess durchlaufen, ohne dass deswegen die grundlegende Ordnung (Organisiertheit) in Frage gestellt ist. Welches Verhalten ein System zeigt, kann nicht analytisch (reduktionistisch) aus dem Verhalten einzelner Elemente (z. B. Personen) oder der Relationen her-

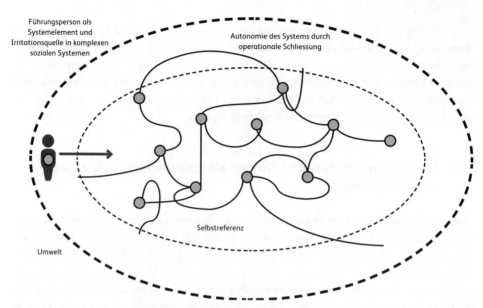

Abb. 3.2 Beziehung zwischen Führungskraft und System

geleitet werden. Vielmehr entsteht gerade durch das vielfältige Zusammenwirken (Interaktion) der einzelnen Elemente etwas Neues, Eigenes. Dieser Vorgang wird mit Emergenz bezeichnet. Das Eigenverhalten eines komplexen dynamischen Systems kann demzufolge höchstens als Mustervoraussage vorhergesagt werden.

Führung trägt insofern dazu bei, der Komplexität organisationalen Geschehens gerecht zu werden. Das Schaubild in Abb. 3.2 zeigt deutlich die Grenzen der Machbarkeit auf. Die Führungsperson muss davon ausgehen, dass sie, wenn sie durch Interventionen ein System zu steuern versucht, die Folgen nicht voll beherrschen kann. Trotzdem ist aber Steuerung möglich – sie ist einfach voraussetzungsvoll.

Eine Führungsperson, der die Dynamik des zu regelnden Systems bekannt ist, kann Ereignisse, Mitteilungen oder Vorschläge so gezielt auswählen, dass ein erwünschtes Verhalten ausgelöst wird. „Während also keine beliebige Detailsteuerung möglich ist, können Systeme sehr wohl im Rahmen ihrer Eigenaktivität zu spezifischen Verhaltensweisen veranlasst werden, durch die sich dann auch die Funktionsweise des Systems ändern kann" (Hejl und Stahl 2000b, S. 126).

Ob und wo genau diese Veränderung Wirkung erzielt, kann man oft nicht voraussagen. Innovationsförderung gelingt, wenn die Fähigkeit und Bereitschaft da ist, Neues zu entdecken. Es geht also um Lernbereitschaft. Und Lernprozesse basieren auf komplexen systemischen Grundsätzen (vgl. Bergmann und Daub 2008).

Um Innovationsverhalten in einem Unternehmen, das als „soziales System" definiert wird, hervorzurufen, „müssen Regeln und Ressourcen durch die Akteure so aktiviert werden, dass sie Innovationserfolge zeitigen. Die Struktur des Handlungssystems, in dem die Akteure sich bewegen, existiert nur subjektiv, sie ist die ‚Erinnerungsspur' im Gedächtnis der Akteure. Infolgedessen muss diese Erinnerungsspur so ausgeprägt sein, dass innovatives Handeln wahrscheinlich wird." (Bergmann und Daub 2008, S. 49).

Letztlich ist es unabdingbar, im Unternehmen Bedingungen zu schaffen, damit in dessen Inneren Ungewissheit und Mehrdeutigkeit als innovationsfördernd anerkannt werden. Neben „learning by doing" (bei der Suche nach Anschlussmöglichkeiten) gilt es, die informelle Kommunikation und damit auch mehr Meetings und Feedback-Gelegenheiten zu fördern. Dies vor allem zum Zweck der Reflexion, der Offenlegung von Tabus und der Einnahme unterschiedlicher Perspektiven. Die mit der Lenkung von innovativen Unternehmen beauftragten Führungspersonen können nur irritierende Impulse geben und versuchen, „Energie zu übertragen" (Stahl 2013, S. 207).

Soziale Systeme ziehen die Reproduktion von Bestehendem vor (vgl. Heil und Stahl 2000b). Nur wenige neue Informationen werden überhaupt wahrgenommen bzw. vom System anerkannt. Bergmann und Daub (2008, S. 49) schlagen daher die „Einrichtung von innovativen Reservaten", „irritierende kommunikative Störungen" vor, um innovationswirksame kommunikative Bedingungen zu schaffen. Das können Führungspersonen bspw. über Story-Telling, die Verbreitung spezieller Geschichten, erreichen. So können mit Innovationsprozessen einhergehende Veränderungsprozesse über eine ganz bestimmte Kommunikation gelingen. Zusammenfassend lässt sich die Aufgabe von Innovation Leaders aus einer systemischen Perspektive wie folgt definieren (vgl. Bergmann und Daub 2008, S. 50):

Führungskräfte sollten

- einen geeigneten Rahmen (Strategie, Regeln) für Entfaltung und Lernen schaffen,
- zu einer passenden Atmosphäre (Kultur, Geisteshaltung) beitragen,
- Anregungen (Initiative, Provokation) schaffen.

Im Vordergrund aller Führungsaktivitäten muss der **Erhalt der Resonanzfähigkeit** (Abschn. 2.3.2) und damit auch der **Erhalt widersprüchlicher, paradoxer Konstellationen** von Systemelementen stehen, damit das Unternehmen als soziales System für die Bedürfnisse, Interessen und Erwartungen verschiedener interner und externer Anspruchsgruppen empfänglich bleibt. Führung wird vor diesem Hintergrund als kooperative Partnerschaft begriffen, welche Netzwerke entwickelt und erhält. Dies bedingt eine offene Unternehmenskultur (Kap. 8), welche die Führungspersonen einlädt, **sinnvoll zu intervenieren**, und dazu beiträgt, dass **Freiheit und Selbstverantwortung** (Abschn. 5.2.2) wachsen und gedeihen. Es geht um die Begleitung von Prozessen, um die Förderung von **Selbstbeobachtungs- und Reflexionsmöglichkeiten**. Das soziale System „Unternehmen" erfindet täglich von neuem seine Zukunft, und zwar durch Ungleichgewicht, nicht durch Gleichgewicht.

3.4 Innovationsfördernde Führung zwischen Öffnung und Schließung: ein Balanceakt

Nachfolgend werden auf der Basis der theoretischen Ausführungen in Abschn. 2.4 die theoretischen Grundlagen in Bezug auf den Umgang mit Paradoxien als Führungsaufgabe entfaltet. Da stellt sich die Frage, wie die Paradoxie- bzw. Dilemma-Akzeptanz als zentraler Anspruch an innovationsfördernde Führungskräfte in Form von handlungsleitenden Theorien und Modellen Eingang in die Gestaltung von Führungsbeziehungen, d. h. in die soziale Konstruktion von Führung finden. Auch für Henry Mintzberg (2010) liegt die Kunst der Führung darin, die **richtige Balance** abzuleiten. Manager müssen laut Mintzberg (2010) nicht nur *einen* Drahtseilakt vollführen, sondern gleich mehrere, dazu auf unterschiedlichen Seilen und bei unterschiedlichen Gelegenheiten. Auch Neuberger (1995) betont die Notwendigkeit der Balance zwischen als unvereinbar empfundenen Ansprüchen in der Führung und wehrt sich gegen die vereinfachende Sicht eines Entweder-oder (vgl. Stahl und Fischer 2013).

Führungskräfte, die ihre Geführten in einem durch Ambidextrie (Abschn. 2.4.1) geprägten Kontext führen und diese beim Umgang mit Ambidextrie unterstützen, bezeichnen Rosing, Rosenbusch und Frese (2010) als **„ambidextrous leaders"**. Dieses Konzept geht davon aus, dass es nicht unbedingt einen Konflikt zwischen Exploration und Exploitation geben muss (Abschn. 2.1.5); das „innovator's dilemma" (Christensen 1997) ist vielmehr je nach Technologieumfeld bzw. Marktdynamik funktional. Es kommt darauf an, ob (und wie) beide Strategien parallel oder sequenziell/temporal verfolgt werden. Gelingt es, wie z. B. bei Toyota (vgl. Rosing et al. 2010), organisationale Ambidextrie erfolgreich zu implementieren, wird von den Führungspersonen erwartet, dass diese einerseits für eine gute Performance sorgen und gleichzeitig eine hohe Varianz bzw. Reaktionsfähigkeit in der Organisation sicherstellen. Zwei aktuelle prominente Beispiele, nämlich Kodak (Digitalfotografie) und Nokia (Smartphones), verdeutlichen, dass auch Technologie- und Weltmarktführer durch ihre Unfähigkeit, in adäquater Weise sowohl inkrementell zu innovieren als auch auf radikale Innovationen von Konkurrenten zu reagieren (also durch mangelnde Reaktionsfähigkeit aufgrund fehlender organisationaler Ambidextrie), schnell in eine existenzbedrohende Krise geraten.

Öffnende Führungsweisen unterstützen explorative, Kreativität generierende Verhaltensmuster bei Mitarbeitenden. Sie ermutigen Mitarbeitende, Muster zu brechen und Lösungen außerhalb der Komfortzone zu entwickeln (vgl. Rosing et al. 2010).

> Opening leader behaviors mean being critical of the ways things have been done in the past. Thus we define opening as a set of leader behaviors that includes encouraging doing things differently and experiment, giving room for independent thinking and acting, and supporting attempts to challenge established approaches. (Rosing et al. 2010, S. 199)

Schließende Führungsweisen unterstützen Verhaltensmuster bei Mitarbeitenden, die der Umsetzung von kreativen Ideen dienen. Sie erzeugen eine Reduktion von Varianz. Es entsteht risikoaverses, effizientes Verhalten. Dabei geht es um die Etablierung und Um-

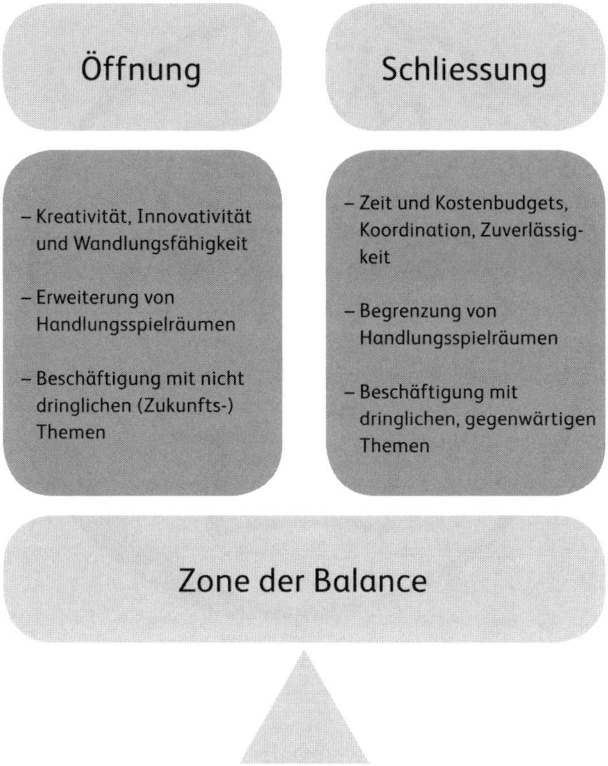

3.4 Innovationsfördernde Führung zwischen Öffnung und …

Öffnung
- Kreativität, Innovativität und Wandlungsfähigkeit
- Erweiterung von Handlungsspielräumen
- Beschäftigung mit nicht dringlichen (Zukunfts-) Themen

Schliessung
- Zeit und Kostenbudgets, Koordination, Zuverlässigkeit
- Begrenzung von Handlungsspielräumen
- Beschäftigung mit dringlichen, gegenwärtigen Themen

Zone der Balance

Abb. 3.3 Innovationsfördernde Führung als Balance-Management

setzung von Standardprozessen und Regeln, welche die Mitarbeitenden klar orientieren. Eine **ambidextre Führungskraft,** d. h. eine Führungskraft, die beidhändig führt, ist demnach ein „leader that is able to foster exploration by opening behaviors and exploitation by closing behaviors and flexibly switch between these behaviors according to situational and task demands" (Rosing et al. 2010, S. 199).

Eine große Bandbreite an Forschungsresultaten (vgl. Albers und Eggers 1991; Boerner et al. 2001; Gebert 2002; Kaudela-Baum 2012; Lewis et al. 2000; Mann 2005) liefern hierzu ein klares Bild: Eine innovationsfördernde Führung muss beide Welten – **Öffnung und Schließung** bzw. Flexibilität und Stabilität – vereinen (vgl. Abb. 3.3).

Um eine innovative Organisation erfolgreich zu führen, muss sich das gesamte Führungsteam dieser potenziellen Spannungsfelder bewusst sein. Die Führung von Innovationsvorhaben ist eine sehr dynamische und widersprüchliche Handlung und erfordert die Gabe, in Dualitäten zu denken und widersprüchliche Aspekte so zu vereinen, dass die Organisation sich über den Status quo hinaus entwickelt und Lernprozesse entstehen. Isaksen und Tidd (2006) bezeichnen dieses Denken in Dualitäten in Bezug auf die Führung als **„Yes-and"-Ansatz**. Smith und Lewis (2011) plädieren für eine **„Both-and"-Perspektive** für einen wirksamen Umgang mit Paradoxien. Es ist also immer beides: Es gehört zum Standardrepertoire einer Führungskraft in einem innovativen Unternehmen,

Abb. 3.4 Janusköpfigkeit. (Quelle: Wikipedia Commons)

widersprüchliche Anforderungen als unvermeidbar anzuerkennen und „durch oszillierende Verhaltensweisen sowie Kompromisse auszubalancieren" (Schuler und Görlich 2007, S. 55). Anknüpfend an diese „Both-and"-Perspektive kann innovationsfördernden Führung als „janusköpfig" bezeichnet werden (vgl. Abb. 3.4).

Rothenberg (1999) prägte den Begriff „Janusian thinking" zur Charakterisierung kreativer Prozesse, in denen oft ursprünglich widersprüchliche Elemente miteinander auf verschiedene Art und Weise kombiniert werden und dann später in einem neuen kreativen (konsistenten) Produkt auftauchen (dem man diese ursprünglich inhärente Spannung oft gar nicht mehr ansieht). Das Bild des römischen Gotts Janus eignet sich sehr gut dazu, das Konzept der Ambidextrie zu illustrieren und als „Lehre" in die innovationsfördernde Führungswelt zu integrieren.

Gelb hat in seinem Bestseller „How to think like Leonardo da Vinci" (2004) sieben Prinzipien aus der Arbeitsweise da Vincis abgeleitet und der Managementwelt eröffnet. Dazu zählt u. a. das Prinzip „*Sfumato*" im Sinne von „Aufgeschlossenheit gegenüber Paradoxien". Das Prinzip **„Sfumato" (wörtlich: sich in Rauch auflösen bzw. „going up in smoke")** betont die Wichtigkeit der Bereitschaft, Widersprüche bzw. kreative Spannungen nicht nur auszuhalten, sondern ihnen aufgeschlossen zu begegnen und sich aktiv darauf einzulassen. Leonardo hatte eine ausgeprägte Leidenschaft für Gegensätzliches und das Paradoxe. Anhand seiner Notizen und Zeichnungen in seinen zahlreichen Notizbüchern kann man seine Vorliebe für Wortspiele, Witze, seine humoristische Ader ablesen. Er war auch fasziniert von Rätseln und Puzzlespielen. Viele seiner Bilder sind mit dem

3.4 Innovationsfördernde Führung zwischen Öffnung und … 69

Abb. 3.5 „Mona Lisa". (Leonardo da Vinci)

für Leonardo da Vinci typischen „Sfumato" – einer kreativen Spannung zwischen dem Gegensätzlichen – überzogen. Das gilt auch für sein berühmtestes Bild, die **Mona Lisa**. Aus dem Bild (vgl. Abb. 3.5) springt einem das Gegensätzliche regelrecht ins Auge. Die Bilder von Leonardo da Vinci und insbesondere die Mona Lisa lehren uns, Widersprüche als spannungsreiches Gedankenspiel zu betrachten. Übertragen auf die Führung in innovationsgetriebenen Kontexten bedeutet dies: Gegensätze sind Quelle der Faszination und erzeugen Energie, und gerade in hochkreativen Prozessen sollten Führungskräfte bewusst Spannungsfelder erzeugen, pflegen und auch Paradoxie nicht als Störung, sondern unausweichliche Normalität betrachten. Das **Da-Vinci-Prinzip** betont also neben der technischen Seite (und vielen anderen mehr) v. a. einen spielerischen, humorvollen, witzigen Umgang mit Entwicklung, der explizit auf Widersprüchlichkeiten beruht und diese als Ausgangspunkt des Schöpferischen betrachtet.

Tab. 3.1 Generative vs. fokussierte Führungsmodi. (Quelle: in Anlehnung an Hohn 2000, S. 190)

Generativer Führungsmodus	Fokussierender Führungsmodus
Entwicklung von Visionen	Zielvereinbarungen
Verwendung von Metaphern wie „Spielen" und „Spaß"	Verwendung von Metaphern wie „Kampf" oder „Macht"
Entwicklungsorientierung	Geschäftsorientierung
Haben wir neue Ideen entwickelt?	Haben wir das Problem gelöst?
Dynamik kreativer Prozesse	Dynamik planerischer Prozesse und Überwachungsprozesse
Herausforderungen suchen und Risiken eingehen	Aufgaben festlegen
Entstehung von Konflikten	Krisen- und Konfliktmanagement
Eröffnung von Freiheitsgraden	Handeln unter gegebenen Rahmenbedingungen
Chaos	Ordnung
Intrinsische Motivation	Extrinsische Motivation
Autonomie und herausfordernde Arbeitsbedingungen	Materielle und immaterielle Anreize

Die innovationsfördernde Wirkung von Spannungsfeldern bzw. Gegensätzen kommt heute in vielen Unternehmen in der hohen Bedeutung der interdisziplinären Zusammenarbeit in Entwicklungs- und Innovationsteams (Abschn. 9.2.4) zum Ausdruck. Durch die interdisziplinäre und heterogene Zusammensetzung von Teammitgliedern werden Widersprüche bewusst zur Erzeugung kreativer Spannungsfelder eingesetzt.

Buijs (2007) entwirft in diesem Zusammenhang das Bild einer kontrolliert schizophrenen innovationsfördernden Führungskraft, die ständig zwischen einem generativen und einem fokussierten Führungsmodus hin und her wechselt.

> The schizophrenic behaviour of the innovation leader is most prominent in the leadership process itself. If the team is feeling down, then the leader should be optimistic; if the team is overly enthusiastic, then the leader should be cool. If the team has fallen in love with an extremely funny idea, then the leader should point out which were the original objectives of the innovation task. If the team rejects all of the ideas and they focus too much on feasibility, then the leader should provoke them to dream and to let at least some of the wild ideas be considered. (Buijs 2007, S. 208)

In Tab. 3.1 sind die beiden Führungsmodi auf der Basis einer empirischen Untersuchung von Hohn (2000) einander gegenübergestellt.

Der fokussierende, stabilisierende, schließende Führungsmodus hat viel gemein mit dem herkömmlichen Verständnis von der Gestaltung bzw. dem Management von Innovation. Im nachfolgenden Kapitel wird der Unterschied zwischen innovationsfördernder Führung und Innovationsmanagement noch einmal zugespitzt.

3.5　Innovationsfördernde Führung vs. Innovationsmanagement

Innovation Leadership bedeutet zwar ganz klar die Gestaltung einer Balance zwischen öffnenden und schließenden Führungsweisen. Aber wenn es darum geht, eine Lehre der „innovationsfördernden Führung" in Ergänzung zu einer „Innovationsmanagement"-Lehre zu spezifizieren, dann beschreibt **„Innovation Leadership"** vor dem gewählten theoretischen, systemisch-relationalen Hintergrund nicht nur eine routinisierte Grundlage für Innovation. Innovation Leadership sorgt für die Unterstützung kultureller, kommunikativer und beziehungsorientierter Faktoren, die Abweichungen und Delimitation anerkennen und die Annahmewahrscheinlichkeit der Selektion von Variation (sprich: organisationale Veränderung) erhöhen. March (1981) bezeichnet diese Strukturen als „Technology of Foolishness". Bausteine dieser Technologie sind „Organizational Slack", Anreize für das Management zum Ent-Lernen, symbolische Aktionen, Zweideutigkeit und lose Kopplung. Im Zentrum steht die Erhöhung von Reaktionspotenzial gegenüber Veränderungen in der Unternehmensumwelt und Öffnung in Bezug auf Ambivalenzen.

Bei aller Euphorie in Bezug auf diese Innovation-Leadership-Perspektive dürfen die Gefahren der Betonung auf Paradoxien und Freiräume für den Bestand des Unternehmens nicht aus dem Blick geraten. Natürlich ist der Aufbau von Routinen, insbesondere im Prozessmanagement von Innovationen, zentral. Sicherheits- und Qualitätsprobleme, unkalkulierbare Risiken, ungeklärte Verantwortungsbereiche und damit einhergehende Schnittstellenprobleme gefährden allenfalls den Bestand von Unternehmen. Es braucht für das Innovationsmanagement eine hohe Methoden- und Fachkompetenz. Es geht um die routinisierte Suche nach Verbesserungsmöglichkeiten, und da Innovationen im Wesentlichen aus einer Rekombination von Routinen bestehen (vgl. De Vries 1998), ist diese Aufgabe absolut zentral. Nur sinkt bei einer zu starken und einseitigen Fokussierung auf Routineprozesse im Innovationsmanagement klar die Wahrscheinlichkeit für radikalere und nachhaltigere Innovationsformen.

Die zentralen Unterschiede zwischen „Innovation Leadership" und „Innovation Management" sind in Tab. 3.2 zusammengestellt (vgl. Isaksen und Tidd 2006, S. 136; Ailin und Lindgren 2008, S. 97). Die in Tab. 3.2 formulierte analytische Unterscheidung zwischen „Innovation *Leadership*" und „Innovation *Management*" ist in dieser Schärfe für ein deutschsprachiges Fachbuch eher unüblich. Insbesondere in Fachbüchern, die sich auf „integrierte Innovationsmanagement-Modelle" (vgl. u. a. Thom 1980; Disselkamp 2005; Bergmann und Daub 2008; Tidd und Bessant 2009; Hauschildt und Salomo 2011) stützen, sind die Trennlinien zwischen innovationsfördernden Führungs- und Managementansätzen oft nicht klar zu ziehen.

Vor diesem Hintergrund dient die hier gewählte Unterscheidung der Präzisierung der Führungsdimension im Kontext des Innovationsmanagements. Damit wird ergänzend zur etablierten Innovationsmanagement-Literatur und aus dem Blickwinkel der gewählten erkenntnistheoretischen Grundlagen in Kap. 3.1–3.4 das Potenzial einer „Führungsperspektive" näher beleuchtet, ohne damit etablierte „Innovation *Management*"-Ansätze pauschal im Sinne einer „operativen Innovationsverwaltung" interpretieren zu wollen.

Tab. 3.2 Unterschiede zwischen Innovation Leadership und Innovation Management

Innovation Leadership	Innovation Management
Langfristige Innovationsziele, basierend auf Innovationsinhalten und -strategien	Kurzfristige Innovationsziele, basierend auf Innovationstaktiken
Strategische Ausrichtung (Fokus auf interne und externe Prozesse), Entwicklung und Erhaltung interner Netzwerke, Einbindung von externen Netzwerkpartnern	Operative und umsetzungsorientierte Ausrichtung (Fokus auf interne Prozesse)
Innovationserfolg basiert auf langfristig ausgerichteten Innovationsprojekten, Lernen und Wissensentwicklung	Innovationserfolg basiert auf Kostenersparnis, Zeitersparnis, Produkterfolg
Parallele Förderung inkrementeller und radikaler Innovation sowie Geschäftsmodell-Innovation	Förderung kleinerer und kurzfristiger Entwicklungsschritte, die durch inkrementelle Innovation erreicht werden
Erhalt der Resonanzfähigkeit und Führung eines Portfolios an verschiedenen Innovationsinitiativen	Konzentration auf ein ausgewähltes Innovationsprojekt
Fokus auf angemessene Innovationsgeschwindigkeit, um die strategischen Innovationsziele zu erreichen	Fokus auf Erhöhung des Innovationstempos (Time-to-Market)
Auseinandersetzung mit Paradoxien, Unsicherheit und Komplexität	Auseinandersetzung mit sicheren und stabilen Abläufen
Sinnvoll intervenieren: Wichtig sind Freiheit und Selbstverantwortung und die Förderung von Selbstbeobachtungs- und Reflexionsmöglichkeiten	Prozesse und Projekte anleiten, verwalten und Erfolgskennzahlen kontrollieren
Kooperative Partnerschaft mit Mitarbeitenden	Zielvereinbarungen mit Mitarbeitenden

In einem vom Innovation-Leadership-Forum (siehe http://www.innovationleadershipforum.org/) durchgeführten Workshop zum Thema „Leadership for Innovation" (von Stamm 2008) beschreiben Praktiker Innovation Leaders wie folgt: „They have a strong future-oriented and external focus; they are by nature curious, have tenacity and a lot of passion for their cause, which enables them a) to tolerate failure and focus on the learning they can gain from it, and b) to create a culture in which innovation can flourish" (von Stamm 2008, S. 470).

Auch Surie und Hazy (2006) betonen die Ausrichtung der Führungsaufgabe im Innovationskontext auf die Veränderung des System-Umwelt-Modells, d. h. auf die Miteinbeziehung organisationsexterner Innovationsdynamiken in die langfristige Gestaltung interner Innovationsprozesse. Sie unterstreichen die Bedeutung der Institutionalisierung von Kollaborationsregeln zwischen verschiedenen „Innovation Agents" (Individuen, organisationale Teileinheiten, die Organisation als Ganzes, die Systemumwelt) und betrachten **innovationsfördernde Führung als gemeinsame organisationale Anstrengung**.

Zusammenfassend kann man sagen, dass das Innovationsmanagement eher für die Schaffung eines routinisierten, separierten Spielfeldes für Innovation zuständig ist und vor allem hohe Methoden- und Fachkompetenzen wichtig sind (epistemische Fachkompetenz). Innovation Leadership steht dagegen eher für die Schaffung eines innovationsfördernden Zusammenspiels aller zentralen internen und externen Innovationsakteure, und es sind vor allem Führungskompetenzen im Sinne einer heuristischen Fachkompetenz, d. h. der Fähigkeit, neuartige Situationen zu bewältigen, der kreativen Entwicklung von Methoden zur Maßnahmenplanung, zur Selbststeuerung, zur Gestaltung von Freiräumen, zum Umgang mit Widersprüchen gefragt und keine Patentrezepte. Weiterhin sind v. a. soziale Kompetenzen, d. h. Kompetenzen in Bezug auf die wirksame Gestaltung von Führungsbeziehungen und ein gutes Einfühlungsvermögen gegenüber verschiedenen Innovationsakteuren gefragt. Führung wird als Begleitung von Lern- und Entwicklungsprozessen verstanden. Es geht maßgeblich um die Förderung von Selbstbeobachtungs- und Reflexionsmöglichkeiten von Mitarbeitenden-Teams und einzelnen Mitarbeitenden. Die Führungsdynamik nimmt wesentlich Einfluss darauf, ob sich Mitarbeitende frei, ermutigt und ermächtigt oder gefangen, entmutigt und ohnmächtig fühlen und damit auch, ob sie sich in Innovationsvorhaben einbringen oder nicht.

Die im Buch zugrunde gelegte Perspektive der innovationsfördernden Führung wurde nun aus einer erkenntnistheoretischen Sicht ausführlich dargelegt. Nachfolgend werden darüber hinaus drei prominente Forschungsrichtungen bzw. Theoriezweige der innovationsfördernden Führung (State-of-the-Art-Forschung) präsentiert und vor dem Hintergrund der gewählten innoLEAD©-Perspektive kritisch reflektiert.

3.6 State-of-the-Art-Forschung

Die theoretische Basis der Innovation-Leadership-Forschung befindet sich in einem kontinuierlichen Wandel. Das sozialkonstruktivistische Denken, das Denken in Systemen und Paradoxien, spielt bei diesem Wandel eine bedeutende Rolle. Vor dem Hintergrund der immer komplexer werdenden Herausforderungen in einem zunehmend globalen Wettbewerb verwundert das nicht. Auch die in diesem Kapitel vorgestellten klassischen **„Schulen" der innovationsfördernden Führung** unterliegen einer kontinuierlichen Erweiterung bzw. Erneuerung. Einführend werden die Grundlagen der transformationalen Führung vorgestellt, danach wird der Ansatz der partizipativ-delegativen Führung entfaltet und zum Schluss wird der „Entrepreneurship"-Ansatz vertieft. Alle drei Ansätze zählen zu den etabliertesten Führungsansätzen bzw. Perspektiven zu Führung und Innovation (vgl. Gebert 2002; Krause 2013) und bieten vielfältige Bezüge zu dem hier im Buch entwickelten integralen Ansatz.

3.6.1 Transformational-charismatische Führung

Dieser Führungsansatz zählt zu den wissenschaftlich meistuntersuchten Führungstheorien (vgl. Wang und Howell 2012). Ziel ist die „Transformation" der Mitarbeitenden: Die

Tab. 3.3 Die vier Komponenten der transformationalen Führung. (Quelle: in Anlehnung an Bass 1999)

Führungsverhalten – die vier Komponenten der transformationalen Führung	
Idealisierter Einfluss	Die Führungskraft dient den Mitarbeitenden als Vorbild, erarbeitet sich deren Vertrauen und regt sie dazu an, der Führungskraft nachzueifern
Inspirierende Motivation	Die Führungskraft motiviert die Mitarbeitenden und verleiht deren Arbeit mehr Bedeutung und Sinn, indem eine herausfordernde Vision und gemeinsame Ziele entwickelt werden
Intellektuelle Stimulation	Die Führungskraft ermutigt ihre Mitarbeitenden, bestehende Annahmen und Lösungen zu hinterfragen sowie neue Lösungsansätze zu suchen. Die Führungskraft vertraut auf die Innovationsfähigkeit und Kreativität ihrer Mitarbeitenden
Individuelle Berücksichtigung	Die Führungskraft versteht sich als Coach und Mentor mit dem Ziel, die individuellen Stärken ihrer Mitarbeitenden zu fördern

Geführten sollen zu außerordentlichen Leistungen angetrieben, für die strategisch wichtigen Interessen des Unternehmens gewonnen und dazu motiviert werden, das Wohl des Unternehmens über die individuellen Ziele zu setzen (vgl. Pundt und Nerdinger 2012, S. 31–32). Die zentralen Komponenten des Ansatzes sind in Tab. 3.3 dargestellt.

Die erste Komponente, der idealisierte Einfluss, wird teilweise auch mit dem Persönlichkeitsmerkmal Charisma (vgl. Heber 2010) gleichgesetzt. Charismatische Führung wird deshalb oftmals mit transformationaler Führung gleichgesetzt, obwohl beide Konstrukte voneinander zu trennen sind: Bei der charismatischen Führung steht die Identifikation der Geführten mit der Führungskraft im Vordergrund, während bei der transformationalen Führung die **Transformation von Werten und Zielen** im Zentrum steht (vgl. Neuberger 2002; Heber 2010; Yukl 2013). Die transformationale Führung (TF) wird häufig auch der transaktionalen Führung gegenübergestellt. Erstere zeichnet sich durch die Entwicklung und Förderung von Mitarbeitenden durch psychologische Beeinflussungsprozesse (oftmals durch Coaching oder Mentoring) aus, die transaktionale Führung hingegen steht für den Austausch von Leistungseinsatz (z. B. Zeit, Kraft) und Belohnung (z. B. Lohn).

Die innovationsfördernde Wirkung transformationalen Führungsverhaltens ist auf unterschiedlichen Ebenen und anhand von unterschiedlichen Wirkmechanismen untersucht worden. Gemäß Frey et al. (2006, S. 15) existiert eine enge Verbindung zwischen **Sinn- und Visionsvermittlung** sowie der Kreativität und der Motivation, Innovationsinitiativen umzusetzen. Wirkt eine Führungsperson besonders charismatisch und mit viel positiver persönlicher Ausstrahlung, möchten Geführte der Führungsperson in Einstellungen und Verhaltensweise ähnlich sein (*idealisierter Einfluss*). Je größer die **positive Ausstrahlung**, desto höher die Wahrscheinlichkeit, dass Mitarbeitende innovationsrelevante Normen und Werte, die von der Führungskraft vorgelebt werden, internalisieren (vgl. Krause und Gebert 2004). Durch den Einfluss auf das Selbstkonzept der Mitarbeitenden und die Ausrichtung des Selbstkonzeptes auf ein gemeinsames Ziel verbindet die transformationale Führungsperson durch ideologische Erklärungen die Identität der Geführten mit der kollektiven Identität des Unternehmens (vgl. Jaussi und Dionne 2003).

So entsteht eine gemeinsame Mission, eine Art „Teamgeist", der die **intrinsische Motivation** der Mitarbeitenden stärkt (vgl. Shamir et al. 1993; Gebert 2002; Jung et al. 2003;). Intrinsisch motivierte Arbeitskräfte sind oftmals kognitiv flexibler und ausdauernder, sie benutzen unkonventionelle Lösungsmethoden und finden neue Lösungen zu bestehenden Problemen (vgl. Amabile 1996; Shin und Zhou 2003). Die Führungskomponente der **intellektuellen Stimulation** fördert dieses innovationsförderliche Verhalten zusätzlich. Eine gemeinsame Vision führt den Mitarbeitenden einerseits die Wichtigkeit ihrer Tätigkeit vor Augen und fördert damit deren Bereitschaft, das kollektive Interesse vor ihr eigenes zu stellen (**Leistungsbereitschaft**). Zum anderen erlaubt eine Vision einen neuen Soll-Wert zu vermitteln, damit die Mitarbeitenden die Situation als veränderungsbedürftig erleben (vgl. Gebert 2002).

Die transformationale Führung fördert v. a. anhand der Veränderung des Anspruchniveaus und dem Hinterfragen des Status quo die Veränderungsbereitschaft der Geführten. Im Gegensatz zur transaktionalen Führung betont die transformationale Führung die stetige Veränderung und fördert diese. Gerade Innovationsvorhaben sind stets durch Unsicherheit geprägt, und die Mitarbeitenden sind mit einem risikoreichen Umfeld konfrontiert. Transformationale Führung bietet hier Unterstützung in Bezug auf Orientierung, Sinn und Hoffnung. Dadurch kann Unsicherheit als Chance betrachtet werden. Der mit Unsicherheit verbundene Stress, der auch die Kreativität hemmt, wird somit reduziert (vgl. Waldman et al. 2001; Gebert 2002).

Einen Überblick über die unterschiedlichen Studien zur transformationalen Führung und deren Einfluss auf Innovation und Kreativität bzw. den Umgang mit Veränderungen verschafft Tab. 3.4.

Eine aktuelle Studie von Gumusluoglu und Ilsev (2009) weist darauf hin, dass transformationale Führung die individuelle Kreativität von Mitarbeitenden positiv beeinflusst und dass die Kreativität wiederum organisationale Innovationen positiv beeinflusst. Die Autoren heben jedoch hervor, dass diese positive Beziehung erstens von der intrinsischen Motivation der Geführten und zweitens der von den Geführten wahrgenommenen Unterstützung für Innovation abhängt. Die Positiveffekte von transformationaler Führung auf die Kreativität von Mitarbeitenden kann leicht neutralisiert bzw. substituiert werden. Auch Krause und Kobald (2013) verweisen in diesem Zusammenhang auf zahlreiche Studien und betonen die Wichtigkeit eines „innovationsunterstützenden Klimas" und der hohen „Identifikation der Geführten mit der Führungskraft" für signifikant innovationsfördernde Effekte eines transformationalen Führungsstils (Krause und Kobald 2013, S. 259). Neben diesen Faktoren stellt sich auch die Frage, inwiefern auch die Organisationsstruktur von Bedeutung ist (vgl. Neuberger 2002; Pundt und Nerdinger 2012).

Tab. 3.4 Studien zur transformationalen Führung. (Quelle: in Anlehnung an Heber 2010)

	Autor/en	Ebene	Forschungsdetails	Ergebnisse
Kontext	Waldman, Ramirez, House und Puranam (2001)	Organisationsebene	Langzeitstudie über den Einfluss des transaktionalen oder transformationalen (charismatischen) Führungsstils von CEOs auf den ökonomischen Erfolg (finanzielle Performance) des Unternehmens	Transformationale Führungskräfte erzielten unter wahrgenommenen Bedingungen deutlich höhere finanzielle Erfolge als ihre transaktionalen Kollegen
	De Hoogh, Den Hartog und Koopman (2005)	Individualebene	Untersuchung von Wirksamkeit (=wahrgenommene Effektivität des Führungsstils) der TF in dynamischem Unternehmenskontext (sich schnell verändernde Umweltbedingungen)	Je höher die Dynamik der Situation eingeschätzt wird, desto eher wurde TF von Vorgesetzten und Kollegen als effektiv wahrgenommen
Veränderungsbereitschaft	Rubin, Dierdorff, Bommer und Baldwin (2009)	Individualebene	Auswirkung von Führungspersönlichkeit auf TF und auf Mitarbeiter	Je höher die Veränderungsbereitschaft der Führenden, desto eher wenden sie die TF an und desto eher sind auch die Geführten zur Veränderung bereit. Übertragung von Veränderungsbereitschaft von Führungskraft auf Geführten
	Levay (2010)	Individualebene	Einfluss von Werten und Visionen der Führungskraft und TF (charismatische Führung) auf Veränderungsbereitschaft von Geführten	TF fördert auch den Widerstand von Geführten gegenüber Veränderungen, wenn die Führungskraft sich gegen die Veränderung bzw. für das Beibehalten des Status quo ausspricht

3.6 State-of-the-Art-Forschung

Tab. 3.4 (Fortsetzung)

	Autor/en	Ebene	Forschungsdetails	Ergebnisse
Kreativität	Jaussi und Dionne (2003)	Individualebene	Untersucht die Rolle der TF als Moderator zwischen unkonventionellem Führungsverhalten (z. B. auf den Tisch springen, Ideen an der Wäscheleine aufhängen etc.) und Mitarbeitendenkreativität anhand einer Befragung von 364 Wirtschaftsstudierenden	Keine Bestätigung, dass TF die Beziehung zwischen unkonventionellem (kreativem) Führungsverhalten und Mitarbeitendenkreativität moderiert
	Jung (2000)	Teamebene	Einfluss von TF und transaktionaler Führung auf die Gruppenkreativität untersucht anhand von Brainstorming-Sitzungen mit 194 Studierenden	Kreativität der transformational geführten Gruppe war höher als die der transaktional geführten Gruppe.
	Shin und Zhou (2003)	Individualebene	Studie von 290 F&E-Mitarbeitenden zum Zusammenhang von TF und Kreativität der Geführten	TF beeinflusst Mitarbeitendenkreativität positiv
	Jung, Chow und Wu (2003)	Organisationsebene	Einfluss von Führungsstil auf die Innovationsfähigkeit der Organisation untersucht mit Befragung von 32 Mitgliedern aus dem Top Management	TF wirkt sich positiv auf die organisationale Innovation aus

Tab. 3.4 (Fortsetzung)

	Autor/en	Ebene	Forschungsdetails	Ergebnisse
Innovationsfähigkeit	Pundt und Schyns (2005)	Individualebene	Zusammenhang von TF-Komponenten inspirierende Motivation und intellektuelle Stimulation sowie individuellen Beiträgen von Mitarbeitenden zum Ideenmanagement	Positiver Zusammenhang zwischen inspirierender Motivierung und dem individuellen Engagement im Ideenmanagement. Kein signifikanter Zusammenhang zwischen intellektueller Stimulierung und dem individuellen Engagement im Ideenmanagement
	Pieterse, Van Knippenberg, Schnippers und Stam (2010)	Individualebene	Einfluss von TF auf innovatives Verhalten anhand von Stichproben einer niederländischen Regierungsorganisation	Positive Wirkung auf innovatives Verhalten nur, wenn MA über Fähigkeiten und Möglichkeiten zur Entfaltung von innovativem Potenzial verfügen
	Keller (2006)	Teamebene	Einfluss von TF auf Teamleistung in Forschungs- und Entwicklungsprojekten	TF wirkt sich in Forschungsprojekten positiver auf die Teamleistung aus als in Entwicklungsprojekten, da sie sich vermehrt vermehrt mit radikalen Innovationen auseinandersetzen und somit Inspiration und intellektuelle Stimulation wichtiger sind

Weiterhin zeigt eine Meta-Analyse von Rosing et al. (2011) auf, dass die transformationale Führung positiv mit Innovation korreliert, aber die Studie beleuchtet auch die große Varianz in den Resultaten. Die Beziehung zwischen transformationaler Führung und Innovativität hängt letztlich von vielen Variablen ab, wie zum Beispiel von der Differenzierung zwischen „Kreativität" und „Innovation" oder zwischen „Forschungsprojekten" und „Entwicklungsprojekten" (Rosing et al. 2011). Die Effekte der transformationalen Führung variieren also kontextabhängig relativ stark.

In Bezug auf die Nähe des Ansatzes zur charismatischen Führung besteht weiterhin die Gefahr, dass das Führungsverhalten weniger zur Entwicklung und Ermächtigung der Mitarbeitenden (im Sinne einer Erweiterung von Handlungsfreiräumen) beiträgt, sondern vielmehr zur Gefolgschaft bzw. sogar zur Abhängigkeit zwischen Führungsperson und Mitarbeitenden, welche sich negativ auf die Leistungserbringung sowie auf das innovative Verhalten auswirken kann. Führungsbeziehungen, die durch ein Abhängigkeitsverhältnis geprägt sind, verhindern Feedback und wechselseitiges Hinterfragen von Handlungen, eine zentrale Voraussetzung für die Innovationsförderung. Ein weiterer Kritikpunkt der transformationalen Führung im Hinblick auf die Innovationsfähigkeit ist auch das Risiko der Homogenisierung zentraler Einstellungen und Werte von Mitarbeitenden durch die kollektive Mission und die Internalisierung von den Werten (vgl. Gebert 2002).

3.6.2 Delegativ-partizipative Führung und Empowerment

In der Literatur besteht ebenfalls weitgehende Einigkeit darüber, dass ein delegativ-partizipativer Führungsstil für die Stimulierung kreativer, innovativer Leistungen und für ihre Implementierung erfolgsfunktional ist (vgl. Gebert 2002, S. 174 ff.; Krause und Gebert 2004; Frey et al. 2006; Yukl 2013). Die Begriffe Partizipation und Delegation wie auch die Übergabe von Verantwortung im Sinne einer Ermächtigung (Empowerment) fokussieren auf die **Übertragung von Entscheidungsmacht** und damit **Handlungsfreiheiten** an die Geführten. Die Literatur zu delegativ-partizipativer Führung untersucht dieses Geschehen und seine Effekte eher aus der Perspektive der Führungsperson. Die Literatur zu Empowerment-Ansätzen stellt eher die Perspektive der Geführten in den Vordergrund (vgl. Yukl 2013). Eine **partizipative Führung** bedeutet, dass Mitarbeitende in die Denk- und Entscheidungsprozesse eingebunden werden. Je chefzentrierter die Führung, desto weniger **Entscheidungsfreiraum** haben die Mitarbeitenden. Mögliche Formen der partizipativen Führung reichen von der gemeinsamen Entscheidungsfindung über die Konsultation des Mitarbeitenden bis hin zur Delegation (vgl. Yukl 2013).

Ein partizipativer Führungsstil zeichnet sich seinerseits durch eine **offene Formulierung von Arbeitsaufgaben** aus (vgl. Staw und Boettger 1990), ganz im Sinne von „enable others to act" (Boneberg 2008). Unter Delegation versteht man die „dauerhafte Übertragung von Aufgaben, Kompetenzen und Verantwortung an nachgeordnete Stellen" (Boneberg 2008, S. 161). Von einer konsequenten Delegation kann man sprechen, wenn komplexe Aufgaben-Bündel sowie alle damit verbundenen Rechte und Pflichten sowie die Verantwortung für die Durchführung der Aufgaben an eine unterstellte Person delegiert werden. Die **konsequente Delegation** vermittelt den Mitarbeitenden die Herausforderung einer komplexen Aufgabenstellung, fördert einen ganzheitlichen, unternehmerischen Blick. Das Hinterfragen bestehender Handlungsweisen wird gefördert und es entsteht **Raum für Experimente** und neue Erfahrungen. Dadurch wird die Entwicklung neuer Ideen begünstigt. Eine herausfordernde und komplexe Aufgabenstellung sowie die Entwicklungsmöglichkeiten wirken sich zudem positiv auf die intrinsische Motivation aus (vgl. Gebert 2002).

Sowohl Partizipation als auch Delegation erhöhen die Identifikation mit dem Unternehmen (vgl. Antoni 1999). Das hat wiederum positive Auswirkungen auf die Kreativität und die Chancen auf die Umsetzung neuer Ideen. Das heißt, wer alles vorgeschrieben bekommt und eng kontrolliert wird, der wird weder neue Ideen entwickeln noch Ideen zur Zukunftssicherung des Unternehmens umsetzen. Diesbezüglich spielt auch die Einbindung in Entscheidungsprozesse eine zentrale Rolle, denn nur wenn Mitarbeitende ausreichend informiert sind, können sie zukunftsorientiert und verantwortlich mit Freiräumen in ihrem Tätigkeitsfeld umgehen. Dieses Prinzip basiert auf der Theorie der kognizierten Kontrolle, die besagt, dass Mitarbeitende nach Vorhersehbarkeit und Erklärbarkeit streben (vgl. Frey und Jonas 2002). Die partizipative Führung basiert auf dem Diskurs zwischen Führenden und Geführten und fördert die Bereitschaft von Mitarbeitenden, sich gegenüber der Unternehmensleitung kritisch zu äußern und Veränderungsvorschläge einzubringen (vgl. Axtell et al. 2000). Diese **innovationsrelevante Aufwärtskommunikation** gewährleistet, dass dezentrales, innovationsrelevantes Wissen genutzt, kritisches Feedback geäußert und kritische Selbsthinterfragung im Unternehmen gefördert wird.

Empowerment kann grundsätzlich als Ermächtigung bzw. Bevollmächtigung in einer Organisation verstanden werden (vgl. Beisheim 1999). Aus einer relationalen Perspektive wird die Ermächtigung von Geführten als „the exchange of power and responsibility throughout an organization" (Leiba und Hardy 1994, S. 257) betrachtet. Anhand der Kriterien

1. *Selbstbestimmung* (Mitarbeitende können ihre Arbeitsabläufe und Schritte zur Zielerreichung eigenverantwortlich regulieren),
2. *Kompetenz* (zur Aufgabenbewältigung, d. h. Mitarbeitende vertrauen in ihre Fähigkeiten),
3. *Sinnhaftigkeit* (Zusammenhang zwischen Aufgabe und Rollenverständnis der Mitarbeitenden/Bedeutung der Aufgabe für die Mitarbeitenden) und
4. *Entscheidungsbefugnis* (Grad, in dem Geführte strategische, administrative oder operationale Aktivitäten und damit den Unternehmenserfolg beeinflussen können)

kann die Umsetzung von Empowerment bewertet werden (vgl. Beisheim 1999; Lee und Koh 2001; Krause und Kobald 2013).

Leiba und Hardy (1994) definieren Empowerment „as an organizational development process that seeks to enhance employees' actual and felt self-efficacy by identifying the environmental, behavioral, and cognitive conditions that foster powerlessness, and then removing these conditions via formal organizational practices" (S. 258). Aus einer Empowerment-Perspektive ist es wichtig, dass Führende ihren Mitarbeitenden die Kontingenz zwischen ihrer Leistung und der Innovationsfähigkeit vermitteln.

> Die Führungskraft muss Vertrauen in die Kompetenzen der Mitarbeiter haben. Dies steigert das Selbstvertrauen der Geführten. Ferner ist es essenziell, dass die Führungskraft den Mitarbeitern ein gewisses Maß an Autonomie und Entscheidungsbefugnis zugesteht, damit sie ermutigt sind, selbst zu entscheiden, wie sie ihre Arbeit ausführen. (Krause und Kobald 2013, S. 254)

Aber die mit dem delegativ-partizipativen Führungsstil und „Empowerment" verbundenen Öffnungsprozesse sind auch mit Risiken verbunden. Eine bedingungslose Übertragung von Macht und Entscheidungsbefugnissen an die Geführten ist dysfunktional im Hinblick auf die Innovationsförderung. Eine Ermächtigung, die über eine Anhebung der Situationskontrolle von Mitarbeitenden (Abschn. 5.2.3) definiert ist, ist mit spezifischen Risiken verbunden. Ohne eine parallele Abfederung der Autonomie-Risiken durch Orientierung, Konsens und Vertrauen droht sogar eine Senkung der erreichten Innovativität (vgl. Gebert 2002). Mit einer steigenden Anzahl an autonomen Entscheidungen seitens der Geführten steigt auch die Gefahr, dass die Entscheidungen innerhalb des Unternehmens weder inhaltlich noch zeitlich aufeinander abgestimmt sind. Es entstehen Koordinationsprobleme. Betrachten wir das delegativ-partizipative Führungsverhalten also als öffnende Führungsweise, stellt sich die Frage, wie die **Balance** wiederhergestellt und schließende Führungsweisen etabliert werden.

3.6.3 Unternehmerische Führung

Für Führungskräfte geht es heutzutage aber nicht nur um die Förderung von Innovation im engeren Sinne, d. h. die Entwicklung und Vermarktung bzw. Verbesserung neuer Produkte oder Dienstleistungen, Prozesse usw., sondern auch um die Entwicklung genereller Flexibilisierungspotenziale. Zu diesen **Flexibilisierungspotenzialen** zählt vor allem auch eine unternehmerische Einstellung (vgl. Lumpkin und Dess 1996). „Entrepreneurship" bzw. „Entrepreneurial Leadership" ist momentan *en vogue* (vgl. Raich et al. 2007; Krause 2013) – es gibt kaum ein Unternehmen, das sich nicht mit der Frage auseinandersetzt, wie es den Unternehmergeist der Mitarbeitenden fördern könnte. *„Wir benötigen unternehmerisch denkende Mitarbeitende"* – dies ist eine geläufige Aussage innovationsverantwortlicher Führungskräfte. Viele Unternehmen, die in den vergangenen Jahren rasante Wachstumsprozesse bewältigt haben, sehen sich wieder zurück nach ein bisschen **„Garagenkultur"**, nach einer Dosis „Aufbruchstimmung", nach Energie, die besonders in der Phase der Unternehmensgründung entsteht. *„Man will keine Schlaffirma sein"* – so ein Zitat aus der nachfolgend vorgestellten Fallstudienanalyse (Kap. 4). Beispiele wie die Xbox und Kinect, die innerhalb des Microsoft-Konzerns entstanden sind und wenig mit dem ursprünglichen Kerngeschäft des Software-Unternehmens zu tun haben, oder die Portierung des Mac-OS-X-Betriebssystems auf Intel-Rechner, die ein Apple-Ingenieur im Geheimen begann, haben diesen „Hype" um Entre- bzw. Intrapreneurship entfacht. In der Literatur ist die Annahme weit verbreitet, dass eine unternehmerische Einstellung für die Innovationsförderung zentral ist (vgl. Gupta et al. 2004; Darling et al. 2007; Menzel et al. 2007; Urbano und Turró 2013). Zwei Strömungen aktueller Literatur untersuchen einerseits Führungskräfte und ihre Führungsstrategien, die diese unternehmerische Einstellung leben (**Entrepreneurial Leadership**) und andererseits die Verankerung ebendieser auf Ebene aller Mitarbeitenden (**Intrapreneurship**).

Unternehmerische Führung nutzt Gelegenheiten und verwandelt diese in einem wertgenerierenden Prozess zu einer Innovation (vgl. Darling et al. 2007). Anhand von drei Dimensionen – Innovativität, Risikoaffinität und Proaktivität – lässt sich aufzeigen, wie unternehmerische Führung funktioniert. Ein **Entrepreneurial Leader** geht gegenwärtig Risiken ein, um später erfolgreich zu sein. Diese Führungspersonen versuchen, die Wettbewerbsvorteile des Unternehmens kontinuierlich aufrechtzuerhalten. Sie stellen sich einem offensiven Konkurrenzkampf (vgl. Gupta et al. 2004). Darling et al. (2007) untersuchten anhand aktueller Beispiele erfolgreicher Entrepreneure die Grundlagen erfolgreicher unternehmerischer Führung und zeigen vier Führungsstrategien auf:

1. Das Verfolgen einer klaren Zukunftsvision des Unternehmens und die Gewinnung der Mitarbeitenden mit Commitment und Disziplin für diese Vision.
2. Die Mitarbeitenden verstehen den Sinn dieser innovativen Vision. Über häufige, transparente Kommunikation wird der Informationsfluss sichergestellt und die Mitarbeitenden werden dazu befähigt, ihren Beitrag zur Erreichung des Ziels sichtbar zu machen.
3. Durch Konsistenz, Verantwortlichkeit und Beständigkeit wird eine vertrauensvolle Arbeitsumgebung geschaffen. Klare Positionierung in sämtlichen Bereichen des Unternehmens und Integrität fördern das Erreichen der Vision.
4. Die eigenen Stärken werden realistisch eingeschätzt und (versteckte) Talente der Mitarbeitenden werden erkannt und gefördert. Die vertiefte Auseinandersetzung (bis zu 90 % der Zeit) mit Personalfragen schafft Nähe und die Mitarbeitenden erwidern dies mit Respekt und Zuversicht in die Zukunft.

Im Gegensatz zur visionären, charismatischen oder wertebasierten Führung (Abschn. 3.6.1) basiert der Führungserfolg beim Konzept des Entrepreneurial Leadership auf dem gemeinsamen, aktiven, kreativen und entwicklungsorientierten Nutzen von Möglichkeiten. Gerade durch seine „Gewöhnlichkeit" und nicht durch heroische Persönlichkeitsmerkmale oder moralische Ideologien ermutigt der Entrepreneurial Leader die Geführten, zu experimentieren und sich weiterzuentwickeln, und gewinnt dadurch ihr Engagement. Ziel ist es dabei nicht nur, die Mitarbeitenden zu motivieren, sondern sie beim Entwickeln neuer Perspektiven zu unterstützen, wobei der Wirkungsmechanismus nicht in Charisma, Werten oder Gruppendruck besteht, sondern in einem „gemeinsame[n] Spirit des bewussten Innovierens" (Gupta et al. 2004, S. 256).

Tab. 3.5 Die vier Dimensionen des Intrapreneurship. (Quelle: in Anlehnung an Antoncic und Hisrich 2001, S. 498 f.)

Die vier Dimensionen des Intrapreneurship	
New Business Venture	Die Gründung von neuen Geschäftszweigen innerhalb des Unternehmens, der Einstieg in neue Märkte etc
Innovativität	Die Fähigkeit, neue Produkt-, Technologie- und Dienstleistungsinnovationen zu generieren, insbesondere im Hinblick auf technologische Marktführerschaft
Selbsterneuerung	Die Transformation der Organisation, d. h. Reformulierung von Strategien, organisationale Veränderung und Reorganisation
Proaktivität	Das Bestreben des Topmanagements, die Wettbewerbsfähigkeit weiter auszubauen, d. h. Initiative, Risikobereitschaft, eine wettbewerbsstärkende Aggressivität und eine gewisse Kühnheit

Erler und Wilhelmer (2010) illustrieren am Beispiel von Swarovski, wie die unternehmerische Grundeinstellung des Gründervaters von Swarovski, Daniel Swarovski (1862–1956) die Organisationskultur bis heute prägt. Entlang von entwicklungs- und mitarbeiterorientierten Leitwerten werden unternehmerische Kernkompetenzen und die Innovationsfähigkeit der Mitarbeitenden konsequent gefördert und anerkannt. Unterstützt in ihrer Kreativität und ihrer Erfolgsorientierung übernehmen die Mitarbeitenden die Rolle von Intrapreneuren und tragen in ihrer jeweiligen Funktion zur Weiterentwicklung des Unternehmens bei.

Intrapreneure entsprechen mit ihrer unternehmerischen Einstellung dem Bild des modernen Mitarbeitenden in wissensintensiven Unternehmen, der sich mit **Eigeninitiative, Expertise und Kreativität** unabhängig von seiner Funktion für die Weiterentwicklung des Unternehmens als Ganzes einsetzt. Zahlreiche Studien untersuchen, wie sich diese unternehmerische Grundeinstellung im etablierten Unternehmen auf allen Hierarchiestufen fördern lässt (vgl. Darling et al. 2007; Kuratko 2007; Menzel et al. 2007; Urbano und Turró 2013).

Antoncic und Hisrich (2001) beschreiben Intrapreneurship (vgl. Tab. 3.5) als Prozess, der nicht nur zu einem neuen Unternehmen oder Unternehmensbereich, sondern auch zu innovativen Aktivitäten, wie zum Beispiel der Entwicklung von neuen Produkten, Dienstleistungen, Technologien, Prozessen oder Strategien, führt (S. 498).

Antoncic und Hisrich (2001) zeigen in ihrer Studie auf, dass sowohl organisationale als auch externe Faktoren die vier genannten Dimensionen des Intrapreneurship beeinflussen. Gupta et al. (2004) gehen von **vier Bedingungen** aus, die unternehmerische Aktivitäten innerhalb eines Unternehmens fördern: 1) eine unternehmerische Vision; 2) ein Prozess und eine Struktur, die innovatives Handeln begünstigen; 3) adäquate Ressourcen und 4) Know-how sowie die Fähigkeit, kontinuierliche Exploration und Ideengenerierung zu ermöglichen (S. 244). Weitere Erfolgsfaktoren sind die starke Orientierung nach außen sowie auf Wettbewerbsfähigkeit und auf die Mitarbeitenden ausgerichtete Unternehmenswerte

Tab. 3.6 Einflussfaktoren auf die unternehmerische Einstellung von Mitarbeitenden. (Quelle: in Anlehnung an Urbano und Turró 2013, S. 382 ff.)

Einflussfaktoren auf die unternehmerische Einstellung von Mitarbeitenden	
Wissen als Ressource	Gut ausgebildete Mitarbeitende und Expertenteams aus unterschiedlichen Funktionen erkennen leichter neue Chancen für das Unternehmen und nutzen diese Chancen eher. Dadurch fällt die Implementierung und Entwicklung von unternehmerischen Projekten leichter und erfolgreicher aus
Persönliche Netzwerke als Fähigkeit	Netzwerke und das soziale Kapital dienen als wichtige Quelle für Informationen, Ressourcen und soziale Unterstützung bei der Identifikation und Nutzung von Chancen
Erkennen von Chancen als Fähigkeit	Das Erkennen von Chancen ist eine zentrale, individuelle Fähigkeit von Intra- und Entrepreneuren und bildet die Basis für die Entwicklung neuer Produkte, Dienstleistungen, Märkte und den Wettbewerbsvorteil

(vgl. Antoncic und Hisrich 2001). Neben organisationalen Rahmenbedingungen wird die unternehmerische Einstellung von Mitarbeitenden auch von individuellen Kompetenzen und Fähigkeiten beeinflusst (vgl. Urbano und Turró 2013, S. 382 ff. und Tab. 3.6):

Wie erfolgreiche Entrepreneure entwickeln Intrapreneure neue Ideen, erkennen Chancen für das Unternehmen, wissen diese Chancen gewinnbringend zu nutzen, stoßen Veränderungen an und entwickeln kreative Lösungen (vgl. Menzel et al. 2007, S. 734 f.). Dieses unternehmerische Denken und Handeln pflegen in bestehenden Unternehmen besonders Mitarbeitende, die sich durch ein tiefgreifendes Fachwissen und genügend Marktkenntnisse auszeichnen, um die erfolgreiche Umsetzung einer Idee und ihre Einführung in den Markt einzuschätzen (vgl. Cohen 2002). In kleinen wie auch großen Produktionsunternehmen spielen oftmals Ingenieure eine wichtige Rolle in der Entwicklung von Innovationen, wobei das **Zusammenspiel von Fachwissen und unternehmerischem Denken** zentral für den Erfolg dieser Innovationen ist.

Dementsprechend interessant ist es für Unternehmen, wenn sich Ingenieure im Laufe ihrer Arbeit zu Intrapreneuren entwickeln. Als größte **Hindernisse für Intrapreneurship im F&E-Bereich** werden hierarchische und bürokratische Organisationsstrukturen genannt (vgl. Menzel et al. 2007). Als größte **Chance für Intrapreneurship** wird die konsequente Unterstützung durch das Topmanagement erachtet. Diese Unterstützung beinhaltet auch einen positiven, konstruktiven Umgang mit Misserfolgen von unternehmerischen Projekten.

Weiterhin erfordert Intrapreneurship auch **Ressourcen**, d. h. genügend Mitarbeitende, Zeit und Raum, um gemeinsam Projekte zu schaffen und zu entwickeln. Auch architektonische Infrastrukturen regen zum gemeinsamen unternehmerischen Schaffen an, indem der Austausch über neue unternehmerische Gelegenheiten ganz selbstverständlich durch kommunikativfördernde Strukturen gefördert wird. Einen weiteren Erfolgsfaktor liefern erfahrene Mentoren, Coaches oder Sponsoren aus dem Topmanagement (Abschn. 5.3.4), welche bestehenden und zukünftigen Intrapreneuren zur Seite stehen und sich für die erfolgreiche Umsetzung von Ideen einsetzen.

Während Entrepreneurial Leadership und Intrapreneurship interessante Ansatzpunkte bieten, hängt der Erfolg dieser beiden Ansätze vom **Balance-Management** ab: Das konsistente Verfolgen von Veränderungen und Innovation ist nur effektiv, wenn die Richtung für die Mitarbeitenden sichtbar und sinnvoll bleibt. Es gilt also, den Veränderungs- und Innovationsdrang mit Konsistenz und Beständigkeit auszubalancieren. Gewagtere und kühnere Innovationen bedeuten nicht nur potenziell höhere Erträge, sondern auch höhere Risiken. Intrapreneurship heißt also auch: die Risikobereitschaft im Unternehmen richtig zu dosieren und die Organisation mit unternehmerischen Initiativen nicht zu überfordern. Im Open Innovation-Zeitalter stellt sich auch die Frage, ob ein offensives Konkurrenzdenken als Basis für unternehmerische Führung noch ein tragfähiges Konzept darstellt. Kuratko (2007) spricht in diesem Sinn von den **Schattenseiten des Entrepreneurship**.

3.6.4 State-of-the-Art: eine kritische Reflexion

Jeder der in Abschn. 3.6 vorgestellten State-of-the-Art-Ansätze hat einen wichtigen Beitrag geleistet, um die Disziplinen „Führung" und „Innovation" zu einer „Innovation-Leadership"-Perspektive zusammenzuführen. Vor allem die Forschung zur transformationalen Führung ist außerordentlich differenziert und breit abgestützt. Weiterhin wurden diese Ansätze in der betrieblichen Praxis auf vielfältige Weise „aufgenommen", in betriebliche Praktiken transformiert und damit teilweise zur objektivierten Handlungswelt innovationsverantwortlicher Führungskräfte und deren Mitarbeitender. Allerdings ist der geringe Kontextbezug bzw. die Verknüpfung dieser Ansätze mit der organisationalen Innovations- und Change-Management-Forschung kritisch zu betrachten. Das mit dem transformationalen Ansatz verbundene pragmatische und sozialtechnologische Verständnis von Führung wird z. B. vor allem in eher heterarchischen, netzwerkgetriebenen, d. h. „offenen" Unternehmen (ein zentrales Charakteristikum moderner, innovativer Unternehmen, vgl. Abschn. 7.2) Irritationen auslösen. Und das Dilemma liegt auf der Hand: Kreativität und Innovation basieren auf Mitarbeitenden, die neue und unvorhergesehene Verhaltensweisen zum Ausdruck bringen, welche für das Unternehmen einen Wert darstellen, aber vorher nicht bekannt sind. Daher ist eine sehr spezifische Orientierung an Verhaltensweisen prinzipiell kritisch zu beurteilen. Da lässt sich die Frage stellen, ob es sich beim aktuellen Forschungsdiskurs rund um die transformationale Führung nicht um einen doch stark von der Alltagswirklichkeit innovierender Unternehmen abgetrennten Diskurs handelt. Hier wird davon ausgegangen, dass sich Führung als „identitätsrelevantes Beziehungsgeschehen" (Müller 2005, S. 117) viel stärker auf die jeweilige organisationale bzw. identitätsstiftende kulturelle Praxis beziehen muss.

Bei der zusammenfassenden Darstellung der partizipativ-delegativen Führungsansätze, dem Empowerment-Ansatz sowie der unternehmerischen Führung standen die Betonung von Handlungsfreiräumen (Abschn. 5.2), Mitsprache, Autonomie, Unabhängigkeit und Ermächtigung der Geführten im Vordergrund – all dies sind zentrale, „Öffnung" generierende Führungsthemen, die auch das nachfolgend vorgestellte innoLEAD©-Modell (Kap. 4) bestimmen. Diese Ansätze bieten wichtige Erkenntnisse für Führungskräfte, die proaktiv Öffnungsprozesse gestalten wollen, und setzen sich mit Chancen und Risiken im Zuge der Einrichtung von Freiräumen auseinander.

Weitere Führungsansätze und – theorien, wie bspw. die Leader-Member-Exchange-Theorie (LMX, vgl. Graen und Uhl-Bien 1995; Gerstner und Day 1997; Schyns 2002) und postheroische Führungsansätze wie „Quiet Leadership" („leise Führung", vgl. Badaracco 2002) oder „Servant Leadership" („dienende Führung", vgl. Greenleaf 1977; Stippler et al. 2010; Parris und Peachey 2013) eröffnen neben lösungsorientierten (vgl. z. B. Godat 2014), positiven und stärkenorientierten Führungs- und Coaching-Theorien (vgl. Cooperrider und Srivastva 1987; White 1996; Bushe 2011) ebenfalls wirksame innovationsfördernde Elemente. Dies v. a. in Bezug auf neue Perspektiven zu Macht- und Abhängigkeitsverhältnissen zwischen Führenden und Geführten in wissensintensiven Unternehmen, in denen mehrheitlich hochqualifizierte Mitarbeitende arbeiten. Die genannten Ansätze werden hier jedoch nicht weiter vertieft. Der Fokus liegt nachfolgend auf der Perspektive der Öffnung bzw. gleichzeitig auf der Erhaltung einer Balance zwischen öffnenden und schließenden Führungsweisen zur Innovationsförderung.

Literatur

Ailin, M., & Lindgren, P. (2008). Conceptualizing strategic innovation leadership for competitive survival and excellence. *Journal of Knowledge Globalization, 1*(2), 87–108.

Albers, S., & Eggers, S. (1991). Organisatorische Gestaltungen von Produktinnovations-Prozessen – Führt der Wechsel des Organisationsgrades zu Innovationserfolg? *Schmalenbach's Zeitschrift für betriebswirtschaftliche Forschung, 43*(1), 44–64.

Amabile, T. M. (1996). *Creativity in context: Update to the social psychology of creativity*. Boulder: Westview Press.

Amabile, T. M., Schatzel, E., Moneta, G., & Kramer, S. (2004). Leader behaviors and the work environment for creativity: Perceived leader support. *The Leadership Quarterly, 15,* 5–32.

Antoncic, B., & Hisrich, R. D. (2001). Intrapreneurship: Construct refinement and cross-cultural validation. *Journal of Business Venturing, 16*(5), 495–527.

Antoni, C. (1999). Konzepte der Mitarbeiterbeteiligung: Delegation und Partizipation. In D. Frey & C. Hoyos (Hrsg.), *Arbeits- und Organisationspsychologie* (S. 569–583). Weinheim: Beltz.

Axtell, C., Holmann, D., Unsworth, K., Wall, T., & Waterson, P. (2000). Shopfloor innovation: Facilitating the suggestion and implementation of ideas. *Journal of Occupational and Organizational Psychology, 73*(3), 265–285.

Badaracco, J. L. (2002). *Lautlos führen: Richtig entscheiden im Tagesgeschäft*. Wiesbaden: Gabler.

Barron, F., & Harrington, D. (1981). Creativity, intelligence, and personality. *Annual Review of Psychology, 32,* 439–476.

Bass, B. M. (1999). Two decades of research and development in transformational leadership. *European Journal of Work and Organizational Psychology, 8*(1), 9–32.

Beisheim, M. (1999). Empowerment als neue personalpolitische Strategie. In W. Elsik & W. Mayrhofen (Hrsg.), *Strategische Personalpolitik* (S. 223–243). München: Rainer Hampp.

Bergmann, G., & Daub, J. (2008). *Systemisches Innovations- und Kompetenzmanagement. Grundlagen - Prozesse - Perspektiven* (2. Aufl.). Wiesbaden: Gabler.

Biggart, N. W., & Hamilton, G. G. (1987). An institutional theory of leadership. *Journal of Applied Behavioral Science, 23,* 429–441.

Binnewies, C., Ohly, S., & Sonnentag, S. (2007). Taking personal initiative and communicating about ideas: What is important for the creative process and for idea creativity? *European Journal of Work and Organizational Psychology, 16*(4), 432–455.

Boerner, S., Krause, D. E., & Gebert, D. (2001). In der Kunst „untergehen" – in der Kunst „aufgehen"? Empirische Ergebnisse zur Funktionalität einer direktiv-charismatischen Führung im Orchester. *Zeitschrift für Führung und Organisation, 5,* 285–292.

Boneberg, I. (2008). Delegation. In T. Steiger & E. Lippmann (Hrsg.), *Handbuch Angewandte Psychologie für Führungskräfte. Führungskompetenz und Führungswissen* (3. Aufl, S. 160–170). Wiesbaden: Springer.

Bossink, B. (2007). Leadership for sustainable innovation. *International Journal of Technology Management and Sustainable Development, 6*(2), 135–149.

Bryman, A., Stephens, M., & A Campo, Ch. (1996). The importance of context. Qualitative research and the study of leadership. *Leadership Quarterly, 7*(3), 353–370.

Buijs, J. (2007). Innovation Leaders should be controlled schizophrenics. *Creativity and Innovation Management, 16*(2), 203–210.

Burla, S., Alioth, A., Frei, F., & Müller, W. R. (1995). *Die Erfindung von Führung. Vom Mythos der Machbarkeit in der Führungsausbildung.* Zürich: Verlag der Fachvereine.

Bushe, G. R. (2011). Appreciative inquiry: Theory and critique. In D. Boj, B. Burnes, & J. Hassard (Hrsg.), *The Routledge Companion to organisational Change* (S. 87–103). Oxford: Routledge.

Cattell, R. B., Eber, H. W., & Tatsuoka, M. (1970). *Handbook of the sixteen personality factor questionnaire.* Champaign: Institute for Personality and Ability Testing.

Chen, Z. X., & Aryee, S. (2007). Delegation and employee work outcomes: An examination of the cultural context of mediating processes in China. *Academy of Management Journal, 50,* 226–238.

Christensen, C. M. (1997). *The innovator's dilemma: When new technologies cause great firms to fail.* Boston: Harvard Business School Press.

Cohen, A. R. (2002). Mainstreaming corporate entrepreneurship: Leadership at every level of organizations. *Babson Entrepreneurial Review,* 1–8.

Cooperrider, D. L., & Srivastva, S. (1987). Appreciative inquiry in organizational life. *Research in Organizational Change and Development, 1*(1), 129–169.

Darling, J. R., Keeffe, M. J., & Ross, J. K. (2007). Entrepreneurial leadership strategies and values: Keys to operational excellence. *Journal of Small Business & Entrepreneurship, 20*(1), 41–54.

De Hoogh, A., Den Hartog, D. N., & Koopman, P. L. (2005). Linking the Big Five-factors of personality to charismatic and transactional leadership; perceived dynamic work environment as a moderator. *Journal of Organizational Behavior, 26,* 839–865.

De Jong, J., & Den Hartog, D. (2007). How leaders influence employees' innovative behaviour. *European Journal of Innovation Management, 10*(1), 41–64.

De Vries, M. (1998). Die Paradoxie der Innovation. In F. Heideloff & T. Radel (Hrsg.), *Organisation von Innovation. Strukturen, Prozesse und Interventionen* (S. 75–87). München: Hampp.

Disselkamp, M. (2005). *Innovationsmanagement. Instrumente und Methoden zur Umsetzung im Unternehmen.* Wiesbaden: Gabler.

Doppler, K. (2009). Über Helden und Weise. Von heldenhafter Führung im System zu weiser Führung am System. *Organisationsentwicklung, 2,* 4–13 (2009).

Duschlbauer, T., Lanz, W., & Hattmannsdorfer, A. (2012). *Innovationsguerilla*. St. Gallen: Midas Management Verlag.

Endrissat, N., Müller, W. R., & Kaudela-Baum, S. (2007). En route to an empirically-based understanding of authentic leadership. *European Management Journal, 25*(3), 207–220.

Erler, H., & Wilhelmer, D. (2010). Swarovski: Mit Netzwerken Innovationsprozesse starten. In S. Ili (Hrsg.), *Open Innovation umsetzen: Prozesse, Methoden, Systeme, Kultur* (S. 225–269). Düsseldorf: Symposion.

Frey, D., & Jonas, E. (2002). Die Theorie der kognizierten Kontrolle. In D. Frey & M. Irle (Hrsg.), *Theorien der Sozialpsychologie, Bd III: Motivations-, Selbst- und Informationsverarbeitungstheorien* (S. 13–50). Bern: Huber.

Frey, D., Traut-Mattausch, E., Greitemeyer, T., & Streicher, B. (2006). *Psychologie der Innovationen in Organisationen*. Arbeitsbericht Roman Herzog-Institut München.

Gebert, D. (2002). *Führung und Innovation*. Stuttgart: Kohlhammer.

Gelb, M. (2004). *How to think like Leonardo da Vinci. Seven steps to genius every day*. New York: Delta.

Gerstner, C. R., & Day, D. V. (1997). Meta-analytic review of leader-member exchange theory: Correlates and construct issues. *Journal of Applied Psychology, 82*(6), 827–843.

Godat, D. (2014). *Lösungen auf der Spur. Wirkungsvoll führen dank Lösungsfokus*. Zürich: Versus Verlag.

Graen, G. B., & Uhl-Biel, M. (1995). Relationship-based approaches to leadership: Development of LMX theory of leadership over 25 years: Applying a multi-domain approach. *Leadership Quarterly, 6*, 219–247.

Greenleaf, R. K. (1977). *Servant leadership: A journey into the nature of legitimate power and greatness*. New York: Paulist Press.

Guldin, A. (2012). Führung und Innovation. In S. Grote (Hrsg.), *Die Zukunft der Führung* (S. 213–233). Heidelberg: Springer.

Gumusluoglu, L., & Ilsev, A. (2009). Transformational leadership, creativity, and organizational innovation. *Journal of Business Research, 62*, 461–473.

Gupta, V., MacMillan, I. C., & Surie, G. (2004). Entrepreneurial leadership: developing and measuring a cross-cultural construct. *Journal of Business Venturing, 19*(2), 241–260.

Hauschildt, J., & Salomo, S. (2011). *Innovationsmanagement* (5. Aufl). München: Vahlen.

Heber, I. (2010). *Transformationale Führung und Kreativität. Zusammenhang zwischen transformationaler Führung und individueller Mitarbeiterkreativität - Ergebnisse einer empirischen Untersuchung*. Saarbrücken: VDM Verlag.

Hejl, P. M., & Stahl, H. K. (2000a). Einleitung. Acht Thesen zu Unternehmen aus konstruktivistischer Sicht. In P. M. Hejl & H. K. Stahl (Hrsg.), *Management und Wirklichkeit. Das Konstruieren von Unternehmen, Märkten und Zukünften* (S. 13–29). Heidelberg: Carl Auer.

Hejl, P. M., & Stahl, H. K. (2000b). Management und Selbstregelung. In P. M. Hejl & H. K. Stahl (Hrsg.), *Management und Wirklichkeit. Das Konstruieren von Unternehmen, Märkten und Zukünften* (S. 100–138). Heidelberg: Carl Auer.

Hohn, H. (2000). *Playing, leadership and team development in innovation teams*. Delft: Eburon.

Isaksen, S., & Tidd, J. (2006). *Meeting the innovation challenge. Leadership for transformation and growth*. Chichester: Wiley.

Jaskyte, K. (2004). Transformational leadership, organizational culture, and innovativeness in non-profit organizations. *Nonprofit Management & Leadership, 15*(2), 153–168.

Jaussi, K., & Dionne, S. (2003). Leading for creativity: The role of unconventional leader behavior. *The Leadership Quarterly, 14*, 475–498.

Jung, D. I. (2000). Transformational and transactional leadership and their effects on creativity in groups. *Creativity Research Journal, 13*(2), 185–195.

Jung, D. I., Chow, C., & Wu, A. (2003). The role of transformational leadership in enhancing organizational innovation: Hypotheses and some preliminary findings. *The Leadership Quarterly, 14*(4), 525–544.

Jung, D., Wu, A., & Chow, C. (2008). Towards understanding the direct and indirect effects of CEOs' transformational leadership on firm innovation. *The Leadership Quarterly, 19,* 582–594.

Kaehler, B. (2014). *Komplementäre Führung. Ein praxiserprobtes Modell der organisationalen Führung*. Wiesbaden: Springer Gabler.

Kaudela-Baum, S. (2012). Innovation leadership: Balancing paradoxes of innovation. In E. Nagel (Hrsg.), *Forschungswerkstatt Innovation. Verständnisse –Gestaltung –Kommunikation –Ressourcen* (S. 63–85). Stuttgart: Lucius & Lucius.

Keller, R. T. (2006). Transformational leadership, initiating structure, and substitutes for leadership: A longitudinal study of research and development project team performance. *Journal of Applied Psychology, 91,* 202–210.

Krause, D., & Gebert, D. (2004). Förderung der Innovationsgeneigtheit und innovationsbezogener Verhaltensweisen. *Wirtschaftspsychologie aktuell, 1,* 56–60.

Krause, D. E. (Hrsg.). (2013). *Kreativität, Innovation und Entrepreneurship*. Wiesbaden: Springer Gabler.

Krause, D. E., & Kobald, S. (2013). Perspektiven zu Führung und Innovation und Validierung eines neuen Instruments zur Messung transformationaler Führung im deutschsprachigen Raum. In D. E. Krause (Hrsg.), *Kreativität, Innovation und Entrepreneurship* (S. 251–284). Wiesbaden: Springer Gabler.

Kuczmarski, T. (1996). *Innovation. Leadership strategies for the competitive edge*. Chicago: NTC Business Books.

Kuratko, D. F. (2007). Entrepreneurial leadership in the 21st century. *Journal of Leadership and Organizational Studies, 13*(4), 1–11.

Lee, M., & Koh, J. (2001). Is empowerment really a new concept? *International Journal of Human Resource Management, 12*(4), 684–695.

Leiba, S., & Hardy, C. (1994). Employee empowerment: A seductive misnomer? In C. Hardy (Hrsg.), *Managing strategic action: Mobilizing change –Concepts, readings and cases* (S. 256–271). London: Sage.

Levay, C. (2010). Charismatic leadership in resistance to change. *The Leadership Quarterly, 21*(1), 127–143.

Lewis, M., Welsh, M. A., Dehler, G., & Schoon, D. (2000). Product development tensions: Exploring contrasting styles of project management. *Paper presented at the Academy of Management Meeting*, 2000 in Toronto.

Lumpkin, G. T., & Dess, G. G. (1996). Clarifying the entrepreneurial orientation construct and linking it to performance. *Academy of Management Review, 21*(1), 135–172.

Mann, L. (2005). *Leadership, management, and innovation in R & D project teams*. Westport: Praeger Publishers.

Mansfield, R., & Busse, T. (1981). *The psychology of creativity and discovery*. Chicago: Nelson-Hall.

March, J. (1981). Some footnotes on organizational change. *Administrative Science Quarterly, 26,* 563–577.

Menzel, H. C., Aaltio, I., & Ulijn, J. M. (2007). On the way to creativity: Engineers as intrapreneurs in organizations. *Technovation, 27*(12), 732–743.

Mintzberg, H. (2010). *Managen*. Offenbach: Gabal.

Müller, W. R. (2005). Die Führungsbücher selber schreiben. In D. Resch, P. Dey, A. Kluge, & C. Steyaert (Hrsg.), *Organisationspsychologie als Dialog. Inquiring social constructionist possibilities in organizational life* (S. 113–131). Lengerich: Pabst.

Müller, W. R., & Endrissat, N. (2005). Leadership research made in Switzerland. Unlocking the established leadership view. *Paper presented at the 21st EGOS Colloquium*, Berlin, Germany.

Müller, W. R., Nagel, E., & Zirkler, M. (2006). *Organisationsberatung. Heimliche Bilder und ihre praktischen Konsequenzen*. Wiesbaden: Gabler.

Neuberger, O. (1995). Führungsdilemmata. In A. Kieser, G. Reber, & R. Wunderer (Hrsg.), *Handwörterbuch der Führung* (S. 533–540). Stuttgart: Schäffer-Poeschel.

Neuberger, O. (2002). *Führen und führen lassen: Ansätze, Ergebnisse und Kritik der Führungsforschung* (6. Aufl). Stuttgart: Lucius & Lucius.

Parris, D. L., & Peachey, J. W. (2013). A systematic literature review of servant leadership theory in organizational contexts. *Journal of Business Ethics, 113*(3), 1–17.

Pettigrew, A., & Whipp, R. (1991). *Managing change for competitive success*. Oxford: Blackwell.

Pieterse Nederveen, A. N., Van Knippenberg, D., Schnippers, M., & Stam, D. (2010). Transformational and transactional leadership and innovative behavior: The moderating role of psychological empowerment. *Journal of Organisational Behavior, 31*(4), 609–623.

Pundt, A., & Nerdinger, F. W. (2012). Transformationale Führung-Führung für den Wandel? In S. Grote (Hrsg.), *Die Zukunft der Führung* (S. 27–45). Berlin: Springer.

Pundt, A., & Schyns, B. (2005). Führung im Ideenmanagement. Der Zusammenhang zwischen transformationaler Führung und dem individuellen Engagement im Ideenmanagement. *Zeitschrift für Personalpsychologie, 4*(2), 55–65.

Raich, M., Pechlaner, H., & Hinterhuber, H. H. (Hrsg.). (2007). *Entrepreneurial Leadership. Profilierung in Theorie und Praxis*. Wiesbaden: Gabler/DUV.

Ramamoorthy, N., Flood, P. C., Slattery, T., & Sardessi, R. (2005). Determinants of innovative work behavior: Development and test of an integrated model. *Creativity and Innovation Management, 14*(2), 142–150.

Rickards, T., & Moger, S. (2006). Creative leaders: A decade of contributions from creativity and innovation management journal. *Creativity and Innovation Management, 15*(1), 4–18.

Rosing, K., Frese, M., & Bausch, A. (2011). Explaining the heterogeneity of the leadership-innovation relationship: Ambidextrous leadership. *The Leadership Quarterly, 22*(5), 956–974.

Rosing, K., Rosenbusch, N., & Frese, M. (2010). Ambidextrous leadership in the innovation process. In A. Gerybadze et al. (Hrsg.), *Innovation and international corporate growth* (S. 191–204). Berlin: Springer.

Rothenberg, A. (1999). Janusian process. In M. Runco & S. Pritzker (Hrsg.), *Encyclopedia of Creativity – Volume 2* (S. 103–108). New York: Academic Press.

Rubin, R. S., Dierdorff, E. C., Bommer, W. H., & Baldwin, T. T. (2009). Do leaders reap what they sow? Leader and employee outcomes of leader organizational cynicism about change. *The Leadership Quarterly, 20*(5), 680–688.

Schuler, H., & Görlich, Y. (2007). *Kreativität. Ursachen, Messung, Förderung und Umsetzung in Innovation*. Göttingen: Hogrefe.

Schyns, B. (2002). Überprüfung der deutschsprachigen Skala zum Leader-Member-Exchange-Ansatz. *Zeitschrift für Differentielle und Diagnostische Psychologie, 23*, 235–245.

Shamir, B., House, R. J., & Arthur, M. B. (1993). The motivational effects of charismatic leadership: A self-concept based theory. *Organizational Science, 4*, 577–594.

Shin, S. J., & Zhou, J. (2003). Transformational leadership, conservation, and creativity: Evidence from Korea. *Academy of Management Journal, 46*(6), 703–714.

Smith, W., & Lewis, M. (2011). Toward a theory of paradox. A dynamic equilibrium model of organizing. *Academy of Management Review, 36*(2), 381–403.

Stahl, H. K. (2013). *Leistungsmotivation in Organisationen. Ein interdisziplinärer Leitfaden für die Führungspraxis*. Berlin: Erich Schmid.

Stahl, H. K., & Fischer, H. R. (2013). Herausforderungen im Dazwischen. Balanceakte des neuen Führens. *Konfliktdynamik, 2*(2), 96–105.

Staw, B. M., & Boettger, R. D. (1990). Task revision: A neglected form of work performance. *Academy of Management Journal, 33,* 534–559.

Stippler, M., Moore, S., Rosenthal, S., & Dörffer, T. (2010). *Führung. Ansätze - Entwicklungen - Trends. Teil 3: Führung als Beziehungsphänomen, Transformationale Führung, Werte und Ethik. Leadership Series.* Gütersloh: Bertelsmann Stiftung.

Surie, G., & Hazy, J. K. (2006). Generative leadership: Nurturing innovation in complex systems. *E:CO, 8*(4), 13–26.

Thom, N. (1980). *Grundlagen des betrieblichen Innovationsmanagements* (2. Aufl). Königstein: Hanstein.

Tidd, J., & Bessant, J. (2009). *Managing innovation: Integrating technological, market and organizational change* (4. Aufl). Chichester: Wiley.

Urbano, D., & Turró, A. (2013). Conditioning factors for corporate entrepreneurship: An in (ex) ternal approach. *International Entrepreneurship and Management Journal, 9*(3), 379–396.

Volmer, J. (2013). Führung und Kreativität in Organisationen. In D. E. Krause (Hrsg.), *Kreativität, Innovation und Entrepreneurship* (S. 59–75). Wiesbaden: Springer Gabler.

Von der Oelsnitz, D. (2012). *Einführung in die systemische Personalführung.* Heidelberg: Carl Auer.

Von Stamm, B. (2008). *Managing innovation, design and creativity.* Chichester: Wiley.

Waldman, D. A., Ramirez, G. G., House, R. J., & Puranam, P. (2001). Does leadership matter? CEO leadership attributes and profitability under conditions of perceived environmental uncertainty. *Academy of Management Journal, 44*(1), 134–143.

Wang, X.-H., & Howell, J. M. (2012). A multilevel study of transformational leadership, identification, and follower outcomes. *The Leadership Quarterly, 23*(5), 775–790.

White, T. W. (1996). Working in interesting times. *Vital Speeches of the Day,LXII*(15), 472–474.

Yukl, G. A. (2013). *Leadership in organizations* (8. Aufl). Boston: Pearson.

4   InnoLEAD©: integrierte innovationsfördernde Führung

Wie in Kap. 2 und 3 bereits argumentiert wurde, ist die Realität von innovierenden Unternehmen heute so komplex, dass die einfachen Leadership-Konzepte, die auf Unternehmergeist oder Charisma einzelner Führungskräfte bauen, keine wirkliche Orientierung mehr bieten. Folglich gehen wir in der Entwicklung eines Innovation-Leadership-Modells (vgl. Abb. 4.1) von einer systemischen Betrachtung aus und beleuchten Beziehungen zwischen Akteuren im Unternehmen sowie die organisationalen Bedingungen im Hinblick auf die Innovationsförderung auf allen Führungsebenen der Organisation. Diese Ebenen bilden die Struktur für alle nachfolgenden innoLEAD©-Gestaltungsfelder und damit für die nachfolgenden Kapitel, welche die jeweiligen Führungsebenen auf integrierte Weise diskutieren. Die Darlegungen werden durch Führungsepisoden aus der Praxis innovierender F&E-Mitarbeitender aus Industrieunternehmen illustriert.

Bei der Darstellung dieser integrierten Perspektive eines innovationsfördernden Führungssystems werden widersprüchliche Führungsanforderungen (in der Abb. 4.1 durch die Öffnungs- bzw. Schließungspfeile dargestellt) bewusst nicht ausgeblendet, sondern es wird im Gegenteil versucht, diese jeweils durch adäquate Sub-Modelle und Praxisbeispiele an die Oberfläche zu holen.

Nachfolgend wird noch einmal die Relevanz des Paradoxie-Managements als handlungsorientierte Führungsaufgabe hervorgehoben. Danach wird die dem Buch zugrunde gelegte empirische Innovation-Leadership-Studie eingeführt.

4.1   Paradoxie-Management zwischen Theorie und Praxis

Öffnende und schließende Führungsweisen kommen, wie wir in den theoretischen Kapiteln skizziert haben, gleichzeitig vor, und es gilt, ständig zwischen diesen Polen zu balancieren (Abschn. 3.4). Aber Führungskräfte charakterisieren in der Praxis ihre Entschei-

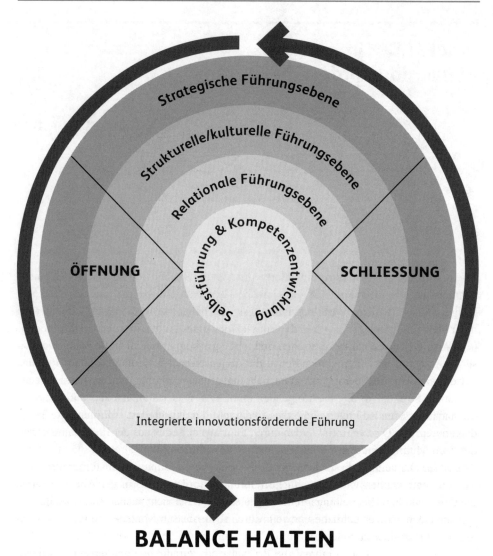

Abb. 4.1 InnoLEAD©: Integriertes Modell zur innovationsfördernden Führung

dungssituation selten als „paradox", wenngleich Praktiker oft Führungsprinzipien wie „*das muss man vernünftig abwägen*", „*nicht zu viel und nicht zu wenig*", „*irgendwo in der Mitte*", „*die goldene Mitte*" oder „*Führen mit Augenmaß*" formulieren. Das Management von Widersprüchen bzw. das „Grenzmanagement" (Abschn. 2.4.2) ist also etwas Alltägliches in der Führungspraxis, wird aber nur nebenbei erwähnt. Diesem oft gelassenen, „sportlichen" Umgang mit Widersprüchen oder Paradoxien wird kaum Aufmerksamkeit geschenkt, er schwingt oft implizit bei Erzählungen von Führungspraktikerinnen und Führungspraktikern mit, wie z. B. „*wissen Sie, so genau nehmen wir das nicht*".

4.1 Paradoxie-Management zwischen Theorie und Praxis

Viele Führungskräfte weichen der **Spannung von Paradoxien** aus und umgehen damit die konstruktive Auseinandersetzung mit den widersprüchlichen Anforderungen. Die **Ausweichformen**, die zu einer Umgehung führen, können als 1) Negation, 2) Ignoranz oder 3) Abstraktion zusammengefasst werden (vgl. Müller-Christ 2007).

Bei einer Negation lässt man Spannungen bewusst nicht zu. Ignoranz kann eher als Nicht-Wahrnehmung verstanden werden. Was in diesem Zusammenhang unter Abstraktion zu verstehen ist, definiert Müller-Christ (2007) wie folgt:

> Abstraktion – als Gegenteil von Konkretheit – entsteht, wenn ein Sachverhalt oder eine Ausrichtung bewusst unscharf formuliert wird. In dieser Abstraktion wird der Widerspruch kaschiert und beide Pole als gleichzeitig erreichbar dargestellt oder inszeniert. Die Leistung der Abstraktion liegt darin, dass sie Interpretationsspielräume schafft, die es ermöglichen, eine größere Bandbreite auf dem Kontinuum zwischen den Widerspruchspolen abzudecken. (Müller-Christ 2007, S. 146)

In den nachfolgenden Praxisfällen wird deutlich, dass die befragten Führungspersonen auf alle Ausweichformen zurückgreifen. Im Zentrum des Führungsselbstverständnisses stehen häufig widerspruchsfreie, klare und lösungsorientierte Führungsansätze und der entsprechende Rückgriff auf Innovationsprozessmodelle, die den paradoxen Charakter der Innovationswirklichkeit ausblenden oder in lineare Prozessmodelle verwandeln. Das ist einerseits verständlich, denn einer dauernden Abwägung zwischen Gegensätzlichem haftet etwas „Lähmendes", „Verhinderndes" oder auch „Verlangsamendes" an. Und vage Aussagen wie „*irgendwo in der Mitte*" oder „*Dazwischen*" hören sich nach Unentschlossenheit an: Mit dieser Eigenschaft qualifizieren sich Führungskräfte in den allermeisten Unternehmen gerade nicht für verantwortungsvolle Führungspositionen und den Zugang zu Machtinstrumenten. Dazu kommt die große Bedeutung von Geschwindigkeit im Sinne von Time-to-Market. Eine Verlangsamung von Entscheidungen ist heute nicht opportun.

Allerdings existieren, wie in Abschn. 3.4 gezeigt, seit Jahrhunderten Ansätze bzw. Lehren, die Widersprüche ganz selbstverständlich vereinen und die Auseinandersetzung und Reflexion von Widersprüchen als zentrale **Grundlage für Entwicklungs- und Lernprozesse** auffassen. Diese Auffassung verfolgt auch das vorliegende Buch: Es wird davon ausgegangenen, dass das Ideal eines dauerhaften Balance-Managements (gekennzeichnet durch den Gegensatz von „Offenheit" gegenüber „Schließung") bzw. **„Balance halten"** (siehe Abb. 3.3) einen zentralen Motor für eine innovationsfördernde Führungspraxis darstellt.

Vor diesem Hintergrund verwundert es einerseits nicht, dass Unternehmen Innovationsprozesse heute meist nicht anders als Qualitätsmanagementprozesse gestalten. Das klassische Innovationsmanagement hat zu Paradoxien nicht viel zu sagen. Die jeweiligen Akteure geben häufig Marktanalysen in Auftrag oder beschäftigt Technologie-Scouts und leiten daraus Probleme und zu erarbeitende Lösungen ab. So einfach ist das – v. a. in sehr technisch orientierten Firmen werden Innovationsprozesse gedanklich oft in dieser Weise rekonstruiert. Dass die Lösungssuche auch wieder neue Probleme aufwirft oder Probleme modifiziert und dadurch wieder ein neuer rekursiver Kreislauf mit neuen Wahlmöglichkeiten und Handlungsfreiräumen beginnt, wird selten so beschrieben. Innovationsmanager tun einfach so, als ob alles klar wäre, und schütteln die komplexen Zusammenhänge beim Innovieren einfach ab, dies mitunter sehr erfolgreich. Klare und einfache Prozesse nach dem Muster des Qualitätsmanagements schaffen Vertrauen und legitimieren Führungsentscheidungen gegenüber dem Topmanagement, und dies wiederum eröffnet neue Freiräume für die Gestaltung von Innovationsvorhaben. Deshalb wird nachfolgend auch immer wieder auf diese rationalen **„Als-ob"-Gestaltungsprinzipien von Innovationsvorhaben** (Abschn. 2.4.2) zurückgegriffen; diese werden in eine grundlegend systemische und sozialkonstruktivistische Gesamtbetrachtung von innovationsfördernden Führungs- und Managementpraktiken eingebettet und diskutiert.

Der Preis einer solchen „Als-ob"-Haltung liegt häufig in einer zu einseitigen und **extremen Fokussierung auf stabilisierende Elemente.** Die darunter schwelenden, widersprüchlichen Elemente stauen sich oft so lange auf, bis es eventuell zu spät ist und das Unternehmen keine Spielräume mehr hat, um noch auf irgendeinen Widerspruch adäquat zu reagieren.

Führungskräfte müssen Paradoxien also gezwungenermaßen aushalten, sie sind aus einem innovationsfördernden Umfeld nicht wegzudenken. Das heißt, es ist Toleranz im Umgang mit Paradoxien und Ambivalenzen gefragt. Daraus ergeben sich Konsequenzen für die Führungskräfteauswahl und entwicklung. Eine fehlende **Paradoxietoleranz** von Führungskräften kann die Ursache für die Ignoranz von paradoxen Konstellationen sein und das Blickfeld für wichtige Gestaltungsfelder der Führung verstellen.

„Die Wirkungen der Ignoranz bei der Bewältigung von Widersprüchen hängen von der *Kraft und der Macht* ab, die die nicht-berücksichtigten Gegensätze entwickeln können" (Müller-Christ 2007, S. 145). Wird beispielsweise die Intensität des Qualitätsmanagements und des kontinuierlichen Verbesserungsprozesses (KVP) in einem Unternehmen mit Hilfe von allumfassenden Tools (wie z. B. Kaizen) gesteigert, um sich mit noch perfekteren Produkten von der Konkurrenz abzuheben, dann nimmt die Bereitschaft zu kreativen Neuentwicklungen und selbständigem Handeln jenseits dieser Tools ab. Es werden nur noch Kaizen-Probleme gelöst, kreative Prozesse lassen sich nicht mehr jenseits der Kaizen-Logik denken, d. h. der gesamte Problem-Lösung-Zirkel bewegt sich nur noch innerhalb der Kaizen-Logik. Ungelöste Herausforderungen machen sich so evtl. nur noch durch Umsatzeinbrüche aufgrund fehlender innovativer Marktlösungen bemerkbar. Genauso können zu viel Selbständigkeit bzw. Autonomie und Kreativität auf Kosten der Qualität gehen und sich daraus ähnlich negative Folgen ergeben. Letztlich geht es um die kritische Betrachtung der zu starren und einseitigen Führungsansätzen im Rahmen der Innovationsförderung.

Das innoLEAD©-Modell als Orientierungsrahmen des Buches wird nun Stück für Stück sowohl mit Perspektiven aus der Führungspraxis als auch mit passenden Theorien und Konzepten aus der Literatur entfaltet.

4.2 Empirische Grundlagen des innoLEAD©-Modells

Nachfolgend wird das Forschungsdesign einer über zwei Jahre durchgeführten qualitativen Fallvergleichsstudie in drei innovativen, wissensintensiven Industrieunternehmen präsentiert, die in Kombination mit einem fallstudienbasierten **Aktionsforschungsansatz** (vgl. Greenwood und Levin 1998) durchgeführt wurde. Im Zentrum der Studie „**Innovation Leadership in Practice**" (**ILP**) stand vor allem das Verständnis von Führung, welche das Ziel verfolgt, die Innovationsfähigkeit des Unternehmens zu fördern und dafür notwendige organisationale Freiräume zu initiieren. Wie bereits erwähnt werden jeweils zu Beginn eines Kapitels Ergebnisse, d. h. **handlungsleitende Gebrauchstheorien** („**theories in use**") mit Bezug auf die jeweilige Führungsdimension präsentiert. Diese Gebrauchstheorien über Führung und Innovation und insbesondere über die Gestaltung von Freiräumen im Spannungsfeld zwischen Effizienz- und Innovationsdruck wurden den Unternehmen in verschiedenen Auswertungsphasen immer wieder aktualisiert zur Verfügung gestellt und mit verschiedenen Vertretern validiert und diskutiert. Dieses Vorgehen ermöglichte ihnen, ihre Wahrnehmungen und Erlebnisse kritisch zu reflektieren und zu neuen Überlegungen und Handlungen zu gelangen.

Nachfolgend wird also einerseits über **Themen und Geschichten** ein Zugang in die Führungswelt von Führungskräften und deren Geführten eröffnet. Andererseits werden aber auch über die Fallstudie hinaus einzelne zentrale Führungs- und Innovationsmanagementthemen theoretisch reflektiert bzw. zu ausgewählten Theorien und Modellen in Bezug gesetzt.

4.2.1 Einleitung

Im Zentrum des ILP-Projektes stand die Beantwortung der Frage, wie Freiräume zwischen Führenden und Geführten im Führungsalltag gestaltet, erlebt und im Hinblick auf die Innovativität des Unternehmens bewertet werden. Das Projekt zielt darauf ab, die **Gestaltung von organisationalen, innovatorischen Freiräumen** (Abschn. 5.2) als innovationsfördernder Führungsansatz mit Hilfe einer qualitativen Untersuchung in forschungsintensiven Unternehmen zu untersuchen und vor dem Hintergrund des gewählten diagnostisch-heuristischen Rahmens zu bewerten.

Der **heuristische Rahmen der qualitativen Fallstudienanalyse** (vgl. Yin 2009), und auf dieser Analyse basieren die Struktur und die Inhalte des Buches, stützt sich einerseits auf das systemtheoretische bzw. sozialkonstruktivistische Grundverständnis der Konzepte Innovation und Führung, andererseits auf die paradoxietheoretische Betrachtungsweise von Führung im Innovationskontext und der Fokussierung auf Freiräume als zentrale Bedingung für innovatives Handeln. Durch diese „Brille" wurden – im Sinne einer **analytischen Induktion** (vgl. Bryman und Bell 2011) die Interpretationen von Freiräumen seitens der interviewten Geführten und Führenden ausgewertet und in einen übergeordneten Sinnzusammenhang gestellt.

Folgende **Forschungsfragen** leiteten die Untersuchung an: 1) Wie gestalten forschungsintensive und gleichzeitig stark prozessgetriebene und kundenorientierte Industrieunternehmen Innovationsförderung im F&E-Bereich? 2) Wie werden in diesem Bereich innovatorische Freiräume geschaffen? 3) Wie erleben Führungspersonen und Geführte diese Freiräume, und wie wirkt sich das auf das jeweilige Selbstverständnis aus? 4) Welche Spannungsfelder kommen zum Ausdruck? 5) Welche Implikationen hat das für eine wirksame innovationsfördernde Führung?

4.2.2 Fallstudiendesign

Grundsätzlich wurde ein Fallstudiendesign gewählt, weil wir Gebrauchstheorien in Bezug auf Führung und die Gestaltung von Freiräumen im „**real life context**" (Yin 2009) auf die Spur kommen wollten. Ziel war es, zu **verstehen**, welche Bedeutung Freiräume im Führungsalltag und dem Innovationskontext dieses Organisationstyps haben.

4.2.2.1 Sample: forschungs- und wissensintensive Industrieunternehmen

Die Auswahl der Fallstudien erfolgte auf der Basis eines theoretischen Samplings (Bryman und Bell 2011; Eisenhard 1989). Die untersuchten Unternehmen und deren Produkte sind wenig spektakulär, aber äußerst innovativ und erfolgreich. Es sind drei global ausgerichtete, forschungsintensive Schweizer „Hidden Champions", die im Industriegüterbereich tätig sind. Vor diesem Hintergrund kann von **typischen bzw. repräsentativen Fällen** (Yin 2009) für diesen Organisationstyp gesprochen werden.

Da in diesem Organisationstyp (vgl. Tab. 4.1) eine Zusammenarbeit zwischen Forschung und Entwicklung (F&E) und anderen betrieblichen Funktionen, insbesondere der Produktion, stark ausgeprägt ist (vgl. Simon 2012), konnte von einer **hohen Dichte an widersprüchlichen Momenten in der innovationsfördernden Führung** ausgegangen werden: F&E verlangt nach kreativen Momenten und Problemlösungsfähigkeiten; in Produktionsprozessen sind meist Effizienzdenken und eine Null-Fehler-Kultur vorherrschend. Keines der drei untersuchten Unternehmen verfügt über eine eigenständige Grundlagenforschungsabteilung, die sogenannte „Blue-Sky"-Projekte (vgl. Andriopoulos und Gotsi 2005) verfolgt. Forschung, (Vor-)Entwicklung und Produktion sowie Marketing und Vertrieb sind zwar getrennte Funktionsbereiche, verschmelzen aber immer wieder in verschiedenen Entwicklungsprojekten und werden unter einem Dach geführt – auch räumlich im gleichen Gebäudekomplex.

Freiräume sind gerade in forschungsintensiven Unternehmen aufgabenbezogen als Experimentierfeld notwendig (Innovationsdruck), entsprechen den Motiven der Geführten und bewirken, dass diese sich angemessen entfalten bzw. weiterentwickeln. Genau deshalb wird insbesondere in diesem Feld die Funktionalität partizipativ-delegativer Führungsstil (Abschn. 3.6.2) und die Dysfunktionalität direktiv-strukturierender Führungsansätze hervorgehoben. Vor diesem Hintergrund erfolgte die **Auswahl der F&E-Organisationen** in den Unternehmen.

4.2 Empirische Grundlagen des innoLEAD©-Modells

Tab. 4.1 Strukturdaten der untersuchten Unternehmen

Firma/Strukturdaten	Firma AH „Familiengeführter Hidden Champion"	Firma BB „Konzernzugehöriger Hidden Champion"	Firma CO „Traditioneller Hidden Champion"
Eckwerte	Industrielle Produktionsunternehmen in verschiedenen Branchen Internationale Ausrichtung mit hohem Exportanteil Weltweite Niederlassungen Stabiles Technologieumfeld Mehrheitlich Produkte mit inkrementellem Innovationsgrad In ausgewählten Technologiefeldern revolutionäre Innovationsvorhaben Lange Produktlebenszyklen		
Alter der Unternehmen	>60 Jahre	>100 Jahre	>40 Jahre
Mitarbeitende Falleinheit (nicht Gesamtkonzern)	1.800	1.000	900
Mitarbeitende Falleinheiten im Bereich Forschung & Entwicklung (F&E)	200	200	100
Durchschnittliche Fluktuation der Mitarbeitenden	<7%	<5%	<9%
Umsatz	Gesamtkonzern >1,5 Mrd. €	Konzerntochter >500 Mio. €	Gesamtkonzern >200 Mio. €
Durchschnittliche F&E-Aufwendungen als Prozentsatz vom Umsatz	7%	9%	8%

Alle Unternehmen blicken auf eine **lange Tradition** in ihrem Geschäftsbereich zurück. Sie bewegen sich mehrheitlich in gesättigten Märkten und haben in vielen Geschäftsbereichen die Markt- oder Technologieführerschaft inne. Wo dies nicht der Fall ist, gehören sie zumindest zu den drei bis fünf Weltmarktführern.

Die Schweizer Gesamtwirtschaft lebt zu einem großen Teil von diesen technologieintensiven Wirtschaftszweigen. Als rohstoffarmes Hochlohnland setzt die Schweiz auf qualitäts- und technologieintensive sowie hochspezialisierte Produkte. Dies ermöglicht es, höhere Preise zu erzielen und sich vom internationalen Preiswettbewerb zu distanzieren. Die beforschten Organisationen sind alle typische, kapitalintensive Produktionsunternehmen, die sich in einem komplexen und kompetitiven Innovationsumfeld bewegen. Die ausgewählten Firmen verfügen über genügend finanzielle Ressourcen und den erkennbaren Willen, auch langjährige Entwicklungszyklen zu finanzieren und Innovationsvorhaben nicht unter übermäßigem Zeitdruck durchzuführen. Produktentwicklungen oder der Aufbau von Technologieplattformen können drei bis fünf Jahre, manchmal auch deutlich länger dauern. Alle Unternehmen sind in ihrer Innovationstätigkeit nicht nur von Kundenerwartungen abhängig, sondern bewegen sich in Märkten, die durch zahlreiche Normen und Standards determiniert sind.

Die beforschten Unternehmen haben sehr umfangreiche F&E-Abteilungen, die teilweise in ausgewählten Technologiefeldern eine Technologieführerschaft aufgebaut haben. Um diese zu erhalten oder weiterzuentwickeln, haben alle Unternehmen einen bestimmten, fixen Prozentsatz des Umsatzes für F&E-Aktivitäten vorgesehen und setzen ihn auch ein (vgl. Tab. 4.1).

Die drei Industrieunternehmen haben unterschiedliche Maßnahmen geplant und umgesetzt, um ihre Innovationsfähigkeit zu fördern. Teilweise dienten diese Initiativen explizit dazu, den Mitarbeitenden Freiräume zu ermöglichen. Teilweise wurden Freiräume aber auch auf implizite Weise zur Verfügung gestellt bzw. durch die Mitarbeitenden selbst organisiert (Abschn. 5.1).

Die Innovationsverantwortlichen der untersuchten Organisationen erklärten sich bereit, im Rahmen einer Fallstudienanalyse über zwei Jahre mit dem Forschungsteam zusammenzuarbeiten. Denn sie haben erkannt, dass den Mitarbeitenden trotz der Schaffung der innovatorischen Freiräume aufgrund der starken Prozessfokussierung, Arbeitsverdichtung und Rationalisierung kaum noch Zeit für Innovationsarbeit bleibt. Selbstorganisiertes, eigeninitiatives Arbeiten an Entwicklungsprojekten wird aufgrund der konstanten Vollauslastung und der hektischen Betriebsamkeit der F&E-Projektabläufe oft verdrängt. Somit stellte sich für die beteiligten Unternehmen die Frage, wie sie trotz dieser Bedingungen und einer zunehmenden Rationalisierung aller Arbeitsabläufe (auch der Innovationsprozessabläufe) wieder kreative und innovatorische Freiräume für ihre Mitarbeitenden entwickeln können.

Gleichzeitig sollten aber sowohl Prozess- und Zielorientierung nicht zurückgestellt, keine Freiräume ohne „Verwertungszusammenhang" (Kriegesmann et al. 2007, S. 69) geschaffen und keine Ressourcen ohne Aussicht auf Innovationserfolg vernichtet werden.

Alle Unternehmen betreiben einen hohen Kommunikationsaufwand (extern und intern) in Bezug auf die hohe Bedeutung der Innovativität für das Unternehmen. Die Mitarbeitenden sind in verschiedene Maßnahmen zur Innovationsförderung, v. a. Maßnahmen zur kontinuierlichen Verbesserung von Produkten und Dienstleistungen (KVP-Tools) eingebunden und die Führung versucht, mehr Unternehmergeist und Kreativität unter den Mitarbeitenden zu entfachen, indem sie mehr Freiheiten gewährt. Alle Unternehmen starteten ihre – expliziten oder impliziten – Initiativen aus einer Position der Stärke: Die Unternehmen sind sehr erfolgreich und gegenüber der Konkurrenz gut positioniert.

4.2.2.2 Exkurs: Charakteristika forschungs- und wissensintensiver Unternehmen

Was zeichnet forschungs- und wissensintensive Unternehmen genau aus? Sie richten ihre Prozesse konsequent auf die effektive Anwendung von bestehendem Wissen und auf die Generierung von neuem Wissen aus. Ziel ist es, nachhaltig sicherzustellen, dass das Wissen zwischen Unternehmensbereichen ausgetauscht wird und insbesondere Erfahrungswissen über die Zeit im Unternehmen bestehen bleibt. Gleichzeitig zielen Maßnahmen darauf ab, die Generierung von neuem Wissen zu erleichtern, indem Möglichkeiten und Anreize zum Experimentieren und Lernen geschaffen werden. Dabei sind die Unternehmensgrenzen nicht mehr unbedingt maßgebend. Großes Potenzial für Wissensgenerierung wird in den täglichen Interaktionen mit Kunden, Lieferanten, Partnern und Konkurrenten (Abschn. 1.3) gesehen. Dem Schutz bzw. der Bewahrung firmeninternen Wissens messen diese Firmen einen geringeren Stellenwert zu als dem Wissensaustausch und der **Generierung neuen Wissens**. Durch effektive Wissensmanagement-Prozesse lässt sich der Unternehmenserfolg aber nicht garantieren. Dazu bedarf es einer Unternehmensvision, strategie, struktur und kultur, welche die Bedeutung von Wissen für das Unternehmen deutlich machen.

Die **Forschungsintensität** eines Unternehmens lässt sich auf den ersten Blick leichter messen als seine Wissensintensität. Alvesson (2004) bezeichnet Unternehmen als forschungsintensiv, sobald die Kosten für F&E die Produktionsausgaben übersteigen. Nach Nusser (2006) weisen forschungsintensive Unternehmen einen Anteil der F&E-Gesamtaufwendung am Umsatz von mindestens 3,5 % oder höher auf. Es ist grundsätzlich dann sinnvoll, von forschungsintensiven Unternehmen zu sprechen, wenn die Größe und die strategische Bedeutung der Forschungsabteilung für das Unternehmen erheblich sind (Alvesson 2004). Auf dem Weg einer Innovation von der F&E-Abteilung auf den Markt sind daher auch viele andere Unternehmensbereiche involviert. Doch steht hier die **F&E-Abteilung** im Fokus. Ihr kommt eine ganz besondere Rolle in forschungsintensiven Industrieunternehmen zu. In die Arbeit der F&E-Abteilung fließt besonders viel **wissenschaftlich geprägtes Wissen** ein und dort ist meistens der höchste Anteil an **akademisch hochqualifizierten Mitarbeitenden** tätig.

Die **F&E-Teams** sind dafür verantwortlich, wissenschaftliche und technologische Informationen zu sammeln, sie in technologische Innovationen in Form von Ideen, Produkten oder Prozessen umzuwandeln und für die Umsetzung und Vermarktung an andere Unternehmensbereiche weiterzugeben (Elkins und Keller 2003). Im spezifischen Kontext von **F&E-Abteilungen in Industrieunternehmen** stellen sich zwei grundsätzliche Herausforderungen:

- *Erstens* gestalten sich die Kommunikation und das Reporting von Forschungsleistungen und -resultaten oftmals schwierig, denn die Kennzahlen fallen in der F&E-Abteilung deutlich anders aus als in anderen Unternehmensbereichen. Anstatt markt- und finanzorientierter, zeitnaher Kennzahlen wie Rentabilität oder ROI, sind messbare Forschungsresultate wie zum Beispiel Patente oftmals von zeitverzögerter, sporadischer und marktunabhängiger Natur. **Leistungsbeurteilungen und Evaluationen von F&E** werden daher meist anhand von stellvertretenden Kennziffern wie **Projektfortschritten** gemessen und sind oftmals von einem **hohen Unsicherheitsgrad** geprägt (vgl. Elkins und Keller 2003).
- *Zweitens* sehen sich Forschende oftmals mit **widersprüchlichen Anreizen** konfrontiert, das eigene Wissen zu teilen oder zu horten. Schließlich sind das Wissen und ins-

besondere neue Erkenntnisse das zentrale Kapital für die eigene Karriere inner- und außerhalb des Unternehmens (vgl. Thompson und Heron 2006). Führungskräfte sind daher vermehrt mit Fragen der individuellen Freiheit in der Forschung und des Einsatzes für die Organisation konfrontiert, d. h. sie müssen eine Balance finden zwischen den wissenschaftlichen Ambitionen der Forschenden und den organisationalen Zielen wie beispielsweise der Produktentwicklung (vgl. Bakker et al. 2006, S. 296).

Das Konzept des wissensintensiven Unternehmens umfasst also eine sehr **heterogene Gruppe von Unternehmen**, die auf vielfältige Art und Weise ihren Wettbewerbsvorteil auf die Fähigkeiten, Erfahrungen und Kompetenzen ihrer Mitarbeitenden stützen (vgl. Edenius und Styhre 2009, S. 9).

Die Wissensbasis liegt bei wissensintensiven Unternehmen nicht primär in den Händen des Topmanagements oder einiger weniger Experten, sondern bei den Mitarbeitenden (vgl. Zack 2012). Dementsprechend sind das Wissen der Organisationsmitglieder sowie die Wissensarbeit von zentraler Bedeutung für den Unternehmenserfolg. In gewisser Weise bedingen natürlich alle Arten der Arbeit die Anwendung von Wissen und somit könnten auch alle Arbeiten als wissensbasiert gelten. Dennoch lassen sich wissensintensive Unternehmen durch Merkmale der Organisation und des Managements von wissensbasierter Arbeit abgrenzen (vgl. Robertson und Swan 2003; Alvesson 2004;). Daher lassen sich u. a. folgende **Charakteristika wissensintensiver Unternehmen** ableiten (vgl. Alvesson 2004, S. 21):

- Die Arbeitsinhalte im Unternehmen sind vorwiegend wissensbasiert und von intellektueller Natur (vgl. Alvesson 2000). Die **wissensbasierte Arbeit** beinhaltet die Fähigkeit, komplexe Sachverhalte fachkundig zu analysieren und zu beurteilen, um innovative Lösungen für einzigartige Probleme zu entwickeln. Wissensarbeit bedingt also die vertiefte Auseinandersetzung mit einzigartigen Problemen und der Entwicklung neuartiger Ansätze. Zahlreiche Aktivitäten werden typischerweise der wissensintensiven Arbeit zugeschrieben, so z. B. das Sammeln von Informationen, das ständige Lernen und die sorgfältige Analyse von Sachverhalten und Informationen, das Monitoring oder die Vernetzung mit anderen Organisationen (vgl. Reinhardt et al. 2011).
- Allgemein verfügt ein überdurchschnittlich hoher Anteil der Arbeitskräfte über einen Hochschulabschluss und/oder ist primär mit Forschungs- und Entwicklungstätigkeiten beschäftigt (vgl. Nusser 2006). Die sogenannten **Wissensarbeiter** verfügen neben einem hohen Ausbildungsniveau über eine Kombination von Fähigkeiten, die den kompetenten Umgang mit komplexen Problemstellungen sowie der Entwicklung entsprechender Lösungen ermöglichen.
- Zentral ist daher die Fähigkeit, Informationen zu analysieren, zu verarbeiten und neues Wissen zu generieren (vgl. Carleton 2011, S. 459). Dieser Prozess der Problemanalyse und der Entwicklung innovativer Lösungen bedingt neben den technischen Qualifika-

tionen auch **unternehmerische Fähigkeiten**, d. h. ein grundlegendes Verständnis für Strategie-, Marketing- und Finanzfragen, sowie die Kompetenz, erfolgreich in Projektteams zu arbeiten (vgl. Robertson und Swan 2003). Dazu zählen beispielsweise gute Kommunikationsfähigkeiten, starke zwischenmenschliche Kompetenzen und eine große **Eigenverantwortung undinitiative** (vgl. Carleton 2011).
- Die Produkte und Dienstleistungen der Unternehmen basieren vorwiegend auf der erfolgreichen Vermarktung von hochspezialisiertem Fachwissen (vgl. Alvesson 2004). Ein besonders stark ausgeprägter Kundenfokus zeigt sich oftmals in der Entwicklung von innovativen und maßgeschneiderten Lösungen für einzelne Kunden. Diese **starke Kundenorientierung** verhilft wissensintensiven Unternehmen oftmals zum Wettbewerbsvorteil, birgt jedoch auch große Risiken aufgrund der starken Abhängigkeit vom Kunden.
- Weiterhin zeichnet sich die Arbeitsweise in wissensintensiven Unternehmen durch einen **hohen Grad an Autonomie** und eine sinkende Bedeutung von organisationalen Hierarchien aus. In diesem Organisationstyp herrschen mehrheitlich flexible, anpassungsfähige und oftmals Ad-hoc-Organisationsformen vor.

▶ Durch hochspezialisierte Arbeitsinhalte und Arbeitskräfte verlieren organisationale Hierarchien an Bedeutung und gewinnt die Autonomie an Wichtigkeit. Howaldt et al. (2011, S. 29) beschreiben im Kontext von Wissensarbeit eine **Abkehr von geschlossenen, hierarchisch organisierten Strukturen** und die Entwicklung hin zu selbstorganisierten, dezentralen und kooperativen interorganisationalen Wissensnetzwerken.

Mitarbeitenden wird generell eine große Ermessens- und Entscheidungsfreiheit zuerkannt, wobei die situationsbedingte beziehungsweise wissensbasierte Expertise oftmals als bedeutender gewertet wird als die formale Funktion. Robertson und Swan (2003) untersuchten ein mittelgroßes Beratungsunternehmen, welches stark wissenschaftlich geprägte Dienstleistungen im Bereich Biotechnologie, angewandte Forschung und Informationssysteme anbietet, und beobachteten, wie sich neben der an sich sehr flach gehaltenen Organisationsstruktur eine informelle Hierarchie bildete. Diese veränderte sich kontinuierlich. Die Position einzelner Individuen innerhalb dieser informellen Organisationsstrukturen war geprägt von dem jeweiligen Fachwissen und dessen Anschlussfähigkeit in Bezug auf laufende Entwicklungsprojekte (vgl. Robertson und Swan 2003, S. 841).

▶ Im Allgemeinen wird in wissensintensiven Unternehmen dem Fachwissen mehr Bedeutung zugemessen als zum Beispiel der Seniorität oder der administrativen Funktion, auch die operative Entscheidungskompetenz entspricht nicht zwingend der hierarchischen Position (vgl. Alvesson 2004). Bestehende Organisationsstrukturen werden flexibel interpretiert und bei Bedarf auch einmal umgangen.

Auch die strategische Unternehmensführung in wissensintensiven Organisationen ist eher ein emergenter, fast spontaner Prozess, der stark chancengetrieben und vergleichsweise wenig bedächtig, geplant und zentralistisch kontrolliert ist. Diese **Ad-hoc-Organisationsformen** bieten wissensintensiven Unternehmen und ihren Mitarbeitenden viel Autonomie und Flexibilität, bergen jedoch auch gewissen Gefahren in sich. Im von Robertson und Swan (2003) untersuchten Unternehmen führte dies beispielsweise zu politischen Machtspielen. Um Kompetenzen und Fähigkeiten jedoch effektiv zu nutzen, aufzubauen und weiterzuentwickeln und die Kooperation in Projektteams zu gewährleisten, bedarf es einer gewissen Formalisierung (vgl. Robertson und Swan 2003). Robertson und Swan (2003) sprechen in diesem Zusammenhang von sorgfältigem „Balancieren" zwischen der für die Kooperation benötigten Formalisierung und der für die Ausübung wissensbasierter Arbeit erforderlichen Autonomie (S. 835). Dieses Balance-Management lässt klassische Managementaufgaben wie z. B. die Kontrolle von Geführten in den Hintergrund rücken. Gleichzeitig gewinnen andere **Themen im Kontext von wissensintensiven Unternehmen** an zusätzlicher Relevanz, wie beispielsweise:

- Die soziale Integration und das Gefühl einer gemeinsamen Mission und einer Gemeinschaft von Mitarbeitenden.
- Formen der indirekten/normativen Kontrolle, wie beispielsweise das Bekräftigen von gemeinsamen Wertvorstellungen oder die Gestaltung, Erhaltung und Entwicklung einer Unternehmenskultur (vgl. Alvesson 2004; Robertson und Swan 2003).
- Die Kommunikation, um ein gemeinsames Verständnis von Projektzielen zwischen den Organisationsmitgliedern zu schaffen, den Austausch zu fördern und die Übertragung spezifischer Kundenbedürfnisse an das Projektteam zu gewährleisten (vgl. Alvesson 2004).
- Die Selektion, Motivation, Bindung, Entwicklung und Mobilisierung von Mitarbeitenden, wobei Anerkennung, Vertrauen, Anreiz und Belohnung für Wissensaustausch, Empowerment und Autonomie zentrale Themen sind (vgl. Majeed 2009).

Da wissensintensive Unternehmen stark von den Fähigkeiten und dem Wissen ihrer Mitarbeitenden abhängig sind, zeichnen sie sich meist durch „neue Formen des Zusammenspiels von Wissensmanagement, Innovationsmanagement und HR-Management unter Berücksichtigung der Qualität der Arbeitsplätze" (Howaldt et al. 2011, S. 30) aus.

Stehen heute alle Unternehmen vor der Herausforderung, kompetentes Personal anzuziehen, zu binden und zu entwickeln, verstärkt sich zum Beispiel die Bedeutung des Austritts von **Schlüsselpersonen** im Falle der wissensintensiven Unternehmen deutlich. Ein solcher Abgang bedeutet meist einen Verlust von **unternehmenskritischem Wissen,** und nicht selten folgen Kunden und/oder ganze Teams der Schlüsselperson, wenn diese das Unternehmen verlässt (vgl. Alvesson 2000). Gleichzeitig erwarten besonders hochqualifizierte Mitarbeitende einen hohen Grad an Vertrauen und Flexibilität. Wissensarbeitende und die wissensbasierte Arbeit beanspruchen zudem einen hohen Grad an Autonomie (vgl.

Edenius und Styhre 2009) und fordern diesen aufgrund ihrer in der Regel komfortablen Lage auf dem Arbeitsmarkt auch ein:

> Ich wünsche mir keine festen Arbeitszeiten, ich wünsche mir viel Mitbestimmung, flache Hierarchien. Ich möchte nicht, wenn ich eine kreative Idee habe, über vier Instanzen gehen, einen Monat lang, bis dann jemand sagt, nee, da fehlen uns aber gerade die Gelder, oder sonst irgendwas. Ich will Schnelligkeit, ich will mehr Kommunikationsmittel als E-Mail, ich möchte Twitter, ich möchte Blogs, ich möchte Wikis, die in der Kommunikation untereinander einfach viel sinnvoller sind. Und ich will Vertrauen. (DNAdigital 2008 in Howaldt et al. 2011, S. 31)

Der nicht-routinemäßige, meist projektbasierte und komplexe Charakter von Wissensarbeit birgt für Mitarbeitende die Chance, Flexibilität zu gewinnen. Anderseits erfordert Wissensarbeit auch neue Kompetenzen wie Selbstorganisation und Selbstverantwortung von den Mitarbeitenden. In diesem Sinne geht Flexibilität oftmals einher mit **wachsender Unsicherheit**. Zudem stellt das kontinuierliche Arbeiten und Innovieren in interaktiven Wertschöpfungs- und Innovationsnetzwerken ebenfalls hohe Ansprüche an die **Leistungsbereitschaft** und **Belastungsfähigkeit** von Mitarbeitenden.

Alvesson (1993) bezeichnet wissensintensive Unternehmen als „**ambiguitätsintensive**" **Unternehmen** (S. 1007). Die hohe Komplexität und Unsicherheit der Aufgaben und Situationen von Wissensarbeit, die hohe Anzahl an gut ausgebildeten, meinungsstarken Spezialisten und oftmals nicht direkt greifbaren Resultate erzeugen **mehrdeutige Entscheidungssituationen** und damit ein herausforderndes Führungsumfeld. Es gilt auch vor diesem Hintergrund, kompetent mit Paradoxien umzugehen und diese sorgfältig auszubalancieren (vgl. Alvesson 1993, S. 1007; Robertson und Swan 2003; Alvesson 2004, S. 48; Abschn. 3.4).

4.2.2.3 Forschungsprozess und Forschungsmethoden

Um die Forschungsfragen zu beantworten, wurden im Rahmen einer Fallvergleichsstudie insgesamt 55 problemzentrierte Interviews (PZI, vgl. Witzel 2000) mit Führungskräften und Mitarbeitenden aus dem Bereich F&E sowie zusätzliche Dokumentenanalysen durchgeführt. Diese Einzelinterviews wurden durch Gruppeninterviews und Validierungs-Workshops mit ausgewählten Entscheidungsträgern im Sinne eines Action-Research-Ansatzes ergänzt (siehe Tab. 4.2).

Die Interviews wurden in zwei Wellen durchgeführt. Zuerst erfolgte in allen Unternehmen eine Befragung von insgesamt 27 Führungspersonen über bestehende Freiraummodelle und daran gekoppelte Erwartungen. Bei den befragten **Führungspersonen** handelt es sich um Mitglieder des Topmanagements, d. h. Abteilungsleiter sowie Technologie- und Innovationsmanager auf oberster Führungsebene. Danach wurde die Wahrnehmung der innovatorischen Freiraumangebote seitens der Geführten, d. h. **F&E-Ingenieuren**, die teilweise auch auf einer mittleren Führungsebene Projekt- und Prozessleitungsfunktionen innehaben, erhoben. In dieser Phase fanden zusätzliche 28 Interviews statt.

Tab. 4.2 Forschungsprozess und –methoden

Firma/Strukturdaten	Firma AH	Firma BB	Firma CO
Kick-off-Meeting mit Führungsteam R&D, Innovations- und Technologiemanagement	1	1	1
Anzahl PZI mit Führungspersonen (Divisionsleitende) und Technologie-/Innovationsmanager (Stabsfunktion)	9	11	7
Anzahl PZI mit Geführten (Projektleitende, Mitglieder von Projektteams)	11	9	9
Anzahl Gruppeninterviews	2	3	1
Anzahl Validierungs-Workshops	2	2	1

Das Vorgehen war bei Führungspersonen und Mitarbeitenden das gleiche: Die Befragten schilderten ihre Alltagsrealitäten in eigenen Worten. Die Interviews waren meist dreiteilig: 1) Start mit einer offenen Konversation über Funktion und Stellenbeschreibung, 2) allgemeine Fragen zu Innovationshemmnissen und Innovationstreibern in der Organisation, personelle Zuschreibungen von Innovativität, Einschätzung der eigenen Innovationsfähigkeit, 3) spezifische Vertiefungsfragen und Ad-hoc-Fragen (Erwartungen an Freiräume, wahrgenommene Freiheitsgrade, Möglichkeit zu kreativen Inputs im Alltag).

Die beiden Perspektiven (Führung und MA) wurden dann zuerst fallspezifisch verglichen und nachher fallvergleichend analysiert. Die Interviews wurden dazu vollständig transkribiert und themenanalytisch ausgewertet (vgl. Mayring 2010; Flick 2009).

Die Analyse des Interviewmaterials erfolgte nicht anhand von vorgefertigten Kategorien, vielmehr wurde versucht, die organisationalen Realitäten mit den Augen der beforschten Personen zu sehen (vgl. Bryman und Bell 2011). Die relevanten Themen wurden so aus dem erhobenen Material entwickelt und kontextabhängig analysiert.

Um die Validität der Analyse zu steigern, interpretierten verschiedene Forschende die Interviews (vgl. Patton 2002) und die Befragten überprüften anschließend die Analyse (vgl. Lincoln und Guba 1985).

Zur besseren inhaltlichen Verortung der Interviewinhalte ließen sich in allen Unternehmen zusätzliche Dokumente beziehen. Die interne Validität der Fallstudien konnte so sichergestellt und die verschiedenen Datenquellen trianguliert werden. Die Datenerhebung und analyse erfolgte in mehreren Zyklen. Somit wurden erste Erkenntnisse schrittweise validiert und gleichzeitig als Grundlage für weiterführende Gruppendiskussionen verwendet.

4.2.2.4 Forschungsergebnisse: Ausblick, Chancen und Grenzen

Im Rahmen des ILP-Projektes wurde *erstens* **innoLEAD©** als integrales Analyse- und Reflexionswerkzeug für die vielschichtige, kontextabhängige und beziehungsorientierte Führungsaufgabe „Innovationsförderung" entwickelt (vgl. Abb. 4.1) und gemeinsam mit den beteiligten Unternehmen diskutiert und getestet. Anhand dieses Modells präsentieren die nachfolgenden Kapitel die empirischen Ergebnisse und betten sie theoretisch-konzeptionell ein.

Zweitens wurden, wie bereits erwähnt, für jede Führungsebene bzw. für jedes Gestaltungsfeld ein separates (Teil-)Modell bzw. **(Teil-)Modelle** entwickelt.

Drittens wurden in verschiedenen Innovation-Leadership-Gestaltungsfeldern **Reflexionsfragen** bzw. Checklisten integriert.

Die Ergebnisse sind durch den Action-Research-Ansatz empirisch validiert und anschlussfähig, d. h. **verständlich** für die Führungspraxis. Die Themenfelder und Geschichten eröffnen zudem Konturen der Führungsrealität, die im Alltag sonst nicht so einfach sichtbar sind. Das innoLEAD©-Modell kann trotz des begrenzten Radius der vorliegenden Studie grundsätzlich auf jedes Unternehmen angewendet werden. Die Studie basiert auf einer Untersuchung von typischen handlungsleitenden Führungsweisen zur Förderung der organisationalen Innovationsfähigkeit und kann für verschiedene Organisationstypen als Reflexionsgrundlage dienen. Mit Hilfe der zahlreichen innoLEAD©-Reflexions-Tools ist es möglich, ein innovationsförderndes Führungs- und Unternehmensentwicklungssystem zu entwickeln und kritisch zu hinterfragen, so dass konzeptionelle Lücken im eigenen Unternehmen entdeckt werden.

Die **Forschungsergebnisse** fließen auf unterschiedliche Art und Weise in das Buch ein. *Erstens* werden die verschiedenen Gestaltungsfelder des **innoLEAD©-Modells** jeweils zu Beginn mit Untersuchungsergebnissen aus der Fallstudienanalyse eingeführt und mit verschiedenen Ergebnisausschnitten unterfüttert. *Zweitens* werden immer wieder Fallbeispiele, Fallepisoden und Zitate aus der qualitativen Erhebung zu verschiedenen Themenfeldern eingefügt.

Literatur

Alvesson, M. (1993). Organizations as rhetoric: Knowledge-intensive firms and the struggle with ambiguity. *Journal of Management Studies, 30*(6), 997–1015.

Alvesson, M. (2000). Social identity and the problem of loyalty in knowledge-intensive companies. *Journal of Management Studies, 37*(8), 1101–1123.

Alvesson, M. (2004). *Knowledge work and knowledge-intensive firms*. Oxford: Oxford University Press.

Andriopoulos, C., & Gotsi, M. (2005). The virtues of 'blue sky' projects: How lunar design taps into the power of imagination. *Journal of Creativity and Innovation Management, 14*(3), 316–324.

Bakker, H., Boersma, K., & Oreel, S. (2006). Creativity (ideas) management in industrial R & D organizations: A crea-political process model and an empirical illustration of corus RD & T. *Creativity and Innovation Management, 15*(3), 296–309.

Bryman, A., & Bell, E. (2011). *Business research methods* (3. Aufl). Oxford: Oxford University Press.

Carleton, K. (2011). How to motivate and retain knowledge workers in organizations: A review of the literature. *International Journal of Management, 28*(2), 459–468.

Edenius, M., & Styhre, A. (2009). The social embedding of management control in knowledge-intensive firms. *Journal of Human Resource Costing & Accounting, 13*(1), 9–28.

Eisenhard, K. M. (1989). Building theories from case study research. *Academy of Management Review,14*, 532–550.

Elkins, T., & Keller, R. T. (2003). Leadership in research and development organizations: A literature review and conceptual framework. *The Leadership Quarterly, 14*(4), 587–606.

Flick, U. (2009). *An introduction to qualitative research*. Thousand Oaks: Sage.

Greenwood, D., & Levin, M. (1998). *An introduction to action research. Social research for social change*. Thousand Oaks: Sage.

Howaldt, J., Kopp, R., & Beerheide, E. (2011). Innovationsmanagement in der Hightech-Branche - Ein neues Innovationsparadigma? In J. Howaldt, R. Kopp & E. Beerheide (Hrsg.), *Innovationsmanagement 2.0. Handlungsorientierte Einführung und praxisbasierte Impulse* (S. 15–36). Wiesbaden: Gabler.

Kriegesmann, B., Kerka, F., & Kley, T. (2007). Orientierung für den Aufbruch zu Neuem - Zur Kultur des Umgangs mit Innovationsideen in den früheren Phasen von Innovationsprozessen. In B. Kriegesmann & F. Kerka (Hrsg.), *Innovationskulturen für den Aufbruch zu Neuem. Missverständnisse - praktische Erfahrungen - Handlungsfelder des Innovationsmanagements* (S. 47–84). Wiesbaden: Gabler.

Lincoln, Y., & Guba, E. (1985). *Naturalistic inquiry*. Newbury Park: Sage.

Majeed, Z. (2009). A review of HR practices in knowledge-intensive firms and MNEs: 2000–2006. *Journal of European Industrial Training, 33*(5), 439–456.

Mayring, P. (2010). *Qualitative Inhaltsanalyse: Grundlagen und Techniken*. Weinheim: Beltz.

Müller-Christ, G. (2007). Formen der Bewältigung von Widersprüchen. Die Rechtfertigung von Trade-offs als Kernproblem. In G. Müller-Christ, L. Arndt, & I. Ehnert (Hrsg.), *Nachhaltigkeit und Widersprüche. Eine Managementperspektive* (S. 127–177). Hamburg: LIT.

Nusser, M. (2006). Wirtschaftliche Bedeutung und Wettbewerbsfähigkeit forschungs- und wissensintensiver Branchen. *TAB-Brief, 30*, 65–67.

Patton, M. (2002). *Qualitative research and evaluation methods*. Thousand Oaks: Sage.

Reinhardt, W., Schmidt, B., Sloep, P., & Drachsler, H. (2011). Knowledge worker roles and actions - results of two empirical studies. *Knowledge and Process Management, 18*(3), 150–174.

Robertson, M., & Swan, J. (2003). 'Control - what control?' Culture and ambiguity within a knowledge intensive firm. *Journal of Management Studies, 40*(4), 831–858.

Simon, H. (2012). *Hidden Champions. Aufbruch nach Globalia. Die Erfolgsstrategien unbekannter Weltmarktführer*. Frankfurt a. M.: Campus.

Thompson, M., & Heron, P. (2006). Relational quality and innovative performance in R & D based science and technology firms. *Human Resource Management Journal, 16*(1), 28–47.

Witzel, A. (2000). Das problemzentrierte Interview. *Forum: Qualitative Social Research* 1 (1), Art. 22. http://nbn-resolving.de/urn:nbn:de:0114-fqs0001228. Zugegriffen: 07.July.2014

Yin, R. K. (2009). *Case study research. Design and methods*. Thousand Oaks: Sage.

Zack, M. H. (2012). Rethinking the knowledge based organization. *MIT Sloan Management Review* (Spring 2003). http://sloanreview.mit.edu/article/rethinking-the-knowledgebased-organization. Zugegriffen: 03.April.2014

5 innoLEAD© – Gestaltungsfeld 1: Gestaltung innovatorischer Freiräume

Im Folgenden werden *erstens* Perspektiven aus der Praxis erläutert, welche das Ausbalancieren zwischen Freiheit und Zwang thematisieren. Danach werden *zweitens* diese praxisbezogenen Perspektiven theoretisch reflektiert. *Drittens* werden praxisbezogene Perspektiven vorgestellt, die eine Typisierung verschiedener innovationsbezogener bzw. innovatorischer Freiräume erlauben. Dabei wird ein „Freiraum-Dreieck" (Abschn. 5.3.1) mit verschiedenen Freiraum-Typen aufgespannt und jeder Typus wird anhand von Beispielen erläutert. Im Zuge der Erläuterung der verschiedenen Freiraum-Typen wird *viertens* im Rahmen eines Exkurses näher auf das prominente Beispiel der „20-Prozent-Regel" von Google eingegangen (Abschn. 5.4). *Fünftens* werden die Erkenntnisse in einem Fazit zusammengeführt und Reflexionsfragen im Sinne eines „Freiraum-Audits" für innovationsorientierte Unternehmen präsentiert (Abschn. 5.5). Dieses Kapitel stützt also einerseits die „Balance-Perspektive" im innoLEAD©-Modell empirisch und untermauert andererseits öffnende, i. S. v. Freiheit betonende Führungsweisen durch Beispiele. Auf schließende Führungsweisen wird nur indirekt eingegangen (Abschn. 3.5). Der Fokus auf die Gestaltung innovatorischer Freiräume innerhalb des Modells wird in Abb. 5.1 illustriert.

Alle kursiv gedruckten Inhalte in Anführungszeichen sind kürzere Originalzitate aus den Interviews. Längere Zitate sind entweder mit dem Hinweis „**F&E Leader**" gekennzeichnet, dabei handelt es sich um ein Originalzitat einer befragten Führungsperson aus einer der drei Unternehmen, d. h. Abteilungsleiter sowie Technologie- und Innovationsmanager auf oberster Führungsebene. Oder die Zitate sind mit dem Hinweis „**F&E MA**" gekennzeichnet, dabei handelt es sich um ein Zitat von Mitarbeitenden, d. h. F&E-Ingenieurinnen und -Ingenieuren, die auf einer unteren und mittleren Führungsebene Projekt- und Prozessleitungsfunktionen innehaben.

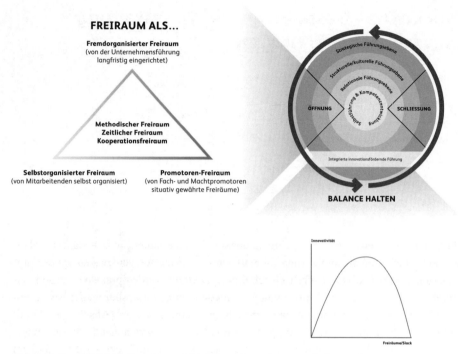

Abb. 5.1 InnoLEAD©: Gestaltungsfeld 1: Gestaltung innovatorischer Freiräume

5.1 Perspektiven aus der Praxis I: nicht zu viel und nicht zu wenig

Das in Abschn. 3.4 beschriebene **„Sowohl-als-auch"-Prinzip** kommt in der Praxis auf vielfältige Art und Weise zum Ausdruck. Grundsätzlich ist bei allen Unternehmen der Nutzen von Freiräumen zur Innovationsförderung anerkannt; alle sind auf der Suche nach dem richtigen Maß an Freiheitsgraden, passenden umrahmenden Führungsweisen und organisationalen Bedingungen. Gleichzeitig sehen sich Führungspersonen ob des sich verschärfenden (internationalen) Wettbewerbs mit immer enger werdenden Vorgaben bezüglich Kosten, Profitabilität und Qualität konfrontiert. Wie löst die Führung das Dilemma? Die Hidden-Champions-Führungskräfte gewähren ihren Mitarbeitenden eine große Bandbreite an Freiräumen, die mehrheitlich situativ ausgehandelt werden. Man könnte auch von einer Vielzahl an Sonderlösungen sprechen, die nur schwer als einheitliches Konzept zu beschreiben sind. Es wird deutlich, dass keines der Unternehmen eine 20-Prozent-Regel à la Google oder 3M (Abschn. 5.4) mit einer vergleichbaren Freiraum-Praxis etabliert hat. Mit „*aufgesetzten*" oder „*verordneten*" Maßnahmen zur Kreativitätsförderung, wie Prozent-Regeln, tun sie sich schwer. Sie richten vielmehr **viele kleinere Freiräume** ein, die an zahlreiche Bedingungen geknüpft sind und meist eher kurzfristig etabliert werden. Auch dabei entstehen Widersprüche, die die jeweils betroffenen Führungspersonen und Geführten „balancieren" müssen. Freiräume zur Innovationsförderung beschreiben die Interviewten grundsätzlich als sehr fragil, sehr individuell und vor dem Hintergrund verschiedener Projektbedürfnisse. Es existiert kein einheitliches Bild einer Freiraum-Praxis zur Innovationsförderung, vielmehr entsteht ein Bild von sehr heterogenen Freiheitsgraden und formen, die situativ variieren und immer wieder vor dem Hintergrund der Geschäftsprozess-Dynamik und der unterschiedlichen Führungsbeziehungen neu bewertet werden.

Die Befragten (Führungskräfte und Mitarbeitende) thematisieren in diesem Zusammenhang häufig die andauernde „Bedrohung" von Freiräumen durch eine permanente Auslastung mit Arbeitsaufträgen. Dies illustriert die folgende Episode:

> **Perspektive Führung: Die Leute haben permanent etwas zu tun**
>
> [...] Dann hätte er nämlich auch den Kopf frei und könnte sich einfach mal Zeit nehmen. [...] Früher war es so, dass die Leute eher einer Produktgruppe zugeordnet waren und dadurch hatte man einen Zyklus, auch von den Projekten her. Und heute ist es so, dass man versucht, die Leute effizient auszulasten. Das heißt, sie werden auch schon mal über die Produkte verteilt und arbeiten mehreren zu. Dadurch ist es dann insgesamt ausgeglichener. Das heißt, **die Leute haben permanent etwas zu tun**. Und darum wird es eigentlich schwieriger als früher [Freiräume zu schaffen]. (F&E Leader)

Einerseits senkt eine konstante Auslastung der F&E-Mitarbeitenden die Personalkosten. Andererseits entsteht durch diese Regelung eine hektische Betriebsamkeit und Parallelität von Tätigkeiten, die nur schwer und schon gar nicht ad hoc durch Führungsmaßnahmen zu unterbrechen ist. In diesem Rahmen können kurz- oder mittelfristig formulierte Innovationsziele und – damit verbunden – dafür eingerichtete Freiräume für die Mitarbeitenden nur schwer ihre Wirkung entfalten. Wenn über lange Zeit jegliche „natürlichen" Kreativitätspotenziale (z. B. durch Zeiten, in denen weniger Aufträge hineinkommen) durch Muße oder Zeit zum Nachdenken eliminiert wurden, dann fehlt die kulturelle Verankerung für mehr Freiheitsgrade und die damit verbundenen Ziele. Auch gehen in diesem „*Rangiermodus*" Sinnzusammenhänge und damit die Motivation, sich an der gesamten Unternehmensentwicklung unternehmerisch zu beteiligen, verloren. Führungskräfte sind daher gezwungen, eine gesunde Balance zu finden zwischen hektischer Betriebsamkeit durch ein Multi-F&E-Projektmanagement und „Schonräumen", das heißt z. B. Zeit zum Nachdenken, Zeit, um Zusammenhänge zu hinterfragen, zu reflektieren, zu organisieren.

Weiterhin kommt in Verbindung mit der Beschreibung von Freiheiten auch oft die Suche nach klaren Zielvorgaben bzw. „strategischen Leitplanken" zum Ausdruck.

> **Perspektive Mitarbeitende: Freiheit ja, aber bitte klare Leitplanken**
>
> Freiräume sind für mich ganz klar innovationsfördernd. Aber ich finde es enorm wichtig, dass man ein Ziel vorgibt. Das ist meine Überzeugung. (F&E Leader)

> Wenn ich [als Entwickler] Freiraum bekomme, dann nutze ich den. Dann kann ich mich verwirklichen und dann braucht es irgendwo halt trotzdem ein paar Leitplanken. (F&E MA)

Perspektive Führung: Spüren, wie breit man die Schafherde laufen lassen kann

Wie führt man Entwicklung? Durch einfache Ziele, die jeder versteht. [Dadurch] gehen alle schon mal gegen Norden. Das ist schon mal nicht schlecht. Und dann ist die Frage, wie breit man die Schafherde gehen lassen soll. Wie eng muss sie zusammengetrieben sein? Das muss man halt spüren und im richtigen Moment wieder mal „Nein" sagen, um die Grenzen aufzuzeigen. (F&E Leader)

Handlungsfreiräume allein stellen nicht sicher, dass etwas passiert. Ohne daran gekoppelte Ziele bzw. strategische Leitplanken geraten sie schnell zu „Spielwiesen". Neben den gewährten Freiräumen müssen daher noch Anreize durch die Zielvorgaben, davon abhängige Beurteilungsgrößen und mit den jeweiligen Projekten verbundene weitere Entwicklungsmöglichkeiten treten.

Im Rahmen der Fallstudienanalyse wurde vor allem seitens der Führungspersonen immer wieder betont: *„Nicht zu viel versprechen!"*

Perspektive Führung: Nicht zu viel versprechen

Ich finde es auch immer gefährlich, wenn man den Leuten zu viele Kreativitätsmöglichkeiten […], zu viele Freiräume verspricht. Ich sollte ihnen [also] klar sagen, was für Formen von Freiräumen möglich sind. So Ideenworkshops sind eine ganz schwierige Geschichte, da kommen viel zu viele Ideen und es wird die Hoffnung genährt, dass die alle umsetzbar sind und dass man sich gleich morgen dransetzt und die alle angeht, das ist natürlich nicht so. (F&E Leader)

Oft werden in gewährten „Denkräumen" grenzenlos viele Ideen gesammelt und teilweise auch sorgfältig dokumentiert, mitunter mühevoll in F&E-Wikis eingepflegt. Danach leiten die Verantwortlichen diese an das Innovations- bzw. F&E-Management weiter. Wenn es Monate dauert, bis die Ideengeber eine Rückmeldung erhalten, besteht die Gefahr der Frustration und Demotivation. Deshalb sind viele Führungspersonen inzwischen vorsichtig und schaffen nur noch dann Freiräume für die Ideensuche und – entwicklung, wenn auch Ressourcen zur Verfügung stehen, die dort entwickelten Ideen aufzunehmen, zu bewerten und gemeinsam mit den Ideengebern zu diskutieren.

Die nachfolgende „Murmelglas-Episode" eines F&E-Mitarbeitenden illustriert die Schwierigkeit, auf Knopfdruck „freie" Kreativzeit zielgerichtet zu nutzen. Wenn diese vom Unternehmen organisierte Kreativzeit ständig unterbrochen wird, ist das für die Mitarbeitenden demotivierend. Sich ständig neu in eine Materie hineindenken müssen, lässt sich auch als *„Blindleistung"* bezeichnen. Die Arbeit, die beim „Umswitchen" von Routine- in Kreativarbeit und umgekehrt geleistet wird, ist eigentlich verschwendete Zeit.

> **Perspektive Mitarbeitende: Das Murmelglas**
>
> Sie tun Murmeln in ein Glas und füllen es damit. Jetzt können Sie aber noch Sand reinpacken. Dann können Sie [es] schütteln und [der Sand] füllt Ihnen die Zwischenräume. So ähnlich ist es auch bei uns. Man hat zwar Luft drin […], man sieht sie [nur] nicht, weil sie letztlich nicht genutzt werden kann. Die Räume können nur durch den Sand genutzt werden, aber ich kann keine Murmeln mehr rein machen. Und so ähnlich ist es im Innovationsprozess auch. Also ich hab zwar Freiräume, aber die Freiräume können nicht richtig genutzt werden. Sie können jetzt eine Stunde hier sitzen und alle fünf Minuten kommt jemand, dann machen Sie auch keine Innovation. (F&E MA)

Diese Episode zeigt auf, wie zentral eine langfristige Perspektive und sorgfältige Planung bei der Gestaltung von Freiräumen ist und welche Schwierigkeiten entstehen, wenn die Dringlichkeit des Tagesgeschäftes ständig ungefiltert (ohne Führungskräfte als Freiraum-Promotoren) auf Mitarbeitende trifft, die im Rahmen ihrer Arbeit „eigentlich" zeitliche Freiräume für Kreativarbeit reserviert haben, diese aber nur bruchstückhaft zu nutzen vermögen. Die langfristige Dringlichkeit von Innovationsarbeit wird so immer durch die kurzfristige Dringlichkeit von Projekten aus der Produktion bzw. von Kundenprojekten verdrängt.

Im folgenden Abschnitt kommt ein ebenfalls häufig genanntes Thema zum Ausdruck. *„Im Prinzip"* haben die Mitarbeitenden Freiräume, aber sie sollten ihre Freiheiten nicht maßlos ausschöpfen.

> **Perspektive Führung: Es darf nicht überhandnehmen**
>
> Also meine direkten Mitarbeitenden, die Abteilungen wissen, dass sie diesen Freiraum, wenn sie ihn sich nehmen wollen, sich nehmen dürfen. Um sich über neue Themen Gedanken zu machen und so weiter. Das darf natürlich nicht überhandnehmen, das wissen sie auch, aber im Prinzip dürfen sie es nutzen. (F&E Leader)

Die mit dieser Aussage verbundenen potenziellen Widersprüche werden mehrheitlich in den Erzählungen ausgeblendet und die Aussagen über konkrete Freiheitsgrade bleiben seitens der Führung meistens sehr vage.

5.2 Innovatorische Freiräume: Grundlagen und begriffliche Abgrenzung

Die folgenden Abschnitte widmen sich den unterschiedlichen Konzepten von Freiräumen. Einerseits geht es um eine grundsätzliche Diskussion, ob Freiräume letztlich nicht einen Widerspruch zu effizient geführten Unternehmen darstellen. Andererseits werden die Begriffe „Freiraum" und „Autonomie" kritisch reflektiert und mit in der theoretischen Literatur entwickelten Selbstverständnissen verglichen. Des Weiteren wird der Begriff des

Freiraums mit der Innovativität eines Unternehmens in Bezug gesetzt und schließlich steht der Begriff „slack" im Fokus, um die unterschiedlichen Freiräume, die in einem Unternehmen möglich sind, präziser zu fassen.

5.2.1 Freiräume im Interesse der innovativen Organisation: ein Widerspruch?

Die Forschungsergebnisse zeigen: Die Führung tendiert oft allzu schnell zur Stabilisierung und vernachlässigt die Öffnung bzw. Flexibilisierung. Die Ergebnisse innovatorischer Freiräume zeigen sich erst in der Zukunft; sie sind ungewiss. Die Ergebnisse von gegenwärtigen Kundenprojekten lassen sich gut quantifizieren, Fortschritte sind gut sichtbar. Dies zeigt sich vor allem in Veränderungs- oder Krisensituationen. In diesen Situationen schaffen die Führungsleute geplante innovatorische Freiräume oft kurzfristig wieder ab. Zu diesem Ergebnis kommen auch Herold et al. (2006). Nicht die Stabilisierungs- und Standardisierungsmechanismen werden in Veränderungssituationen hinterfragt, sondern meistens werden relativ rasch Freiräume der Mitarbeitenden „wegoptimiert". DeMarco (2001) unterstreicht dies ebenfalls und verdeutlicht die Risiken mangelnder „slack resources" im Sinne von Ineffizienzen, Qualitätsproblemen und mangelnder Innovativität. Diese Tendenz, in Veränderungsprozessen immer wieder stark auf Lean-Management-Prinzipien zu setzen und sich nur noch auf Effizienzsteigerungen zu konzentrieren, geht oft einher mit einer Überstrukturierung von Innovationsprozessen. Auch die Zukunftsgestaltung muss in solchen Phasen „effizient" geführt werden.

Dabei weist Gebert (2002) deutlich daraufhin, dass auch das Effizienzziel (und nicht nur das Innovationsziel) einer „Doppelstrategie" bedarf. Auch in Bezug auf das Effizienzziel zeigen sich deutliche Hinweise auf die Funktionalität einer Balance offener und geschlossener Führungs- und Organisationsmuster (vgl. Lewis et al. 2000). Die Innovationseffizienz kann sich sowohl durch eine (Freiraum begrenzende) Strategie, z. B. im Sinne einer zentralen Überwachung von Meilensteinen im Rahmen des Innovationsprozesses, als auch durch eine Erhöhung der Entscheidungsfreiräume (Öffnung) bei Projektteams steigern, da dadurch bspw. das Produktentwicklungstempo gefördert wird (vgl. Gebert 2002, S. 198). Es gibt also keine einfache Formel, die lautet: Innovatorische Freiräume senken die Effizienz.

Kuczmarski (1996) plädiert für die Gestaltung von **„disciplined freedom"** und spielt begrifflich mit dem Disziplin-Freiheit-Paradox. Weiter unten in Abschn. 5.4 wird das Paradox noch einmal aufgegriffen.

> Disciplined freedom provides team members with a sense of autonomy and entrepreneurialism, while giving them adequate direction and operating guidelines to help steer them through the uncertain path of innovation. It suggests that new products team members can think for themselves and use intuition, previous experience, and business judgment in decision making. It purports an environment that respects the views, opinions, and ideas of each team member. Collectively, it fosters a vibrant and energized team that is motivated to innovate. (Kuczmarski 1996, S. 76–77)

5.2 Innovatorische Freiräume: Grundlagen und begriffliche Abgrenzung

Insbesondere stark kundengetriebene Unternehmen mit inkrementellen Innovationsmustern und entsprechend eingespurten Führungssystemen erkennen das Potenzial der von Gore, 3M, IBM oder Google geprägten Freiraum-Regelungen und der damit verbunden Öffnungs-Logik kaum. Oft überwiegen die Zweifel, und es werden einerseits „Sparversionen" dieser Prozent-Regelungen umgesetzt (vgl. Tate 2012), wie z. B. eintägige Innovationsmarathons. Oder die Freiräume werden gleich wieder derart mit Kontrollinstrumenten überladen, dass man von einer „schleichenden" Annäherung an die gängige effizienzgetriebene Operationslogik sprechen kann.

Oft entfalten also Öffnungsstrategien ihre Wirkung gar nicht erst, denn sie werden relativ rasch von Absicherungsstrategien „neutralisiert" und es droht eine unproduktive Allianz von kulturell verankerter Risikoaversion und Führungsinstrumenten, welche die Innovationsspielräume erweitern (vgl. Martins und Terblanche 2003; Kriegesmann et al. 2007). Sollen Freiräume innerhalb von innovationsgetriebenen Unternehmen mehr sein als eine bloße Leerformel, hat die Führung beständig und glaubwürdig Freiraum-Regeln zu entwickeln.

Die Kräfte dieses Spannungsfeldes zwischen Freiheit und deren Begrenzung durch Kontrollhandlungen wirken vor allem in mittleren und Großunternehmen sowie in stark vernetzten Unternehmen, in welchen viele Teilstrategien und -ziele im Führungssystem bzw. in verschiedenen Führungssystemen zusammenlaufen und zu koordinieren sind. Dazu wird parallel zentralistisch versucht, eine offene Innovationskultur und mehr Risikofreude zu implementieren.

▶ Vor dem Hintergrund der Metaperspektive „Öffnung vs. Begrenzung" wäre eine **Freiheit der Mitarbeitenden** so zu gestalten, dass sie **im Interesse des Unternehmens** fruchtbar wird. Natürlich sind Kreativität keine Grenzen gesetzt, und sie findet auch häufig in interessen- bzw. absichtsfreien Freiräumen (außerhalb der Organisationsgrenzen) statt, aber aus einer Organisationsperspektive kann nur der Freiraum gedacht werden, der dem Interesse der Organisation dient.

Es ist daher im Sinne der Innovationsförderung nicht funktional, den Blick auf die abhängig machenden Strukturen rund um die Mitarbeitenden zu lenken. Es geht nicht darum, dass diese Abhängigkeiten im Sinne einer Innovationsförderung eliminiert werden. Aber eine innovierende Person ist den Abhängigkeiten nicht nur ausgeliefert. Sie könnte sich außerhalb jeglicher Beziehung gar nicht als innovative Person begreifen. Freiraum wird deshalb nicht ausschließlich als Zwanglosigkeit, sondern auch als „Selbständigkeit" bzw. „Selbstbestimmtheit" verstanden (Abschn. 5.2.3), die den Blick auf dasjenige richtet, das inmitten von Abhängigkeiten frei wählbar ist.

Wir konzentrieren uns im Anschluss an die genannten widersprüchlichen Anforderungen auf das Spannungsfeld zwischen Freiheit und Kontrolle und beleuchten dabei den Freiraum-Begriff etwas näher.

5.2.2 Freiraum-Begriff

> Ich denke, dass man Innovation nicht managen kann. Man kann einen Nährboden schaffen, der Innovation fördert. Innovation braucht Freiheit. Die Freiheit der Selbstbestimmung. Die Freiheit, altruistische Ziele zu verfolgen. Die Freiheit der Kommunikation. Die Freiheit des Scheiterns. Die Freiheit der Intuition. Die Freiheit der Unvernunft. (Rixhon 2011, S. 101)

Diese Haltung ist weit verbreitet und entfaltet sich unter anderem in zahlreichen Innovationsmanagementzeitschriften in Forderungen wie „Freiraum für Querdenker", „Freiraum für Kreativität" oder „Innovative Unternehmen – erfolgreich mit Strategie und Freiraum" usw.

In der Wirtschaftspresse wird häufig die These vertreten: Je mehr Freiräume, desto mehr Innovativität. Diese These wird wie dargelegt der vielschichtigen Führungspraxis in innovativen Unternehmen nicht gerecht. Erstens muss man genau unterscheiden, welche Freiheitsgrade gemeint sind, und zweitens werden durch das Schaffen von Freiräumen auch ungeplante negative Sekundäreffekte freigesetzt, die ein weiteres Anwachsen der Innovativität nicht nur blockieren, sondern auch konterkarieren (vgl. Nohria und Gulati 1997, S. 608; Gebert 2002, S. 190; Herold et al. 2006, S. 376).

Aber wie kann man als Organisation Freiheit zulassen, wenn der Eintritt in die Organisation durch Verträge und Stellen- bzw. Rollenbeschreibungen und die Arbeit in der Organisation durch Projekte und Prozesse geprägt wird, die Mitarbeitende gerade dazu bringen, ihre eigenen Präferenzen zurückzustellen und sich den Bedingungen und Weisungen der Organisation zu fügen (vgl. Luhmann 2000, S. 107)? **Zwang versus Freiheit** ist gemäß Müller-Christ (2007; vgl. Tab. 5.1) der „logische Grundwiderspruch in der Gestaltung sozialer Systeme" (S. 141), aus dem sich alle weiteren Widersprüche in der Organisationsgestaltung ableiten lassen. „Jede Einheit mehr Zwang reduziert die Ausprägung von Freiheit, und jede Einheit mehr Freiheit reduziert die Möglichkeit, Zwang auszuüben" (Müller-Christ 2007, S. 141). Wenn man davon ausgeht, dass die Mitgliedschaft in der Organisation aus freien Stücken zustande gekommen ist, dann ist „Freiheit"

Tab. 5.1 Ausgewählte Widersprüche in der Organisationsgestaltung. (Quelle: Müller-Christ 2007, S. 141)

Zwang		Freiheit
Determinismus	versus	Voluntarismus
Kontrolle	versus	Selbständigkeit
Standardisierung	versus	Flexibilisierung
Zentralisierung	versus	Dezentralisierung
Fremdorganisation	versus	Selbstorganisation
Fremdsteuerung	versus	Selbststeuerung
Kooperation	versus	Konkurrenz
Ordnung	versus	Kreativität
Kollektivität	versus	Individualität

Abb. 5.2 Freiraum

unter diesen Voraussetzungen auf die freie Entscheidung in Bezug auf die Berufs- und Arbeitgeberwahl beschränkt. Ich kann mich bspw. als kreativer Arbeitnehmer mit einer einigermaßen guten „employability" bzw. Arbeitsmarktfähigkeit für ein Unternehmen mit einer Tendenz zu Freiheitselementen oder für ein Unternehmen mit einer Tendenz zu Zwangselementen (vgl. Tab. 5.1) „frei" entscheiden. Die Institutionalisierung der Form des Arbeitsvertrages macht Wahlfreiheit kommunizierbar und verständlich. Freiheit kann grundsätzlich vor dem Hintergrund von Verträgen, Klauseln, Gesetzen, Richtlinien – also institutionalisierten Zwängen – konzeptionell gut erfasst werden. Alles, was sich jenseits dieser Regelungen befindet, ist die Freiheit.

Freiräume an sich haben klare Bedingungen und stehen in Bezug zueinander, und Grenzen im Sinne von organisationalen Regeln, Normen oder Werten legen fest, welche Denkprozesse und Tätigkeiten in einem Freiraum zulässig sind. Es ist nicht möglich, Freiraum absolut, d. h. unabhängig von den jeweiligen Verhältnissen in einem Unternehmen zu bestimmen. Ohne die Definition von Regeln (Grenzen) wäre die Bestimmung des Freiraums nicht möglich und seine Existenz nicht sichtbar (vgl. Abb. 5.2). Jeder Freiraum wird durch die Individualität des Menschen geprägt und durch Beziehungen zwischen Individuen verändert.

Wenn man aber von der Perspektive der Einschränkung von Freiheit durch Arbeitsverträge und den darin formulierten Erwartungshaltungen (Freiheit als Gegenteil von Zwang) abrückt, dann könnte man versuchen, **Freiheit „als heuristische Konstruktion von Alternativen"** (Luhmann 2000, S. 109) zu betrachten. Dabei geht es erstens um Kommunikation und das Verständnis für die Wahlmöglichkeit. Wie bereits in Abschn. 2.3.2 erwähnt, benötigen Unternehmen insbesondere unter dem Gesichtspunkt von Veränderungen ein möglichst großes „internes Repertoire" an Wahlmöglichkeiten. Zweitens geht es um die Unterscheidung, ob die Wahl gebilligt wird oder nicht.

„Wenn Freiheitsgebrauch individuell zurechenbar sein muss, begrenzt dies das Spektrum auf relativ konkrete, lokale Optionen" (Luhmann 2000, S. 110). Dies soll an einem Beispiel illustriert werden: Eine Modedesignerin, die gerade ein neues Stoffmuster erhält, entwirft spontan ein neues Kleid. Sie nimmt sich dabei spontan die Freiheit heraus, eine neue Alternative zu prüfen und daraus eine neue Idee zu entwickeln. Dieser individuelle Freiheitsgebrauch hat keine unmittelbaren Auswirkungen auf den Freiheitsgebrauch in der gesamten Organisation. Er hat nichts mit Entregelung zu tun.

Es wird deutlich: Wenn Freiheit individuell zurechenbar sein muss, wird es schon schwieriger mit der Erschließung des Freiheitsbegriffs. Es geht oft um konkrete, lokale Optionen, die spontan zu einer Idee zusammenwachsen. Man könnte dann Freiheit als individuellen **Möglichkeitsraum** verstehen. Bei Robert Musil (2009, zitiert in Zeuch 2010, S. 221) findet sich ein Zitat, in dem es um den **Möglichkeitssinn** geht:

> Wer ihn besitzt, sagt beispielsweise nicht: Hier ist dies oder das geschehen, wird geschehen, muss geschehen; und wenn man ihm von irgendetwas erklärt, dass es so sei, wie es sei, dann denkt er: Nun, es könnte wahrscheinlich auch anders sein. So ließe sich der Möglichkeitssinn geradezu als die Fähigkeit definieren, alles, was ebenso gut sein könnte, zu denken und das, was ist, nicht wichtiger zu nehmen als das, was nicht ist. (Robert Musil: *Der Mann ohne Eigenschaften*)

Diesen Möglichkeitssinn kann man als das intuitive, individuelle Gespür für das Mögliche begreifen (vgl. Zeuch 2010). Damit sich der individuelle Möglichkeitssinn entfalten kann, brauchen wir in Unternehmen **Möglichkeitsräume**. Sie sind das „unbedingte Gegenstück" zum Möglichkeitssinn. Diese Freiräume eröffnen sich auf drei unterschiedlichen Ebenen (vgl. Zeuch 2010, S. 221): 1) Menschen, 2) Unternehmenskultur und 3) Unternehmensstruktur.

Die erste Ebene betrifft jeden Einzelnen von uns und unsere Fähigkeit, uns selbst zu erlauben, in potenziellen Möglichkeiten zu denken und Intuitionen freien Lauf zu lassen. „Sich mit dem Möglichkeitssinn im Möglichkeitsraum zu bewegen, ist der wahre Optimismus" (Zeuch 2010, S. 221). Es könnte auch unangenehm, ja evtl. sogar anstrengend werden, seine Ahnungen zuzulassen, d. h. man muss sich innerlich auch „frei" machen, das zuzulassen. *Die zweite Ebene* ist die Unternehmenskultur (Kap. 8). Individuelle Möglichkeitsräume zerrinnen schnell, wenn die Unternehmenskultur nur auf kurzfristige, gegenwärtige Wirklichkeiten fokussiert. Wer innovieren will, der braucht kulturelles Engagement und das dazugehörige Commitment für Möglichkeitsräume auf allen organisatorischen Ebenen. „Es muss selbstverständlich sein, gedanklich aus der ‚harten' Wirklichkeit auszubrechen, um wenigstens für eine gewisse Zeit die individuellen Möglichkeitsräume zu betreten" (Zeuch 2010, S. 223). Dort kann sich Intuition dann entfalten. *Die dritte Ebene* ist die strukturelle Ebene (Kap. 7). Neben finanziellen und personellen Ressourcen (Slack) müssen genügend zeitliche, methodische sowie Kooperationsfreiräume eingerichtet werden. Um wieder innovativ zu werden, benötigen die Unternehmen also Freiräume, Redundanzen.

Das führt zur folgenden grundlegenden Unterscheidung:

1. Freiheit als Freiheit von Zwang/Kontrolle
2. Freiheit als Vorhandensein von Alternativen

Wer am „Zwang", also den Entscheidungsprämissen, den Verträgen etwas ändern will bzw. „das System" ändern will, dem bleibt nur die Freiheit, dies zu kommunizieren. Typischerweise appellativ, provokant, so dass andere mitziehen (vgl. Luhmann 2000, S. 110). Wenn z. B. ein Forscher mit dem Verfahren der Bewilligung von Forschungsmitteln nicht zufrieden ist, weil die Kriterien auf dem Gesuchsformular viel zu eng formuliert sind, muss er andere (kommunikativ) mitziehen, um eine organisationale Veränderung zu bewirken. Werden die Kriterien weicher und das Gesuchsformular kürzer, dann hat sich der Forscher befreit von formalen Regeln, ist entlastet und kann freier arbeiten als vorher. Er kommt mit weniger Regeln an mehr finanzielle Ressourcen und kann mehr „slack time" (Abschn. 5.2.5) in kreative Projekte stecken.

Prinzipiell ist die Bestimmung der Freiheit, verstanden als Kontrollfreiheit, ohne die Definition einer Grenze nicht möglich, ihre Existenz nicht sichtbar (vgl. Kant 2005). Die Idee der Freiheit als Inspirationsquelle für Kreativität kann als abstrakter Begriff vor diesem Hintergrund nur erfahren werden, indem sie im Raum gegeben ist. **Freiraum** kann so als Konkretisierung der Idee „Freiheit" verstanden werden. Dabei soll der Freiraum sowohl den Rahmen der eigenen Kreativität aufzeigen als auch anregen, über die Grenzen des Freiraums nachzudenken. Auch der Freiraum-Begriff weist paradoxe Züge auf: So vereint dieser die Konzepte „Freiheit" und „Raum", der per se etwas Begrenztes ist.

5.2.3 Autonomie-Begriff

Wenn wir den Freiraum-Begriff nun konkreter auf Führungsbeziehungen und das unmittelbare Arbeitsumfeld bzw. das Arbeitsteam anwenden, dann rückt das Konzept der Autonomie („job autonomy") bzw. des Tätigkeitsspielraums (vgl. Hackman und Oldham 1976; Wall et al. 1986; Dodd und Ganster 1996; Moldaschl 2001) stärker ins Blickfeld. Freiraum im Sinne von Autonomie bedeutet „Selbstgesetzgebung" (Moldaschl 2001), was jedoch in einem Unternehmen nicht mit „Unabhängigkeit" gleichzusetzen ist.

Job-Autonomie ist definiert als „[…] the extend, to which employees have a major say in scheduling their work, selecting the equipment they will use, and deciding on procedures be followed" (Hackmann und Lawer 1971, S. 265). Das Konzept der Autonomie bezieht sich also auf das Ausmaß, in dem die Arbeit ausreichend Freiraum und Unabhängigkeit bietet, so dass Mitarbeitende selbst bestimmen, wie sie die Arbeitsprozesse gestalten (vgl. dazu auch Hackman und Oldham 1976). Gleichsam beinhaltet sie die Möglichkeit, neue Dinge auszuprobieren. Gesteigerte Job-Autonomie erlaubt es den Mitarbeitenden, aus der bisherigen Routine auszubrechen, um bestmögliche Lösungen zu finden (vgl. Wang und Cheng 2010). Kurz: Mitarbeitende haben die Möglichkeit, ihren Arbeitsort, ihre Arbeitsweise, ihr Arbeitstempo sowie den Prozess bis zu einem gewissen Maß frei zu bestimmen. Weist eine Tätigkeit einen hohen Autonomiegrad auf, dann können Mitarbeitende verschiedene Alternativen ausprobieren und so neue Anregungen erhalten, die im besten Fall zu neuen Ideen führen.

Das Forschungsgebiet in Bezug auf Arbeitsautonomie kann grundsätzlich in zwei Subkategorien aufgeteilt werden: autonome Arbeitsgruppen und Autonomie als Tätigkeitsmerkmal (vgl. Wall et al. 1986). Der Bereich der (teil-)autonomen Arbeitsgruppen wird stärker als Organisationsdesign im Rahmen von Dezentralisierungsstrategien diskutiert. Dagegen wird die Arbeitsautonomie stärker im Hinblick auf die Implikationen für das individuelle Verhalten untersucht. Langfred (2000) unterscheidet in diesem Zusammenhang zwischen

- „**Group autonomy**" (gruppenbezogener Handlungsfreiraum) und
- „**Individual autonomy**" (individueller Handlungsfreiraum).

Nachfolgend wird das Konzept der individuellen Autonomie vertieft diskutiert. Die Möglichkeit, Kontrolle über seine Arbeit auszuüben, wird in der Literatur recht unterschiedlich diskutiert (vgl. Ohly und Plückthun 2013). Gebert (2002, S. 185) führt z. B. aus, dass ein delegativ-partizipativer Führungsstil eine Erweiterung der **Situationskontrolle** (Freiraum als Erweiterung des Kontrollraums) des Geführten impliziert.

> Situationskontrolle beschreibt den Grad der wahrgenommenen Veränderungsfähigkeit der Situation, das heißt das Ausmaß, in dem die Organisationsmitglieder meinen, direkt durch eigenes Handeln (qua Delegation) oder indirekt über die Beeinflussung des Handelns anderer (qua Partizipation) zu innovationsbezogenen Verbesserungen der Situation beitragen zu können. (Gebert 2002, S. 185–186)

Die Abb. 5.3 zeigt: Für den Fall fehlender Integration bzw. klarer Zielorientierung durch Führungskräfte zeigt sich eine umgekehrt U-förmige Funktion zwischen Situationskontrolle und Innovativität.

Mit einer Erweiterung der Situationskontrolle werden grundsätzlich mehr Ideen generiert, aber Gebert (2002, S. 186) weist gleichzeitig auf einige negative Sekundäreffekte hin. *Erstens* muss die Menge an neuen Ideen selektiert werden, das kostet Zeit und Energie. *Zweitens* kann es zu einer überhöhten Anspruchshaltung seitens der Geführten im Sinne einer radikalen „Jetzt-oder-nie"-Einstellung (in Bezug auf die Umsetzung der generierten Ideen) kommen, dadurch können sich Führungskräfte unter Druck gesetzt fühlen. *Drittens* ist es möglicherweise für Führungskräfte schwierig, die vielfältigen Ideen und deren potenzielle Umsetzung inhaltlich und zeitlich aufeinander abzustimmen. Das bedeutet einen hohen Koordinationsaufwand. Daher spricht man in diesem Zusammenhang auch von **Autonomiekosten** (vgl. Gebert 2002, S. 186–187).

Weiterhin unterscheidet Moldaschl (2001) zwischen Handlungsautonomie und Verhandlungsautonomie. **Handlungsautonomie** wird als Handlungs-, Entscheidungs- oder Dispositionsspielraum gefasst. Sie bezieht sich auf Kontrolle in der Arbeit im Sinne der Möglichkeit, eigene Ziele zu bestimmen und selbständig über Mittel und Wege zur Zielerreichung zu bestimmen. **Verhandlungsautonomie** definiert die Kontrolle über Arbeits- und Beschäftigungsbedingungen (z. B. Einfluss auf Kontextbedingungen der Arbeit, Zeitsouveränität, wann und wo ein Mitarbeitender arbeitet).

5.2 Innovatorische Freiräume: Grundlagen und begriffliche Abgrenzung

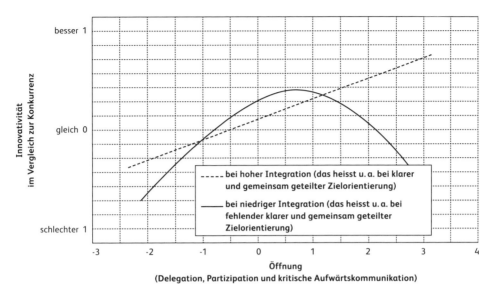

Abb. 5.3 Integration als Puffer der Risiken innovationsförderlicher Führung. (Quelle: Gebert 2002, S. 190)

Breaugh (1985, zitiert in Breaugh 1989, S. 1037) unterscheidet zwischen den folgenden drei Autonomieelementen:

- **Methodische Autonomie**: Beschreibt den Grad der Wahlmöglichkeiten in Bezug auf anzuwendende Methoden im Rahmen ihrer Arbeitstätigkeit.
- **Zeitliche Autonomie**: Beschreibt das Ausmaß, in welchem die Person die Zeiteinteilung bzw. den Zeitablauf ihrer Arbeitstätigkeit frei einteilen kann.
- **Autonome Definition der Leistungsbeurteilungskriterien**: Beschreibt den Freiheitsgrad von Mitarbeitenden in Bezug auf die Auswahl und Modifikation der eigenen Leistungsbewertungskriterien.

Kannheiser et al. (1997) ordnen Freiräume als Elemente des Tätigkeitsspielraums bzw. der Job-Autonomie ein, welche Einfluss auf die Gestaltung der Arbeit haben. Freiheitsgrade können sich dabei auf

- **inhaltliche** (Arbeitsablauf, Ergebniseigenschaften) oder
- **inhaltsbezogene Elemente** (Verlassen des Arbeitsplatzes, Auswahl der Arbeitskollegen) beziehen.

Als Beispiele nennen sie: 1) zeitlicher Spielraum, 2) Festlegung der Reihenfolge der Handlungen, 3) Auswahl von Arbeitsverfahren und Arbeitsmittel, 4) Festlegung von Ergebniseigenschaften, 5) Möglichkeit, den Arbeitsplatz zu verlassen, 6) den Arbeitsplatz zu gestalten, 7) Einfluss auf die Zusammenarbeit auszuüben.

Zusammenfassend liegt all diesen Autonomie-Konzepten eine Unterscheidung im Hinblick auf 1) zeitliche Freiräume (Zeitbudget und Festlegung der Reihenfolge der Handlungen), 2) methodische Freiräume (Wahl der Mittel und Verfahren zur Ausführung der Arbeit), 3) Ergebnisbewertungsfreiräume (Festlegung der Erfolgskriterien der Arbeit) und 4) Verhandlungs- und Kooperationsfreiräume (Einfluss auf die Arbeit/Zusammenarbeit) zugrunde.

5.2.4 Freiraum und Innovation

Freiraum gewähren, um Innnovation zu fördern, heißt vor diesem Hintergrund, den Mitarbeitenden klare Grenzen bei der Entfaltung ihrer Kreativität zu setzen. Neben dem Freiraumbegriff ist im Kontext der Innovationsförderung oft die Rede von Spielraum, Experimentierraum, Möglichkeitsraum oder auch Schonraum, eine klare Definition des Terminus lässt sich im betrieblichen Kontext nicht ausmachen (vgl. Hohn 2000). Dadurch lassen sich nur vage Implikationen für die Handlungsebene der innovationsfördernden Führung ableiten.

Geht es bei der Schaffung von Freiräumen z. B. eher um das Verschonen von kreativen Mitarbeitenden vor zu viel Bürokratie (weniger Zwang) oder eher um die Förderung des spielerischen Experimentierens (Vermehrung von Alternativen)? Sollen die Mitarbeitenden frei entscheiden, wo und mit wem sie zusammenarbeiten, mit welchen Methoden sie arbeiten oder wann sie etwas tun? Welche Möglichkeiten bieten sich Führungskräften eigentlich in Bezug auf die Gestaltung von Freiräumen? Klar ist, dass durch die gegenwärtigen Deregulierungs- und Dezentralisierungstendenzen in den Unternehmen viel größere individuelle und teambezogene Freiräume entstanden sind, aber was das genau heißt, ist oft nicht so ganz klar.

Moldaschl (2001, S. 136–137) argumentiert, dass Unternehmen im Zuge der Globalisierung dazu tendieren, die Handlungsautonomie zu erweitern, während die Verhandlungsautonomie schrumpft. Ein hohes Maß an Autonomie stellt grundsätzlich hohe Ansprüche an Mitarbeitende: „Die neuen Freiheiten müssen mit neuen Unsicherheiten erkauft werden – selbst wenn man die Freiheiten gar nicht will" (Moldaschl 2001, S. 137). Je entgrenzter bzw. „offener" ein Unternehmen, desto höher die **Anforderungen an Individuen**, sich selbst Grenzen zu setzen, ständig Unbestimmtheit zu reduzieren. Es besteht also durchaus auch die Gefahr, dass Autonomie zur Belastung wird und dass während der Arbeit sehr viel Zeit für die **Regulation von Unsicherheit** und weniger Zeit für die Entfaltung von Kreativitätspotenzialen verwendet wird.

▶ Je größer das Spannungsverhältnis von Fremdbestimmung und gewährtem Handlungsfreiraum, desto wahrscheinlicher ist es, dass die Mitarbeitenden einen Großteil der gewährten Freiräume zur Unsicherheitsvermeidung und nicht für die Ideenentwicklung einsetzen.

Grundsätzlich ist die Eröffnung von Handlungs- und Denkfreiräumen für Organisationsmitglieder als Einladung für die Entstehung von reichhaltigen Dilemmata und Paradoxien zu betrachten. Je größer der Raum, in dem frei nach Alternativen zur Sicherung der Zukunftsfähigkeit des Unternehmens gesucht und mit neuen Ideen experimentiert wird, desto weniger Raum hat das Konsistenzstreben und Stabilität (vgl. Greenwood und Hinings 1993; zitiert in Gebert 2002, S. 166).

Der positive Zusammenhang von Autonomie und Kontrollmöglichkeit im eigenen Tätigkeitsumfeld und von individuellem innovativen Verhalten ist jedoch klar belegt (vgl. z. B. Amabile 1996). Nachfolgend wird dieser positive Zusammenhang anhand von motivationalen, kognitiven und verhaltensbezogenen Prozessen beschrieben (vgl. Ohly und Plückthun 2013):

1. Intrinsische Motivation: Ein hoher Autonomiegrad führt zu höherer intrinsischer Motivation für die Arbeit. Der Grund für diesen Zusammenhang liegt darin, dass Mitarbeitende mehr Möglichkeiten haben, ihre Ziele selbst zu setzen. Selbstgesteckte Ziele (Freiraum, Ziele zu definieren) fördern die intrinsische Motivation, die wiederum ein Persönlichkeitsmerkmal kreativer Personen ist.
2. Experimentierfähigkeit: Ein hoher Autonomiegrad ermöglicht das Ausprobieren neuer Methoden (methodischer Freiraum). Ein Arbeitsplatz mit einem hohem Handlungsspielraum lässt zu, dass eine Person Details der Arbeitsdurchführung und der Arbeitsergebnisse mitbestimmen kann. Das stimuliert Variation und Experimentiergeist, was eine Quelle für kreative Ideen ist. „Since innovation involves trial and error, and successes and failures, job autonomy provides employees with an avenue to try out new ideas even in the face of failure" (Ramamoorthy et al. 2005, S. 144).
3. Seinen Interessen folgen: In einem autonom gestalteten Arbeitsumfeld widmen sich Mitarbeitende tendenziell Aufgaben, die ihren Interessen und Fähigkeiten entsprechen (Freiraum, seinen Interessen zu folgen). Mitarbeitende können so die Arbeitsgebiete wählen, die mit ihren Stärken und Talenten besonders gut vereinbar sind. Gemäß Amabile (1996) fördert dies die Kreativität.
4. Individuelle Zeiteinteilung: Autonomie heißt auch, dass man seine Arbeitsinhalte zeitlich (zeitlicher Freiraum) so aufteilen kann, wie es den eigenen Präferenzen und Konzentrationsphasen angemessen ist. Routinetätigkeiten lassen sich z. B. in Phasen verlegen, in denen die Konzentration niedrig ist. Kreative Tätigkeiten können hingegen in Phasen gelegt werden, in denen die persönliche Leistungsfähigkeit hoch ist.

Neben dem Autonomiebegriff, der sich enger auf Freiräume von Individuen oder Gruppen bei der Arbeit bezieht, werden Freiräume oder Spielräume auch oft als „Slack" bezeichnet. Das nachfolgende Kapitel beleuchtet das Slack-Konzept etwas genauer.

5.2.5 Organizational Slack, Freiräume und Innovation

Der Begriff „organizational slack" wurde von March und Simon (1959) geprägt. Slack kann man mit **„Überschusszustand"** übersetzen. Er kann sich auf Finanzen, Investitionsgüter, Personen, Informationen, Know-how etc. beziehen (vgl. Krcal 2009, S. 2).

▶ Die innovationsfördernde Führung als Handlungsfeld ist für die Nutzung überschüssiger Ressourcen prädestiniert. Je größer der Slack, desto wahrscheinlicher müssen Entscheidungen über die Zukunft des Unternehmens nicht unter Zeitdruck getroffen werden, desto größer ist die Bereitschaft, mit Unsicherheit und Risiken umzugehen.

„[Slack] may take the form of expenditures for managerial comfort, lighter workloads or reduced supervision, or unexploited opportunities" (Cyert und March 1963, zitiert in Manns und March 1988, S. 62). Slack wird einerseits als Ineffizienz bzw. Verschwendung und andererseits als überlebensnotwendige Ressourcenfunktion des Puffers, der Reserve, d. h. als Kreativitäts- und Innovationsfaktor betrachtet (vgl. Krcal 2009). Die Erkenntnisse von Nohria und Gulati (1997) konstatieren einen inversen U-förmigen Zusammenhang zwischen Slack und Innovation (vgl. Abb. 5.4). Sie betonen: „[…] too little slack is inimical to innovation. Similarly, too much slack is also inimical to innovation because it fosters complacency and a laxness that lead to more bad projects being pursued than good projects" (Nohria und Gulati 1997, S. 609). Für die Innovationsförderung ist dem-

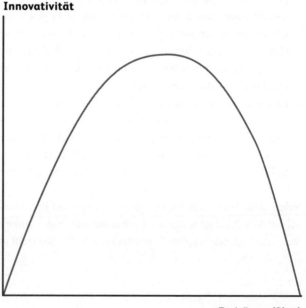

Abb. 5.4 Zusammenhang zwischen Slack und Innovation. (Quelle: in Anlehnung an Nohria und Gulati 1997, S. 608)

5.2 Innovatorische Freiräume: Grundlagen und begriffliche Abgrenzung

gemäß ein Schnittpunkt vorteilhaft, „der einen hinreichend großen Entscheidungs- und Handlungsfreiraum beim Ressourceneinsatz mit dem notwendigen Maß an Kontrolle des Mitgliederverhaltens verbindet" (Krcal 2009, S. 12).

In der Organisationsforschung dominiert eine Konzeptionalisierung von organisationalen Freiräumen auf der Basis finanzieller Indikatoren. Dabei wird vor allem das Konzept der „slack resources" (Bourgeois 1981; Herold et al. 2006) in den Vordergrund gestellt. Diese „slack resources" werden herkömmlicherweise in folgende drei Typen eingeteilt:

- **Available Slack**: Das sind tatsächlich vorhandene und nicht verplante Ressourcen(überschüsse). Diese Ressourcen entsprechen z. B. Entwicklungsbudgets in Unternehmen und dienen der Finanzierung von Innovation.
- **Recoverable Slack**: Diese Ressourcen sind aktuell im Unternehmen gebundene, aber wieder auflösbare Ressourcen. Das heißt, diese Ressourcen wurden bereits vom Unternehmen „absorbiert", könnten aber durch Effizienzsteigerungen wieder zurückgewonnen werden.
- **Potential Slack**: Diese Ressourcen stellen die zukünftige Fähigkeit des Unternehmens dar, weitere „slack resources" zu erwirtschaften (Herold et al. 2006).

Um dem Anspruch auf Entwicklung eines handlungsorientierten, innovationsfördernden Führungsansatzes gerecht zu werden, werden nachfolgend unter „slack" die noch nicht verplanten finanziellen Ressourcen der Unternehmung verstanden, die zur Innovationsförderung zur Verfügung stehen („available slack", vgl. Geiger und Cashen 2002, S. 69).

Organizational Slack (kurz: Slack) hat zahlreiche Funktionen (vgl. Krcal 2009). Hier wird *erstens* die Funktion von Slack zur **Eröffnung von Handlungs- und Denkfreiräumen** zur Kreativitätsentfaltung durch vorhandene Puffer- und Reservebestände beleuchtet. *Zweitens* soll die Funktion des Slack fokussiert werden, die in direktem Zusammenhang mit dem generellen **Anpassungsvermögen einer Organisation** gegenüber Wettbewerbs- und Innovationsdruck steht.

5.2.5.1 Slack zur Eröffnung von Freiräumen

Gemäß Bourgeois (1981) dient Slack der Förderung von Kreativität und Experimenten. Slack ermöglicht es einer Organisation, Risiken einzugehen, sorgt für Schutz bei ausbleibenden Projekterfolgen; die Verfolgung innovativer Projekte fällt leichter.

> ▶ Insbesondere im Falle von Produktneueinführungen und der Erschließung neuer Märkte fördert Slack eine „Kultur der Experimente" (Krcal 2009, S. 15). Slack wirkt sich positiv auf das **Gefühl der Selbstwirksamkeit** aus. Dadurch wird die individuelle Risikobereitschaft zu Experimenten vergrößert (Nohria und Gulati 1997).

Das Beispiel von 3M mit der Erfindung der „Post-it-Notes" zeigt kreatives Verhalten in der Anwendung des Ressourcenüberschusses. 3M hatte seine Mitarbeitenden explizit dazu ermutigt, „überschüssige" Zeit für die Verfolgung innovativer Ideen zu verwenden (vgl. Nohria und Gulati 1997, S. 604). Slack ist besonders in der Phase der Ideengenerierung von großer Bedeutung und ermöglicht kreatives Schaffen in einem „sicheren Umfeld". Freie Ressourcen im Führungs- und Managementbereich fördern zudem Toleranz und Akzeptanz neuer Ideen auf Seiten des Managements (vgl. Krcal 2009, S. 15). Puffer- und Ressourcenbestände des Slack können also als Grundlage für Handlungs- und Entscheidungsspielräume betrachtet werden.

- Der **Pufferressourcenbestand** eröffnet Spielräume bzw. Freiräume (Vorhandensein von Alternativen) und
- der **Reservebestand** sorgt bei risikoreichen Vorhaben für Sicherheit (Reduktion von Zwang).

Wenn ein Unternehmen genügend Pufferressourcen hat, dann muss es in finanziell schlechten Zeiten nicht sofort alle risikoreichen Innovationsvorhaben streichen. Es kann stattdessen solche Phasen abfedern (vgl. Krcal 2009). Die Verhandlungen zwischen Führungskräften und Mitarbeitenden sind entspannter, Führungskräfte pochen weniger auf die Einhaltung von Meilensteinen und sie unterstützen eher „Lieblingsprojekte", die riskant und nicht ertragreich sind (vgl. Krcal 2009, S. 11–12).

Ein weiterer interessanter Aspekt ist gerade in Bezug auf den Open Innovation-Ansatz das Konzept des **„cooperative slack"**. Diese Form von Slack entsteht, wenn „Kooperationspartner in einem Kooperationsnetzwerk durch Kollektivierung einen erforderlichen Sicherheitsbestand aufbauen. Nicht gebrauchte Ressourcen aller beteiligten Unternehmen bilden den Sicherheitsbestand" (Krcal 2009, S. 22–23). Das heißt, im Rahmen von Innovationsnetzwerken mit externen Partnern schafft der Sicherheitsüberschuss (z. B. gesteigerte Know-how-Quantität und Qualität im Netzwerk) Freiraum für risikoreichere Produktentwicklungen.

Lawson (2001) plädiert für „organizational slack" in Form von **Zeit** und personellen Ressourcen, insbesondere für das Informationsmanagement im Rahmen von Innovationsprozessen. Unter überschüssiger Zeit (**„slack time"**) versteht sie Zeit, die nicht vollständig für die gegenwärtige Herstellung von Primärprodukten und dienstleistungen aufgewendet wird (vgl. Lawson 2001, S. 126). Zeitpuffer sorgen dafür, dass Entscheidungen nicht unter **Zeitdruck** gefällt werden müssen. Führungskräfte können entspannter zeitliche Freiräume für Experimente und kreative Zusammenarbeit definieren und ihre Mitarbeitenden motivieren, sich Zeit für die Diskussion neuer Ideen zu nehmen.

Zeit für Lern- und Entwicklungsprozesse ist für Lawson (2001) Teil eines innovationsfördernden Organisationsdesigns, insbesondere vor dem Hintergrund der Verkürzung von Innovationszyklen. Es ist wichtig, für Entwicklungs- und Lernprozesse genügend Zeit einzuplanen. „**Slack time**" kann man auf der Ebene eines Produktentwicklungsprojektes anhand von zwei Aspekten festmachen: 1) der Möglichkeit, von den vereinbarten Fristen im

Rahmen des Projektmanagements abzuweichen, und 2) der Möglichkeit, von ursprünglich festgelegten Produktspezifika abzuweichen (vgl. Richtnér und Åhlström 2006, S. 429).

▸ Indem Führungskräfte auf exakte Festlegungen verzichten und stattdessen z. B. Bandbreiten für das Was und Wie des Innovationsmanagements zulassen, bleiben sie bewusst unscharf; so kann **Raum für die Handhabung von Zeit** entstehen. F&E-Projektteams kann beispielsweise das Recht auf Selbstkoordination mit einem hohen Grad an Zeitautonomie zugesprochen werden.

Das heißt, dass diese Gruppen zeitlich entkoppelt werden und „ihren eigenen Zeitstrom erhalten. Dies verhindert, dass die Plage der Zeitverknappung alle infiziert" (Stahl und Fischer 2013, S. 103). Nachdenken, Innehalten, Muße wird vor diesem Hintergrund nicht als Zeichen mentaler Schwäche interpretiert, sondern im Sinn der Innovationsförderung immer wieder in periodischen Abständen aktiv unterstützt. Innehalten lässt z. B. potenzielle Innovatoren und Innovatorinnen Dinge wahrnehmen, die andere nicht sehen, es macht frei, über Zusammenhänge nachzudenken.

5.2.5.2 Slack als Reaktionspotenzial

Es gibt Organisationen, die bewusst die Vorhaltung von Ressourcenüberschüssen planen, um bei Bedarf auf Veränderungen zu reagieren, d. h. es werden Ressourcen als eine Art „Reaktionspotenzial" (Krcal 2009, S. 8) aufgebaut. Gemäß Sharfman et al. (1988) ermöglicht Slack evolutionären organisationalen Wandel, weil dieser in Reaktionspotenzialen der Organisation auf Umweltveränderungen gründet. Reaktionspotenziale basieren wiederum auf einem hohen Flexibilitätsniveau und kreativen Problemlösungen. Zu viel Slack kann aber auch wieder zu einer Resistenz und Ignoranz gegenüber notwendigen Veränderungen führen. Gemäß Bowen und Wiersema (2005) haben Unternehmen mit leichterem Zugang zu finanziellen Ressourcen einen größeren Slack und fühlen sich weniger von Umweltveränderungen bedroht.

Weiterhin tendieren Führungskräfte in Slack-haltigen Unternehmen zum sturen Festhalten an ihren Strategieeinstellungen (vgl. Krcal 2009, S. 37), was auch negative Auswirkungen auf die Innovationsfähigkeit mit sich bringen kann. Slack ist also notwendig für ein adäquates Anpassungsvermögen der Organisation, wirkt aber unter Umständen auch innovationshemmend und führt zu Selbstgefälligkeit.

5.3 Perspektiven aus der Praxis II: innovatorische Freiräume – eine Typisierung

Nachfolgend wird zuerst das aus der empirischen Untersuchung entwickelte innovatorische Freiraum-Modell eingeführt (Freiraum-Dreieck). Danach werden die einzelnen Dimensionen des Modells anhand von Beispielen illustriert und ausführlich beschrieben.

5.3.1 Das Freiraumdreieck

Vor dem Hintergrund der Dominanz inkrementeller Innovationsprozesse bei den Fallunternehmen, gepaart mit einer starken Kunden- *und* Technologieorientierung sowie einer langfristig ausgerichteten Personalentwicklung, die auf Mitgliedschaft und Loyalität gegenüber dem Unternehmen setzt, lässt sich, wie oben bereits grob skizziert, folgendes Gesamtbild skizzieren: Was zählt, sind **viele kleine selbstorganisierte Initiativen**, welche die Freiheitsgrade der Mitarbeitenden erhöhen. Das sind z. B. offene Türen für Gespräche, das sind nach hinten verlegte Projekt-Deadlines, das sind großzügig definierte Kostenträger, auf denen man auch mal zwei, drei Entwicklungstage mehr buchen kann (Verhandlungsautonomie), das sind illegale Projekte, von denen niemand was weiß, das sind vernünftige Chefs, die ihren Mitarbeitenden vertrauen (Handlungsautonomie). Alles zusammen ergibt das Gefühl, dass man schon *„große Freiheiten hat"*.

Aufgesetzte, von oben verordnete, d. h. **fremdorganisierte Freiräume** seitens der Unternehmensführung werden in diesem Innovationskontext äußerst skeptisch betrachtet. Das „Zelebrieren" von Elfenbeintürmen im Sinne von *„Selbstverwirklichungs-Forschung"* passt so gar nicht zur Innovationskultur der Hidden Champions. Auch wurde deutlich, dass *„verordnete"* Freiräume nach innen nicht wichtig sind und kaum eine innovationsfördernde Wirkung zeigen. *„Das können Sie nicht verordnen, das ist ein Prozess."*

Im Vordergrund stehen in allen drei Unternehmen erstens Erfahrung und zweitens langjährige Beziehungen zwischen Mitarbeitenden und auch Kunden. In Bezug auf die Gestaltung von Freiräumen setzen die Firmen daher mehrheitlich auf die **Selbstorganisation von Freiräumen** seitens eigeninitiativer Mitarbeitender und die Organisation von Freiräumen durch einen Mix an **Fachpromotoren** (langjährige fachliche Erfahrung) und **Machtpromotoren** (Entscheidungsbefugnis, Ressourcenverteilung). Die *„stehen über der Sache"*, *„nicht unter Druck"* und *„haben den Laden im Griff"*.

Beim Rundgang durch die Unternehmen ließen sich insgesamt über alle Fälle hinweg **sechs zentrale Freiraum-Kategorien** bzw. Typen identifizieren, die eine bedeutende Rolle in der Praxis der untersuchten Unternehmen einnehmen. Darüber hinausgehende, weiterführende Freiraum-Typen, die im Zusammenhang mit der innovationsfördernden Führung eine Rolle spielen, werden im Rahmen der unterschiedlichen innoLEAD©-Führungsebenen vertieft. Die hier skizzierten Typen bilden die **Hauptpfeiler** für die weitere Diskussion.

Erstens lassen sich Freiräume gemäß den befragten Führungskräften sowie Geführten anhand ihres **Formalisierungsgrades bzw. Institutionalisierungsgrades** unterscheiden. Es lassen sich also anhand dieses Kriteriums drei typisierte Formen von Freiräumen ausmachen:

a. **Fremdorganisierte Freiräume**, d. h. von der Unternehmensführung längerfristig institutionalisierte, legale Freiräume,
b. **Selbstorganisierte Freiräume** der Mitarbeitenden, die auf Eigeninitiative und Eigenverantwortung basieren, und

Abb. 5.5 Das Freiraumdreieck

c. **Promotoren-Freiräume**, die situativ, kurz- und mittelfristig, von Fall zu Fall durch Macht- und Fachpromotoren in Führungsbeziehungen organisiert werden.

Zweitens dominieren in den Unternehmen Erzählungen über **methodische Freiräume, zeitliche Freiräume und Kooperationsfreiräume.** Dabei geht es nun weniger um die Frage, wer die Freiräume organisiert und verantwortet, sondern vielmehr um die Frage, *was* im Arbeitsalltag selbstbestimmt gestaltet werden kann. Bin ich frei, über die Arbeitsmethode oder die Technologie zu bestimmen? Kann ich meine Arbeitszeit frei einteilen? Kann ich Belastungen vermeiden? Kann ich frei entscheiden, mit wem ich zusammenarbeite bzw. welche externen Partner ich hinzuziehe?

Auf der Basis dieser Unterteilung haben wir ein **Freiraumdreieck** aufgespannt (vgl. Abb. 5.5):

Nachfolgend werden diese Freiraum-Typen näher erläutert und mit verschiedenen Zitaten illustriert.

5.3.2 Fremdorganisierter Freiraum seitens der Unternehmensleitung

Im Rahmen dieses Abschnitts werden zwei thematische Hauptpfeiler ausgeführt, die in den Erzählungen der Interviewpartner mehr oder weniger prominent vertreten sind. Als erstes wird das Prinzip „**Future Day**" vorgestellt, als zweites das Prinzip „**Strategische Freiraum-Projekte**".

Das Prinzip „Future Day" wurde ausschließlich im Unternehmen AH umgesetzt. Der „Future Day" ist dort eine sehr prominente Geschichte und hat einen grundlegenden Diskurs in Bezug auf den Umgang mit Freiräumen zur Innovationsförderung ausgelöst. Deshalb wird dieses Prinzip hier ausführlich vorgestellt.

5.3.2.1 Prinzip „Future Day"

Das Unternehmen AH hat einen halbtägigen Future Day für alle F&E-Mitarbeitenden eingeführt. Kriegesmann et al. (2007) sprechen in dem Zusammenhang auch von „Hobby-Forschung" (S. 69). Auch im Unternehmen AH wird ab und zu schmunzelnd über den *„Lazy Day"* gesprochen. Es handelt sich um eine 10-Prozent-Regel, also um die Organisation von **zeitlichem Freiraum**. Die Idee: Die Mitarbeitende sollen sich einen halben Tag in der Woche für kreative Nebenprojekte, also Projekte *neben* den von der Linie geführten Projekten, reservieren, und die Führungskräfte sollen dafür sorgen, dass mit den 10 % Arbeitszeit etwas Sinnvolles entwickelt wird (Abschn. 5.5). Zwar wurde durch diese Initiative, die maßgeblich der Geschäftsleiter mittrug, ein klares **Glaubwürdigkeits-Signal** in Bezug auf die Innovationsförderung an die Mitarbeitenden gesendet: Man ist willens, die organisationalen Bedingungen für unternehmerisches, innovatives Verhalten nachhaltig zu verbessern. Aber die Umsetzung verläuft zäh.

> **Perspektive der Führung: „Macht mehr Innovation!"**
>
> Wir haben über die letzten Jahre von der Leitung her versucht, die Prozesse mehr zu verankern. Den ganzen Innovationsablauf in Prozesse zu fassen. […] Da sind wahrscheinlich Freiräume verloren gegangen, die früher eher da waren. Das ist jetzt der Versuch, über […] diesen [Future Day], also sprich diese 10 %, diese Freiräume wieder irgendwo zu verankern. (F&E Leader)
>
> Man hat ja [vom Management] versucht, über eine gezielte Zeitbudgetzuweisung den Mitarbeitenden […] knallhart zu signalisieren: „Nehmt euch Zeit für Innovationen", und sie auf diese Art und Weise anzuregen. […] Das hat sich in den letzten Jahren massiv verstärkt, dass da noch mehr Gewicht reingelegt worden ist, auch dass man den [Technologiemanager] dafür eingesetzt hat, um das ganze Innovationsmanagement zu steuern. (F&E Leader)
>
> Wir sind recht lange mit einer Sättigungsstrategie unterwegs gewesen, so dass wir gesagt haben: „Ah, wir sind schon Marktführer: Was will man da noch gewinnen?" Und dann schläft das irgendwie ein. Und selbst wenn der eine oder andere eine Idee hat, gibt es eine gewisse Resignation, dass die Leute sagen: „Ich habe das vor fünf Jahren schon gemeldet und es hat sich nichts getan, es bringt eh nichts." Und jetzt wollen wir das mal wecken und sagen: „Hört zu, wir haben ein gewisses Interesse, ich glaube, wir können neue Sachen machen." Das wollen wir nun klar aufzeigen. (F&E Leader)

Die Implementierung der 10-Prozent-Regel stellte darauf ab, dass die Mitarbeitenden verstehen, dass es die Geschäftsleitung ernst meint mit dem Innovationsanspruch. Die

Betonung auf die Prozesseffizienz hat dazu geführt, dass im Unternehmen in den letzten Jahren alle „natürlichen" Arbeitsfreiräume zusammengeschmolzen sind. Es ging also auch klar um eine **Rückintegration von Freiräumen**, die durch Lean-Management-Prozesse eliminiert wurden.

Aber die Initiative hat gleichzeitig viele **widersprüchliche Signale** ausgesendet. Diese sind nachfolgend in einer Reihe von mehr oder weniger ausführlichen Episoden aus der Perspektive der Mitarbeitenden zusammengestellt:

> **Perspektive der Mitarbeitenden: „Freiraum per Order?"**
>
> Jetzt hat man bei uns das entsprechend per Zeit verfügt, so und so viel in der Woche, da habt ihr entsprechend Ideen (dazu zählen auch Kaizen-Ideen) zu liefern. Das heißt, man hat das jetzt, sag ich mal, per Order eingeführt und gesagt: „Okay, da hast du die Zeit und jetzt nimm sie dir auch." Das heißt, dieses Argument, dass man keine Zeit mehr hat, das hat jetzt keiner mehr. Jeder hat einen gewissen Freiraum in der Woche – so und so viele Stunden, wo er entsprechend Ideen umsetzen kann. (F&E MA)
>
> Ich glaube schon, dass der Freiraum geschätzt wird. Also das ist natürlich immer irgendwo positiv, wenn ich mich wirklich zurückziehen kann. Der andere Punkt ist der, dass die kreativen Leute sagen: „Ich mache das nicht nur in dieser zugewiesenen Zeit, mein Job ist es ja, das permanent zu tun." Also es gibt auch diese Leute, die sagen: „Okay, das passiert irgendwann, wenn ich vielleicht ein Problem wälze, und dann nehme ich das mit nach Hause, und dann kann es auch passieren, da fällt mir etwas ein. Das habe ich von einem Kollegen auch schon gehört, ich hab mir jetzt da Gedanken gemacht und jetzt ist mir das und das noch eingefallen."[…] Ich schätze schon irgendwo, dass das Unternehmen die Zeit zugesteht, das ist schon ein super Bonus, aber ich glaube nicht, dass sich Kreativität in diesen Bahnen entwickelt. Das ist immer schlecht. Kreativität muss frei sein […], das muss wabern können, muss reflektiert und auch offen diskutiert werden können, dann ist das Ganze fruchtbar. Das heißt, wenn man Probleme löst, dann ist viel wichtiger, dass […] die zwischenmenschlichen Beziehungen stimmen, dass jemand, welcher mal eine Idee hat, die mal total aus dem Raster raus fällt, dass der sich traut, das zu äußern oder dass er von Kollegen nicht runter gemacht wird. Ich glaube, das ist ein ganz ganz wichtiger Punkt. Oder dass zugehört wird. (F&E MA)

Hier wird deutlich, dass durch die 10-Prozent-Regel die Verpflichtung, einen Beitrag zur Innovationsfähigkeit des Unternehmens zu leisten, deutlich kommuniziert wurde. Das ist bei den Mitarbeitenden angekommen. Alle F&E-Mitarbeitenden sind legitimiert, eigene Ideen weiterzuverfolgen und sich unternehmerisch einzubringen. Andererseits wird die Einführung der Prozent-Regel auch kritisch betrachtet, weil sie die bestehende intrinsische Motivation der Kreativen (Abschn. 9.2.3) überlagert und eine Regelung für Mitarbeitende schafft, die diese nicht benötigen. Diese Mitarbeitenden sind bereits motiviert, Ideen einzubringen und eigeninitiativ weiterzuverfolgen. Eine solche extrinsische Motivation in

Form eines Zeitbudgets für alle könnten diese Mitarbeitenden, die freiwillig ihre Kreativität entfalten, als Kränkung empfinden.

Ein weiterer zentraler Widerspruch entsteht einerseits durch die Festlegung eines individuellen Zeitbudgets für „Kreativarbeit" und die damit verbundene Verantwortung jedes Einzelnen, damit etwas Sinnvolles zu machen, und andererseits durch die Abhängigkeit der Nutzung dieses individuellen Zeitbudgets von parallel laufenden Projekt-Deadlines und der Mehrfachunterstellung in diversen Projekten.

> **Perspektive der Mitarbeitenden: Individueller Freiraum in F&E-Projektnetzwerken?**
>
> Ich bin mir jetzt halt nicht sicher, ob das sinnvoll ist, das nur einmal die Woche nachmittags zu machen. Ich persönlich würde mir eher wünschen, dass es jemand gäbe, dem ich erklären könnte: „Hey, ich würde gern das und das ausprobieren." Und er sagt: „Tolle Idee, ich habe hier diesen Budgettopf, du kannst nächstes Jahr drei Monate daran arbeiten." Das wäre mir persönlich lieber. Weil ich persönlich besser vorankomme, wenn ich mich wirklich wochenweise mit etwas beschäftigen kann und nicht einmal die Woche für drei, vier Stunden. (F&E MA)
>
> Ja gut, ich habe jetzt das Argument, dass ich mit diesem halben Tag andere Projekte verzögern könnte. Aber das funktioniert nicht so einfach, weil ich Dinge nicht von meinem Schreibtisch aus bewege, sondern ständig in meinem Netzwerk umherwandere und immer Leute suche, die mit mir irgendetwas mitbewegen. Da kann ich mich nicht einfach einen halben Tag ausklinken, wenn ich weiß, dass der Kollege gerade verfügbar wäre und für mich etwas machen könnte oder ich mit ihm etwas diskutieren könnte. Ab 17.00 Uhr, wenn etwas Ruhe einkehrt, dann hätte ich vielleicht die Zeit. (F&E MA)

Die Gewährung von Freiräumen wird immer wieder mit einer „Spinnerei" der Führung verbunden. Die Einführung der 10-Prozent-Regel ist ein Pilotprojekt in einer Organisationseinheit und die Vorbehalte im Konzern sind insgesamt noch groß.

> **Perspektive der Mitarbeitenden: Freiraum als Besonderheit**
>
> Dieser [Future Day] ist eine besondere Förderung von [unserem Geschäftsführer]. Bei den anderen Konzerntöchtern ist der absolut nicht akzeptiert worden. Die haben gesagt, wir müssen arbeiten und sollen nicht immer hier rumspinnen. (F&E MA)

Die Bezeichnung „Lazy Day", die seitens der Führung gebraucht wurde, unterstreicht diese Denkrichtung. Man fördert legal „Spinnerei" und **Faulenzen** und steht explizit dazu – auch gegen die Meinung der anderen Tochterunternehmen. Das ist für ein traditionelles Familienunternehmen mutig. Es wird auch immer wieder als **„Pilot"** beschrieben. Das Unternehmen versucht intern im Konzern auch für die 10-Prozent-Regel Werbung zu machen und andere in den „Pilot" mit einzubinden. Aus einem „Pilot" kann man ja auch ohne Gesichtsverlust wieder aussteigen. So ganz sicher ist man sich bei der Sache nicht.

Es wurde eher mit der Haltung eingeführt: *„Schaden kann es grundsätzlich nicht und einen Versuch ist es wert."* Damit verbunden war auch eine echte Neugier des Topmanagement-Teams, was die Mitarbeitenden daraus machen. Man könnte es auch als impliziten Innovationskultur-Test seitens der Geschäftsleitung interpretieren. Diese Haltung kommt im folgenden Zitat gut zum Ausdruck:

> **Perspektive der Führung: Hauptsache Entwicklung**
> Und dann sagen wir, den [Future Day] können die nutzen, die kreativ sind und Lust haben, an Produkten zu arbeiten. Wenn jetzt da vielleicht einer keine Ideen hat, kann er die Zeit nutzen, um diese Kaizen-Sachen zu machen. Das braucht ja auch Zeit. Also das wäre dann Freiraum für Prozessoptimierung, Prozessverbesserung. Und da läuft dann mehr prozentsatzmäßig. Das ist dann nicht Innovation, sondern das bezieht sich eher auf den Prozessablauf, [auf die] Schnittstellen, auf tägliche Verbesserungen. (F&E Leader)

Dahinter steckt ein großes Vertrauen in die Mitarbeitenden und Führungskräfte, dass diese ihre Stärken kennen und genau wissen, mit ihren Freiräumen sinnvoll umzugehen. Dazu braucht es keine ausgeklügelten Kontrollmechanismen.

Aber im Unternehmen AII wurde auch deutlich, dass *erstens* fremdorganisierte Freiräume durch das Prinzip der Vollauslastung (Gefühl der Überarbeitung), *zweitens* durch den Arbeitseinsatz in mehreren Projekten (*„Blindleistung"* zwischen den Projekten für die ständige Einarbeitung in neue Aufgabenstellungen und dadurch auch mangelnde Konzentration) und *drittens* durch die hohe Arbeitsteilung in forschungsintensiven Arbeitsprozessen und der damit verbundenen vernetzten, interdisziplinären Arbeitsweise **konterkariert** werden. Das heißt, wenn ein Experte gerade Zeit hat, dann muss sich der (interne) Auftraggeber nach dessen Zeitmanagement richten und z. B. andere bzw. eigene wichtige Projekte ruhen lassen. Sonst vergeht wieder zu viel Zeit, um im Rahmen eines Standard-Projektes an diese Expertise zu kommen.

Wenn die Führung zudem noch fremdorganisierte Freiräume mit zu engen Erwartungshaltungen oder quantitativen Messgrößen verbindet, dann betrachten die Mitarbeitenden dies insgesamt kritisch. Fremdorganisierte Freiräume werden dann nicht als Entlastung von Zwang betrachtet, sondern als *Belastung*, v. a. für diejenigen, die mit Freiräumen nicht umgehen können und nicht gerade zu eigeninitiativem Verhalten neigen (Abschn. 5.2.3). Deshalb gehen die meisten Führungskräfte bei AH im Rahmen dieser „Pilotphase" *„vernünftig"* mit der Leistungsbewertung von Aktivitäten im Rahmen dieser vordefinierten Freiräume um:

> **Perspektive der Führung: Kreative Leistungen vernünftig beurteilen**
> Die Leute sind auch vernünftig, es bringt ja nichts. Das Problem ist ja, wenn Sie an einer Aufgabe sitzen, können Sie oft nicht abschätzen, wie lange Sie dafür wirklich

brauchen. Deshalb ist es sehr schwierig, eine Entwicklung zu organisieren. Das halte ich für absolut schwierig. Genauso schwierig, wie einen Befehl an einen Mitarbeitenden [zu geben]: Jetzt musst du Ideen haben. Das geht gar nicht. Die Idee hat man, oder man hat sie nicht. Und manchmal zu den unmöglichsten Zeiten. (F&E Leader)

Bei den Ideen für den [Future Day] ist generell die Vorgabe, dass sie nicht länger gehen als vier bis sechs Tage. Aber ansonsten muss es eher ein eigenständiges Projekt sein. Das ist ein Kriterium: Was kann man in maximal sechs Tage reinpacken. Und das nächste Kriterium wäre noch, dass man grob darüber schaut, wo Potenzial drin ist, was einfach wichtig erscheint, zumindest von der Idee her. (F&E Leader)

Das heißt, bis zu einem gewissen Grad an zeitlichen Freiräumen (im Beispiel: 12 Halbtage) schaut man als Führungskraft „grob drüber". Alles, was zeitlich darüber hinaus geht, wird in ein enger kontrolliertes Projekt überführt. Diesen Ansatz teilen jedoch nicht alle Führungskräfte im Unternehmen, es gibt ganz viele unterschiedliche Umsetzungsvarianten des „Future Days".

Die Zitate machen auch deutlich, dass die „*Heranführung*" der Mitarbeitenden an dieses Führungsinstrument ein längerer Prozess ist: „*Die müssen das erst lernen*". Damit ist auch ein kultureller und struktureller Wandel verbunden, der nicht von heute auf morgen umzusetzen ist.

Perspektive der Führung: Die müssen das erst lernen

Wie gesagt, den [Future Day] spendieren wir quasi, an dem die Leute machen können, was sie wollten. Der wird nur von relativ wenigen genutzt. […] Die Leute müssen sich noch daran gewöhnen, dass sie die Freiräume haben, und man muss ihnen auch Hilfestellungen geben, wie man das Ganze umsetzt. […] Die Leute sind unsicher, sie wissen nicht richtig, wie damit umgehen. Aus dem Grund versuche ich, sie zu unterstützen. (F&E Leader)

5.3.2.2 Prinzip strategische Freiraum-Projekte

Die andere, in allen drei Unternehmen prominent vertretene Variante der fremdorganisierten Freiräume ist die eher mittelfristige Organisation von F&E-Projekten durch die Unternehmensführung mit einem hohen Freiheitsgrad in Bezug auf Methodik, Zeit und Kooperationspartnern. Das typische Begründungsmuster dafür lautet z. B., die Technologieentwicklung XY habe absolute strategische Priorität, „*das wird jetzt gemacht*". Diese strategisch wichtigen Projekte bearbeiten meistens von zwei bis zehn Mitarbeitende für ein bis zwei Jahre.

Dabei stellt sich nicht selten die Frage: Erteilen wir den F&E-Ingenieure dafür die Verantwortung (das sind nicht selten eben diese hochbegabten, kreativen Mitarbeitenden, ohne die es in anderen Projekten auch nicht rund läuft) oder suchen wir uns externe Part-

5.3 Perspektiven aus der Praxis II: innovatorische Freiräume – eine Typisierung

ner, die das für uns übernehmen? Oder kaufen wir das fehlende Wissen nicht lieber gleich in Form eines Unternehmens ein?

Hinter diesen Projekten stecken oft die Ergebnisse eines systematischen Technologie-Scoutings. Daraus werden strategisch wichtige Technologiefelder abgeleitet, priorisiert und mit Hilfe von „Sonderprojekten" vertieft und weitergedacht. Dort findet schließlich entweder eine Potenzialanalyse spezifischer Technologien statt oder die Entwicklung eines Produktes oder einer Produktapplikation.

In diesem Zusammenhang werden Freiräume eingerichtet, wenn die strategische Wichtigkeit *„nach oben rutscht"*, wie die nachfolgenden Episoden zeigen:

> **Perspektive Führung: Ich zahle die Leute, ich will, dass das gemacht wird**
>
> Ja, also ich habe zum Beispiel zwei Kollegen bei mir in der Abteilung, die seit drei Jahren nichts anderes machen, als zu untersuchen, ob man mit [der Technik das Problem] lösen kann. Da ist noch kein Produkt rausgekommen, da gibt es auch noch keinen Marketingmann, welcher der Meinung ist, dass er das als Produkt kaufen wolle. Und trotzdem hat der Geschäftsführer gesagt: „Ich zahle die beiden Leute trotzdem, ich will, dass das gemacht wird." (F&E MA)

> **Perspektive Mitarbeitende: Wirklich Zeit am Stück bekommen**
>
> Manchmal, wenn ein interessantes Projekt da ist, wird den Kollegen wirklich Zeit gegeben, um das Projekt zu machen. Da wird ein Projekt definiert und die haben dann die Möglichkeit, auch die Woche über, daran zu arbeiten. So hatten wir zum Beispiel ein Projekt, wo man so mit Smartphone Daten aus dem Gerät abrufen konnte, um dann die Daten über eine App darzustellen und praktisch eine Konfiguration über so ein Smartphone durchzuführen. Das [Projekt] ist dann in der Wichtigkeit nach oben gerutscht und man hat die Zeit dazu bekommen. […] man ist dann aber von einem normalen Projekt freigestellt. (F&E MA)

Weil keines der Unternehmen eine größere eigene Grundlagenforschungsabteilung hat, werden entweder in Kooperation mit Hochschulen (Abschn. 5.3.7) spezifische Technologiefelder erforscht, oder diese Forschung wird an eigene kleinere Forschungsabteilungen delegiert, die abseits der Geschäftslogik arbeiten und deutlich größere Freiheiten haben als der Rest des Unternehmens, wie das nachfolgende Beispiel zeigt:

> **Perspektive Führung: Die Innovationszelle**
>
> Positives Beispiel: […] Doktor [X]: Aus irgendwelchen Gründen hat er vor zwölf Jahren in [Hamburg] eine kleine Abteilung aufgemacht. Erst […] mit zwei, dann drei Personen. Und das war so erfolgreich, dass heute, glaub ich, zehn Leute dort arbeiten. Die stellen so eine Innovationszelle dar, und das ist der Innovationsträger von uns. Und der

hat dadurch die totale Freiheit. Und das wird immer als Vorteil gesehen. Und deswegen würde ich allen [Teilorganisationen] empfehlen, das so noch stärker auszubauen. (F&E Leader)

Es ist auffallend, dass diese weit verzweigten Grundlagenforschungsquellen in verschiedenen Variationen nicht im Zusammenhang mit den anderen innovatorischen Freiräumen betrachtet werden, sondern häufig nebenbei erwähnt worden sind. Auch die strategiegeleitete Organisation von Freiräumen läuft sehr dezentral, projektbezogen und ist mitunter stark personalisiert (*„Ich kenne diesen Forscher noch vom Studium, deshalb arbeiten wir in dem Bereich mit diesem Institut zusammen"*).

5.3.3 Selbstorganisation von Freiräumen

Neben der Fremdorganisation von Freiräumen und den dazugehörigen Slack-Ressourcen (Abschn. 5.2.5) durch die Unternehmensführung, das offizielle Technologie- und/oder das Innovationsmanagement sind Aktivitäten zur Eröffnung von Freiräumen in der Grauzone organisationaler Legalität zu berücksichtigen. Das heißt, Zonen, in welchen Innovatorinnen und Innovatoren selbst Freiräume organisieren, um die Innovationsbarrieren zu umgehen – manchmal auch gegen die Anweisung von Führungspersonen oder geltende Regeln. Wie zeigt sich das in der Praxis? Man tut vielleicht einfach mal das ein oder andere heimlich, zwischen Arbeitszeit und Freizeit; häufig sind diese Grenzen, v. a. in wissens- und forschungsintensiven Unternehmen, nicht immer klar. Sowohl Führungskräfte als auch Mitarbeitende hinterfragen Weisungen, suchen aktiv nach Spielräumen und haben auch den Mut, Weisungen nicht ganz so genau auszuführen. Diese Typen von Akteuren handeln ganzheitlich im Sinne des Unternehmens und suchen ihren eigenen Weg. Sie handeln selbstbestimmt und experimentieren an neuen Ideen, wobei sie auch Risiken eingehen.

> **Perspektive Führung: Kreative organisieren sich selbst**
>
> [Die Mitarbeitenden] probieren oft, zwischendurch ein paar Stunden lang etwas anderes zu tun und zu denken: „Ich komme etwas später, das wird schon niemand sehen", oder „ich mache zuerst das und dann komme ich zurück zu dem." Sie organisieren sich selbst und versuchen zu verstecken, dass sie etwas anderes machen. Und trotzdem probieren sie, irgendwie ihre Ziele zu erreichen […]. (F&E Leader)

Dazu passt auch die folgende Episode:

> **Perspektive Führung: Flexible Kostenträger und Feierabende miteinplanen**
>
> Natürlich gibt es immer wieder Sachen, die ein Mitarbeiter selber weiterzieht. Er muss ja seine Zeit hier immer auf einen Kostenträger stempeln, das heißt, er hat nicht die

Möglichkeit, irgendwo etwas blind zu machen. Aber es kann halt sein, dass es Kostenträger gibt, die so groß sind, dass auch mal ein paar Stunden oder Tage verpackt werden, ohne dass dies jemand merkt. Das ist der eine Fall. Oder der andere Fall, bei dem es der Mitarbeitende selbst bestimmen kann, ist am Feierabend zu Hause, wenn er irgendwo irgendetwas macht. (F&E Leader)

In Bezug auf die Integration von Freizeit in die Konzipierung von Kreativarbeit für den Arbeitgeber wird „Selbstbestimmtheit" hier recht selbstverständlich auf den privaten Raum verlagert, ganz nach dem Motto: Tüftler können von ihrer Aufgabe auch nach Feierabend nicht lassen. Es ist normal, dass **Frei-Räume** auch oft in die **Frei-Zeit** hineinreichen.

Im Rahmen der ILP-Studie kam klar zum Ausdruck, dass es früher, d. h. in einer Phase, in der noch kein professionelles Innovationsmanagement existierte, „**U-Boot-Projekte**" gab und es diese Projekte auch heute noch vereinzelt gibt. Das sind Innovationsprojekte, die „illegal", d. h. an der Kenntnis der Vorgesetzten vorbei entwickelt und umgesetzt worden sind und meistens erst dann an die Oberfläche gelangten, als die Forschenden die Erfolgswahrscheinlichkeit einer Umsetzung der Idee bzw. des Prototyps als hoch einstuften. U-Boot-Projekte kamen zustande, weil Mitarbeitende *„sich selbst die Freiheit nahmen"*. So wurden z. B. im Rahmen von U-Boot-Projekten physikalische Tests vorgenommen, die die Grundlage für die Bewertung und potenzielle Umsetzbarkeit dieser Projekte darstellten. Erst wenn diese Tests absolut zuverlässig abgeschlossen waren, kam der F&E-Ingenieur damit an die Oberfläche. Die Motivation, als F&E-Mitarbeitender an einem U-Boot-Projekt mitzuarbeiten, wird in der nachfolgenden ausführlichen Episode einer F&E-Führungskraft erläutert:

Perspektive Führung: Motive für die Mitarbeit in U-Boot-Projekten

F&E Leader: Es gibt fast in allen Abteilungen mindestens ein U-Boot-Projekt, das ich kenne.
Interviewer: Warum beteiligen sich Mitarbeitende an so einem U-Boot-Projekt?
F&E Leader: Ich glaube, sie wollen keine einzige Sache [i.e. Dokumentationen] schreiben, das ist das erste. Zweitens wollen sie nicht hören, dass sie etwas falsch gemacht haben. Wenn es nicht funktioniert, haben sie mit niemandem gesprochen, also bekommen sie keinen Rückschlag. Drittens bestimmt bei uns meistens die Marketingabteilung, was entwickelt wird. Das ist ein Weg für die technische Abteilung bzw. die Entwickler, etwas trotzdem zu machen. Auch gegen die Weisung des Marketings. Auch um zu zeigen, dass die keine Ahnung haben. Das ist eine Art und Weise, den normalen Prozess zu umgehen und auch die Entscheidungsträger zu umgehen. Da gibt es eine bekannte Geschichte in unserer Organisation. Unser erfolgreichstes Produkt ist eine [XY]. Und damals hat die Marketingabteilung gesagt, dass das nicht gemacht wird. Und sie haben es trotzdem umgesetzt. Und wir machen Millionen damit [...]. (F&E Leader)

U-Boot-Projekte sind aus der **Sicht des Technologiemanagements** nicht mehr zeitgemäß, „müssen eigentlich nicht mehr sein", „heute ist alles transparent", „Also dass da irgendjemand so vor sich hin pröbelt, das gibt es eher nicht mehr."

Solche „illegalen Freiräume" betrachten die Experten im Innovationsmanagement kritisch, einerseits, weil diese Praxis nicht in das Bild einer modernen, offenen Innovations- und Lernkultur passt, und andererseits, weil der Vorgesetzte nicht an der Entwicklung partizipiert oder als Mitunternehmer mit im Spiel ist.

Kann Illegalität sinnvoll sein?

Eine intransparente Vorgehensweise passt eigentlich nicht mehr in das Bild eines professionellen Wissensmanagements. Wissensmanager arbeiten seit Jahren daran, das implizite Wissen durch moderne Wissensmanagement-Tools an die Oberfläche zu holen. Grauzonen widersprechen dem Anspruch solcher Bestrebungen, ob sie nun für den Innovationserfolg funktional sind oder nicht. Aber müssen U-Boot-Projekte bzw. auch andere Formen der informalen Organisation von Freiräumen unbedingt dem (völlig gerechtfertigten) Anspruch auf Transparenz, Standardisierung und Zentralisierung von F&E-Prozessen und Projekten im Sinne des (globalen) Wissensmanagements in einem Unternehmen widersprechen? Bleibt nicht immer eine berechtigte Größe – eine „brauchbare Illegalität" (Luhmann 1994, S. 304 ff.) – von informellen F&E-Projekten bestehen, die man durchaus bewusst „dulden" könnte? Gerade radikale Innovationsprozesse verlaufen oft auf der Basis von inoffiziellen Regelungen, befördert durch situative Absprachen zwischen Fachpromotoren und unterstützenden Akteuren (vgl. Kriegesmann et al. 2007). Nach Luhmann erfordert eine widerspruchsfreie formale Normordnung geradezu ein gewisses Maß an sozialer Illegalität oder illegalem Verhalten. Denn in einer widerspruchsfreien Normordnung besteht die Gefahr, dass eine Anpassung an wechselnde und unkontrollierte Umweltentwicklungen nicht bewältigt wird. Ob ein Bruch der Normordnung brauchbar ist, lässt sich oft erst im Nachhinein feststellen. Illegalität kann auch schaden. Schreyögg warnt daher vor einer „eskalierenden Abweichungsspirale mit der Folge, dass die gesamte formale Ordnung ihre Bedeutung verliert" (Schreyögg 2003, S. 422).

Kommt es also z. B. zu einem U-Boot-Projekt, stellt sich die Frage, wie die Führung darauf reagieren soll. „Je stärker der Verstoß und je größer die Gefahr einer Abweichungsspirale, desto eher muss von Seiten der Leitung interveniert werden" (Schreyögg 2003, S. 423).

Ein gutes Beispiel für das Dilemma, in das die Führung bei angestrebter Sanktionierung einer brauchbaren Illegalität gerät (vgl. Nagel 2013), findet sich bei Heinrich von Kleist (zitiert in Schreyögg 2003, S. 423):

Der Kurfürst von Brandenburg hatte ausdrücklich seine Offiziere angewiesen, keinerlei Kampfhandlungen gegen die vorrückenden Schweden zu ergreifen, ehe nicht er, der Kurfürst, Order dazu erteilt habe. Der Prinz von Homburg ergreift jedoch spontan mit seinem Avantgarde Reiter-Corps eine günstige Gelegenheit und schlägt dadurch die Schweden triumphal bei Fehrbellin zurück. Der Kurfürst will den ungeheuerlichen Regelbruch nicht hinnehmen und verurteilt den Prinzen dem Reglement entsprechend zum Tode. Die Offiziere wollen diese Maßnahme jedoch keineswegs akzeptieren. Da hält ihnen der Kurfürst entgegen:

> Den Sieg nicht mag ich, der, ein Kind des Zufalls, mir von der Bank fällt; das Gesetz will ich, die Mutter meiner Krone, aufrecht halten, die ein Geschlecht von Siegen mir erzeugt.

Obrist Kottwitz, der Sprecher der aufgebrachten Offiziere, entgegnet:

> Was kümmert dich, ich bitte dich, die Regel, nach der der Feind sich schlägt: wenn er nur nieder vor dir, mit allen seinen Fahnen sinkt? […] Gesetzt, um dieses unberufenen Sieges,

brächst du dem Prinzen jetzt den Stab; und ich, ich träfe morgen, gleichfalls unberufen, den Sieg irgendwo zwischen Wald und Felsen, mit den Schwadronen, wie ein Schäfer an: Bei Gott, ein Schelm müsst ich doch sein, wenn ich des Prinzen Tat nicht wiederholte.

Der Kurfürst befreit sich mit einer geschickten Volte aus dem Dilemma, in das er sich mit dem Todesurteil manövriert hatte. Er lässt den Prinzen wissen, wenn er der Meinung wäre, die Strafe sei ungerecht, so möge er sich als frei betrachten:

Mein Prinz von Homburg, als ich Euch gefangen setzte, um Eures Angriffs, allzufrüh vollbracht, da glaubt ich nichts, als meine Pflicht zu tun; auf Euren eignen Beifall rechnet ich. Meint Ihr, ein Unrecht sei Euch widerfahren, so bitt ich, sagts mir mit zwei Worten – und gleich den Degen schick ich Euch zurück.

Der Prinz will diese Schmach nicht hinnehmen und erklärt öffentlich vor den Offizieren das Todesurteil für gerecht. Nun, da die formale Ordnung wieder hergestellt ist, kann der Kurfürst ihn begnadigen.
Hier kommt die Schwierigkeit im Umgang mit „illegalen" Verhaltensweisen bzw. Regelbruch sehr gut zum Ausdruck. Wenn der Kurfürst den expliziten Bruch mit den Vorgaben toleriert hätte, dann hätte das nicht absehbare Folgen für das Gesamtsystem gehabt. Die so getroffene Entscheidung des Fürsten erlaubt einerseits den Erhalt der formalen Strukturen und andererseits beschränkt sie den Entscheidungsfreiraum des Fürsten nicht. Der Fürst hat eine „ausbalancierte" Entscheidung getroffen.

Sofern man also sowohl radikale als auch inkrementelle Innovation in einem Unternehmen ermöglichen will und Kreativ- und Innovationsarbeit als eine gesamtunternehmerische Aufgabe versteht, gilt es eine „brauchbare" Balance zwischen einem zu hohen und zu niedrigen **Transparenzanspruch**, v. a. im Bereich des F&E- bzw. Wissensmanagements zu finden. Gemäß Gassmann und Friesike (2012) ist bei der Bewertung von U-Boot-Projekten Vorsicht geboten. „Wird das Projekt zum Erfolg, so wird der Partisan zum unternehmerischen Helden. Bleibt ihm der Erfolg versagt, nimmt niemand davon Kenntnis. Dies führt zu einem verzerrten Bild, die Erfolgsgeschichten werden überbetont, Misserfolge werden verschwiegen. Es lässt sich kaum abschätzen, wie viele Ressourcen in U-Boot-Projekten verbrannt werden, die letztlich scheitern. […] Besser als die Billigung von U-Boot-Projekten ist daher die von der Geschäftsleitung getragene Überzeugung, dass Freiräume sinnvoll sind" (Gassmann und Friesike 2012, S. 131).

5.3.4 Freiräume durch Macht- und Fachpromotoren

Neben der Fremd- und Selbstorganisation von Freiräumen können auch Führungspersonen während Innovationsvorhaben als „Ressourcenpuffer" agieren. Sie protegieren als Machtpromotor kraft ihrer Entscheidungs- bzw. Weisungsbefugnis spezifische Abschnitte der Entwicklung von Innovationen und sind z. B. auch in der Lage, gewisse Entwicklungsprozesse zu entschleunigen. Solche Machtpromotoren organisieren einerseits zeitliche Freiräume und andererseits finanzielle sowie zusätzliche personelle Ressourcen für Innovationsvorhaben.

Ein interviewter F&E-Mitarbeitende berichtet: „*Ich war im letzten Jahr mit dem Projekt so unter Druck, dass ich von meinem Chef die Freigabe hatte, nur am Projekt zu arbeiten.*" Häufig ist es so: Wenn der Chef den Sinn dahinter sieht, kann man frei arbeiten. Freiheiten sind also immer wieder an **„Sensemaking"-Schlaufen** seitens der verantwortlichen Führungsperson gebunden, wie das folgende Zitat eines F&E-Mitarbeitenden illustriert:

Perspektive Mitarbeitende: Freiheiten und Sensemaking-Schlaufen

Unser Chef lässt uns eigentlich die Freiheit. Also wenn wir wirklich basteln, dann fragt er nicht, was wir da machen, sondern wenn es irgendwie so aussieht, dass es mit der Arbeit zu tun hat, dann ist es auch ok. Also da kenne ich hier andere Vorgesetzte. [...] Er fragt dann: Was arbeitest denn du da? Und wenn er den Sinn dahinter sieht, dann freut er sich und geht wieder weg. [...] Und dann gibt es aber auch so Sachen, die erzählt mein Chef normalerweise nicht. Er kommt dann abends so geknickt aus diesen Besprechungen, weil er wieder zusammengestaucht wurde, aber man kriegt das im Normalfall nicht mit. Also er ist dann der Puffer. Und deswegen glaube ich nicht, dass es unbedingt bei anderen Abteilungsleitern so läuft. (F&E MA).

Wenn sowohl Führende als auch Geführte empfänglich sind für die jeweiligen Sinnangebote, dann entsteht eine Vertrauenskultur, die automatisch mehr Freiheiten mit sich bringt. Das Kontrollbedürfnis der Vorgesetzten nimmt ab, der Freiheitsgrad zu, und so werden sinnbildende Prozesse im Rahmen von Führungsbeziehungen erleichtert und gefördert.

In den Fallstudien kommt klar zum Ausdruck, dass es nicht die durch die Unternehmensführung organisierten Freiräume sind, die handlungsleitend wirken. Viel bedeutsamer sind die von Führungspersonen für ihre Abteilung zu konkreten Innovationsvorhaben organisierten Freiräume. Die sind zwar auch fremdorganisiert, aber gelten nicht unternehmensweit, sondern gelten im Rahmen einer engeren Führungsbeziehung, eines F&E-Teams, und werden durch eine spezifische Vertrauenskultur und Nähe zu den Mitarbeitenden geprägt.

Ob sich eine Führungsperson als Bewahrer von Freiräumen exponieren kann oder nicht, hängt auch von ihrer jeweiligen Erfahrung und Machtposition ab.

Perspektive Mitarbeitende: Wenn eine Führungskraft den Laden im Griff hat, kann sie Freiräume schaffen

Also sie werden in der gleichen Firma Führungskräfte finden, die mit Freiräumen sehr großzügig sind und andere hingegen sehr geizig. Das hat nichts mit der Firma zu tun. [...] Jemand, der wenig Erfahrung hat, reagiert vielleicht vorsichtig. Eine Führungskraft, die selber unter Druck steht, hat weniger Mut, Freiraum zu geben. Wenn eine Führungskraft hingegen den Laden im Griff hat und über der Sache steht, dann schafft sie auch mehr Freiräume, weil sie die Sicherheit hat, einzugreifen und es sich auch mal erlauben kann, dass ein Fehler geschieht. (F&E MA)

Freiraum-Promotoren nehmen sich die Freiheit, Dinge auszuprobieren, und agieren auch mal unabhängig vom Mainstream im Unternehmen, wie dieses Zitat veranschaulicht:

> **Perspektive Führung: Die Freiheit, spontan etwas auszuprobieren**
>
> Wenn irgendeiner eine Idee hat, dann ist das null Problem, dass man dies anschaut und dementsprechend sagt: „Ich nehme mir die Freiheit und wir probieren das jetzt mal aus." Und dass man dann dementsprechend auch die Mittel einsetzt, die das verursacht. (F&E Leader)

> **Interviewausschnitt mit einem F&E-Leiter (Vorentwicklung) über die Bedeutung von Freiräumen in Bezug auf die Führung von Innovationsvorhaben (Alter: 65 Jahre, globales Industrieunternehmen/Schweiz)**
>
> Hier arbeiten aktuell 24 Mitarbeitende in der Abteilung. Ich bin hier nicht festangestellt, **ich bin Freelancer**, kenne aber die Familie [Familienunternehmen, börsennotiert] schon sehr lange. Wir haben viele externe Mitarbeitende. Die externen Mitarbeitenden übernehmen hier Schlüsselfunktionen. Angestellte, die schlafen mit der Zeit eh nur ein. […] Ich habe auch schon Teams geführt – ich hatte auch schon andere Firmen, eigene, auch welche, die ich jetzt verkauft habe, weil ich jetzt nicht mehr mag, und da habe ich manchmal Teams harmonisch zusammengestellt, da waren die Umfrageergebnisse immer fantastisch, alle waren immer glücklich. Der Output war aber dann oft gegen Null. Das bringt gar nichts, dass sie einfach den Chef lieben. Es muss vielmehr wie eine **Hassliebe** sein, so dass das immer nur so einigermaßen stimmt. Dann bleibt das auf einem guten Level. Zentral ist, dass man den Mitarbeitenden die **Verantwortung** überlässt. Wenn jemand eine Idee hat, dann muss der die Verantwortung dafür übernehmen. **Ich versuche hier wirklich, nur den Rücken frei zu halten**. Das ist das, was ich mache.
>
> Eigentlich lasse ich die Leute machen. Auch Fehler. Ich bin viel älter als die meisten hier, und ich weiß manchmal, dass sie einen **Fehler machen**, aber den muss man manchmal einfach zulassen. Das kostet dann vielleicht auch mal viel Geld. Aber das ist die Quelle der Innovation. Leute, die einen Ehrgeiz haben, für die sind Fehler schlimm und die lernen dann viel mehr. Wir lernen so oder so nur durch Fehler. Wenn es gutgeht, interessiert es eh keinen Mensch mehr. […] **Innovation ist ein interaktives, soziales Spiel** zwischen verschiedenen Gehirnen, sie brauchen Vielfalt, das ist wichtiger als spezielle Ausbildungen. Ich hier schaue keine Zeugnisse an, das macht das HR. Ich gehe mit den Leuten nur noch Mittagessen. Mich interessiert an erster Stelle so etwas wie **Charisma**, einfach irgendein Feuer, ich weiß auch nicht. Dann würde ich gerne etwas über **Leidenschaft** spüren und das Dritte ist Anstand. Die müssen wissen, wie man sich benimmt, die müssen auch alle mal mit einem Top Shot von einem Kunden am gleichen Tisch sitzen. Ich verlange von den Leuten, dass sie das, was sie hier entwickeln, auch beim Kunden installieren. Sie müssen auch mit solchen Leuten umgehen können. Und der Rest, also die Vorentwicklung, das lernen sie hier. Sie können es

nirgendwo anders lernen, ich habe alles probiert, das kann ich ihnen sagen. Ich würde nie einen Mathematiker einstellen und erwarten, dass der Ideen liefert. Passt eh nicht so ganz zusammen. Die verschwenden ihre Zeit jetzt nicht gerade in irgendwelchen Visionen. Das sind jetzt nicht gerade die Innovatoren, die kriegen sie auch nicht dazu. Die arbeiten in einem Räderwerk, dass ich persönlich auch nicht verstehe. Die führen aus. Das Innovationsteam ist auf jeden Fall immer die ganze Einheit. Das fügt sich dann zusammen. […]

Ich gehe hier **finanzielle Risiken** ein. Das bricht alle Regeln. Ich kann mit meinem Budget machen, was ich will. Die Controller versuchen das immer zu bestimmen, über Headcount usw. Alle Controller bzw. alle MBA-Absolventen haben heute gelernt, dass man alles kontrollieren muss. Man gibt ihnen ein Budget, ein Ziel und den Headcount. Also eines davon ist definitiv zu viel. Ich habe gesagt, ich will ein Ziel und ein Budget. Ich sagte: „Der Headcount ist mein Problem." Es war mal so vereinbart und wissen Sie was, immer so nach drei bis vier Jahren hatte ich wieder ein Headcount, einfach so wieder eingeführt. Sobald Sie aber überbestimmt sind, kann man Sie wieder erpressen. Dann ist es sehr einfach, Ihnen wieder irgendwo ein Vergehen nachzuweisen. Dann heißt es gleich wieder: **Du hast da zu viele Köpfe**. Das ist die Erpressung, die in den letzten Jahren im Business einfach Einzug gehalten hat. Diese **Erpressbarkeit** führt dazu, dass man alles in die Richtung schaufelt, wo man die Leute unter **Kontrolle** hat. Das ist doch absolut dämlich. Ich versuche das hier, so offen wie möglich zu halten. Das Team hier braucht doch nicht mich. Jeder weiß, für was er verantwortlich ist, das organisiert sich selbst. Wir sind natürlich im Schnitt nur etwa dreißig Personen, man muss schon sehen, das geht nicht mit jeder Größe. **Jeder muss hier seine Position selbst finden**. Das ist absolut zentral. […]

5.3.5 Zeitliche Freiräume

Zeitliche Freiräume spielen eine bedeutende Rolle. Sehr oft wurde die Aussage getroffen, dass die Investition von finanziellem Slack in Innovationsvorhaben weniger problematisch ist als die Investition von zeitlichem Slack (slack time) für Innovation (Abschn. 5.2.5). Das Sprichwort „Zeit ist Geld" stimmt hier nicht ganz, es scheint so, als ob Zeit das absolut kostbarste Gut ist. In der Wahrnehmung aller Befragten kommt Zeit weit vor finanziellen Budgetfragen.

> **Perspektive Mitarbeitende: Wir nehmen uns zu wenig Zeit**
> Bei [Firma XY] ist schon das Bewusstsein da, dass das Geld, das man ausgibt, auch irgendwo und irgendwann zurückkommt. Das Problem ist eher, dass man zu wenig Zeit hat oder sich zu wenig Zeit nimmt. Aber es ist nicht so, dass das Geld für Innovation fehlt. Das ist es eigentlich eher weniger. (F&E MA)

> Unsere Entwicklungs-Pipeline ist eigentlich immer so voll, dass wir nichts, was nicht ultradringend ist, zu entwickeln beginnen. (F&E MA)

Darauf aufbauend betonen die Befragten, dass Kreativarbeit längere Zeitblöcke bedingt und dass das ständige „Projekt-Hopping" kontraproduktiv ist. Ohne geistiges Aufwärmen und zeitliche Vorläufe ist es schwer, in einen Kreativmodus zu gelangen.

> **Perspektive Führungskraft: Fehlende Blockzeiten**
> Freiraum, also Denkfreiraum lassen, offene Fragen stellen, nicht den Weg, sondern das Ziel vorschreiben und Zeit, also den Leuten Zeit geben, um innovativ zu sein. Das ist wichtig. Man kann nicht in fünf Sekunden innovativ sein. Wenn man um 13 Uhr in eine Sitzung eingeladen wird, die um 14 Uhr stattfindet, wäre es falsch zu glauben, dass man unter diesen Bedingungen kreativ sein kann. Man muss ihnen [den Mitarbeitenden] Zeit geben, einen Vorlauf geben, damit sie darüber nachdenken können. (F&E Leader)

> **Perspektive Mitarbeitende: Zeit am Stück bringt Effizienz und Tiefe**
> Ich komme am Morgen und denke, ich arbeite jetzt am Projekt weiter und dann haben wir ein Produktionsproblem. […] Und es hilft einem extrem, wenn man sich eine Zeit lang eindenken kann und nicht gestört wird. Das bringt schon sehr viel Effizienz und man kommt tiefer in das Thema. Und dann kommt vielleicht auch noch die eine oder andere Idee, wenn man wirklich vertieft daran arbeiten kann. (F&E MA)

Weiterhin wird in allen Betrieben deutlich, dass der Zeitdruck durch Entwicklungsprojekte für Kunden enorm hoch ist. Auch für hochkomplexe Versuche sind klare Zeiträume definiert. Und die F&E-Teams arbeiten häufig in einem andauernden Modus des zeitlichen Verzugs. Und da alle Mitarbeitenden in verschiedene Projekte involviert sind, müssen Projektleitende, nachdem ein technischer Versuch nicht funktioniert hat, oft auf verschiedene Spezialisten warten. So entsteht häufig eine komplette Entschleunigung zahlreicher parallel laufender Projekte, weil diverse Projektleitende auf diverse Spezialisten warten, ohne die es nicht weitergeht. *„Man wandert im Netzwerk rum, und schaut, wo es weitergeht"*.

> **Perspektive Mitarbeitende: Kundenprojekte, Zeitdruck und Tunnelblick**
> Die Zeiteinteilung ist sehr schwierig. Also man ist immer unter Zeitdruck, sowieso. Und wenn man dann die ersten Ergebnisse hat nach einem Versuch und es ist klar, dass das doch einen größeren Zeitraum beansprucht und dann keine richtigen Resultate rauskommen. Klar, da steht man schon mal da. Dann wächst der Druck. Der Kunde wartet natürlich auf Resultate, auf Ergebnisse. Also man ist meistens schon sehr unter

Zeitdruck. Und wenn man es nicht schafft ... Also ich sage mir immer, ich kann nicht mehr als machen. Und wenn etwas wirklich nicht geht, dann kann man es wirklich nicht machen. Dann muss man sagen: „Es hat nicht geklappt und ich war von dem und dem abhängig und diese konnten auch nicht. Das war gar nicht möglich." (F&E MA)

Hinderlich ist sicherlich der Projektdruck von Hauptprojekten. Weil die Leute mit der Zeit von Hauptprojekten häufig nicht richtig durchkommen, verzögert sich dort der Termin. Dann hat man halt den Kopf nicht frei. Dann gibt es wirklich nur noch diese Projekte. (F&E MA)

Wie die Führung das genau im Griff hat, lässt sich nur schwer beschreiben. Eine große Bedeutung spielen dabei die Intuition, das Bauchgefühl und damit verbunden das Erfahrungswissen. *„Man muss ein Gefühl dafür haben"*, *„spüren, wenn es nicht mehr weitergeht"*.

> **Perspektive Führung: Das Gefühl dafür haben, wie es läuft**
>
> Anfangs Jahr lege ich die wichtigen Ziele fest und an diesen wird primär gearbeitet. [...] Für diese wird genügend Zeit zur Verfügung gestellt, um einen guten Job zu machen. [...] Und natürlich kann man das nicht immer so eins zu eins durchziehen. [...] Und da muss man einfach ein bisschen das Gefühl dafür haben, wie es läuft. [...] Aber das Wesentliche muss man einfach immer im Auge behalten. (F&E Leader)

Absolut unproblematisch wird die Flexibilität der Arbeitszeit im Sinne einer selbstbestimmten Zeiteinteilung betrachtet. In allen Unternehmen gelten sehr flexible Arbeitszeitregelungen. Die Kontrolle der geleisteten Arbeitszeit ist in der F&E-Abteilung kein Thema.

> **Perspektive Mitarbeitende: Flexible Arbeitszeiten sind nicht das Problem**
>
> Also im Grunde genommen haben wir alle Freiheiten in der Zeit. Also wir haben keine festen Arbeitszeiten. Wir können kommen, wann wir wollen. Wir müssen nicht stempeln und es wird nicht überwacht. Also von dem her haben wir relativ viele Freiheiten. Aber unsere Grenzen sind die Vorgaben hinsichtlich des Starts, des Endes und der Meilensteine. Ob Sie das mit 80 Stunden, 60 Stunden oder 40 oder 25 Stunden machen, ist eher sekundär. (F&E MA)

Es scheint so, als ob die Handlungsautonomie im Sinne der Frage, *wann* eine Arbeitskraft ihre Aufgaben erfüllt, definitiv keine Rolle mehr spielt. Was zählt, sind 1) Ziele und 2) die von der Leitung kalkulierte Zeit, die ein Team für die Zielerreichung benötigt. *Wie viel Zeit* ein Team dafür benötigt, wird seitens der Führungskräfte mit Faustregeln abgeschätzt, aber die Schätzungen treffen nur selten zu, sonst wäre der „Zeitdruck" nicht so ein dominantes Thema. Unter diesen Bedingungen ist es schwer, Belastung zu vermeiden. Die

Meilensteine des Entwicklungs- und Innovationsprozesses sind vordefiniert. Der Kunde wartet. Die einzige Möglichkeit, in diesem starren Gerüst Belastung zu vermeiden und wieder Zeit zu schaffen, ist die Führung, die andauernd die Wahrscheinlichkeit der Zielerreichung einzuschätzen und mit viel Expertenwissen immer wieder die Zeitvorgaben dynamisch anzupassen versucht.

5.3.6 Methodische Freiräume

Freiraum wird den Mitarbeitenden hauptsächlich im Bereich der Lösungssuche zuteil. Den Mitarbeitenden wird ein Problem vorgegeben. Wie sie jedoch vorgehen, um dieses Problem zu lösen, ist jedem bzw. den Entwicklungsteams freigestellt. Die Vorgesetzten stellen sich zur Verfügung, um Feedback zu geben, aber sie schreiben letztlich nicht vor, *wie* die Lösung bzw. der Lösungsweg auszusehen hat. Die Methodenwahl ist in diesem F&E-Kontext (zumindest für die befragten ausgebildeten Fachkräfte) mehrheitlich frei. Auch ist oft ein so großes Spezialwissen gefragt, dass die Vorgesetzten die Wahl der Methoden fachlich gar nicht genau beurteilen können. Es bleibt ihnen nichts anderes übrig, als den Mitarbeitenden diese Form von Freiheit zu gewähren. Je einzigartiger das Spezialwissen ist, desto größer ist vor diesem Hintergrund auch das Abhängigkeitsverhältnis zwischen der vorgesetzten Person und dem jeweiligen Experten/der Expertin.

> **Perspektive Mitarbeitende: Die Lösungsmethode ist frei**
>
> Man arbeitet immer auf ein Projekt oder auf ein Ziel hin. Aber was die Lösung angeht, die Problemlösung, da ist jeder Einzelne völlig frei. […] Das ist natürlich etwas anderes, als wenn der Chef ein Guru auf diesem Gebiet ist. Die meisten Abteilungsleiter bei uns kommen eher von der Software oder Elektronik. Obwohl es sehr viel Mechanik bei uns gibt. Und dadurch haben wir natürlich den Vorteil, dass wir relativ frei arbeiten können. (F&E MA)
>
> Die Geräte, die entwickelt werden müssen, das ist top-down. Die Lösungen, wie es dann gemacht wird, da haben wir dann schon viel Freiraum. (F&E MA).
>
> Freiräume sind für mich, dass der Vorgesetzte sagt: „Herr XY, Sie entwickeln jetzt diesen Roboterarm, der Kostenrahmen ist so hoch, kommen Sie erst wieder, wenn Sie eine Lösung gefunden haben." Das ist für mich Freiraum. (F&E MA)

> **Perspektive Führung: Die Leute sind an der langen Leine**
>
> Also die Leute sind an einer relativ langen Leine. Den Leuten ist bewusst, was die Ziele sind, was man erreichen will. Das ist das, was ich vorgebe. Und nachher, auf dem Weg dorthin lasse ich den Leuten sehr viel Spielraum. (F&E Leader)

Bei den Konstrukteuren, meinen Mitarbeitern ist das vielleicht ein wenig anders. Aber ich lasse denen auch große Freiheiten. Ich sage: „Versuche das zu lösen, danach schauen wir es gemeinsam an." (F&E Leader)

Ich denke, die Organisation basiert in erster Linie auf den Meilensteinen und dazwischen gibt es sehr viel Gestaltungsspielraum. Man gibt den Entwicklern sehr viele Freiheiten, was sie zuerst anpacken, was sie zuerst implementieren wollen. (F&E Leader)

Es wird deutlich, dass die Führungskräfte eigentlich nichts anderes tun können, als den Mitarbeitenden bei der Lösungssuche den Rücken frei zu halten. Die F&E-Mitarbeitenden versuchen prinzipiell nur, Probleme zu lösen; der Ausgang ist ungewiss. Führung wird deshalb oft als „Führung an der langen Leine" beschrieben. Das wird abhängig von der jeweiligen Führungskraft mal als mehr oder weniger ausgeprägt beschrieben, aber im Großen und Ganzen ist das die gängige Führungspraxis.

In den forschungsintensiven, technologieorientierten Fallunternehmen ist die technische Entwicklung zur Lösung bestehender Kundenprobleme grundsätzlich frei. Natürlich determinieren Sicherheitsstandards, Gesetze, Kosten, Lasten- und Pflichtenhefte usw. den Entwicklungsprozess, aber der Ablauf der Entwicklung ist frei und die Entwickler können Freiräume in der Bearbeitung der Fragestellung nutzen. Tendenziell ist es aber nicht üblich, die Problemstellung bzw. das Kundenproblem während des Prozesses zu hinterfragen, außer es handelt sich um unüberwindbare technische Hürden, wie dieses Zitat illustriert:

Perspektive Mitarbeitende: Entwickeln nach Ablaufplan

Wo sehr mitgeredet wird, ist, wie teuer das am Ende werden darf, wie es aussehen und was für einen Markt es bedienen soll. Also ich habe da keine Möglichkeiten – auch wenn ich der Meinung bin, meine Marketingleute haben da unrecht –, es anders zu tun. Wenn die der Meinung sind, dass sie das Gehäuse so haben wollen, dann kriegen sie das Gehäuse so, auch wenn ich anderer Meinung wäre. Das ist einfach der Ablauf. So wie man hier die Entwicklung strukturiert hat. Es gibt dieses Lastenheft, das halt das Marketing mit dem Produktmanagement macht. Und das habe ich dann zu erfüllen. Ich kann bei dem Pflichtenheft nur eingreifen, wenn ich sage: Diese Funktion ist nicht machbar, aber ich kann jetzt nicht sagen: Ich baue jetzt das Projekt ganz anders. Ist vielleicht auch besser so, weil ich kenne die Kunden ja gar nicht so gut. (F&E MA)

Die Bearbeitung von Entwicklungsarbeiten, die im Zusammenhang mit Kundenanfragen stehen, können nach einem klar definierten und mit Nachdruck umgesetzten Prozess abgebildet werden. Diese Klarheit in der Struktur verengt allerdings die Möglichkeitsräume, in denen Lösungen erarbeitet werden können, und damit auch das Zusammenfallen verschiedener Lösungsansätze, die zu innovativen Lösungen führen können. Die Problemlösung wird somit effizienter, fällt aber als Anreiz für Innovation weg.

5.3.7 Kooperationsfreiräume

Freiraum wird auch dann erlebt, wenn sich die Frage nach den Kooperationspartnern in F&E-Projekten (intern und extern) stellt. Sehr oft orientieren sich die Kooperationen an sehr langen und vertrauensvollen Beziehungen zu internen oder externen Projektpartnern. Wenn es externe Partner sind, dann besteht häufig eine enge Vertrauensbeziehung aus früheren gemeinsamen Studienzeiten, aus gemeinsamen Projekten bei vorangegangenen Arbeitgebern oder aus regelmäßigem fachlichem Austausch in „communities of practice" (Brown und Duguid 1991). Sehr häufig kooperieren die Firmen mit Hochschulen, dabei ist der Bezug zur jeweiligen Technologie ausschlaggebend. Dies hat teilweise auch den Vorteil, dass eine Hochschule in einem gewissen Spezialgebiet über eine Infrastruktur für Versuche verfügt, die das Unternehmen nicht hat.

Auch spielt die geografische Lage eine zentrale Rolle. Ein F&E-Partner in China oder Indien kennt die dortigen Kundenbedürfnisse besser und so werden Innovationsrisiken gesenkt. Vor diesem Hintergrund ist die Wahl der Kooperationspartner nicht wirklich frei, sondern gründet in dem teilweise sehr engen Kooperationsfenster kraft Kompetenz. Aber hier gibt es selten klare Vorgaben, sondern die Wahl der Kooperationspartner wird als emergenter Prozess beschrieben. Die F&E-Netzwerke sind häufig weit verzweigt und verlaufen sehr dynamisch.

Ein wichtiges Motiv für die Kooperation ist das Benchmarking mit Konkurrenten. Durch die Zusammenarbeit mit Hochschulen oder Beratern erhalten die Unternehmen ein gutes Bild, wo sie im Vergleich zur Konkurrenz stehen.

> **Perspektive Führung: Benchmarking im Blick haben**
>
> Die Zusammenarbeit mit Hochschulen, insbesondere auf der Grundlagenseite, ist sehr wichtig. Also nicht auf der konkreten Komponentenentwicklung, wo Hardware rauskommen muss, sondern auf der Grundlagenseite. Aus zwei Gründen: Das eine ist, dass wir im Benchmark wirklich noch aktuell sind, und der andere Grund ist, dass wir dann vielleicht auch irgendwo Lücken, die wir an Wissen haben, schließen und versuchen, das über eine externe Forschungsstelle einzuholen. (F&E Leader)
>
> Wir haben auch diverse öffentlich geförderte Projekte, hier in der Schweiz in der KTI, in Deutschland mit anderen Fördertöpfen. Wir nutzen die aus verschiedenen Gründen. Man sieht insbesondere bei deutschen Projekten auch ein bisschen, was Gleichgesinnte in dem Markt machen – und auch Konkurrenten. Da ist man natürlich nicht so offen, darf man auch nicht sein, damit es keine Absprachen gibt oder sowas. Da kann man sich ein bisschen nivellieren, was insgesamt der Standard ist. (F&E Leader)

Damit sich die F&E-Mitarbeitenden besser kennenlernen und überhaupt die Chance zur Kooperation und Vernetzung wahrnehmen, wird der Austausch durch verschiedene interne Meetings wie z. B. Entwicklertreffen oder Weiterbildungen gefördert. So wird versucht, die Wahrscheinlichkeit der Kooperation mit internen und externen Partnern zu erhöhen.

> **Perspektive Führung: Leute rotieren lassen**
>
> Ich lasse innerhalb der verschiedenen Entwicklungsabteilungen häufiger die Leute rotieren. Dass man einfach bei dem einen Produkt ein kleines […]-Gerät macht und gute Ideen hat und danach bei einem anderen Team in einem andern Projekt mitarbeitet und dann dort Ideen einbringt. (F&E Leader)

Auf diese Art und Weise kommen häufig Ideen „bottom-up" zustande, und die Mitarbeitenden suchen rund um diese Ideen auch zum Teil ihre Projektpartner selbst aus – vorausgesetzt, die Weiterführung der Idee in ein Projekt ist genehmigt und ein Entwicklungsbudget wird zur Verfügung gestellt. Andernfalls bleibt noch die Möglichkeit, in einem U-Boot-Projekt zusammenzuarbeiten (Abschn. 5.3.3).

5.4 Exkurs: Die 20-Prozent-Regel von Google: Chancen und Grenzen

Liest man über offizielle, legale Formen der Organisation von Freiräumen, dann stößt man automatisch auf Googles 20-Prozent-Regel. Die Prozent-Regeln werden inzwischen als Symbol für innovatorische Freiräume gepriesen. Freiräume werden bei Google also nicht in einer Grauzone verhandelt, sondern in einer offiziellen Zone der organisatorischen Legalität. Das heißt, man muss sich die Freiräume nicht selbst nehmen oder gar „erkämpfen", sondern Freiräume stellen ein offizielles Führungsinstrument dar. Was steckt genau dahinter? Ryan Tate (2012) erklärt das **Prinzip „20 % time"** wie folgt:

> Employees at the Internet company are allowed, and sometimes encouraged, to devote a fifth of their time to projects dreamed up themselves. It could be a day each week, four days each month, or two and a half months each year. There are no hard-and-fast-rules; the Googlers and ex-Googlers I've spoken to all made it clear that 20 % time is above all an idea, a practice that exists more as a widespread understanding than a written policy. (Tate 2012, S. 4)

Gemäß Tate (2012) sind dank dieser 20-Prozent-Regel bei Google einige innovative Internetdienste entstanden. Exemplarisch können Gmail, Google News, Google Reader oder Google Suggest genannt werden. Er verweist ferner darauf, dass bereits vor der Einführung bei Google bei der Firma 3M eine 15-Prozent-Regel existierte (2012, S. 5). Im Buch „Google Inside" beschreibt Levy (2012), dass die selbstverantwortlichen Arbeiten häufig zusätzlich neben der vollen Arbeitswoche stattfanden. „Daher wurde unternehmensweit auch gewitzelt, dass es sich bei derartigen Unterfangen eigentlich um ‚120-Prozent-Projekte' handeln würde. Die Mitarbeiter nutzten diese Möglichkeit aber trotzdem […]" (Levy 2012, S. 161). In der Zwischenzeit haben weitere Unternehmen Varianten dieser durch 3M und Google initiierten Freiraum-Prozent-Regeln entwickelt.

> From National Public Radio to Yahoo, from chef Thomas Keller to the New York City schools, from a New York magazine conglomerate to an Australian business software company; more and more organizations are experimenting with ways to empower individual workers to experiment, hoping to benefit from their innovative ideas in the process. (Tate 2012, S. 6)

Tate (2012, S. 6) zählt zu solchen Freiraum-Prozent-Initiativen auch sogenannte „**hack days**", an denen beispielsweise Programmierer in einem Unternehmen aufgefordert werden, innerhalb von 24 Stunden einen Prototyp einer neuen Software zu entwickeln. Solche Phänomene im Sinne von mehrstündigen **Innovationsmarathons** usw. können als abgespeckte Varianten der 20-Prozent-Regel interpretiert werden.

In diesen klar definierten formalen Arbeitsprozenträumen herrschen weniger klassische Zwänge, d. h. aber nicht, dass keine Zwänge herrschen. Diese werden aber weniger als „**Regelzwänge**", sondern vielmehr als „**Entwicklungszwänge**" interpretiert. Wer bei Google arbeitet und 20 % Kreativzeit gutgeschrieben bekommt, muss sich ständig weiterentwickeln und damit einen Beitrag zur Entwicklung der Firma leisten. Doch damit nicht genug: Die Google Mitarbeitenden *müssen* sich auch noch ständig darüber unterhalten, und zwar nicht irgendwo, sondern in den dafür explizit eingerichteten Meeting Points, am Billardtisch und rund um die Kaffeemaschinen. Und die „Googlers" müssen auch ihren Glauben an den Erfolg der Ideenentwicklung immer wieder gegenüber ihrem Vorgesetzten bekräftigen. Es hat also ein bisschen etwas von einer „Innovationshaft" für alle. Levy (2012, S. 161) beschreibt die Führungsphilosophie von Larry Page und Sergey Brin mit der Behauptung von Maria Montessori: „**Disziplin muss aus Freiheit resultieren.**" Dieses **Disziplin-Freiheit**- bzw. **Arbeit-Spiel-Paradox** spiegelt sich u. a. in den Sanitäreinrichtungen bei Google wider. Die Mitarbeitenden konnten auf japanischen Toiletten mit Sitzheizung und Bedienpulten platznehmen und die Toiletten glichen einer Raumfähre – aber auf Augenhöhe waren kleine Lektionen zur Verbesserung von Programmcodes zum Durchblättern angebracht (Levy 2012, S. 161). Dieses Motto könnte man „beidseitig" beschreiben, entweder: „Kein Spaß ohne Arbeit", oder: „Keine Arbeit ohne Spaß". Das Motto erinnert auch an die Prinzipien und die darin enthaltene Dualität, die Gelb (2004) über die kreative Arbeit von Leonardo da Vinci entwickelt hat.

> So wichtig es für Montessori war, dass Lehrer nichts machten, was die kreative Unschuld von Kindern beeinträchtigen könnte, so wichtig war es für Brin und Page, dass Google-Führungskräfte nicht den Antrieb von Entwicklern annihilierten, die die Welt durch die Programmierung irgendeines Mondprojekts ändern wollten. „Google" sollte, so Urs Hölzle, „ein freundlicher Ort sein, an dem die Leute, die hier arbeiten, auch ohne Lohn für uns arbeiten würden." (Levy 2012, S. 161–162)

Die organisationalen Rahmenbedingungen und die Spielregeln der Führung dieser 20-Prozent-Freiräume sind in der unten stehenden Grafik skizziert (vgl. Abb. 5.6).

Um mehr über die Handlungsmuster bei der Umsetzung der 20-Prozent-Regel in Erfahrung zu bringen, führte Tate (2012) Untersuchungen in verschiedenen eine Prozent-Regel praktizierenden Unternehmen durch. Daraus entwickelte er die folgenden allgemeinen Prinzipien bzw. Gebrauchstheorien:

- **Befreiung von Routine**: Systeme wie die 20-Prozent-Regel befreien Mitarbeitende von den Führungs- und Managementstrukturen, die den Arbeitsbereich in den übrigen

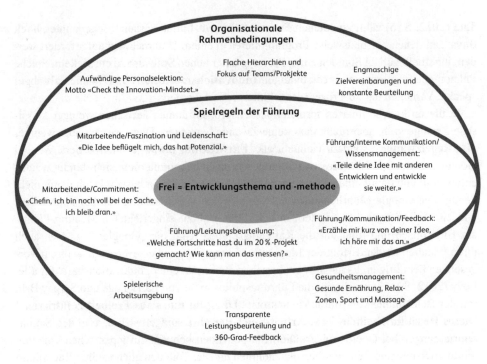

Abb. 5.6 Googles 20-Prozent-Regel: Organisationale Bedingungen und Spielregeln der Führung

80 % dominieren. Es werden Bedingungen geschaffen, welche die Entwicklung von Ideen fördern, die sich nicht direkt auf ihren üblichen Aufgabenbereich beziehen.

- **Leidenschaft auslösen**: Die Mitarbeitenden können an denjenigen Projekten arbeiten, zu denen sie sich hingezogen fühlen. Das motiviert Mitarbeitende und wirkt sich positiv auf die Projektergebnisse aus. Kunden spüren, wenn Produkte mit Leidenschaft entwickelt wurden.
- **Lieber ein schlechtes Ergebnis als gar keines**: Es ist wichtig, schnell zu einem Ergebnis bzw. zu einem Entwurf zu kommen. Zeit ist Geld. Der Prototyp kann dann immer noch verbessert werden. Die erste Version muss lediglich eine grobe Grundlage liefern, danach lassen sich auch skeptische Kollegen schneller überzeugen.
- **Innovieren in kleinen Schritten**: 20-Prozent-Projekte sind mehrheitlich keine radikalen Innovationsprojekte. Meistens verbessern oder ergänzen diese Projekte ein bestehendes Produkt oder eine Dienstleistung.
- **Schnelle Verbesserungen**. Nebst schnellen Ergebnissen sind auch schnelle Verbesserungen wichtig. Jede Verbesserung führt zu Diskussionen, erzeugt Zuwendung und ermutigt das Projektteam, schnell zum Ziel zu kommen.
- **Rede über deine Entwicklungs- und Lernprozesse**: Die Projektleitenden von erfolgreichen 20-Prozent-Nebenprojekten „verkaufen" ihre Ideen. Einerseits gegenüber ihren Vorgesetzten, um an Ressourcen zu kommen und andererseits gegenüber ihren Kolle-

gen, um von diesen Unterstützung zu bekommen. Es ist deshalb wichtig, das Gelernte und die eigenen Ideen regelmäßig zu kommunizieren.
- **Externe Partner willkommen heißen**: 20-Prozent-Projekte erreichen auch externe Kanäle. Darunter sind sowohl andere Gruppen innerhalb des Unternehmens als auch unternehmensexterne Personen zu verstehen. Diese Kontakte können helfen, die geplanten Projekte umzusetzen.

Weiterhin beleuchtet Tate (2012) verschiedene Phasen der Umsetzung von 20-Prozent-Projekten. Um in all diesen Phasen eine **erfolgreiche Umsetzung** sicherzustellen, leitete er aus seinen Untersuchungen zahlreiche Handlungsanweisungen für Innovatorinnen und Innovatoren entlang eines idealtypischen Innovationsprozessverlaufs (Abschn. 7.2.5) ab (Tate 2012, S. 158–170):

In der **Einführungsphase** eines Nebenprojekts entsteht die Inspiration für eine neue Idee und die Arbeit beginnt. Es geht darum zu experimentieren. Tate richtet sich mit den folgenden Vorschlägen an die Leserinnen und Leser:

- **Verhalte dich so, als wärst du dein eigener Kunde**: Entwickle etwas, was du gerne für dich haben möchtest. Kreiere somit etwas in einem Bereich, welcher dich selbst inspiriert.
- **Experimentiere mit außergewöhnlichen Dingen und überschreite Grenzen**: Es kann nicht schaden, mit dem Nebenprojekt aufzufallen, entweder mit der Idee oder als Team. Um auf sich aufmerksam zu machen, muss man sich etwas Besonderes einfallen lassen.
- **Entwickle etwas, was die Leute emotional berührt**: Entwickle nicht nur ein neues Produkt, sondern kreiere eine Erfahrung. Wenn die intuitiven Bewertungsverfahren der Kollegen angeregt werden und deren Bauchgefühl eine positive Bewertung gibt, dann wird das auch bei Kunden so sein. Entwickle etwas, das die Leute emotional berührt, so erhältst du genügend Energie für das Projekt.
- **Begrüße strenge Deadlines und knappe Ressourcen**: Auflagen und Einschränkungen sind wichtig. Sie helfen dir, „schlechte" Vorschläge zu verwerfen und ermutigen dich, neuartige Ideen zu entwickeln, statt an den gewöhnlichen festzuhalten.

In der „**mittleren Phase**" geht es vor allem darum, Unterstützung zu erhalten. Auch außenstehende Personen werden nun in die Projekte involviert. Das Produkt wird immer weiter verbessert. Es gilt, Kunden und weitere Nutzer einzubinden. Dabei können folgende Leitideen helfen:

- **Glaube fest an den Innovationserfolg**: Wenn du Leute davon überzeugen willst, dir bei der Umsetzung zu helfen, musst du ihnen zeigen, dass du selbst an den künftigen Erfolg deines Projekts glaubst. In diesem Sinne ist der Projektleitende mit einem Unternehmer zu vergleichen, der vollständig davon überzeugt ist, das Richtige zu tun.

- **Gehe nach außen**: Ein gutes Nebenprojekt umfasst eine Mischung aus den Kernkompetenzen des Unternehmens und externen Technologien und Denkweisen. Bringe deshalb auch Dinge aus der Außenwelt in die Projekte ein. Du erhältst auch in dieser Phase noch nützliche Informationen, wenn du bereit bist, dich mit außenstehenden Personen zu vernetzen.
- **Halte durch**: Ein erfolgreiches Produkt zu kreieren, bedeutet häufig, einen langen und harten Weg zu gehen. Dies kann auch bedeuten, dass du wieder Schritte zurückgehen musst, um neu zu beginnen. Sei bereit, diese Herausforderung anzunehmen.

In einer **späteren Entwicklungsphase** geht es insbesondere darum, zu wachsen und zu überleben. Dabei kann es auch notwendig sein, gegen andere Ideen, welche im Unternehmen generiert werden, anzukämpfen – **Mikropolitik** spielt eine immer größere Rolle. Um weiterhin erfolgreich zu bleiben, ist u. a. Folgendes zu beachten:

- **Suche Sponsoren und synergetische Projekte**: In dieser Phase sollten erfahrene Mentoren bzw. Sponsoren im Unternehmen gefunden werden, die auch die Macht haben, das Projekt mit finanziellen Ressourcen weiterhin zu unterstützen. Eventuell können auch in dieser Phase Entwicklungsprojekte miteinander verbunden werden.
- **Zeige den Investoren den Nutzen deiner Entwicklung für das Unternehmen auf**: Mache deinen Vorgesetzten das Potenzial deiner Entwicklung möglichst anschaulich. Sie werden dann viel eher gewillt sein, mehr Ressourcen in die Projekte zu stecken.
- **Kommuniziere konstant mit möglichst vielen Mitarbeitenden über den aktuellen Stand**: Es ist von Vorteil, wenn alle Mitarbeitenden regelmäßig über den aktuellen Stand des Nebenprojektes informiert sind. Das ist zentral für die politische Unterstützung innerhalb des Unternehmens.

Unternehmen, die mit dem Gedanken spielen, ebenfalls offiziell solche „Nebenprojekte" für eine Gruppe von Mitarbeitenden zu organisieren, sollten sich mit diesen Gestaltungsempfehlungen kritisch auseinandersetzen und die Chancen und Risiken der Implementierung einer solchen Prozent-Regel vor dem Hintergrund ihrer etablierten Organisationskultur und struktur sowie der kommunikativen Rahmenbedingungen im Unternehmen reflektieren.

Es bleibt insgesamt kritisch zu hinterfragen, ob dieses **Arbeit-Spiel-Paradox à la Google** nicht etwas zu positiv konnotiert und unreflektiert in die Welt des Innovationsmanagements gelangt ist. Man könnte diese 20-Prozent-Regel kritisch betrachten, auch als ein „Ablenkungsmanöver" von den echten Herausforderungen bei der Gestaltung von Innovationen interpretieren. Offen bleibt doch bei der ganzen Begeisterung um die 20-Prozent-Regel bei Google, wie die Arbeitsbedingungen in den restlichen 80–100 % der Zeit sind. Diese werden in der ganzen Diskussion rund um die Innovationskultur von Google komplett ausgeblendet.

Selbst die kreativsten Mitarbeitenden werden solche expliziten Freiraum-Regeln nicht einfach als „gute Tat" eines börsennotierten Großkonzerns interpretieren. Aber irgendwie wirkt die Idee der 20-Prozent-Regel inzwischen nachhaltig in verschiedene Unternehmen hinein, und die Innovations- und Führungsdiskurse darüber in der Wirtschaftspresse reißen derzeit nicht ab.

Allerdings zeigen die an ein lineares Prozessmodell angelehnten Gebrauchstheorien zur Gestaltung der 20-Prozent-Arbeit für die Mitarbeitenden (so nachvollziehbar sie sind) auch, dass diese Projekte wirklich wenig mit „Freiheit" im Sinne von Entgrenzung zu tun haben. Eher noch mit „Freiheit" im Sinne einer Vermehrung von Handlungsalternativen (durch den Bruch mit Routinen). In den offiziellen „Nebenprojekten" muss ziemlich anstrengende, zeitaufwendige, hochpolitische und damit konfliktreiche Innovationsarbeit geleistet werden, und es stellt sich die Frage, was dabei „neben" der Linie sein soll? Es entstehen vielmehr neue Erwartungshaltungen, die andere Facetten beinhalten, aber sobald über Projekte gesprochen wird, sind damit automatisch Erwartungshaltungen verknüpft. Es ist kaum zu erwarten, dass die Arbeit, die im Rahmen solcher Projekte anfällt, in Wirklichkeit in einem klaren „Nebenprojekt"-Rahmen im Sinne eines 20-Prozent-Pensums bleibt. Vielmehr ist davon auszugehen, dass entweder nur kürzere Projekte in diesen 20 % bearbeitet werden und die Mitarbeitenden so eine gewisse Unverbindlichkeit aufrechterhalten können. Längerdauernde 20-Prozent-Projekte werden sich in ihrer (Führungs-)Struktur kaum mehr von „normalen" Business-Projekten unterscheiden. Diese „geplante Unverbindlichkeit" kommt auch in den von Jaworski und Zurlino (2009, S. 127) zusammengestellten „**Fünf Wahrheiten zur 15-Prozent-Regel**" der Firma 3M zum Ausdruck:

1. Die 15-Prozent-Regel erzeugt mehr Kreativität, mehr Innovationen.
2. Die Anwendung erfolgt dezentral und flexibel.
3. Nahezu jede Idee ist erlaubt.
4. Besonders attraktive Ideen werden gesondert gefördert.
5. Es gibt immer einen klaren Exit.

Jaworski und Zurlino (2009) betonen, dass bei den Projekten aus der 15-Prozent-Regel die Aufgabe im Zentrum steht, eine Idee zu konkretisieren. Wenn die Idee nach ersten Wochen bis Monaten greifbar geworden ist, muss gemeinsam mit den Mitarbeitenden entschieden werden, ob eine Idee weiterverfolgt wird, oder nicht. Projekte aus 15-Prozent-Entwicklungsfreiräumen dürfen nicht zur „never ending story" werden (Jaworski und Zurlino 2009, S. 130). Für innovative Unternehmen ist es wichtig, generell mehr über die organisationale Rahmung der Gestaltung von Freiräumen (egal in welcher Form) zu lernen und verschiedene Heuristiken zur Reflexion ihrer eigenen Praxis zur Verfügung zu haben. Solche explizit geschaffenen, formalen Freiräume müssen tagtäglich mit Sinn gefüllt werden, und die Freiheits- bzw. Schließungsgrade sind situationsgerecht und sorgfältig durch das Management auszubalancieren. Sie müssen von Führungspersonen angeleitet werden. Die Prozent-Regeln können funktionieren, sind aber nur eine von vielen Möglichkeiten, dass Mitarbeitende ihre Freiräume als Chance zur Gestaltung von Innovationsvorhaben nutzen.

Durch die vielen Berichte über die Prozent-Regeln wird aber auch deutlich, dass die Arbeit in Nebenprojekten zu einem Motivationsschub führen kann und den Mitarbeitenden damit das Gefühl geben wird, dass sie sich auch mal einen Fehler erlauben dürfen. Das ist sicher eine große Chance und kann einen wertvollen Beitrag zur Entwicklung einer Innovationskultur leisten. In diesen 20 % ist es offiziell möglich, 20 % Fehler zu machen, und man muss sich dabei nicht schlecht fühlen. So kann die 20-Prozent-Regel als deutliche und „laute" Einladung verstanden werden, Fehler zu machen, unternehmerisch zu agieren.

5.5 Fazit und Reflexionsfragen

Was heißt das nun für die wirksame Gestaltung innovatorischer Freiräume? Alleine in den drei Fallstudienunternehmen kamen zahlreiche Spielarten im Umgang mit Freiräumen zur Innovationsförderung zum Ausdruck. Man kann sagen: Die Summe macht's und tendenziell werden in Prozent-Freiräumen eher kürzere Projekte realisiert. Je länger die Projekte dauern, desto stärker nähert sich die Projektstruktur und -kultur derjenigen von „normalen" Business-Projekten an. Die Abgrenzung zwischen Business-Projekten und innovationsorientierten Freiraum- Projekten gestaltet sich im Alltag generell schwer.

Es gibt sicher keine Musterlösung, die man auf alle Unternehmen übertragen kann. Grundsätzlich ist es sicher auch nicht falsch, wenn man durch ein Benchmarking mit anderen Unternehmen der Branche Freiraum-Lösungen für die eigene Entwicklungsabteilung (und nicht nur für diese Abteilung, solche Prinzipien können natürlich auch auf andere Funktionsbereiche übertragen werden) einfach mal ausprobiert. So ist das Unternehmen AH beispielsweise mit einem Pilotprojekt gestartet und hat erst danach überlegt, ob und in welcher Form man die dort entwickelten Freiraum-Regelungen auf das gesamte Unternehmen übertragen kann. Die Führung sollte sich vor jeder Implementierung einer Freiraum-Regelung die Frage stellen, welche Widersprüche bzw. Paradoxien damit in der Organisation ausgelöst werden und welche **Freiraum-Kosten** seitens der Führung und seitens der Mitarbeitenden entstehen. Im Unternehmen AH war die Unsicherheit im Umgang mit der neu implementierten 10-Prozent-Regel anfangs sehr groß und sehr viel Arbeitszeit wurde in die Unsicherheitsvermeidung statt in Kreativarbeit gesteckt.

Ebenfalls wurde deutlich, dass es bei einer erfolgreichen Führung von formal eingerichteten Freiräumen darauf ankommt, dass Führungskräfte mit unstrukturierten und unüberschaubaren Situationen umgehen und nicht der Versuchung unterliegen, das mit Freiräumen erstrebte temporäre kreative Chaos sofort wieder zu ordnen. Aber was heißt das nun in der Umsetzung? Wie kann „Sowohl-als-auch"-Leadership trainiert werden? Bisher gibt es dafür nicht viele Angebote im Rahmen von Führungsweiterbildungen. Gemäß Stahl (2013) wird die **heuristische Kompetenz** in der Aus- und Weiterbildung von Führungskräften „sträflich vernachlässigt" (S. 202). Dazu zählt die Fähigkeit, kompetent mit Paradoxien umzugehen. In diesem Zusammenhang wurde oben der Begriff der **Para-**

5.5 Fazit und Reflexionsfragen

doxietoleranz eingeführt. Dieser liegt nahe am Begriff der **Ambiguitätstoleranz**. Diese wird als wichtige Führungseigenschaft für Innovation Leader ebenfalls immer wieder genannt (Abschn. 3.4). Sie gibt an, wie sehr eine Person unstrukturierte Situationen zu tolerieren vermag. Personen mit niedriger Toleranzschwelle gegenüber Ambiguität fühlen sich gestresst, wenn es wenig Strukturen und Vorgaben gibt (vgl. Weinert 2004). Das ist gerade vor dem Hintergrund der Arbeit in „dualen Betriebssystemen" keine gute Voraussetzung (Abschn. 7.1.1). Wenn nun ein innovationsgetriebenes Unternehmen erkennt, dass es seine Führungskräfte in dieser Eigenschaft schulen möchte: Welche Übungen bieten sich an?

Fangen wir mit Leonardo da Vinci an und kommen auf das „**Sfumato-Prinzip**" zurück (Abschn. 3.4). Gelb (2004) empfiehlt: „Sit with Mona for a while. Wait for your analytical mind to calm down and breathe in her essence. Note your responses" (S. 157).

Der erste Schritt wäre hier, die analytische Hirnhälfte abzustellen und sich auf diese Bilder voller Gegensätze einzulassen. Die Wahrnehmungen zu notieren und zu überlegen, was dies mit der eigenen Führungspraxis zu tun hat.

Dazu können Führungskräfte ein **Self-Assessment** (vgl. die folgenden Fragen) ausfüllen. Die Fragen können mit Punkten von 1–5 bewertet werden und danach sollte die Punktzahl mit Kolleginnen und Kollegen, die die Testfragen auch ausgefüllt haben, verglichen werden.

> **Reflexionsfragen Ambiguitätstoleranz**
> 1. Ich kann mit Widersprüchlichkeiten gut umgehen.
> 2. Ich stehe in gutem Einklang mit meiner Intuition.
> 3. Ich kann vielen Dingen und Situationen auch eine komische Seite abgewinnen.
> 4. Ich neige dazu, intuitiv Schlüsse zu ziehen.
> 5. Ich mag Rätsel, Puzzle und Wortspiele.
> 6. Ich weiß, was mir Angst macht, und vertraue meinen Instinkten.
> 7. Ich achte darauf, genug Zeit für mich zu haben und Fragen intuitiv auf die Spur zu kommen.
> 8. Ich habe Spaß an Paradoxien und bin für Ironie empfänglich.
> 9. Es macht mir keine Mühe, auch in Widersprüchen zu denken.
> 10. Ich weiß, dass Konflikte die Kreativität anregen können, und ich nutze meine Kreativität im Umgang mit Konflikten.
>
> (Quelle: in Anlehnung an Gelb 2004, S. 151)

Anhand dieser Reflexions- bzw. Testfragen kann die Kompromissfähigkeit sowie die Neigung, mit Widersprüchen humorvoll, spielerisch und auch neugierig umzugehen, reflektiert werden.

Es ist ebenfalls hilfreich, in der Vergangenheit liegende **Situationen zu beschreiben**, wo das **Gefühl der Ambiguität** stark zum Ausdruck kam. Nach einer kurzen Skizze dieser Situationen kann man sich fragen, welche Erfahrungen man daraus zieht und was das für die gegenwärtige Führungsaufgabe der Innovationsförderung bedeutet. Auch kann es nützlich sein, anhand der Episoden zu überlegen, wie genau das Gefühl der Ambiguität mit dem **Gefühl der Angst bzw. Unsicherheit** zusammenhängt und woran sich diese Verbindung genau festmachen lässt (vgl. Gelb 1999, S. 85–86).

Wenn Führungskräfte sich komplett gegen die Gewährung von innovatorischen, kreativitätsfördernden Freiräumen aussprechen, dann dienen die unten stehenden fünf Gründe zu deren internen Legitimation.

Checkliste

Fünf Gründe, warum Führungskräfte nicht proaktiv Freiräume definieren sollten:
1. Die Wahrscheinlichkeit ist groß, dass in Freiräumen Ideen generiert werden. Diese Ideen müssen diskutiert, bewertet und ausgewählt werden. Das kostet Zeit und Energie.
2. Die Urheber dieser neuen Ideen könnten auf Umsetzung drängen. Zudem müssen neben Ressourcenfragen Entscheidungen in Bezug auf die inhaltliche Abstimmung von Ideen, das Timing der potenziellen Umsetzung und die Beteiligung weiterer Personen getroffen werden. Konflikte und ein hoher Koordinationsaufwand sind vorprogrammiert.
3. Es wird unübersichtlich, denn unter Umständen müssen sogar die Kriterien der Leistungsbewertung neu verhandelt werden. Die Beurteilung von Leistungen in kreativen „Nebenprojekten" ist nicht einfach und erfordert eine hohe Achtsamkeit und kontinuierliches Feedback.
4. Die freie Wahl der Mittel und Verfahren (Prozesse) zur Ausführung der Arbeit erzeugt Wissenslücken. Wenn mit neuen Methoden gearbeitet wird, können Prozessschritte nicht mehr beurteilt werden. Freiräume erhöhen die Intransparenz und erzeugen ein Ohnmachtsgefühl.
5. Kontroll- und Verantwortungsverlust stellen die professionelle Identität als Führungskraft und Manager in Frage. Wer etwas „treiben" lässt, hat nicht alles im Griff. Es besteht die Gefahr, dass man als „Laisser-faire"-Führungskraft gilt.

Wie bereits mehrfach erwähnt, steht und fällt ein innovationsfördernder, generativer und auf der Gestaltung von Freiräumen basierender Führungsansatz mit der Verankerung in der Unternehmensstrategie, daraus abgeleitet der Innovationsstrategie sowie den strukturellen und unternehmenskulturellen Rahmenbedingungen. Diese umrahmenden Führungsdimensionen werden in den Kap. 6, 7 und 8 diskutiert.

Literatur

Amabile, T. M. (1996). *Creativity in context: Update to the social psychology of creativity*. Boulder: Westview Press.

Bourgeois, L. J. (1981). On the measurement of organizational slack. *Academy of Management Review, 6,* 29–39.

Bowen, H. P., & Wiersema, M. F. (2005). Foreign-based competition and corporate diversification strategy. *Strategic Management Journal, 26,* 1153–1171.

Breaugh, J. A. (1985). The measurement of work autonomy. *Human Relations, 38,* 551–570.

Breaugh, J. A. (1989). The work autonomy scales: Additional validity evidence. *Human Relations, 42*(11), 1033–1056.

Brown, J. S., & Duguid, P. (1991). Organizational learning and communities of practice. *Organization Science, 2*(1), 40–57.

Cyert, R. M., & March, J. G. (1963/1992). *A behavioral theory of the firm* (2. Aufl.). Englewood Cliffs: Prentice Hall.

DeMarco, T. (2001). *Spielräume - Projektmanagement jenseits von Burn-out, Stress und Effizienzwahn*. München: Hanser.

Dodd, N. G., & Ganster, D. C. (1996). The interactive effects of variety, autonomy, and feedback on attitudes and performance. *Journal of Organizational Behavior, 17,* 329–347.

Gassmann, O., & Friesike, S. (2012). *33 Erfolgsprinzipien der Innovation*. München: Hanser.

Gebert, D. (2002). *Führung und Innovation*. Stuttgart: Kohlhammer.

Geiger, S. W., & Cashen, L. H. (2002). A multidimensional examination of slack and its impact on innovation. *Journal of Managerial Issues, 14*(1), 68–84.

Gelb, M. (1999). *The how to think like Leonardo da Vinci workbook. Your personal companion to how to think like Leonardo da Vinci*. New York: Dell Publishing.

Gelb, M. (2004). *How to think like Leonardo da Vinci. Seven steps to genius every day*. New York: Delta.

Greenwood, R., & Hinings, C. (1993). Understanding strategic change. The contribution of archetypes. *Academy of Management Journal, 36*(5), 1052–1081.

Hackman, J. R., & Lawer, E. E. III (1971). Employee reactions to job characteristics. *Journal of Applied Psychology, 55,* 259–286.

Hackman, J. R., & Oldham, G. R. (1976). Motivation through the design of work: Test of a theory. *Organizational Behavior and Human Performance, 16,* 250–279.

Herold, D. M., Jayaraman, N., & Narayanaswamy, C. R. (2006). What is the relationship between organizational slack and innovation? *Journal of Managerial Issues, 18*(3), 372–392.

Hohn, H. (2000). *Playing, leadership and team development in innovation teams*. Delft: Eburon.

Jaworski, J., & Zurlino, F. (2009). *Innovationskultur: Vom Leidensdruck zur Leidenschaft*. Frankfurt a M: Campus.

Kannheiser, W., Hormel, R., & Aichner, R. (1997). *Planung im Projektteam. Bd. 1: Handbuch zum Planungskonzept Technik-Arbeit-Innovation (P-TAI)* (2. Aufl.). München: Hampp.

Kant, I. (2005). *Kritik der reinen Vernunft*. Paderborn: Voltmedia.

Krcal, H.-Ch (2009). Das Management des (un)erwünschten Ressourcenüberschusses. Teil I. Funktionen, Zustände und Entstehung des organizational slack. Discussion Paper Series No. 482, University of Heidelberg, Department of Economics.

Kriegesmann, B., Kley, T., & Schwering, M. G. (2007). „Mutige Nachahmer gesucht!" – Mit dem Wettbewerb zum „Kreativen Fehler des Monats" zu einer neuen Fehlerkultur. In B. Kriegesmann & F. Kerka (Hrsg.), *Innovationskulturen für den Aufbruch zu Neuem. Missverständnisse – praktische Erfahrungen – Handlungsfelder des Innovationsmanagements* (S. 250–271). Wiesbaden: Gabler.

Kuczmarski, T. (1996). *Innovation. Leadership strategies for the competitive edge*. Chicago: NTC Business Books.
Langfred, C. W. (2000). The paradox of self-management: Individual and group autonomy in work groups. *Journal of Organizational Behavior, 21*, 563–585.
Lawson, M. (2001). In praise of slack: Time is of the essence. *Academy of Management Executive, 15*(3), 125–135.
Levy, S. (2012). *Google Inside. Wie Google denkt, arbeitet und unser Leben verändert*. Heidelberg: mitp.
Lewis, M., Welsh, M. A., Dehler, G., & Schoon, D. (2000). Product development tensions: Exploring contrasting styles of project management. *Paper presented at the Academy of Management meeting*, 2000 in Toronto.
Luhmann, N. (1994). *Funktionen und Folgen formaler Organisation* (5. Aufl). Berlin: Duncker & Humblot.
Luhmann, N. (2000). *Organisation und Entscheidung*. Opladen: Westdeutscher.
Manns, C. L., & March, J. G. (1988). Financial adversity, internal competition, and curriculum change in a university. In J. G. March (Hrsg.), *Decisions and organizations* (S. 61–75). Oxford: Blackwell.
March, J. G., & Simon, H. A. (1959). *Organizations* (2. Aufl). New York: Wiley.
Martins, E. C., & Terblanche, F. (2003). Building organisational culture that stimulates creativity and innovation. *European Journal of Innovation Management, 6*(1), 64–74.
Moldaschl, M. (2001). Herrschaft durch Autonomie - Dezentralisierung und widersprüchliche Arbeitsanforderungen. In B. Lutz (Hrsg.), *Entwicklungsperspektiven von Arbeit. Ergebnisse aus dem Sonderforschungsbereich 333 der Universität München* (S. 132–164). Berlin: Akademie.
Müller-Christ, G. (2007). Formen der Bewältigung von Widersprüchen. Die Rechtfertigung von Trade-offs als Kernproblem. In G. Müller-Christ, L. Arndt, & I. Ehnert (Hrsg.), *Nachhaltigkeit und Widersprüche. Eine Managementperspektive* (S. 127–177). Wien: LIT.
Musil, R. (2009). *Der Mann ohne Eigenschaften*. Reinbek bei: Rowohlt.
Nagel, R. (2013). Prinz Friedrich von Homburg und die „brauchbare Illegalität". http://www.osb-i.com/de/blog/prinz-friedrich-von-homburg-und-die-brauchbare-illegalitaet. Zugegriffen: 11. Juli 2014.
Nohria, N., & Gulati, R. (1997). What is the optimum amount of organizational slack? A study of the relationship between slack and innovation in multinational firms. *European Management Journal, 15*(6), 603–611.
Ohly, S., & Plückthun, L. (2013). Arbeitsgestaltung und Kreativität. In D. Krause (Hrsg.), *Kreativität, Innovation und Entrepreneurship* (S. 113–132). Wiesbaden: Springer Gabler.
Ramamoorthy, N., Flood, P. C., Slattery, T., & Sardessi, R. (2005). Determinants of innovative work behavior: Development and test of an integrated model. *Creativity and Innovation Management, 14*(2), 142–150.
Richtnér, A., & Åhlström, P. (2006). Organizational slack and knowledge creation in product development projects: The role of project deliverables. *Journal of creativity and Innovation Management, 19*(4), 428–437.
Rixhon, P. (2011). Das Glück des Suchenden. *Harvard Business Manager, 1*, 101–106.
Schreyögg, G. (2003). *Organisation: Grundlagen moderner Organisationsgestaltung* (4. Aufl). Wiesbaden: Gabler.
Sharfman, M. P., Wolf, G., Chase, R. B., & Tansik, D. A. (1988). Antecedents of organizational slack. *The Academy of Management Review, 13*(4), 601–614.
Stahl, H. K. (2013). *Führungswissen*. Berlin: Erich Schmid.
Stahl, H. K., & Fischer, H. R. (2013). Herausforderungen im Dazwischen. Balanceakte des neuen Führens. *Konfliktdynamik, 2*(2), 96–105.

Tate, R. (2012). *The 20% doctrine: How tinkering, goofing off, and breaking the rules at work drive success in business*. New York: Harper Business.

Wall, T. D., Kemp, N. J., Jackson, P. R., & Clegg, C. W. (1986). Outcomes of autonomous workgroups: A long-term field experiment. *Academy of Management Journal, 29*(2), 280–304.

Wang, A.-C., & Cheng, B.-S. (2010). When does benevolent leadership lead to creativity? The moderation role of creative role identity and job autonomy. *Journal of Organisational Behaviour, 31*, 106–121.

Weinert, A. B. (2004). *Organisations- und Personalpsychologie* (5. Aufl). Weinheim: Beltz.

Zeuch, A. (2010). *Feel it! So viel Intuition verträgt ihr Unternehmen!* Weinheim: Wiley.

6 innoLEAD©-Gestaltungsfeld 2: strategische Dimension der innovationsfördernden Führung

Das Gestaltungsfeld, das sich mit der strategischen Dimension der innovationsfördernden Führung beschäftigt, setzt sich mit Fragen zur innovationsfördernden Führung auf der Topmanagement-Ebene auseinander: Den Beginn machen auf der Basis der empirischen Untersuchung einige Beispiele aus dem Bereich der Gestaltung von Innovationsstrategien. Danach werden bewährte Denkinstrumente und Entscheidungshilfen des strategischen Innovationsmanagements vorgestellt und schließlich werden typische Innovationsakteure aus einer strategischen Perspektive beleuchtet. Zentral ist der Zusammenhang zwischen der Steuerung der Strategieumsetzung auf der Ebene der Geschäftsleitung, der Visions- und Strategieentwicklung und den daraus folgenden Maßnahmen zur Innovationsförderung (Freiraum-Praxis). In Abb. 6.1 findet sich noch einmal der Bezug zum innoLEAD©-Modell.

Die nachfolgende Diskussion ist von der Annahme geleitet, dass es sich bei allen Strategieentwürfen lediglich um **„Rationalitätsentwürfe auf Zeit"** handelt, deren Resultate keine „objektive" strategische Entscheidungssicherheit vermitteln (vgl. Nagel und Wimmer 2002). Wenn also nachfolgend auf einzelne Strategiekonzepte eingegangen wird, dient dies dazu, „Rationalitätsentwürfe" vorzustellen und deren Chancen im Hinblick auf eine Freiraum eröffnende Führungsphilosophie zu diskutieren. Die Innovationsstrategie wird hier nicht in einem instrumentellen Verhältnis zu anderen innovationsorientierten Führungsdimensionen betrachtet, sondern vielmehr als Gestaltungsfeld in einem integrierten innovationsorientierten Führungssystem, das in einer **rekursiven Beziehung** zu allen anderen Gestaltungsfeldern steht.

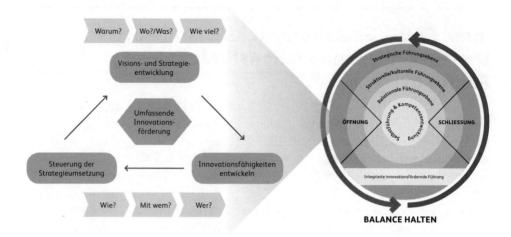

Abb. 6.1 InnoLEAD©: Gestaltungsfeld 2: Strategische Führungsebene

6.1 Perspektiven aus der Praxis

Die untersuchten Fallunternehmen lassen sich bezüglich ihrer strategischen Ausrichtung klar verorten: Sie sind in ihren jeweiligen spezifischen Marktsegmenten Markt- und/oder Technologieführer, was sie aus einer **Position der Stärke** agieren lässt. Diese Stellung eröffnet ihnen wiederum große Gestaltungsfreiräume und ermöglicht eine langfristig ausgerichtete Innovationsstrategie (vgl. auch Abschn. 4.2). Die Unternehmen sehen sich nicht als Pioniere. Vielmehr versuchen sie, ihre Marktposition mit inkrementellen Innovationen und hoher Qualität **aus der zweiten Reihe** heraus zu verteidigen. Die Fallunternehmen innovieren maßvoll, und die strategischen Felder ergeben sich aus der Tradition des Unternehmens. Die starke Fokussierung auf **Kundenbedürfnisse** und **Qualität** führt zu einer Risikoaversion und schränkt so auch die Innovationstätigkeit ein. Es besteht immer latent die Gefahr, viel Zeit und Anstrengungen in die Optimierung von Prozessen anstatt in zukunftsträchtige aber risikobehaftete Innovationsprojekte zu investieren. Letztere werden durchaus punktuell gefördert, aber ebenso wohl überlegt. Prinzipiell gehen „sichere" Kundenprojekte oder organisationale Innovationen im Sinne von Prozessoptimierungen und damit Initiativen zur Kostensenkung immer vor.

Nachfolgend werden die typischen Strategieverständnisse der Befragten thematisch zusammengefasst und zum Schluss in Bezug zur übergeordneten „Öffnungsthese" gesetzt: Es wird der Frage nachgegangen, welche Freiräume sich durch die gewählten Strategiemuster der Unternehmen ergeben.

6.1.1 Strategieverständnis: Suchende Innovatoren

Allen drei Fallunternehmen gemeinsam ist, dass sie sich größtenteils in **Märkten mit einer stabilen Technologieentwicklung** bewegen. Der Verlauf von Markt- und Technologielebenszyklus ist nahezu identisch. In solchen Märkten treten keine gravierenden technologischen Veränderungen auf. Die Technologieentwicklung ist vielmehr geprägt durch eine große Anzahl inkrementeller Verbesserungen. Die **Suche nach neuen Ideen** orientiert sich an Innovationsaktivitäten der Konkurrenz und dem Bestreben, die Produkte für die bestehenden Industriekunden noch perfekter auf den Markt zu bringen. Aufgrund dieser „Suchstrategie" werden die Unternehmen als „**suchende Innovatoren**" (Kaudela-Baum und Wolf 2010) charakterisiert. Die Suche nach Ideen ist durch zahlreiche Normen und Standards determiniert, welche die Qualität und Sicherheit der Produkte gewährleisten. Die Kreativität ist somit oft auf die technische Lösungssuche vordefinierter Problembeschreibungen begrenzt; selten wird die Problembeschreibung selbst hinterfragt.

Alle drei Unternehmen agieren jedoch auch in Marktsegmenten mit **dynamischer Technologieentwicklung** und sind herausgefordert, immer rascher neue Produkte auf den Markt zu bringen, die auf den kontinuierlich weiterentwickelten Technologien basieren. Dies gilt vor allem für die Softwaretechnologie, aber auch für bestimmte andere Technologiefelder. Die Unternehmen investieren sowohl in Produkt- als auch komplexe Plattforminnovationen, die auf vielfältigen Technologien beruhen. Daher ist nicht von einer einheitlichen Innovations- und Technologiestrategie in den jeweiligen Unternehmen zu sprechen. Vielmehr balancieren diese Unternehmen **mehrere Innovations- und Technologiestrategien** gleichzeitig und setzen diese durch diverse kleinere Aktionen um. Alle drei Unternehmen sind dabei, sich im Bereich des Innovationsmanagement stetig zu professionalisieren, und haben zahlreiche Innovationsförderungen eingeführt. In dynamischeren Geschäftsfeldern sind Entscheidungen über den Aufbau und die Substitution von Technologien erfolgskritische Faktoren. Das Risiko, technologische Fehlentscheidungen zu treffen, ist dort deutlich höher als in stabilen Märkten. Daher ist die **Technologiefrüherkennung und -bewertung** durch „**Technologie-Scouts**" von großer Bedeutung (vgl. Gerpott 2005, S. 99 ff.).

Eine Marktsegmentierung sowie eine bewusste Orientierung an den Kundenbedürfnissen, die eine Loyalität zu den Geschäftspartnern schafft, sind nicht selten die Basis für höhere Preise. Aber: Die Eintrittsbarrieren der etablierten Anbieter sind zu überwinden und es besteht die Gefahr, sich bei der Marktsegmentierung und der hohen Kundenorientierung in zu viele Einzellösungen zu verzetteln. Große, radikale Innovationsschritte werden nicht angestrebt und das Innovationsumfeld wird als „*beruhigende Glocke*" beschrieben:

Perspektive Mitarbeitende: Innovieren unter einer „beruhigenden Glocke"

[Es gibt] diese beruhigende Glocke: Man hat einen exzellenten Vertrieb, einen exzellenten Service und ich brauche keine Angst zu haben, dass ich gleich meinen Job los bin, wenn ich jetzt morgen mal einen Fehler mache. Nicht so wie in einem der 10-Mann-

Abb. 6.2 Innovieren unter der beruhigenden Vertriebs-Glocke

> Boote. Wenn Unternehmen in der Größe ein Produkt in den Sand setzen, dann sind sie erledigt. Also [diese Glocke] ist eher fördernd. (F&E MA)

Hier kommt die Ambivalenz der Innovationspraxis deutlich zum Ausdruck. Einerseits ermöglicht die „beruhigende Glocke" (vgl. Abb. 6.2) **finanziellen Slack**: Wenn man mal einen Fehler macht, fällt das finanziell nicht so sehr ins Gewicht. Andererseits verhindert die schützende „Glocke" auch die Entwicklungs- und Lernprozesse und die unternehmerische Kreativität. Nicht innovativ zu sein wird nicht umgehend vom Markt „*bestraft*". Man denkt nicht an potenzielle Folgen des Nicht-Innovierens, vielmehr glaubt man an Kontinuität und Stärke. Durch Effizienzsteigerung und Internationalisierung der Geschäftstätigkeit gelingt es den Unternehmen erfolgreich, weiterhin Marktanteile zu halten bzw. weiter in den bestehenden Märkten zu wachsen. So muss sich zum Beispiel ein Unternehmen für den chinesischen Markt auf den Entwicklungsstand von vor 15 Jahren zurückbewegen, um auf dem dortigen Markt erfolgreich zu sein.

Gerade vor dem Hintergrund des Gefühls, dass man in einer „beruhigenden Glocke" innoviert und nicht alle Innovationspotenziale ausschöpft, ist die **parallele Verfolgung von inkrementellen und radikalen Innovationsvorhaben** ein wichtiges Führungsthema. Die Unternehmen streben grundsätzlich nach mehr Öffnung, Unternehmergeist und Risikobereitschaft. Doch die Umsetzung gleicht vor dem Hintergrund der bisherigen Innovationsstrategie und der Exzellenz in der Umsetzung kontinuierlicher Innovationsprozesse einem Hürdenlauf.

Wenn Industrieunternehmen in eher gesättigten, traditionsreichen Märkten nach Innovationen streben, suchen sie in regelmäßigen Abständen nach Möglichkeiten, wie sie mit ihrer bestehenden Technologie in völlig **neue Märkte** vorstoßen. Fragen wie diese tauchen dabei auf: Wie können wir mit einer Messtechnik für Abwasseranlagen in die Heizungsindustrie vordringen? Wie können wir mit einer Technologie für Turbolader in der Automobilindustrie erfolgreich sein? Wie können wir mit einer Technologie für die Herstellung von Pralinen den Markt für Geschirrspülmittel erobern? All dies sind Beispiele für **Cross-Industry-Innovationen**, die ein Sprungbrett aus einem gesättigten Markt sein können und die im besten Fall einen Beitrag zur Diversifizierung und damit der Zukunftssicherung bieten.

Im Rahmen unserer Aktionsforschung haben wir festgestellt, dass hier die Einschätzungen im Unternehmen – nicht nur im Topmanagement-Team – weit auseinandergehen. Die einen haben eventuell einen Vorstoß in eine andere Industrie gewagt und dies erfolgreich gemeistert, so neue Märkte erobert und den Umsatz gesteigert. Die anderen, die ebenfalls einen Vorstoß in neue Märkte gewagt haben, sind aber aufgrund fehlender Markt- und Kundenkenntnisse gescheitert. Nicht selten wurde dann die ausschließliche Konzentration auf das Kerngeschäft ausgerufen unter dem Motto: *„Wir innovieren in Märkten, die wir gut kennen, und schöpfen die Spielräume aus, die wir in bestehenden Märkten haben."* Damit wird relativ rasch auf allen Führungsebenen bzw. bei allen Führungsakteuren im gesamten Innovationssystem ein **implizites Denkverbot** (die „Glocke") eingeführt.

Neben Produktinnovationen stehen Dienstleistungs- und Prozessinnovationen im Vordergrund. Alle Ideen, die die Herstellungskosten senken, tragen zur Zukunftssicherung bei. „Prozessoptimierung" ist also ein zentraler Innovationsauftrag. Denn mit den eingesparten finanziellen Ressourcen kann wieder in Produkt- und Dienstleistungsinnovationen investiert werden.

> **Perspektive Führung: Slack durch Prozessoptimierung**
>
> Innovation kann heißen, dass man mehr Software reinbuttert, mehr Technik, um Blech zu reduzieren. Und das ist uns immer wieder gelungen. Einfach durch die Optimierung der Herstellungskosten von einer Maschine – das ist Innovation. (F&E Leader)
>
> Wir [haben] im letzten Jahr angefangen, […] diese gleichen Innovatorentreffen zu nutzen, um einen sogenannten Process Innovation Award auszuwählen. Das heißt, da bewerten wir mit [XY SFR] die beste Prozessverbesserung, in welchem Bereich auch immer, ob Technik, ob Wirtschaft, ob Vertrieb. Und da habe ich entsetzlich viele Bewerbungen. Und das wird wahrscheinlich viele andere motiviert haben, […] selber was zu machen. (F&E Leader)

Vor allem die Führung schätzt diese Prozessinnovationen hoch, das Thema ist denn auch sehr dominant. Die beiden nachfolgenden Episoden illustrieren die Suchstrategie der Unternehmen, die zeigen, dass man erstens schaut, *„was die anderen machen"*, und zweitens etwas erforscht, wenn der *„Kunde das auch wirklich gut gebrauchen kann"*.

> **Perspektive Führung: Man schaut, was die anderen machen**
>
> Warum sind wir innovativ? Weil oftmals die anderen Produkte nicht in dieser Bandbreite erscheinen. Die anderen Produkte sind oftmals zu rudimentär. Man schaut sich die Idee der anderen schon ab, man schaut, was die anderen so machen und macht es dann wirklich so, dass es der Kunde auch wirklich gut gebrauchen kann. (F&E Leader)

> **Perspektive Mitarbeitende: König Kunde**
>
> Wenn ich mir etwas wünschen dürfte, dann […] dass man aufhören würde, immer die Marketingseite zuerst zu sehen. Es ist einfach so hier in dieser Firma: Der Geschäftsleiter kommt aus dem Marketing, der Entwicklungsleiter kommt aus dem Marketing, der Marketingleiter kommt aus dem Marketing. Das sind alles im besten Falle Physiker, meistens BWL'er oder Wirtschaftsingenieure, so wie der Inhaber auch. Die sehen häufig nicht unbedingt den Nutzen der Idee an sich, sondern nur, ob der Kunde sofort einen Nutzen hat. Sie sind zum einen nahe am Kunden dran, nahe dran an dem Gefühl, was dem Kunden nutzen kann. Zum anderen ist es auch ein Nachteil, weil man halt nicht über den eigenen Teller hinweg schaut. Also man sieht halt nur den Kunden [XY] und ordnet dem alles unter. Und maximal sieht man dann noch, dass die Hauptkonkurrenten jetzt gerade das Gerät haben. Dann heißt es: Das brauchen wir auch unbedingt. **Was ist der Effekt von dieser Art von Strategien? Man baut immer nur das, was man schon immer hatte.** Und ich würde mir wirklich wünschen, dass man davon ein bisschen weg kommt. Dass man auch einmal den Mut hat zu sagen: Das ist vielleicht nicht ganz unsere Branche, da haben wir bisher nie etwas gemacht, aber wir haben das Know-how dazu, einen [XY] zu entwickeln für diese Branche, also machen wir das auch. (F&E MA)

Die F&E-Abteilung nimmt die Marketingabteilung typischerweise als strategieleitend wahr. Die F&E-Abteilung übernimmt eine Expertenfunktion im Rahmen einer kundenorientierten Innovationsstrategie. Damit verbunden ist das Selbstverständnis der F&E-Mitarbeitenden als interne Provider innovativer Konzepte und Verfahren ohne direkten Kundenkontakt. Innovationen sind nützlich, um den *„Bauchladen der Vertriebsleute"* konstant zu füllen (vgl. Abb. 6.3).

Es ist eine Standardregel des Innovationsmanagements, sich am Kunden zu orientieren. Wer sich mit etablierten Kunden zusammensetzt und den Bedarf für die Zukunft gemeinsam mit Kunden analysiert, der setzt sich aber vor allem mit Stammkunden auseinander, die relativ zufrieden sind mit den momentan angebotenen Produkten (sonst wären sie nicht bereit, gemeinsam über die Zukunft beider Unternehmen nachzudenken). Kunden als Innovationspartner sind also eher an **inkrementellen und weniger an radikalen Innovationen** interessiert.

Die Innovationsstrategie leitet sich dann weniger aus einer nach innen gerichteten, selbstbezogenen bzw. ressourcenorientierten Perspektive ab. Häufig können die Mitarbeitenden auch den Unterschied zwischen einer Geschäftsstrategie und einer Innovations-

Abb. 6.3 König Kunde

strategie nicht eindeutig formulieren und stellen sich die Frage: *„Sind wir überhaupt innovativ? Ich bin mir da nicht so sicher. Vielleicht."*

Die Kunden werden in diesem **industriellen BtoB-Umfeld** als konservativ beschrieben, ihre Erwartungen als stabil und berechenbar. Sie suchen laut den Befragten weniger nach neuen Produkten, sondern nach Produkten, die *„100-prozentig funktionieren, unter allen Umständen [...] für die nächsten zwanzig Jahre und am liebsten so, dass sie die Geräte hinnehmen und vergessen dürfen"*. Dies gründet auch in der **Pfadabhängigkeit der Produkt- bzw. Plattformentwicklungen**: Investitionen in Produkt- und Plattforminnovationen ziehen immer auch beim Kunden größere Investitionen nach sich (Umrüstung von Maschinen, Prozessen, Verfahren). Daher steigt der Innovationsdruck auch nicht sprunghaft an und ist berechenbar. Innovation wird ausgelöst durch veraltete Technologien bzw. Bauteile, die man zwingend ersetzen muss, oder die Innovation ist die Folge von kleineren Verbesserungen in Bezug auf die Qualität oder Kosten.

6.1.2 Strategische Führungsebene und die Bedeutung von Freiräumen

Das Forschungsprojekt behandelt die Frage, welche Bedingungen vorhanden sein müssen, damit sich Freiräume auf einer strategischen Führungsebene eröffnen. Zentral sind auf dieser Ebene die finanziellen und damit auch personellen sowie materiellen Ressourcen, die das Unternehmen für Innovationsaktivitäten zu verwenden fähig ist: Kann es sich das Unternehmen leisten, Gedankenspiele im Rahmen neuer Trendthemen (wie zum Beispiel „Energieeffizienz") zu tätigen oder muss aufgrund mangelnder Ressourcen alles jenseits der etablierten Prozesse ausgeblendet werden? Auch eröffnet bspw. eine Pionierstrategie Freiräume. Wer auf noch nicht gesättigten Märkten agiert, hat Wahlmöglichkeiten und bestimmt die Erwartungen am Markt mit. Auf einer strategischen Ebene wird auch entschieden, auf welcher Führungsebene die Verantwortlichen für den Innovationserfolg sitzen bzw. wie zentral bzw. dezentral die Verantwortung verteilt ist. Weiterhin entscheidet das

Topmanagement, wie viel Slack in Form von Redundanz bzw. der **Akzeptanz von Doppelspurigkeiten** geduldet wird, um das Flexibilisierungspotenzial des Unternehmens zu erhalten (Abschn. 5.2.5). Sind durch Lean-Management-Prozesse alle Doppelspurigkeiten automatisch beseitigt? Oder leistet sich das Unternehmen auch bewusst „**Schonräume**", das heißt z. B. Mitarbeitende, die nicht immer hundertprozentig ausgelastet sind? Oder richtet es großzügig definierte Vertretungsstellen ein, die dann im Rahmen von Innovationsprozessen evtl. zusätzlich zu den geplanten Ressourcen mobilisiert werden?

Die **wesentlichen Strategiedimensionen** der Unternehmen können wie folgt zusammengefasst werden:

- Innovieren in bekannten Märkten und Position der Stärke ausbauen
- Erweiterung des bestehenden Produktportfolios und keine großen Risiken eingehen
- Inkrementelles Innovieren und lange Produktlebenszyklen (PLZ) von sieben bis zwanzig Jahren – Perspektive: „Radikale Innovationen würden unsere Kunden überfordern."
- Sowohl-als-auch-Strategie: Kundenorientierung bzw. Trendorientierung und ausgeprägte Technologieorientierung.
- Variierende Innovationsstrategien unter einem Dach, je nach Technologie- bzw. Marktdynamik.

Auf der strategischen Führungsebene konnten zwei **typische Spannungsfelder** identifiziert und die **Bedeutung von Freiräumen** innerhalb dieser Spannungsfelder abgeleitet werden:

Zentrale vs. dezentrale Verantwortung für Innovationserfolg Innovation braucht Orientierung. Dem Topmanagement kommt demnach für die Innovationsfähigkeit eine entscheidende Rolle zu. Es gibt die strategischen Leitplanken (Visionen, Strategien, Innovationsziele) vor, innerhalb derer sich die Innovationstätigkeit (und die damit verbunden Investitionen) abspielt. Je dezentraler die Verantwortungs-, Kompetenz- und Aufgabenverteilung für Innovationen innerhalb der Unternehmen organisiert ist, umso breiter und vielfältiger ist der Wissensbestand, auf dem sich die organisationale Innovationsfähigkeit entwickelt. Freiräume entstehen dadurch, dass untere Managementebenen eine große Handlungsautonomie haben, im Wissen darum, dass nicht alle Initiativen kontrolliert und eng begleitet werden. Da es sich im industriellen Umfeld mehrheitlich um Mehrjahres-Innovationsziele handelt, wird in den Unternehmen ein delegativer Führungsstil (Abschn. 3.6.2), der die Verantwortung für strategische Feinjustierungen auf Abteilungs- oder Projektleitungsebene delegiert, als sinnvoll erachtet.

Innovationsziele können enger oder weiter gefasst und kommuniziert werden. Je konkreter die Ziele definiert sind, desto einfacher sind sie in operative Prozesse und damit auch in Anforderungen an Führungskräfte bzw. unterstützende Personen seitens des Innovations- oder Technologiemanagements (z. B. Innovation-Agents) herunterzubrechen. Je diffuser die Zielvorgaben sind, desto unklarer sind die Rahmenbedingungen, um die Freiräume zur Erreichung dieser Zielvorgaben zu gestalten. Gleichzeitig entstehen gerade aufgrund von diffusen Innovationsstrategien wiederum Entwicklungsfreiräume für Innovatorinnen und Innovatoren sowie deren Vorgesetzte. Die Möglichkeit, eigenverantwortlich und dezentral Innovationsstrategien mitzugestalten und „frei" umzusetzen, erhöht die Chancen auf radikalere Lösungsvorschläge.

Kundenorientierung vs. Zwang zur Erneuerung Freiräume einzurichten mit dem Ziel, den „Experimentierraum" für radikale Innovationen auszudehnen, führt nicht immer zum Erfolg. Die Annahme, dass größere zeitliche Freiräume unmittelbar, praktisch *„auf Knopfdruck"* zur Innovationsförderung beitragen, greift gemäß den Befragten zu kurz. Freiräume werden als Vorbedingung angesehen, um sich von rein inkrementellen Optimierungsprozessen zu lösen. Allerdings braucht es dazu Mitarbeitende, die die gewährten Freiräume auch eigenverantwortlich und eigeninitiativ nutzen und sich mit radikalen Innovationen, Markttrends oder technologischen Entwicklungen auseinandersetzen *wollen*. Ohne „*kreative Typen*" von Mitarbeitenden verpufft das Potenzial von Freiräumen. Eine Häufung dieses Mitarbeitenden-Typus ist jedoch bei der oben beschriebenen strategischen Ausprägung eher unwahrscheinlich. Jeglicher Erneuerungsdruck oder „Innovationszwang" muss in diesem Kontext sehr glaubwürdig und nachhaltig kommuniziert werden und unbedingt mit einer entsprechenden Personalselektions- und entwicklungspraxis begleitet werden (Abschn. 9.5). Die Unternehmen versuchen, diesen Spagat mit der Selektion von potenziellen Innovatorinnen und Innovatoren und deren Vernetzung in ausgewählten Innovationsteams inmitten einer ausgeprägten Qualitätsmanagement- und Prozessoptimierungskultur zu meistern. Eigeninitiatives Handeln kann die Führung generell nicht delegieren. „Eigeninitiative ermächtigt sich selbst. Sie fragt nicht nach Erlaubnis. Falls sie Erlaubnis braucht, ist sie keine mehr" (Sprenger 2007, S. 169). Wenn eine Chefin in einem durch und durch kundengetriebenen und „lean" organisierten Unternehmen plötzlich Freiräume schafft und sagt: „Jetzt habt ihr mehr Freiräume!" – dann stärkt das implizit die Unfreiheit. Damit ist die Botschaft verknüpft: „Ich bestimme, wann du autonom arbeiten darfst." Diese Form der Autonomie berührt sicher nicht den inneren Kreativmotor und erreicht voraussichtlich nicht die intendierte innovationsfördernde Wirkung.

In den anschließenden Abschnitten werden einige grundlegende Theorien und Konzepte für die strategische Führung von organisationaler Innovationsfähigkeit entfaltet.

6.2 Innovationsstrategie und Grundlagen der Unternehmenssteuerung

Unternehmen haben sich durch Innovationen kontinuierlich oder periodisch zu erneuern, um langfristig kompetitiv zu sein; die Innovationstätigkeit geht dabei zielgerichtet vonstatten. Die Unternehmensführung muss deshalb eine **strategische Vision** über spezifische Entwicklungsräume haben und diese im Kontext potenzieller Marktveränderungen antizipieren. Basierend auf den internen Stärken und Fähigkeiten und unter Berücksichtigung der externen Marktanforderungen wird so in einer **Innovationsstrategie** ein

Entwicklungskorridor definiert, in dem sich das Unternehmen erneuert und in dem alle Innovationsaktivitäten gebündelt werden (vgl. Corsten et al. 2006, S. 233). Eine klare Innovationsstrategie verhindert so, dass Ressourcen und Energie ergebnislos verpuffen. Das folgende Kapitel bietet Führungskräften einen **Leitfaden zur gezielten Beobachtung und Reflexion** der eigenen strategischen Praxis in Bezug auf Innovation. Zuerst wird die Bedeutung einer innovationsorientierten Unternehmenssteuerung diskutiert, wofür der Begriff „Innovation Governance" eingeführt wird. Danach steht die strategiegeleitete Auswahl von Innovationsakteuren im Fokus. Zum Schluss werden mögliche Strategietypen und instrumente vorgestellt und Reflexionsfragen sowie ein Fazit entwickelt.

6.2.1 Innovationsorientierte Steuerung des Unternehmens

Die Betrachtung innovationsfördernder Führung umfasst auch die oberste Führungsebene, die sich nicht mit der operativen Umsetzung von Strategien detailliert auseinandersetzt, sondern mittel- und langfristige Entwicklungen im Markt feststellt und frühzeitig eine Weichenstellung vornimmt, die das Unternehmen in eine vorteilhafte Richtung bewegt. Auf einer strategischen Ebene definiert die Führung auch, wie zentral oder dezentral die Verantwortung für den Innovationserfolg verteilt ist. Wenn Innovieren innerhalb von Unternehmen als komplexer, funktionsübergreifender, multidisziplinärer und (eigen)dynamischer Prozess betrachtet wird, dann stellt sich mehr als bei allen anderen unternehmerischen Aktivitäten die Frage, wie die Unternehmensführung diese Prozesse wirksam und ganzheitlich steuert und gestaltet. Des Weiteren ist zu klären, wie sich dieser **Steuerungsanspruch in den Topmanagement-Gremien** abbildet (vgl. Deschamps 2013a).

Dabei geht es beispielsweise um die Beantwortung von Führungsfragen wie: Wer verpflichtet sich in der Geschäftsführung zu Innovation? Wer entscheidet über Investitionen in Innovationsaktivitäten? Wie hoch sind diese Investitionen? Wer übernimmt Verantwortung für welche Bereiche? Wer nimmt welche Rolle im Rahmen von Innovationsprozessen ein? Welche grundlegenden Werte leiten alle Innovationsinitiativen an? Wie soll Innovationserfolg gemessen werden? Welche Innovationsvorhaben haben strategische Priorität? Welche Rolle spielt das Innovations- und Technologiemanagement? Wird diese Funktion als reine Expertenfunktion betrachtet oder ist sie auf mehrere Manager, d. h. ein ganzes Führungssystem verteilt?

Zudem hat die oberste Führung die Aufgabe, immer wieder innovatorische Unsicherheit in unternehmerische Sicherheit zu verwandeln und auf der Basis dieser **selbstgeschaffenen Orientierung** die Innovationsfähigkeit immer wieder zu erneuern. Dies geschieht dadurch, dass sie einerseits Innovationsstrategien formuliert und implementiert, andererseits die Thematik auch qua ihrer Persönlichkeit beispielhaft repräsentiert. Hinter diesem Ansatz steht die Einsicht, dass Unternehmen durch ihre in Interaktionen geprägte strategische Wirklichkeit die für ihre Innovationen relevanten Umwelten mitgestalten. Im täglichen Austausch mit anderen „Systempartnern" (Nagel und Wimmer 2002, S. 21) wird eine bestimmte **Innovationsidentität** geprägt, welche durch eine Fortführung entweder gestärkt oder durch eine Abweichung im Innovationsverhalten verändert werden kann.

6.2 Innovationsstrategie und Grundlagen der Unternehmenssteuerung

Gemäß Weidmann und Armutat (2008, S. 75) hat sich gezeigt, dass bei **erfolgreichen Unternehmensstrategien** in innovativen Bereichen

- erstens diese unter Integration eines relativ großen Personenkreises entwickelt werden,
- zweitens die beteiligten Personen jeweils einen unterschiedlichen professionellen Hintergrund haben und in verschiedenen Unternehmensbereichen arbeiten und
- drittens die Strategiekomponenten einen sehr flexiblen Charakter haben.

Warum sind unterschiedliche Sichtweisen so zentral? Weil sie die Komplexität unternehmerischer Wirklichkeit zu erfassen vermögen und einseitige, ideologisch geprägte Annahmen einzelner Entscheidungsträger erkennen und hinterfragen können. So partizipativ und konsensbasiert wie möglich fließen die Anforderungen der Innovationsstrategie in verschiedene Unternehmensbereiche – im **innoLEAD©-Modell** unterteilt in die organisationale Dimension, in der die Organisationsstruktur und – kultur passend zur Strategie ausgerichtet werden. Weiterhin berührt die Strategie die Art und Weise der Führung als Beziehungsgestaltung zwischen Führenden und Geführten und stellt spezifische Anforderungen an die personalen Kompetenzen von Innovatorinnen und Innovatoren sowie deren Vorgesetzte.

Die Praxis innovationsverantwortlicher Führungskräfte ist oft geprägt durch Nicht-Wissen und **Unsicherheit** in Bezug auf die innovationsstrategische Ausrichtung des Unternehmens, die Bewertung von Führungsinstrumenten im Hinblick auf deren Wirkung auf die Innovationsdynamik, die Begutachtung von einzelnen Entwicklungsschritten im Innovationsprozess oder die Vernetzungsmöglichkeiten mit externen Partnern (um nur einige Beispiele zu nennen, vgl. Kaudela-Baum et al. 2010). Wenn die Innovationsstrategie diffus bleibt und nicht explizit formuliert wird, bleiben auch alle innovationsfördernden Maßnahmen diffus. Infolgedessen können die Mitarbeitenden den **Sinn hinter den Maßnahmen** nicht klar rekonstruieren.

Die **strategische Steuerung** von Innovation stellt insbesondere für Großunternehmen, die ein sehr breites und hoch diversifiziertes Produktangebot vermarkten, eine Herausforderung dar. Gerade in diesem Organisationstyp werden aufgrund von verschiedenen Technologie- und Marktdynamiken sowie von Kundenbedürfnissen oft mehrere Innovationsstrategien gleichzeitig nebeneinander balanciert. Da dieses Ausbalancieren inkl. der damit verbundenen Risikobewertungen nicht eine Führungsperson alleine leiten und verantworten kann, braucht es eine „**Governance**" dieser komplexen Innovationssysteme. Mit der Begriffswahl „Governance" wird auch klar, dass die Verantwortung für die Innovationsfähigkeit nicht nach unten delegiert wird, sondern klar beim Topmanagement liegt (vgl. Deschamps 2013a). Hauschild und Salomo (2011) sprechen in diesem Zusammenhang vom „**Innovationssystem der Unternehmung**" (S. 57), betonen aber ebenso wie Deschamps (2013a) die ganzheitliche Ausrichtung der Unternehmen auf Innovation. Gemäß Hauschildt und Salomo (2011) versteht man unter einem integrierten Innovationssystem das „Positions- und Kompetenzgefüge" sowie „das Kommunikations- und Interaktionsgefüge des Innovationsmanagements" (S. 57).

▶ Unter **Innovation Governance** versteht man eine multiperspektivische Betrachtung von Innovation, die in vielen Bereichen eine kohärente Führungskommunikation und aktivität voraussetzt. Innovation Governance kann als System funktionsübergreifender Entscheidungsprozesse, das alle Innovationsaktivitäten steuert und die Erreichung der strategischen Ziele sichert, verstanden werden.

Häufig wird Innovation auf die Entwicklung neuer Technologien und Produkte reduziert, dabei werden andere Innovationstypen vergessen. Die Aufgabe von **Senior Managern** besteht darin, sicherzustellen, dass eine Unternehmung nicht nur in den erwähnten Bereichen Technologie und Produkte innoviert, sondern den Innovationsradius auch auf weitere mögliche Bereiche des Unternehmens ausdehnt. Häufig entstehen nachhaltige Wettbewerbsvorteile durch die Kombinationen verschiedener Technologien, Produkte oder Dienstleistungen. Entwicklungen in einem Bereich beflügeln Entwicklungen in einem anderen (vgl. Deschamps 2013a). Zu solchen Kombinationsinnovationen zählen bspw. das Produkt Apple I-Pod und die Dienstleistung I-Tunes.

Van Ruyssevelt (2010) unterstreicht bei seinen Ausführung zu Innovation Governance, dass es folgenreiche Lücken zwischen den (gut gemeinten) Bestrebungen der Führungskräfte und dem effektiven organisationalen Verhalten im Innovationskontext gibt, die nicht alleine durch ein versiertes Innovationsmanagement überwunden werden können. Mit der Forderung nach einer Innovation Governance wird ein umfassenderes Verständnis von Innovationsvorgängen im Unternehmen unterstrichen. Um diese Lücke zu füllen, braucht es neben Prozessoptimierungen auch kulturelle Umgestaltungen sowie Änderungen im Mitarbeitendenverhalten. Gemäß Barsh et al. (2008) muss das Topmanagement deshalb folgende Punkte realisieren:

- Integration bzw. Aufnahme der Thematik Innovation in die eigene strategische Agenda und Übernahme einer Vorbildfunktion.
- Aufbau eines Netzwerks mit Innovatoren sowie Förderung und Unterstützung von Innovation Leaders.
- Förderung der Experimentierfreude und Akzeptieren von Fehlschlägen, um daraus zu lernen. Dadurch verbinden die Mitarbeitenden positive Erfahrungen mit Innovation.

Mit nachfolgender Grafik (vgl. Abb. 6.4) lässt sich die oberste Ebene der Innovationsführung abbilden (vgl. Deschamps 2013a). Die strategische Steuerung eines Innovationssystems startet mit dem Aufbau einer nachvollziehbaren und verständlichen Vision und einer Strategie für die Innovation, welche die Freiräume für die Entwicklung neuer Produkte oder Dienstleistungen umreißen. Diese Phase wird begleitet von der Reflexion dreier zentraler Fragen:

1. **Warum innovieren wir?** Diese Frage kann das Topmanagement meist rasch beantworten. Aber haben alle Mitarbeitenden im Unternehmen das gleiche klare Verständnis der

6.2 Innovationsstrategie und Grundlagen der Unternehmenssteuerung

Abb. 6.4 Der Spielraum von Innovation Governance. (Quelle: in Anlehnung an Deschamps 2013a)

Innovationsziele? Kennt und teilt jeder im Unternehmen diese Ziele und versteht die Gründe, warum das Unternehmen so und nicht anders innoviert?

2. **Wo suchen wir nach Innovation?** Worauf fokussiert sich die Suche und wo liegen die Prioritäten bei der Suche nach neuen Ideen? Was verlangt die Geschäftsstrategie? Soll sich das Unternehmen auf die Entwicklung neuer Produkte, neuer Dienstleistungen, robustere Geschäftsmodelle oder eher auf die Senkung der Produktionskosten konzentrieren?
3. **Wie viel Innovation wollen wir?** Dabei geht es um die Definition der Risiko- und Investitionsbereitschaft der Unternehmung und die Bestimmung des angestrebten Innovationsgrades bzw. auch die mögliche Festlegung, sowohl radikale als auch inkrementelle Innovationsvorhaben zu fördern. Die Antworten müssen allen Organisationsmitgliedern bewusst sein, damit sowohl die Handlungsfreiräume in Bezug auf die Risikobereitschaft der gesamten Organisation abgestimmt werden können als auch die Anerkennung von Leistungen im Rahmen der Ideenentwicklung zur strategischen Ausrichtung passt.

Danach müssen Unternehmen sukzessiv die passenden Fähigkeiten aufbauen und entwickeln, welche die wirksame Gestaltung dieser Freiräume möglich machen.

Dabei stellen sich ebenfalls drei Fragen:

1. **Wie können wir wirksamer innovieren?** Darunter fallen v. a. Fragen zur Beschleunigung von Innovationsprozessen, Time-to-Market etc.
2. **Mit wem sollen wir innovieren?** Hier stellt sich die Frage, mit welchen internen oder externen Partnern das Innovationsvorhaben realisiert werden soll.
3. **Wer ist für was verantwortlich in Bezug auf Innovation?** Hierbei wird geklärt, wer welche Aufgabe im Bereich des Innovationsmanagements übernimmt (Abschn. 6.2.2).

Damit die entwickelte innovationsstrategische Ausrichtung umsetzbar ist, sind grundsätzliche Fähigkeiten zu entwickeln. Es ist unabdingbar, dass *alle* Mitarbeitenden Teillösungen für unternehmerische Herausforderungen beisteuern. Die Steuerung der Umsetzung einer definierten Innovationsstrategie macht dann z. B. die Messung verschiedener Entwicklungsindikatoren nötig, um Fortschritte kontrollieren zu können.

Dass Innovationsführung auf höchster Ebene erfolgsversprechend ist, hat van Ruyssevelt (2010) belegt. In einer Studie wies er nach, dass die positiven Effekte einer Anwendung von Innovation Governance messbare Gewinne erzielen:

- 75–85 % Erfolgsrate bei neuen Produkten im Vergleich zu vorherigen 50 %
- 15–30 % schnellere Innovationsdurchlaufzeit
- 75–100 % höherer Wert der Produktportfolios.

Die Zielklarheit ist wesentlich für eine klare Ausrichtung des Unternehmens insgesamt und der Innovationsstrategien insbesondere. Probleme können aber auf dieser Ebene entstehen, wenn in Publikumsgesellschaften die Informationsasymmetrie zwischen Aktionären bzw. Eigentümern der Firma und dem Management groß ist und wenn vor diesem Hintergrund Unklarheit bezüglich der anzustrebenden Innovationsziele herrscht. Dies wirkt sich vor allem bei Unternehmen nachteilig aus, die in Marktsegmenten tätig sind, die einem steten und schnellen Wandel unterliegen. Hier müssen die **Freiheitsgrade des Managements** so ausgestaltet sein, dass es innovationsstrategische Veränderungen innerhalb angemessener Fristen ausarbeiten kann, ohne deshalb den Fokus der Geschäftstätigkeit zu häufig neu auszurichten (vgl. Bitar 2003, S. 8). Insgesamt liegen zu diesem Thema erste Erkenntnisbausteine vor (vgl. Belloc 2012). Belloc (2012, S. 837) hat in einer Metastudie verschiedene Studien zum Thema Innovation und Corporate Governance untersucht und darin insbesondere **drei Hauptdimensionen** eruiert, die einen Einfluss auf die Innovationsfähigkeit haben: 1) Die Besitzverhältnisse eines Unternehmens, 2) die Finanzierung der Innovationstätigkeit und 3) die Incentivierung der Mitarbeitenden im Innovationskontext.

Die Schlussfolgerungen aus diesen Studien ergeben kein kohärentes Bild, sondern sind teilweise widersprüchlich. Bezüglich der Besitzverhältnisse wird in verschiedenen Studien ein positiver Einfluss auf die Innovationsfähigkeit von Großunternehmen vor allem dann gesehen, wenn die Unternehmen in der Hand von nur wenigen Besitzern sind und das Aktionariat aus Investoren mit langen Anlagehorizonten (bspw. Pensionskassen) besteht. Bezüglich der finanziellen Dimensionen wurde festgestellt, dass der Einkauf von Know-how durch Übernahmen von Unternehmen sich tendenziell negativ auswirkt, weil dadurch die langfristigen Investitionsüberlegungen unterminiert werden (vgl. Belloc 2012). Um ein besseres Verständnis der Wirkmechanismen zwischen Besitzverhältnissen und Innovationsfähigkeit zu erhalten, sind noch weitere Studien notwendig.

6.2.2 Innovationsakteure strategiegeleitet definieren

Neben den oben skizzierten Fragen zur Innovation Governance stellt sich auch die Frage, wer in einem Innovationsführungssystem Verantwortung für Innovationserfolge bzw. Innovationsprozesse trägt (vgl. Deschamps 2013b). Der Titel dieses Buches lautet: „Innovation Leadership": Aber wer sind diese Innovation Leader? Diese Frage wird anhand der Abb. 6.5 diskutiert. Auf der vertikalen Achse ist die Frage der Verantwortung in Relation zum Hierarchielevel verortet, auf der horizontalen Achse sind vier Kategorien im Hinblick auf die Anzahl der Personen, die für den Innovationserfolg verantwortlich sind, definiert.

Anhand der Abbildung lassen sich nun **verschiedene Führungskonstellationen** durchspielen.

Das **Modell „Topmanagement-Team"** bzw. eine Untergruppe des Topmanagements ist das am häufigsten vorkommende Modell (vgl. Deschamps 2013b). Die Zusammen-

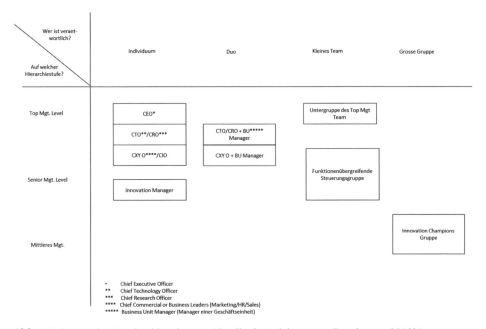

Abb. 6.5 Innovation Leadership Akteure. (Quelle: in Anlehnung an Deschamps 2013b)

setzung dieser Gruppe variiert je nach Unternehmen und dessen innovationsstrategischer Ausrichtung. Auch variiert der Grad der Formalität dieser Verortung der Innovationsverantwortung. In der schwächsten Ausprägung der Formalisierung werden Innovationsthemen wie alle anderen Themen auch in den regulären Geschäftsleitungssitzungen thematisiert. Es ist auf der Traktandenliste, hat aber kein spezifisches Zeitfenster. In der stärksten formalen Ausprägung werden Geschäftsleitungssitzungen ausschließlich zu Innovationsthemen abgehalten und es findet ein Austausch unter Geschäftsleitungsmitgliedern statt, die verschiedene Innovationsprojekte leiten. Meistens geht es auf dieser hierarchischen Ebene um Projekte mit einer hohen Risikobehaftung und um Innovations*themen*. Innovations*prozess*fragen werden meistens auf der mittleren Führungsebene verantwortet.

Das **Modell „CEO als Innovationskönig"** ist das zweithäufigste Modell. Meistens füllen diese Rolle charismatische Führungspersonen aus, oft die Unternehmensgründer selbst. Unter der Führung von Steve Jobs hätte niemand bei Apple dessen Führungsrolle in Bezug auf Innovation angezweifelt. Wenn solche charismatischen Führungspersonen abtreten, stellt sich dann häufig die Frage, ob das Innovation-Governance-Modell umgestellt werden muss und die Verantwortung evtl. auf mehrere Schultern zu verteilen ist. Wenn der CEO selbst für Innovation steht, dann ist die Botschaft meistens für alle Organisationsmitglieder klar: Innovation hat alleroberste Priorität (vgl. Deschamps 2013b).

Das **Modell „Funktionenübergreifende Steuerungsgruppe"**, „Innovation Committee" oder auch „Innovation Governance Board" tritt in verschiedenen Ausprägungen auf. Auch müssen nicht alle Gruppenmitglieder aus dem Topmanagement kommen. Meistens wird eine derartige Steuerungsgruppe jedoch von einem Mitglied des Topmanagement-Teams geleitet, nicht selten vom CTO oder vom CRO. Ansonsten setzt sich die Steuerungsgruppe auf der Basis der jeweiligen Funktionsleitung (Leiter/in HR, Leiter/in Marketing, Leiter/in Produktion usw.), der persönlichen Neigung und des Commitments zu Innovation zusammen (vgl. Deschamps 2013b).

Das **Modell „CTO/CRO als Innovationschampion"** findet man häufig in forschungs- und technologiegetriebenen bzw. ingenieurswissenschaftlich ausgerichteten Unternehmen. Meistens haben diese Unternehmen eine eigene CTO/CRO-Abteilung (häufig sind das Stabsabteilungen) mit diversen Experten in Bezug auf Innovationsthemen und Innovationsprozesse. In diesen Abteilungen werden Technologie-Roadmaps, Technologie-Scouting-Aktivitäten, Innovationscontrolling-Maßnahmen oder auch Wissensmanagementaktivitäten durchgeführt. Meistens unterstützt ein Netzwerk von F&E-Leitenden und Leitungspersonen verschiedener Geschäftseinheiten die CTOs. Teilweise fokussieren sich diese Stellen auch auf technologiebasierte Zukäufe von innovativen Firmen und Geschäftsmodellinnovationen. Meistens fühlen sich diese Stellen aber nicht verantwortlich im Hinblick auf eine integrierte Umsetzung der Innovationsstrategie, d. h. diese Stellen sind meistens weder in kulturelle noch strukturelle Wandelprozesse zur Innovationsförderung integriert.

Das **Modell „Innovationsmanager"** oder **„Chief Innovation Officer"** ist eine weitere Führungskonstellation: Wenn eine Unternehmung einen Teilzeit- oder Vollzeit-Innovationsmanager einstellt, dann ist diese Stelle oftmals nicht der Linie zugeordnet. Meistens

6.2 Innovationsstrategie und Grundlagen der Unternehmenssteuerung

agieren die professionellen Innovationsmanager als Katalysatoren bzw. als Support-Stelle für die Linie. Das heißt, sie unterstützen Linienmanager dabei, ihre Innovationsziele effektiv und effizient umzusetzen. Meistens kommen die Innovationsmanager aus den Funktionsbereichen F&E oder Marketing. Vielfach übernehmen sie die Verantwortung für die Erhebung und Auswertung von Innovationskennzahlen, leiten daraus Maßnahmen ab und stehen der Linienführung beratend zur Seite. Das Innovationsmanager-Modell kommt häufiger vor als das CIO-Modell. CIOs rapportieren meist direkt dem CEO und sind dem Topmanagement-Team angegliedert. CIOs oder Vice Presidents for Innovation verfügen meist über mehr Ressourcen als Innovationsmanager und haben mehr Einfluss im Board. Häufig sind CIOs verantwortlich für Innovationsförderungsmaßnahmen wir „business incubators", „innovation labs" oder „innovation hubs". Sie sind sowohl für den Inhalt als auch den Prozess zuständig.

Beispiel Unternehmen AH

Das Unternehmen AH (Abschn. 4.2) hat das Modell „Innovationsmanager" gewählt. Der Technologiemanager, der auch die Funktion des Innovationsmanagers einnimmt, ist dem Direktor Technologie auf Konzernebene unterstellt. Das Technologiemanagement ist insgesamt auf allen Ebenen für die Beratung und v. a. Koordination der Innovationstätigkeiten zuständig. Auf den jeweiligen Hierarchieebenen beraten die Technologiemanager die Linienmanager bzw. auf der obersten Hierarchieebene ein für Innovation zuständiges Mitglied der Geschäftsleitung, welches die aktuellen innovationsstrategischen Themen immer wieder auf die Tagesordnungen der Geschäftsleitungssitzungen bringt. Dieses Mitglied ist der Geschäftsleiter einer innovativen und sehr großen Geschäftseinheit und hat sich in der Vergangenheit schon immer für Innovationsthemen eingesetzt. Ein offizielles Innovationsmandat im Vorstand hat das Mitglied erst seit kurzer Zeit.

Die offizielle Verantwortung für den Erfolg von Investitionen in Innovationsvorhaben haben die Leitungspersonen der Divisionen bzw. der verschiedenen Technologiefelder (vgl. durchgezogene Linien in Abb. 6.6).

Die Abteilungsleitenden sind letztlich für den Innovationserfolg neuer Produkte verantwortlich. Die Rolle des Technologiemanagers ist, die *„Leute zu pushen"* oder *„Vorschläge zu machen"*. Aber nicht selten wird die Beziehung zwischen den Abteilungsleitenden und den Technologiemanagern als etwas unstrukturiert oder auch unklar beschrieben. Ein weiteres Phänomen: Ein Technologiemanager ist für mehrere Abteilungsleiter zuständig und die Menge an Koordinationsaufgaben nimmt stetig zu.

Aus der **Perspektive der F&E-Mitarbeitenden** hört sich dies folgendermaßen an:

Da ist [der Technologiemanager] alleine – oder vielleicht auch ein bisschen zeitlich überfordert? Er hat ja Kontakte zu allen möglichen und versucht das auch etwas zu steuern. Aber ich glaube, der ist allein und er kann das nicht ganz so steuern, wie es nötig wäre. Er sagt, innerhalb von einem Quartal oder innerhalb von einem halben Jahr will ich einen Überblick

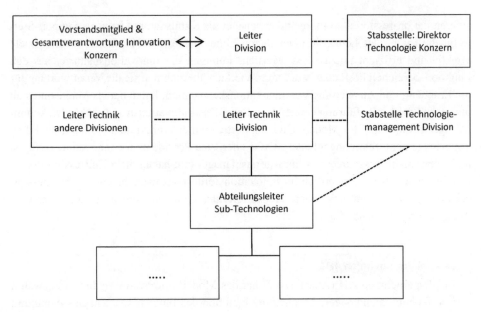

Abb. 6.6 Das Technologiemanagement neben der Linie

haben, was bis jetzt gemacht wurde. Aber er ist mehr oder weniger auf den Goodwill der Kollegen angewiesen. (F&E MA)

Der [Technologiemanager] ist, so wie ich das sehe, der Einzige, der sich darum kümmert, der auch über Hochschulen und andere Tochtergesellschaften Bescheid weiß. Ich glaube, dass er nicht immer die Zeit [zur Bewertung und Selektion von Ideen] findet. Und solange man halt [als Ideengeber/in] alleine gelassen ist, hat man auch nicht so richtig das Gefühl, was da ankommt und was nicht. Das Feedback ist nicht so da, wie man sich das vielleicht wünschen würde. (F&E MA)

Das **Modell „Innovation-Champions-Gruppe"** beschreibt ein Leitungsteam, das sich meistens aus eigeninitiativen, intrinsisch motivierten mittleren bis oberen Führungskräften zusammensetzt, die Spaß an der Weiterentwicklung neuer Ideen haben. Diese Personen müssen selbst keine neuen Ideen generieren, sondern setzen sich intern für zukunftsträchtige Ideen ein und stellen dafür ihre Erfahrung zur Verfügung. Sie sind unabhängige Enthusiasten, die sich meistens nur auf spezifische Innovationsprojekte konzentrieren. Für die Förderung aussichtsreicher Ideen gehen die Champions auch mal Risiken ein und setzen ihre eigene Karriere aufs Spiel (wenn z. B. ein Innovationsprojekt am Ende scheitert). Man könnte diese Gruppe auch als **„echte" Intrapreneure** (Abschn. 3.6.3) interpretieren. Manche Firmen haben auch ein Innovation Agents- oder „Innovationsgötti"-System entwickelt. Das geht in eine ähnliche Richtung. Meistens agieren erfahrene, erfolgreiche Senior Manager als Mentoren für die kreativen Ideenlieferanten und unterstützen diese im Auftrag des CEO oder CIO.

Innovation Champions oder Innovations-Promotoren haben oft eine gewisse Seniorität erreicht, d. h. eine langjährige Erfahrung in Bezug auf die Förderung von Innovationsvorhaben. Sie haben bereits eine Menge „Faustregeln" erlernt, die wichtig sind, um intuitiv die „richtigen" Ideen weniger erfahrener Innovatorinnen und Innovatoren zu fördern. **Innovationspromotoren** vereinen oft Eigenschaften wie Kommunikationsfähigkeit, Durchsetzungsstärke, Organisationstalent, machtpolitische Fähigkeiten usw. All diese Eigenschaften nehmen im Alter nicht ab, sondern eher zu. In der Forschung & Entwicklung ist häufig zu beobachten, dass gerade ältere Mitarbeitende Funktionen des Forschungs- und Bildungsmanagements übernehmen (vgl. Schuler und Görlich 2007, S. 43). Man könnte auch sagen, dass mit zunehmender Betriebszugehörigkeit und Lebensalter gerade in der F&E der Fokus auf individuellen Statuserwerb und individuelle Fachreputation vom Fokus auf Beziehungsgestaltung usw. abgelöst wird. Diese Unterstützungsleistungen von Promotoren sind mit signifikanten Korrelationen zum Innovationserfolg zu bewerten (vgl. Kriegesmann et al. 2007, S. 69).

> **Innovationsagenten im Unternehmen BB**
>
> Eine besondere Rolle erhielten in einer der untersuchten Firmen diejenigen Mitarbeitenden, die eine besondere Affinität zu Innovationen haben und diese auch in ihrem Team zu fördern und zu unterstützen bereit und fähig sind. In jedem Bereich konnten die F&E-Teams „**Innovation Agents**" benennen, „*von denen wir das Gefühl haben, die sind innovativ und können den Innovationsball aufnehmen und innerhalb der Organisation die Funktion wahrnehmen*" (F&E MA).
>
> Als Initiative im Mutterkonzern gestartet, gelang es in der untersuchten Tochterfirma, auf sämtlichen Ebenen Innovation Agents zu bestimmen und deren Rolle zu klären. Die **Innovationsagenten** begleiten mehrheitlich „*diese [Innovations-]Prozesse, [...] wissen, dass man am Anfang solche Fortschritte macht und dann der Fortschritt immer kleiner wird.*" Sie coachen und motivieren, so dass „*das nicht irgendwie so ein selbstlaufender Prozess ist*" (F&E MA).
>
> Die unterstützenden Maßnahmen durch die Agenten finden in unterschiedlichen Formen statt:
>
> Zuerst trifft man sich einmal für einen halben Tag oder man macht einmal zwei Stunden Brainstorming: Wo könnten wir überhaupt Themen finden? Dann sammelt man das und gibt das mal ab und dann sagt man: So, in zwei Wochen treffen wir uns einmal einen ganzen Tag, um dann wirklich einmal [...] zu versuchen, wie wir solche Sachen selbst realisieren können. (F&E MA)
>
> Die Agenten übernehmen die Verantwortung, Innovation in unterschiedlichen Formen auf allen Stufen zum Thema zu machen. Sie etablieren so „**bottom-up**" eine Lernkultur, welche die Freiräume jenseits der Betriebslogik nutzt, um so das Thema der Innovation zu einer unhinterfragbaren organisationalen Handlungslogik werden zu lassen. Sie unterstützen Mitarbeitende aktiv bei der Selbstorganisation von Freiräumen im Sinne von Hilfe zur Eigeninitiative und Hilfe bei der Einführung von Innovationsmanagementmethoden.

Innovationsagenten erwecken gemeinsam mit den Linienführungskräften (mittleres Management), Projektführungskräften (untere Managementebene) und Projektmitarbeitenden Innovationsstrategien zum Leben und setzen diese operativ um. Dabei werden auch Strategien entwickelt, wie man die Bedeutung der Innovationsfähigkeit symbolisch aufladen kann, d. h. geschickt Innovationswerte nach innen „transformieren" kann (Abschn. 3.6.1). Die Agenten haben auch die Aufgabe, die Innovatorinnen und Innovatoren mit externen Experten zusammenzubringen. Sie sind intern wie auch extern bestens vernetzt und informieren sich auch in zahlreichen Erfahrungsaustauschmeetings und durch den Besuch verschiedener interner und externer Unternehmen ständig weiter in Bezug auf Good Practices.

Beim **Modell „Duo"** stehen zwei Personen im Tandem in der Verantwortung. Dieses Modell kommt nicht so häufig vor. Die Idee dahinter ist einfach: Wenn Innovationsprozesse mehrheitlich auf mehreren Disziplinen basieren und funktionsübergreifend realisiert werden, dann müssen auch zwei unterschiedliche Perspektiven in der Führung zusammenlaufen. Meistens arbeitet in diesem Modell eine technisch orientierte mit einer marketingorientierten Führungsperson zusammen.

Natürlich existiert – vor allem in kleinen und mittleren Unternehmen – auch das **Modell „Keiner ist formal verantwortlich"**. Dabei wird häufig argumentiert, dass Innovation jedes Organisationsmitglied angeht und kein zu delegierendes Gestaltungsfeld darstellt. Innovation wird dann als Selbstverständlichkeit betrachtet, und jeder sollte sich dafür verantwortlich fühlen und Innovation fördern. Dies kann auch nur temporär der Fall sein, z. B. in einer wirtschaftlichen Krise des Unternehmens (vgl. Deschamps 2013b).

Auch existieren häufig **Mischformen** der oben beschriebenen Verantwortungsmodelle. Führungsstellen in diesem Bereich werden auch oft als Teilzeitstellen ausgeübt. Klar ist, dass eine Reflexion der Frage: **„Wer trägt die Verantwortung für Innovationserfolg in unserem Unternehmen?"** auf mittlerer und oberer Führungsebene absolut zentral ist für eine wirksame Innovationsführung. Wer Innovationsstrategien, Maßnahmen zur Umsetzung und Innovationscontrolling-Maßnahmen definiert, der muss auch sorgfältig klären, wer die Verantwortung für den Innovationserfolg übernimmt, wie auch immer „Erfolg" definiert wird.

Wichtig ist vor allem die Frage, ob die Verantwortung ausschließlich an eine Spezialisten-Stelle (Technologie- oder Innovationsmanager) delegiert wird oder ob die Verantwortungsträger in der Linie zu verorten sind. Letzteres wird hier auf der Basis der ILP-Studie als Voraussetzung für eine integrierte und damit nachhaltige Förderung der Innovationsfähigkeit betrachtet.

▶ Unter **innovationsverantwortlichen Führungskräften** verstehen wir Führungspersonen, welche die Aufgabe haben, die Zukunftsvision bzw. die strategische Ausrichtung des Unternehmens mit der Innovationsdynamik in Einklang zu bringen, und die versuchen, über die Beziehungsgestaltung zu ihren Unterstellten ihre Innovationsziele zu erreichen. Eine rein operative Verantwortung für den korrekten Ablauf von Innovationsprozessen im

Sinne einer reinen Strukturierungs-, Standardisierungs- oder Kontrollaufgabe entspricht eher dem Aufgabenportfolio eines Innovations- oder Technologiemanagers (Abschn. 3.5).

Gemäß Ailin und Lindgren (2008) gilt: „Innovation leadership depends on organizational competences and encourages the exploration and exploitation of external sources of competences, i.e. network partners" (S. 97). Weiterhin unterstützen innovationsverantwortliche Führungskräfte kontinuierliche wie auch diskontinuierliche Innovationsinitiativen und verfolgen eine langfristige Innovationsstrategie.

6.2.3 Innovationsstrategien entwickeln: Strategietypen und -instrumente

Im Folgenden gilt es, die Strategieentwicklung genauer in den Blick zu nehmen. Die Führung ist gezwungen, Entscheidungen über die Zukunft zu treffen, von der sie keine vollständigen Informationen hat. Des Weiteren werden verschiedene Strategietypen definiert und deren Verbindung zu Technologielebenszyklen dargelegt.

6.2.3.1 Strategieentwicklung zwischen Wissen und Nichtwissen

Halten wir gleich zu Beginn fest: Dem Anspruch der Entwicklung einer Innovationsstrategie bzw. deren Reflexion wohnt eine Paradoxie inne. Wie bereits im Abschn. 2.4.2 ausgeführt, lässt sich nämlich die Zukunftsfähigkeit von Innovationen im Voraus nicht abklären. Innovationsstrategische Festlegungen werden notgedrungen immer mit einem hohen Anteil an Nichtwissen getroffen und sind somit immer auch riskant. Zudem existieren in mittleren und großen Unternehmen nicht selten mehrere Innovationsstrategien unter einem Dach, die oft nicht genügend orientiert werden oder sogar gegenläufig sind. Darüber hinaus sind auch Innovationsstrategien einem Wandel unterworfen und müssen bspw. im Rahmen einer Entwicklungsallianz oder aufgrund des Zukaufs eines Unternehmens sehr rasch den neuen Realitäten angepasst werden, ohne dass jedoch der Eindruck von Ziellosigkeit entstehen darf. Führungspersonen haben die Aufgabe, diese Unsicherheit mit Entscheidungen zu stabilisieren. Nagel und Wimmer halten vor diesem Hintergrund fest:

> Dieses ständige, sich auf Rationalität berufende Herstellen von Gewissheit bei gleichzeitigem Wissen um die Unausweichlichkeit von Unsicherheit ist zum Kerngeschäft der Führung geworden. [...] Strategieentwicklung ist ein besonders prominentes Anwendungsfeld für dieses faszinierende **Oszillieren zwischen Wissen und Nichtwissen** im Herbeiführen von Entscheidungen, die als orientierungsstiftende Prämissen für weitere Entscheidungen im Alltag fungieren sollen. (Nagel und Wimmer 2002, S. 11, Hervorhebung durch die Autoren)

An diesem Grundproblem orientieren sich die nachfolgenden Ausführungen.

▶ Strategieentwickler müssen mit der **Paradoxie, der Dynamik und der Vielfalt von strategischen Ausrichtungen** tagtäglich fertig werden und dabei versuchen, die innovationsstrategische Ausrichtung immer wieder in ein logisch stringentes Fundament zu gießen – wohl wissend, dass sich alles auch ganz anders entwickeln könnte und wahrscheinlich auch wird.

Ein logisch stringentes Instrument ist die **Stärken- und Schwächenanalyse**. In der internen Stärken- und Schwächenanalyse geht es in erster Linie darum, die unternehmensspezifischen Kernkompetenzen zu klären und sichtbar zu machen. Kernkompetenzen sind die Fähigkeiten und Kenntnisse, die Unternehmen auszeichnen und sie von Konkurrenten unterscheiden. Es sind „elitär beherrschte und entsprechend wirksam nutzbare Fähigkeiten" (Stern und Jaberg 2007, S. 241). Prahalad und Hamel (1990) definieren **Kernkompetenzen** anhand dreier Kriterien:

- Kernkompetenzen sind Fähigkeiten, die nicht nur auf einen Markt ausgerichtet sind, sondern auch die Entwicklung eines Zugangs zu ganz neuen Märkten erlauben würden.
- Kernkompetenzen haben einen wichtigen Anteil daran, dass der Kundennutzen im Endprodukt erhöht wird.
- Kernkompetenzen können Mitbewerber und andere Marktplayer nur schwer kopieren.

Kernkompetenzen lassen sich in einem Analyseprozess ermitteln. Dieser besteht aus einer detaillierten Untersuchung des gesamten Wertschöpfungsprozesses, der im Unternehmen stattfindet, um ein ganzheitliches Bild der Leistungserbringung zu erhalten. Corsten et al. (2006) streichen vor allem drei Sichtweisen heraus, die vertieft analysiert werden und zu einem Gesamtbild beitragen:

- Die funktionsbezogene Sicht, die vor allem die Stärken- und Schwächenprofile der verschiedenen Funktionsbereiche berücksichtigt (F&E, Marketing, Produktion etc.).
- Die wertschöpfungsbezogene Sicht, die in erster Linie die (häufig ineinander verschränkten) Wertschöpfungsaktivitäten innerhalb des Unternehmens fokussiert.
- Die ressourcenorientierte Sicht, die die kritischen Ressourcen des Unternehmens verdeutlicht (vgl. Corsten et al. 2006, S. 255 ff.).

Auf diese Weise wird sichergestellt, dass die zu definierende Strategie auf einem internen Stärkenprofil aufbaut. Die Entwicklung einer erfolgsversprechenden Innovationsstrategie berücksichtigt aber nicht nur die internen Stärken und Kernkompetenzen. Das Umfeld des Unternehmens, die externen Bedingungen und sich ankündigende Veränderungen müssen in die Innovationsstrategie mit einfließen. In diesem Bereich schafft eine Umweltanalyse Klarheit. Dieses Vorgehen untersucht, wie sich das unternehmerische Umfeld präsentiert und welche Entwicklungen plausiblerweise zu erwarten sind. Dabei fließen vor allem Aspekte ein, die Märkte nachhaltig prägen und verändern und deshalb auch auf längere Sicht die Tätigkeit sowie die Marktchancen von Unternehmen beeinflussen. Zu nennen sind hier insbesondere ökologische, technologische, gesellschaftliche und sozio-kulturelle Aspekte des Zielmarkts. Dazu gehört heute auch immer mehr eine Technologiefolgenabschätzung zur mittel- und langfristigen Risikoanalyse. Daneben gilt es aber auch, die anderen Marktteilnehmer zu beobachten und deren Entwicklungsschritte zu verfolgen (vgl. Corsten et al. 2006, S. 252 ff.).

Externe und interne Perspektive sind zusammenzubringen, um nutz- und umsetzbare Erkenntnisse zu erarbeiten. Die Portfolioanalyse ist hierbei ein probates Instrument, um die strategischen Geschäftsfelder mit den internen Kernkompetenzen abzugleichen. Die Portfoliotechnik hat sich in der Unternehmenspraxis durchgesetzt, weil sie auf anschauliche Weise einen Überblick über das gesamte Spektrum der Tätigkeiten und deren Passung zu einzelnen Geschäftsfelder zulässt. Auf diese Weise können umsetzbare Teilstrategien für spezifische Geschäftsbereiche abgeleitet werden (vgl. Gelbmann und Vorbach 2003).

In der Umsetzung bedeutet die Portfoliotechnik, dass das Angebot eines Unternehmens in strategische Geschäftseinheiten unterteilt wird und dann für die einzelnen Zweige die ganz spezifischen Marktbedingungen und chancen eruiert werden. Strategische Geschäftseinheiten bestehen dabei aus einem Bündel von einzelnen Produkten, passenden Dienstleistungen oder kombinierten Angeboten, die für den Kunden eine konkrete Funktion erfüllen. Dabei stehen diese Angebote auf dem Markt in Konkurrenz mit anderen Anbietern (Gelbmann und Vorbach 2003). In der Analysephase werden nun die unternehmensinternen und externen Informationen für die verschiedenen strategischen Geschäftsfelder gesammelt und ausgewertet. Die Erkenntnisse werden dann in ein Koordinatensystem eingepflegt, in dem die Umweltvariablen und die Bewertung der internen Stärkeanalyse dargestellt werden. Die strategischen Geschäftsfelder erhalten so zum Analysezeitpunkt eine ganz unterschiedliche Positionierung (vgl. Macharzina 1999, S. 262; siehe Abb. 6.7). Aufgrund dieser Verortung lassen sich dann ganz spezifische Vorgehensweisen für die einzelnen Geschäftsfelder ableiten.

Grundsätzlich müssen Unternehmen sich ständig in diesem Kräftefeld zwischen internen Kernkompetenzen und externen Marktanforderungen positionieren. Man unterscheidet hierbei aufgrund der innovationsauslösenden Impulse zwischen Technology-Push- oder Market-Pull-Innovationen. Wenn sich die Innovationstätigkeit maßgeblich auf die internen Kompetenzen stützt, dann spricht man von Technology-Push-Innovationen. Dabei werden neue Angebote aufgrund klaren technologischen Fortschritts entwickelt und vermarktet. Sie setzen sich aufgrund augenfälliger Vorteile von selbst durch. Wenn sich die Innovationstätigkeit maßgeblich auf die Kompetenz stützt, dass die Marktsituation gut verstanden wird, dann spricht man von Market-Pull-Innovationen. Es werden Angebote für neu entstehende Märkte oder für vielversprechende Marktlücken entwickelt (vgl. Bergmann und Daub 2006, S. 73).

6.2.3.2 Strategietypen

Innovationsstrategien unterscheiden sich auch in puncto Markteintritt und prädefiniertes Innovationsverhalten am Markt. Die verschiedenen Rollen, die ein Unternehmen in diesem Bereich einnehmen kann, werden uneinheitlich abgegrenzt und bezeichnet. So unterscheidet Trott (1998, S. 201 ff.):

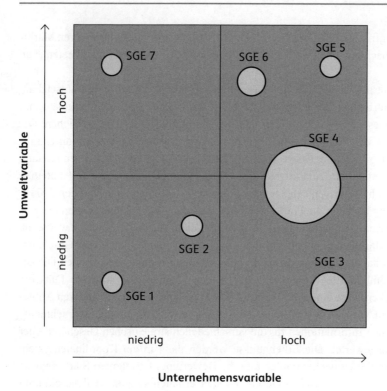

Abb. 6.7 Grundaufbau der Portfoliotechnik. (Quelle: Macharzina 1999, S. 262)

1. **Innovation Leaders** (im Sinne einer strategischen Innovationsführerschaft des gesamten Unternehmens), die eine offensive Innovationsstrategie pflegen,
2. **Fast Followers**, die eher eine defensive Strategie umsetzen,
3. **Kostenminimierer**, die am Markt insbesondere preislich konkurrieren wollen und als Imitierer auftreten, und
4. **Spezialisten**, die sich in eine Marktnische begeben und dort ganz spezifischen Anforderungen genügen wollen.

Bergmann und Daub hingegen (2006, S. 72 ff.) sprechen von Pionierstrategien, Second-Best-Strategien und Late Followers. Disselkamp (2005, S. 64 ff.) unterscheidet Pioniere, frühe Folger, Modifizierer und Nachzügler, um die verschiedenen Ansätze zu bezeichnen. All diesen Ansätzen ist gemein, dass – unabhängig von der letztlich gewählten Bezeichnung – eine *zeitliche Dimension* und eine *stetig ablaufende Marktentwicklung* mitgedacht werden. Die verschiedenen Strategien lassen sich so anhand eines Produktlebenszyklus (oder Technologielebenszyklus) verorten (vgl. Abb. 6.8).

Pioniere zeichnen sich in diesem Verständnis dadurch aus, dass sie neue Technologien oder Produkte als erste auf den Markt bringen und damit ein hohes Risiko eingehen. Sie nehmen die Gefahr des Scheiterns ihres Produkts oder ihrer neuen technologischen Lö-

6.2 Innovationsstrategie und Grundlagen der Unternehmenssteuerung

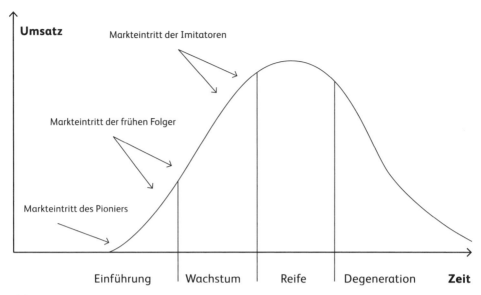

Abb. 6.8 Timing in Bezug auf den Produktlebenszyklus. (Quelle: Gelbmann und Vorbach, zitiert in Strebel 2003, S. 170)

sung auf sich. Für sie ist das Risiko der Innovationstätigkeit am stärksten ausgeprägt. Im Erfolgsfall profitieren sie im Gegenzug von einer ersten Phase, in der sie als Monopolist auf dem Markt hohe Preise erzielen können. Damit werden die Aufwendungen in der Forschungs- und Entwicklungsphase und der frühen Kommerzialisierungsphase refinanziert. Zudem profitieren Pioniere einerseits vom Wissenszuwachs für künftige Entwicklungen und setzen andererseits Marktstandards, an denen die Nachfolger gemessen werden.

> **Pioniere oder: Nur das Neue zählt**
> Innovationen, die auf fortschrittlichen Technologien basieren, sind auch schnell mal ihrer Zeit voraus. Deshalb ist das einseitige Setzen auf interne Kompetenzen ohne Berücksichtigung externer Faktoren problematisch. Ein Beispiel hierfür ist High-Definition-Fernsehen (HDTV) oder Telekommunikationsangebote wie Voice over IP (VoIP). Unternehmen wie Philips oder Sony drängten mit ihren Produkten als Pioniere auf einen Markt, der diese neuartigen Angebote noch gar nicht annehmen konnte. So fielen bei diesen Firmen Entwicklungskosten an den Endgeräten in Milliardenhöhe an, die sie bereits Anfang der 1990er-Jahre auf den Markt gebracht hatten. Aber die beiden Unternehmen konnten zu dem Zeitpunkt noch nicht die Früchte ihrer Entwicklung ernten. Andere komplementäre Systeme oder Rundfunkstandards waren noch nicht hinreichend entwickelt bzw. implementiert, so dass die meisten Zielgruppen die Endgeräte nicht nutzen konnten (vgl. Weidmann und Armutat 2008, S. 73).

Die frühen Folger sind die ersten Nutznießer von Pioniertätigkeiten. Sie müssen aber ebenfalls über eine hohe Technologiekompetenz verfügen, um Neuentwicklungen schnell nachzuvollziehen und auf die Marktveränderung zu reagieren. Der Vorteil dabei ist, dass man als frühe Folger bereits auf erste Erfahrungen mit dem neuen Produkt oder der neuen Technologie zurückgreifen kann. So werden sowohl Risiko als auch Entwicklungskosten verringert. Frühe Folger müssen aber über ein ausgeprägtes Sensorium für ihr Marktumfeld verfügen, um mit dieser Strategie erfolgreich zu sein.

Späte Folger oder Imitatoren greifen zum Schluss der Wachstumsphase auf ein bestehendes Know-how zurück und profitieren so von den Erfahrungen und dem akkumulierten Wissen der Vorgänger. Späte Folger versuchen, sich mit Tiefpreisstrategien zu etablieren und die bestehenden Anbieter auf diese Weise herauszufordern. Für sie stehen eher Preis-Mengen-Strategien im Vordergrund, die sich auf effiziente Produktionsprozesse stützen (vgl. Gelbmann und Vorbach 2003).

6.2.3.3 Innovationsstrategien und Lebenszyklus-Modelle

Das Angebot eines jeden Unternehmens ist einem Alterungsprozess unterworfen und auch Technologien durchlaufen Lebenszyklen. Das „Alter" von Kerntechnologien muss demnach in einer umfassenden Portfolioanalyse mit berücksichtigt werden. Beispielhaft für die Darstellung solcher Alterungsprozesse soll das Modell von Ford und Ryan (1981) angeführt werden (vgl. Abb. 6.9).

In diesem Modell werden sechs verschiedene Phasen eines Technologielebenszyklus dargestellt. In der Entstehungsphase geht es vor allem darum, ganz neue technologische

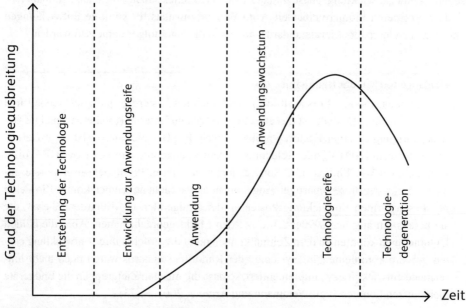

Abb. 6.9 Technologielebenszyklus. (Quelle: Ford und Ryan 1981)

Lösungen und Angebote zu entwickeln. In dieser Frühphase, die sich durch hohe Unsicherheit auszeichnet, ist schon früh zu entscheiden, ob das nötige Wissen für ganz neue Entwicklungen innerhalb der Unternehmung aufgebaut werden kann oder ob gegebenenfalls das nötige Know-how eingekauft werden soll. Je nach Marktbedingungen und eigener Technologieposition kann es für Unternehmen von Vorteil sein, Entwicklungen nicht selber zu finanzieren und umzusetzen, wenn Basistechnologien auch eingekauft werden können (vgl. Gelbmann und Vorbach 2003). In der folgenden Entwicklungsphase wird die neue Technologie in einem mehr oder weniger klar definierten Prozess zur Marktreife gebracht. In der Anwendungsphase und der folgenden Wachstumsphase werden die neuen Produkte oder produktspezifischen Dienstleistungsangebote am Markt platziert und im besten Fall dort auch durchgesetzt. In der Reifephase ist das neue Angebot im Zenit seines Erfolgs, Verbesserungen und Optimierungen können nun nur noch in kleinen Schritten erfolgen. Zu diesem Zeitpunkt setzt dann auch die Degenerationsphase ein: Das einst erfolgreiche Angebot wird durch neue verdrängt und vielleicht irgendwann ganz ersetzt (vgl. Corsten et al. 2006, S. 346). Die Gesamtdauer solcher Lebenszyklen ist je nach Markt und Technologie unterschiedlich lang, Alterungsprozesse finden aber immer statt.

6.3 Fazit und Reflexionsfragen

Das Fazit lautet, dass Innovationsstrategien und die Auswahl strategischer Innovationsakteure einen bedeutenden Einfluss auf alle weiteren organisationalen und personalen Gestaltungsfaktoren für die Schaffung innovatorischer Freiräume haben. Die grundlegende Idee, wie Innovation im Kontext einer langfristigen Lern- und Wachstumsperspektive des Unternehmens zu verstehen ist, kommt in der Vision, der Innovationsstrategie und den Innovationszielen zum Ausdruck. Auf der Topmanagement-Ebene muss ein klares Verständnis in Bezug auf die Bedeutung von Innovation vorhanden sein. Auch wenn der Innovation eine geringe Bedeutung für die zukünftige Entwicklung beigemessen wird, empfiehlt es sich, diese Haltung gegenüber den Geführten klar zu kommunizieren. Es gibt auch Unternehmen, die keine klare Innovationsstrategie formulieren. Diese Unternehmen akzeptieren diese „strategische Lücke" oft ganz bewusst und haben eine ziemlich klare Vorstellung davon, was oder wer diese Lücke füllt und welche Chancen und Risiken damit verbunden sind. Auch der Verzicht auf eine Innovationsstrategie kann natürlich Gestaltungsfreiräume eröffnen.

Aber die empirischen Ergebnisse zeigen deutlich, dass Mitarbeitende Freiräume nur dann sinnvoll zur Innovationsförderung nutzen können, wenn die strategischen Leitplanken klar formuliert sind. „Sage mir, wie eine Reise beginnt, und ich sage dir, wie sie enden wird", lautet eine Volksweisheit (vgl. Nagel und Wimmer 2002, S. 125). Diese Weisheit sollten auch die Unternehmensstrategen in Bezug auf den unsichersten Leistungsbereich ihres Unternehmens berücksichtigen. Wenn Innovationsstrategien offiziell formuliert werden, ist die Glaubwürdigkeit der strategischen Akteure und ihrer Aktivitäten als Fundament für alle weiteren Maßnahmen zur Innovationsförderung enorm wichtig. Ein zentraler Aspekt, der die Glaubwürdigkeit der innovationsstrategischen Ausrichtung und der Innovation Leaders aus der Perspektive der Mitarbeitenden maßgeblich beeinflusst, ist der für Innovationstätigkeiten zur Verfügung stehende Slack (Abschn. 5.2.5). Nur vor dem Hintergrund ausreichend großer finanzieller, personeller und materieller Spielräume können überhaupt methodische und zeitliche Freiräume sowie Kooperationsfreiräume als Gestaltungsfeld der Führung gedacht werden. Die untersuchten Unternehmen haben sich als „suchende Innovatoren" diese finanziellen Spielräume durch eine hohe Anzahl inkrementeller Innovationen und eine sehr hohe Kundenorientierung erarbeitet und investieren von diesen finanziellen Mitteln immer wieder einen hohen Prozentsatz des Umsatzes in die Entwicklung von neuen Ideen. Selten wird das Risiko einer Pionierstrategie in Kauf genommen, vielmehr agieren die Unternehmen eher abwartend aus der zweiten Reihe. Die ganz großen strategischen Gestaltungsfreiräume entstehen so nicht, aber die strategischen Freiheitsgrade, die im Wettbewerb als Fast Follower übrig bleiben, reichen für die Zukunftsentwicklung aktuell noch aus.

Zentral ist, dass die Führung auch immer wieder eine „Bottom-up"-Perspektive einnimmt, immer wieder alle potenziellen organisationalen und personalen Ressourcen in die innovationsstrategische Ausrichtung miteinbezieht und vor allem kommunikative Bedingungen schafft, die dies ermöglichen. Zentral ist hier eine Überprüfung, wie der **Dialog zwischen den Hierarchieebenen und zwischen den einzelnen Funktionsbereichen** in Bezug auf die innovationsstrategische Ausrichtung organisiert ist. In welchen Kommunikationsgefäßen werden die innovationsstrategischen Schlüsseleinschätzungen erörtert? Wo können Widersprüche, Spannungsfelder oder Paradoxien bei der Umsetzung von Innovationsstrategien zum Ausdruck kommen? Arbeiten Mitglieder oder Assistierende der Geschäftsleitung in den Diskussionen der einzelnen Geschäftseinheiten mit? Wie funktioniert die Aufwärtskommunikation von Forschenden und Entwicklern „nach oben"? Insbesondere bei Konkurrenz um knappe Ressourcen spielt eine transparente Kommunikation darüber, für welche Innovationsvorhaben strategische Mittel eingesetzt werden, eine zentrale Rolle.

Nachfolgend sind **zwei** „**Checklisten**" zur Überprüfung und Reflexion der eigenen Strategiepraxis aufgeführt. Erstere bezieht sich ganz grundsätzlich auf die strategische Steuerung des Unternehmens als Innovationssystem, und letztere bezieht sich konkreter auf das strategische Management in Abhängigkeit von der jeweiligen Innovationsstrategie.

Checkliste „Strategische Steuerung des Unternehmens als Innovationssystem"

Überdenken Sie, wie Sie Ihr Unternehmen als Innovationssystem steuern, und reflektieren Sie folgende Fragen:
- **Warum wollen Sie eigentlich innovieren?** *(Vision des Unternehmens)*
  Vereinen Sie mit dieser Frage die in Ihrem Unternehmen herrschenden unterschiedlichen Perspektiven und fokussieren Sie auf ein Ziel.

6.3 Fazit und Reflexionsfragen

- Wo suchen Sie eigentlich nach Innovationen? *(Fokus und Prioritäten)*
  Was verstehen Sie in Ihrem Unternehmen eigentlich unter Innovation und was brauchen Sie, um sie realisieren zu können? Schaffen Sie mit dieser Frage Klarheit über Innovationsziele.
- Wie viel „Innovation" ist Ihr Ziel? *(Intensität und Risikobereitschaft)*
  Innovationsinitiativen können auch scheitern und so zu Kosten statt neuen Erträgen führen. Wägen Sie ab, welchen Grad an Innovationstätigkeit Sie anstreben und wie groß Ihre Risikobereitschaft eigentlich ist.
- Wie können Sie effektiver innovieren? *(Instrumente und Prozesse)*
  Überprüfen Sie periodisch Ihre Innovationsprozesse und vorgaben. Wie wird die Innovation im Unternehmen eigentlich ganz konkret umgesetzt? Und fragen Sie sich, ob diese Vorgaben noch zeitgemäß sind oder ob Sie Gefahr laufen, dass die Marktrealität Ihr Innovationsinstrumentarium überholt.
- Mit wem könnten Sie innovieren? *(Partnerschaften und Kooperation)*
  Überlegen Sie sich, mit welchen anderen Unternehmen und Partnern Sie heute in anderen Kontexten schon arbeiten. Könnten diese Beziehungen, in denen bereits Vertrauen aufgebaut werden konnte, auch für Innovationszwecke genutzt werden? Und welche potenziellen Partner kennen Sie noch nicht? Bedenken Sie dabei, dass der Aufbau von Netzwerken Zeit braucht. Hat Ihre Organisation überhaupt diesen zeitlichen Freiraum, und welches wären die Anreize zur Vernetzung?
- Wer ist für die Innovationsfähigkeit des Unternehmens verantwortlich? *(Verantwortlichkeiten)*
  Überlegen Sie sich, wie die Verantwortlichkeiten verteilt sind und wie diese Leistung überhaupt gemessen werden kann.

Alle Führungspersonen in Ihrem Unternehmen sollten diese Fragen schlüssig beantworten können.
Quelle: Fragen angelehnt an Deschamps (2013a)

Checkliste „Innovationsstrategie und Strategisches Management"

Überdenken Sie Ihre Innovationsstrategie und reflektieren Sie folgende Fragen:
- Was ist Ihre Kernkompetenz? Was können Sie, was Ihre Mitbewerber nicht können? *(Kernkompetenzen des Unternehmens)*
  Klären Sie mit dieser Frage die Stärken, die Ihnen einen entscheidenden Marktvorteil verschaffen, und bauen Sie darauf auf.
- Welches sind Ihre strategischen Geschäftseinheiten?
- Wo können Sie Ihre Produkte oder Angebotsbündel verorten?
- Welches sind für jede strategische Einheit die Aussichten am Markt? *(Portfolioanalyse)*
  Klären Sie in Ihrem Unternehmen, in welchen Bereichen Innovation und Erneuerung notwendig ist, und priorisieren Sie diese Bereiche.

- Welche strategische Rolle wollen Sie auf welchem Markt spielen? Zu welchem Zeitpunkt wollen Sie Ihre neuen Leistungsangebote auf den Markt bringen? *(Innovationsstrategie)*
  Vermeiden Sie es, zu viele parallel laufende Innovationsaktivitäten zu starten. Jedes Innovationsvorhaben benötigt eine hohe Achtsamkeit, einen hohen Kommunikations- und Abstimmungsaufwand und Risikoabwägungen seitens der Führung.
- Wie setzen Sie Prioritäten, so dass jedes Innovationsvorhaben genügend Spielraum erhält? *(Ressourcenallokation)*
  Schaffen Sie in Ihrem Unternehmen Klarheit über „strategische Umsetzungslücken".
- Passen Ihre strukturellen und kulturellen Bedingungen zur gewählten Strategie?
- Haben Sie die angemessenen Fähigkeiten für die strategische Umsetzung?
- Stimmt die Personalstrategie mit Ihrer Innovationsstrategie überein? *(Strategischer Fit)*
  Klären Sie im Unternehmen, ob Sie alle zentralen Know-how-Träger und alle laufenden Innovationsinitiativen in die Strategiediskussion miteinbezogen haben.
- Ist sichergestellt, dass alle vorhandenen Wissensquellen genutzt werden?
- Sind die formellen und informellen Innovationspromotoren bzw. -agenten angemessen eingebunden?
- Wie ist innerhalb der Organisation Transparenz bezüglich laufender Innovationsvorhaben sichergestellt?
- Wie viele Innovationsinitiativen laufen überhaupt? *(Mobilisierung der strategischen Intelligenz im Unternehmen, Wissenstransfer und Transparenz)*
  Klären Sie im Unternehmen, welche zentralen Widersprüche durch neue Innovationsvorhaben ausgelöst werden. Welche Change-Management-Kompetenzen müssen parallel aufgebaut werden?
- Welche Widerstände wird das Innovationsvorhaben auslösen?
- Wie gehen Sie in der Geschäftsleitung damit um?
- Wie kann das Unternehmen potenzielle „Verlierer" (z. B. Abwertung von Know-how) proaktiv in Veränderungsprozesse, die mit der Entwicklung der Innovation zusammenhängen, einbinden? *(Change Management)*

Führungspersonen, die an der Gestaltung von Innovationsstrategien mitwirken, müssen diese Fragen schlüssig beantworten können.

In den folgenden Ausführungen wird nun ausgehend von der strategischen Führungsebene auf die strukturellen Bedingungen von Innovation in Unternehmen und die damit verbundenen Führungsaufgaben zur Innovationsförderung eingegangen.

Literatur

Ailin, M., & Lindgren, P. (2008). Conceptualizing strategic innovation leadership for competitive survival and excellence. *Journal of Knowledge Globalization, 1*(2), 87–108.

Barsh, J., Capozzi, M. M., & Davidson, J. (2008). Leadership and innovation. *McKinsey Quarterly,1,* 36–47.

Belloc, F. (2012). Corporate governance and innovation: A survey. *Journal of Economic Surveys, 26*(5), 835–864.

Bergmann, G., & Daub, J. (2006). *Systemisches Innovations- und Kompetenzmanagement: Grundlagen – Prozesse – Perspektiven* (1. Aufl). Wiesbaden: Gabler.

Bitar, J. (2003). The impacts of corporate governance on innovation: Strategy in turbulent environments. *HEC Montreal Cahier de Recherche*, No. 05–01.

Corsten, H., Gössinger, R., & Schneider, H. (2006). *Grundlagen des Innovationsmanagements*. München: Franz Vahlen.

Deschamps, J.-P. (2013a). What is innovation governance? – Definition and scope. http://www.innovationmanagement.se/2013/05/03/what-is-innovation-governance-definition-and-scope. Zugegriffen: 19. Dez. 2013.

Deschamps, J.-P. (2013b). 9 different models in use for innovation governance. http://www.innovationmanagement.se/2013/05/08/9-different-models-in-use-for-innovation-governance. Zugegriffen: 19. Dez. 2013.

Disselkamp, M. (2005). *Innovationsmanagement. Instrumente und Methoden zur Umsetzung im Unternehmen*. Wiesbaden: Gabler.

Ford, D., & Ryan, C. (1981). Taking technology to market. *Harvard Business Review, 59*(2), 117–126.

Gelbmann, U., & Vorbach, S. (2003). Strategisches Innovations- und Technologiemanagement. In H. Strebel (Hrsg.), *Innovations- und Technologiemanagement* (S. 93–209). Wien: WUV Universitätsverlag.

Gerpott, T. J. (2005). *Strategisches Technologie- und Innovationsmanagement* (2. Aufl). Stuttgart: Schäffer-Poeschel.

Hauschildt, J., & Salomo, S. (2011). *Innovationsmanagement* (5. Aufl). München: Vahlen.

Kaudela-Baum, S., & Wolf, P. (2010). Innovationsstrategien in KMU. Typologien und Handlungsempfehlungen für Führungskräfte. *KMU Magazin, 13,* 106–109.

Kaudela-Baum, S., Kocher, P. Y., Wolf, P., & Holzer, J. (2010). Führung und Innovation. *IBR Arbeitsbericht der Serie IDIP Innovation Dynamics in Practice 002* Hochschule Luzern – Wirtschaft. http://www.hslu.ch/001_2010__fuehrung_und_innovation.pdf. Zugegriffen: 16. Juli 2014.

Kriegesmann, B., Kerka, F., & Kley, T. (2007). Orientierung für den Aufbruch zu Neuem – Zur Kultur des Umgangs mit Innovationsideen in den früheren Phasen von Innovationsprozessen. In B. Kriegesmann & F. Kerka (Hrsg.), *Innovationskulturen für den Aufbruch zu Neuem. Missverständnisse – praktische Erfahrungen – Handlungsfelder des Innovationsmanagements* (S. 47–84). Wiesbaden: Gabler.

Macharzina, K. (1999). *Unternehmensführung. Das internationale Managementwissen, Konzepte – Methoden – Praxis.* (3. Aufl), Wiesbaden: Gabler.

Nagel, R., & Wimmer, R. (2002). *Systemische Strategieentwicklung. Modelle und Instrumente für Berater und Entscheider*. Stuttgart: Klett-Cotta.

Prahalad, C. K., & Hamel, G. (1990). The core competence of the corporation. *Harvard Business Review, 68*(3), 79–91.

Schuler, H., & Görlich, Y. (2007). *Kreativität. Ursachen, Messung, Förderung und Umsetzung in Innovation*. Göttingen: Hogrefe.

Sprenger, R. K. (2007). *Das Prinzip Selbstverantwortung*. Frankfurt a. M: Campus.
Stern, T., & Jaberg, H. (2007). *Erfolgreiches Innovationsmanagement. Erfolgsfaktoren – Grundmuster – Fallbeispiele*. Wiesbaden: Gabler.
Trott, P. (1998). *Innovation management and new product development* (4. Aufl). Harlow: Pearson Professional Limited.
Van Ruyssevelt, F. (2010). Innovation governance: Aligning strategy, ideation and execution for better business results. White Paper. Sopheon. http://www.sopheon.com/innovation-governance-aligning-strategy-ideation-execution-better-business-results. Zugegriffen: 16. Juli 2014.
Weidmann, R., & Armutat, S. (2008). *Gedankenblitz und Kreativität – Ideen für ein innovationsförderndes Personalmanagement*. Bielefeld: Bertelsmann.

innoLEAD©-Gestaltungsfeld 3: strukturelle Dimension der innovationsfördernden Führung

Innovatorische Freiräume werden nicht nur in der alltäglichen Führungsarbeit eingeräumt, sie fließen auch in die Aufbau- und Ablauforganisation in Unternehmen ein. Die Gestaltung innovationsfördernder struktureller Bedingungen und die Berücksichtigung öffnender und schließender Führungsweisen stehen im Folgenden im Fokus. *Erstens* werden Wahrnehmungen vom Führenden und Geführten in Bezug auf die innovationsfördernde Wirkung von Organisationsstrukturen präsentiert (Perspektiven aus der Praxis). *Zweitens* wird ein Blick auf grundlegende innovationsfördernde Strukturen und typische Prozessmodelle zur Gestaltung von Innovationsvorhaben geworfen. Insbesondere liegt das Augenmerk auf der Strukturierung von Innovationsprozessen. *Drittens* werden Implikationen für die jeweiligen Führungsaufgaben bei der Gestaltung innovationsfördernder Strukturen beschrieben. Den Abschluss bilden das Fazit und Reflexionsfragen.

Im Zentrum der nachfolgenden Ausführungen steht die grundlegende Herausforderung für Führungskräfte – und das gilt vor allem in Anlehnung an die Perspektive der „Beidhändigkeit" in der Führung von ambidextren Organisationen (Abschn. 2.4.1) –, die Dringlichkeit von Routine- und Innovationsaufgaben in der Gestaltung von Organisationsstrukturen gleichzeitig abzubilden. Diese Form der Führung bzw. des „Grenzmanagements" (Abschn. 2.4.2) zwischen einem „Business-Betriebssystem" und einem „Innovations-Betriebssystem" gehört zu den zentralen Führungsaufgaben eines Innovation Leaders. In Abb. 7.1 ist der Bezug zum innoLEAD©-Modell noch einmal gesondert dargestellt.

In den nachfolgenden Kapiteln steht diese „duale" Perspektive im Zentrum der Diskussion.

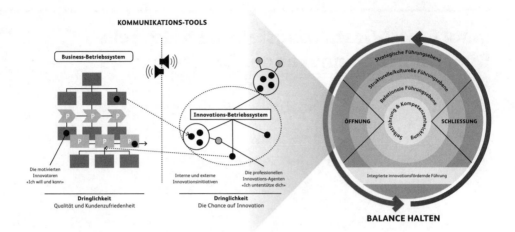

Abb. 7.1 InnoLEAD©: Gestaltungsfeld 3: strukturelle Führungsebene

7.1 Perspektiven aus der Praxis

Nachfolgend werden zwei Perspektiven aus der Innovation-Leadership-Praxis eingehender entfaltet: *Einerseits* die Perspektive der Dualität der strukturellen Führung zwischen „Business-Betriebssystem" und „Innovations-Betriebssystem" und die damit verbundenen Spannungsfelder sowie die Wahrnehmung von Freiräumen in Führungssituationen. *Andererseits* werden Beschreibungen bzw. Zuschreibungen von Führenden und Geführten in Bezug auf die Gestaltung von Innovationsprozessen als elementare Strukturierungslogik fokussiert.

7.1.1 Führung zwischen zwei Betriebssystemen

Die Fallstudienanalyse ging ganz allgemein der Frage nach, welche Regeln, Standards und Prozesse geschaffen worden sind, welche die Freiräume der Mitarbeitenden maßgeblich beeinflussen.

Wir haben in den untersuchten Unternehmen „duale Betriebssysteme" (Kotter 2012) gesucht und gefunden: Zunächst Betriebssysteme, die eher auf Effizienz, Qualitätssicherung und Kostenminimierung ausgerichtet sind (**Business-Betriebssystem**), und des Weiteren Betriebssysteme, die eher auf die Entwicklung von Neuem ausgelegt und von kreativen Prozessen, Dynamik und Netzwerken geprägt sind (**Innovations-Betriebssysteme**). Gerade bei den von uns untersuchten *Hidden Champions* aus der Industriebranche liegt hierin ein zentraler Wettbewerbsvorteil, denn die beiden Betriebssysteme sind tatsächlich eng miteinander verknüpft; sie entwickeln sich „dual" und nehmen stark aufeinander Bezug.

7.1 Perspektiven aus der Praxis

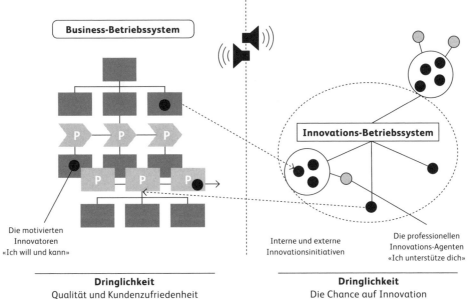

Abb. 7.2 Duale Betriebssysteme und Anforderungen an die Führung und Kommunikation

In Abb. 7.2 sind die beiden Betriebssysteme idealtypisch abgebildet: Auf der linken Seite ist eine hierarchische Struktur mit einer hohen Prozessdurchdringung und einem multiplen Projektmanagement (mit „P" gekennzeichnet) zu sehen. Die Dringlichkeit lautet hier: Kundenprojekte 100-prozentig ausführen, inkrementell Innovieren mit einem hohen Fokus auf Prozessinnovationen, Qualitätssteigerung oder Kostenreduktion. Hier laufen Six Sigma-Programme sowie Kaizen- und Business-Exzellenz-Programme aller Art. In diesem System sitzen aber auch Mitarbeitende, die gerne ab und zu auf die „andere Seite" (gestrichelte Linie) wechseln und ein großes Kreativitäts- oder Innovationspotenzial (schwarze Punkte) haben. Diese sind prädestiniert, eine Zeit im Innovations-Betriebs-System zu arbeiten. Hier lautet die Dringlichkeit: neue Produkte und Dienstleistungen entwickeln, neue Geschäftsmodelle entwerfen, mit externen Partnern und professionellen Innovations-Agenten (helle Punkte innerhalb und außerhalb der Organisationsgrenze) zusammenarbeiten und neue Marktanteile mit Innovationen gewinnen. Auch wandern von diesem System immer wieder Mitarbeitende in das Business-Betriebs-System und beschäftigen sich dort mit Projekten. Gerade der Austausch ist wichtig und ist von der Führung sorgfältig zu organisieren.

Das „Business" verlangt klare, effiziente Aufbau- und Ablaufstrukturen. Verantwortung, Weisungsbefugnisse, Schnittstellen müssen klar geregelt sein. Man versucht, überall Doppelspurigkeiten zu vermeiden und die Mitarbeitenden zu 100 % auszulasten. Im

Zentrum stehen Berechenbarkeit und Kontinuität. Die „Innovation" verlangt nach dezentraler Verantwortung, Selbstorganisation, Netzwerkorganisation, temporären und flexiblen Strukturen, ad hoc eingerichteten Insel- bzw. Ausnahmestrukturen. Entscheidend sind Kreation und Entwicklung.

Gerade wenn Industrieunternehmen keine eigenen F&E-Zentren mit einer eigenen entsprechenden Führung, Struktur und Kultur haben, dann tragen strategisch durchdachte duale Systeme dazu bei, die Innovationsförderung zu vereinfachen und klassische Hindernisse aus dem Weg zu räumen.

Für die Führungskräfte entstehen dadurch besondere Anforderungen: Sie müssen als „Grenzgänger" dafür sorgen, dass sie Kommunikationssysteme bzw. **Kommunikations-Tools** entwickeln, die als Sprachrohre der jeweiligen Betriebssysteme arbeiten und mit Hilfe von Kommunikationsinstrumenten Wege finden, mit den oft **widersprüchlichen Anforderungen der Betriebssysteme** kompetent umzugehen. Nur dann können duale Systeme zum echten strategischen Vorteil werden. Insbesondere wenn sich die Unternehmen in einer Wachstumsphase befinden, funktioniert ein „muddling through" nicht mehr und es ist absehbar, dass gerade das Innovations-Betriebssystem immer wieder auf Kosten des Business-Betriebssystems vernachlässigt wird.

Nachfolgend werden die typischen **innovationsfördernden strukturellen Bedingungen** noch einmal zusammengefasst:

- Zentralisierung des Innovationsmanagements: saubere Prozesse definieren, interne Kommunikation und Wissensfluss steuern
- Dezentralität und Selbstorganisation kleinerer F&E-Einheiten
- Wissen sichtbar machen und vernetzen (R&D, Wikis usw.)
- Physische Treffen initiieren: Entwicklertreffen, Lerngruppen, Community of Practices (CoPs)
- Netzwerkarbeit mit Kunden, Start-up-Unternehmen, Hochschulen etc
- Technologie- und Innovationsmanager als Netzwerker und „Innovationsreisende" in weit verzweigten Innovationsnetzwerken
- Vertriebsinformationen zentral sammeln und intern an die richtige Teilorganisation weitergeben
- Einkauf innovativer Unternehmen und Beibehaltung der ursprünglichen Organisationsstruktur, soweit es möglich ist
- Prinzip eher kleinerer Organisationseinheiten und Führung überschaubarer Innovations-Projektteams.

In den Interviews kam Folgendes zum Ausdruck: Je dezentraler die Verantwortung, desto intensiver die Aushandlungssituationen in Bezug auf Puffer-Ressourcen bzw. **Freiräume**. Die Entscheidungsprozesse laufen dann auf einer sehr persönlichen Ebene ab. Weiterhin schaffen Strukturen dann innovatorische Freiräume, wenn Handeln jenseits von zentral definierten Prozessen und Standards möglich ist (Reduktion von Zwang). Wichtig sind auch zeitlich klar begrenzte Grundlagenprojekte („Freiraum-Inseln"). Es wurde deutlich, dass man für Innovationsarbeit einen ganz klaren Zeitrahmen festlegen muss. Häufig genannt wurde auch der Einkauf innovativer Unternehmen, die innerhalb der bestehenden Strukturen (zumindest für eine gewisses Zeit) eigene Freiraum-Regeln aufstellen und sich dadurch bewusst auch strukturell abgrenzen. Vor einem strukturellen Hintergrund werden Freiräume auch oft als Möglichkeit zur Vernetzung über Abteilungs-und Organisationsgrenzen hinaus (Vermehrung von Alternativen) interpretiert. Die Untersuchung hat gezeigt, dass Freiräume, auch wenn die Unternehmensführung sie offiziell gewährt, oft gar nicht wirksam genutzt werden. Vor allem sehr kurze Zeitspannen für Kreativarbeit oder zeitliche Freiräume werden immer wieder für andere Tätigkeiten unterbrochen. Sobald Mitarbeitende in beiden Betriebssystemen tätig sind, steht die Arbeit im Innovations-Betriebssystem immer unter „*Legitimitätsvorbehalt*", d. h. „*Hauptprojekte*" gehen immer vor. Das führt zu einem andauernden Gefühl der „*Zerrissenheit*" der F&E-Mitarbeitenden.

> **Perspektive Mitarbeitende: Fertigungsoptimierung geht immer vor**
> Man hat wohl erkannt, dass man die Leute nicht nur in feste, strikte Entwicklungsabläufe pressen kann, sondern dass man ihnen die Freiheit geben will. Dass ich momentan nicht so viel Zeit habe, hat nichts damit zu tun, dass es die Firma eigentlich nicht will. Sondern das hat damit zu tun, dass ich halt momentan sehr viel Zeit in die Fertigungsoptimierung stecke. Und da hoffe ich, dass es irgendwann einmal wieder besser wird. (F&E MA)

Wenn z. B. in der Fertigung ein Problem auftritt, werden mitunter Entwicklungs-Ingenieure beauftragt, um das Problem zu beheben. Daneben sind sie meistens in vielen Projekten parallel aktiv.

Wenn also die Führungspersonen die Gestaltung von strukturellen Bedingungen nicht sorgfältig wahrnehmen und umsetzen, erzielen die organisierten Freiräume nicht die intendierte Wirkung. Auch jegliche Form von selbstorganisierten Freiräumen, die sich kreative Mitarbeitende von Zeit zu Zeit selbst schaffen, werden durch die Dominanz von „Hauptprojekten", Stress infolge von Parallel-Arbeiten und Multi-Projektmanagement „bedroht".

7.1.2 Innovationsprozesse und Freiräume

Wenn das Schema öffnender und schließender Handlungen im Bereich von innovationsfördernden Strukturen betrachtet wird, spielen Innovationsprozesse eine bedeutende Rolle. Im Rahmen der Führung von Innovationsprozessen haben die Verantwortlichen das Gefühl, die Innovationstätigkeit direkt zu steuern und anhand klarer Kriterien zu leiten. In der Praxis zeigt sich jedoch, dass Innovationsprozesse ganz unterschiedlich ausgestaltet werden und sich sowohl Führende als auch Geführte in ganz unterschiedlichem Ausmaß an die Prozessvorgaben halten. In den befragten Unternehmen kam deutlich zum Ausdruck, dass nicht alle Bereiche gleich strikt geführt werden. Weiterhin kommt bei der

Beschreibung von Innovationsprozessen stark das **Entwickeln unter Zeitdruck** bzw. die „**Time-to-Market**"-**Perspektive** zum Ausdruck.

> **Perspektive Mitarbeitende: Der Konkurrenz immer eine Nasenlänge voraus sein**
>
> Und heute ist halt Time-to-Market einer der wichtigsten Faktoren, das heißt, wir müssen in unseren Prozessen relativ schnell sein, auch in unseren Entwicklungsprozessen, damit wir unserer Konkurrenz immer eine Nasenlänge voraus sind. Und dann duldet es halt oftmals nicht noch einen Loop oder große Diskussionen. (F&E MA)

Größere Diskussionen oder Umwege verlangsamen Entwicklungsprozesse, deshalb bleibt man auf vertrauten Pfaden. Der „*Druck des Alltagsgeschäfts lässt einen nach Vertrautem suchen*". Man versucht, die geplanten Entwicklungsziele zügig zu erreichen. „Prozesse" werden mehrheitlich als innovationsverhindernd beschrieben, mit viel **Bürokratie** verknüpft und – ganz zentral – mit der **Bewertung von Innovationsrisiken**. Die Innovationschancen sind natürlich per se ungewiss und der (Miss-)Erfolg liegt in der Zukunft, die Innovationsrisiken hingegen sind real und kommen in gegenwärtigen Kosten, Angst vor Veränderung, rechtlichen Risiken usw. zum Ausdruck.

Klar definierte Prozesse geben aber auch **Sicherheit** und spuren Entwicklungswege vor, schaffen die Gelegenheit für Führungsentscheide und erleichtern ganz generell die **Kommunikation über Entwicklung** und Innovationen. So werden z. B. verschiedene Entwicklungsschritte dokumentiert, im Unternehmen visualisiert und auf diese Weise die **Grundlage für Erfahrungs- und Ideenaustausch** geschaffen. Diese Klarheit wird sowohl von den Führenden als auch den Geführten als Entlastung wahrgenommen.

Von Führungskräften erwarten die Mitarbeitenden tendenziell, dass sie auch hier wieder „*vernünftig*" mit Prozessbeschreibungen umgehen, den „*bürokratischen Wahnsinn*" im Auge behalten und auch mal Deadlines großzügig nach hinten verschieben. Zentral ist auch, dass die Entwicklungsziele von „Gate" zu „Gate" klar formuliert sind, aber der Weg dahin „frei" gewählt werden kann (methodischer Freiraum).

> **Perspektive Mitarbeitende: Weiche Prozessrichtlinien**
>
> Also ich denke, das ist eher so eine Richtlinie. Jedes Projekt ist wieder anders. Und ich habe schon oft gesehen, auch bei anderen Leuten, dass sie irgendeine Phase übersprungen oder nicht beachtet haben. Oder es ist zusätzlich eine dazugekommen, weil sie es als nötig empfanden. (F&E MA)

Für die Innovationsförderung wird der Verzicht auf „Prinzipienreiterei" als zentral erachtet, denn „zum Teil wird es fast ein wenig zu extrem. Ich merke auch, wie ich selber plötzlich in diese Strukturen hineinwachse. Jetzt weiß ich schon: Projektplan erstellen und nachher die Ist-Analyse so und so und so, mit diesen Tools und so weiter" (F&E MA).

Weniger klar gefasste Prozesse können zu Doppelspurigkeiten und Effizienzverlusten führen. Die gewährten Räume eröffnen aber immer auch neue Chancen. Insofern ergibt sich auf dieser strukturellen Ebene ein Bereich, den die Führung bewusst ausbalancieren muss.

> **Perspektive Führung: Doppelspurigkeiten lassen sich nicht vermeiden**
> Wenn man die Leute so frei entscheiden lässt, was sie tun, kommt es immer zu Koordinationsverlusten und dass die Leute Dinge zweimal tun. Wir haben versucht, das zu vermeiden, es ist aber trotzdem vorgekommen. Aber es ist jetzt nicht so, dass man massiv daran verloren hätte. Das ist sicher ein Nachteil. Ein Vorteil hingegen ist, dass die Leute eine sehr viel höhere Motivation haben. (F&E Leader)

Bei den F&E-Mitarbeitenden kommt deutlich zum Ausdruck, dass *„Freigabe-Gremien"* im Rahmen von Innovationsprozessen bereits **in frühen Phasen Feedback** geben sollten. Damit wird das Risiko von sehr späten Abbrüchen von Prozessen und damit von großer Demotivation der Mitarbeitenden vermieden (Abschn. 5.4).

7.2 Innovationsfördernde Strukturen: Grundlagen

Organisationen, in denen Innovationen stattfinden, legen mit ihren Strukturen eine Grundlage für die Form und auch den Verlauf von Innovationen, doch bestimmen sie deren Entwicklung nicht vollständig. Denn soziale Systeme sind, wie wir wissen, „eigensinnige lebendige Einheiten, die ihren historisch gewachsenen Erfolgsmustern folgen" (Nagel und Wimmer 2002, S. 18). Diese Muster bestimmen, wie Innovationsvorhaben systemintern verarbeitet werden.

Die Gestaltung innovationsfördernder Strukturen bewegt sich im Spannungsfeld zwischen **Effizienz** bei der gegenwärtigen Ausführung von Routineaufgaben im Rahmen des Kerngeschäfts und der **Offenheit** zur Förderung von Innovationsvorhaben, um die Zukunftsfähigkeit des Unternehmens zu sichern. Grundsätzlich kann eine Differenzierung in mechanische und organische Organisationsstrukturen vorgenommen werden (vgl. Burns und Stalker 1961). Diese Differenzierung wird einleitend vertieft, danach wird der Fokus auf die Verflachung von Hierarchie, zur Förderung von Innovationen gelegt. Zum Schluss folgt eine Diskussion zu den Prozessstrukturen.

7.2.1 Mechanische versus organische Systeme

Wie bereits in Abschn. 2.3 eingeführt, werden Unternehmen als soziale Systeme betrachtet. Sie sind nicht durch mechanische, sondern durch organische Strukturen geprägt.

Mechanische Strukturen sind für einen Innovationskontext denkbar ungeeignet, denn sie eignen sich für die Bearbeitung repetitiver Aufgaben. Je mehr standardisierte Aufgaben, desto stärker tendieren Unternehmen zur Ausbildung von Formalismen und hierarchischen Strukturen. In solchen Kontexten werden Spezialistentum und eine genaue Beschreibung von Rechten und Pflichten gefördert (vgl. Morgan 2002). Bei der Aufgabenkoordination und Ressourcenallokation dominiert eine vertikal orientierte Kommunikation. „Mechanische Systeme neigen zur Inflexibilität: Sie sind nur bedingt improvisationsfähig, reaktionsträge und beharrlich" (Lühring 2007, S. 138).

Organische Systeme lassen sich durch eine Evolutionsfähigkeit charakterisieren, mit der sie sich in Form von Selbstorganisation (Abschn. 2.3.2) ständig an dynamische Umweltbedingungen anpassen. Organische Systeme sind lebendige, offene Systeme, die sich insbesondere dazu eignen, Nicht-Routineaufgaben zu bearbeiten (vgl. Morgan 2002). Unter der Perspektive der „Offenheit" werden die Schlüsselbeziehungen zwischen der Umwelt und dem internen Funktionieren des Systems hervorgehoben. Dieser Offenheit sozialer Systeme steht die Geschlossenheit vieler physikalischer oder mechanistischer Systeme entgegen. Organische Systeme tendieren zur Entwicklung vernetzter Strukturen, die flach und dezentral organisiert sind. Mitarbeitende in organischen Systemen müssen eher generalistische Kompetenzen aufweisen und gut mit Veränderungsprozessen umgehen können. Von ihnen wird eine hohe Flexibilität und Anpassungsbereitschaft erwartet. Im Gegensatz zu mechanischen Systemen spielt die horizontale und informelle Kommunikation eine bedeutende Rolle bei der Aufgabenkoordination und der Allokation von Ressourcen (vgl. Lühring 2007).

Spannend ist vor dem Hintergrund der **„Balance"-These** (Abschn. 3.4), wie viel mechanische und organische Strukturen für die Innovationsförderung funktional sind. Sehr häufig wird sehr einseitig behauptet, dass mechanische Strukturen die Innovativität verhindern und organische Strukturen sie fördern.

Sowohl in organischen als auch mechanischen Strukturen können Widerstände gegenüber Innovationsvorhaben entstehen. Jeder Strukturtyp entwickelt jedoch jeweils andere Formen des Umgangs mit diesen Widerständen. Aber prinzipiell ist es denkbar, dass mechanische Systeme Ansätze und Instrumente entwickeln, die einen Beitrag zur Überwindung dieser Widerstände leisten (vgl. Lühring 2007). Aber in Branchen, die sich durch eine extrem dynamische Technologieentwicklung auszeichnen, werden tendenziell organische Systeme ein größeres Repertoire an Antwortmöglichkeiten auf externe Erwartungen bieten. Es muss zumindest ein großer Anteil organischer Strukturelemente vorhanden sein. Ein innovatives Unternehmen weist Strukturen auf, die in der Lage sind, spontane Beziehungen zu internen und externen Partnern aufzunehmen, auszuprobieren, auszubauen und evtl. auch zu institutionalisieren (vgl. Hauschildt und Salomo 2011). Aber ordnungsärmere und organische Verhaltensweisen verursachen immer höhere Kosten im Sinne von Kommunikations- und Koordinationsaufwand. Weiterhin werden oft die „Wechselkosten" zwischen ordnungsreichen und ordnungsarmen Strukturen (vgl. Abb. 7.2 vernachlässigt. Innovationsprojekte sind irgendwann in den „Dauervollzug" zu überführen; aus Daueraufgaben werden Innovationsprojekte usw. (Hauschildt und Salomo 2011, S. 62). Diese Übergänge kosten Zeit und erfordern eine intensive Begleitung durch die Führung.

7.2.2 Flache Hierarchien

Stark hierarchisch geprägte Strukturen werden eng mit Vorgaben und Überprüfung der Ergebnisse in Verbindung gebracht. Hierarchien sind dazu da, dass Mitarbeitende mit ihren Entscheidungen andere Mitarbeitende „erreichen können müssen und dass sie wissen können müssen, welche Entscheidungen im Konfliktfall zurate zu ziehen sind, um weitere Entscheidungen sicherzustellen" (Baecker 2000, S. 242). Die **Funktion von Hierarchien** besteht demgemäß darin, **Erreichbarkeit** und **Konfliktlösung** sicherzustellen. Wenn Entscheidungen in einem Unternehmen auch auf einem alternativen Wege koordiniert werden, z. B. mit Netzwerk-, Lean-Management- oder Qualitätsmanagement-Ansätzen, dann geht das nur, weil diese Ansätze einen ebenso hohen Druck auf die Interaktion von Mitarbeitenden auswirken, wie er vormals durch Hierarchien erzeugt wurde. Gemäß Baecker (2000) können mit flachen Hierarchien verbundene **partizipativ-delegative Führungsstile** nur funktionieren, weil man davon ausgeht, dass alle „empowerten" Mitarbeitenden (Abschn. 3.6) im Rahmen ihrer Interaktionen mit anderen Mitarbeitenden immer *für* und nicht *gegen* das Unternehmen agieren. Das kann wiederum nur durch eine hierarchische Differenzierung sichergestellt werden, die dafür sorgt, dass alle Mitarbeitenden, „die nicht hinreichend ‚partizipativ' mitziehen, durch Entlassungsentscheidungen oder auch Entscheidungen des Ressourcenentzugs erreicht werden können" (Baecker 2000, S. 244). Irgendwie führen also alle nicht-hierarchischen Organisationsstrukturen immer wieder auf hierarchische Strukturen zurück. Ganz ohne Hierarchie geht es nicht.

Die Umsetzung innovativer Organisationsstrukturen vollzieht sich in den meisten Unternehmen heute in der Überlagerung einer langfristig angelegten Linienorganisation (**Primärorganisation**) mit einer temporären, flexiblen, teamorientierten Struktur (**Sekundärorganisation**). Im Rahmen der Entwicklung und Umsetzung von Innovationsvorhaben ergibt sich ein vielfältiger Koordinationsbedarf, der die besonderen Eigenschaften der Beziehungen zwischen Primär- und Sekundärstruktur zu berücksichtigen hat (vgl. Lühring 2007, S. 145). Trotz der Dominanz von Innovationsprojekten erfüllt die Hierarchie im Hintergrund oft die **Funktion der Unsicherheitsabsorption**. Diese Funktion wird eher der Gesamtorganisation zugerechnet und nicht einzelnen Einheiten, in welchen z. B. Projekte lanciert werden. Man könnte auch sagen, dass die Hierarchie hintergründig die flexibleren Organisationsstrukturen von den eher unangenehmen Entscheidungen „entlastet".

Hierarchien üben klar Zwang aus und grenzen Freiheitsgrade von Mitarbeitenden ein. In stark hierarchisch geprägten Unternehmen sind die Entscheidungsfreiräume auf einige wenige Abteilungen, Stellen oder Einzelpersonen verteilt. Weiterhin sind Hierarchien geprägt von einem hohen Standardisierungs- und Formalisierungsgrad. Dieser bezieht sich auf den Umfang und die Detailliertheit mündlich und schriftlich festgelegter Regeln. Je mehr Regeln (z. B. detaillierte Pflichten- und Lastenhefte bei der Entwicklung neuer Produkte), desto geringer die Handlungsautonomie von Mitarbeitenden. Schon Thompson (1965) hat festgestellt, dass eine starke Zentralisierung von Entscheidungsfindungen, wie es bei vorrangig hierarchischen Strukturen die Regel ist, einen negativen Einfluss auf die Innovationsfähigkeit hat. Die Verteilung von Entscheidungsfreiräumen ist ein zentrales Erfolgskriterium von Innovation.

Hierarchien wirken auch komplexitätsreduzierend und identitätsstiftend. Sie tragen aber nicht dazu bei, dass Mitarbeitende Verantwortung für die Kreation eigener innovativer Ideen übernehmen. Vielmehr richten sich Mitarbeitende in stark hierarchisch geprägten Unternehmen an den Entscheidungsmustern der Führung aus. In hierarchisch geprägten Unternehmen werden großzügige Entwicklungs- und Zeitbudgets oft als Zumutung erlebt. Die dort beschäftigten Mitarbeitenden meiden Entscheidungssituationen bzw. Wahlfreiheit, weil sie nicht bereit sind, ein mögliches Scheitern in Kauf zu nehmen. Sie haben Angst vor Fehlern und damit verbundenen negativen Sanktionen. Hierarchien funktionieren stark über Sanktionsstrategien: Positive Handlungen werden belohnt, negative bestraft. Es ist für die Entwicklung neuer Ideen sicher nicht hilfreich, wenn sich die Mitarbeitenden vor allem mit der Vermeidung von Sanktionen auseinandersetzen und ihre Aktivitäten daran ausrichten. Kreativität basiert auf intrinsischer Motivation (Abschn. 9.2.3).

Eine Verflachung von Hierarchien führt tendenziell zu mehr Selbstverantwortung und fördert eigeninitiatives Verhalten (Abschn. 9.2). Gerade Netzwerkstrukturen (Abschn. 7.2.4) basieren stark auf partizipativen Ansätzen und fördern intensiver den Austausch von Ideen und das gemeinsame Entwickeln von Innovationen. Aber auch bei der Entwicklung von Netzwerktheorien im Sinne des Open Innovation-Paradigmas (Abschn. 1.3) muss man genau verstehen, auf welcher Struktur ein Unternehmen basiert, bevor man über „Öffnung" nachdenkt. Eine Organisationsstruktur schafft einen Wiedererkennungseffekt, liefert Stabilität – eine wichtige Voraussetzung für eine organisationale Öffnung und die Gestaltung von intraorganisationalen Beziehungen zu Innovationspartnern.

Eine Verflachung von Hierarchien fördert weiterhin die Diffusion von Wissen zwischen Individuen. Wissensentwicklung und verbreitung in Unternehmen gelingt am besten über die gemeinsame, partnerschaftliche Bearbeitung von konkreten Projekten, wie es in „Communities of practice" der Fall ist (vgl. Brown und Duguid 1991).

Vernetzung und flache Hierarchien bzw. die **Einfachheit der Strukturen** können sogar zum obersten Führungsprinzip erhoben werden, wie das unten stehende Beispiel der Firma Gore zeigt:

Das Gore-Prinzip

Als Beispiel dazu kann die Firma Gore gelten, die ihren Verzicht auf hierarchische Strukturen zum Management-Credo erhoben hat: „No ranks, no titles." Einen der wichtigsten Erfolgsfaktoren sehen die Gründer in der Vereinfachung von Kommunikation zwischen den Mitarbeitenden. Aus diesem Grund wird die Größe der einzelnen Gore-Einheiten auf 150 Mitarbeiter begrenzt. Die Überlegung dahinter: Ab dieser Größe kennen sich die Arbeitskollegen nicht mehr und die Kommunikation beginnt zum Problem zu werden. In vielen Firmen entwickeln sich auf diese Art und Weise „Silos": Die verschiedenen Abteilungen konzentrieren sich stark auf ihre Kernkompetenzen und die Kommunikation zwischen den verschiedenen Einheiten verschwindet allmählich. Es sind dann neue Strukturen zu entwickeln (Abschn. 7.2.1), die den Austausch innerhalb des Unternehmens wieder anstoßen (Ideenmanagement-Tools, Workshops etc.). Der Erfolg solcher Maßnahmen ist häufig ungewiss.

Die klare Beschränkung der Unternehmensmitglieder auf 150 stellt sicher, dass sich die Mitarbeitenden noch kennen und sich automatisch untereinander austauschen. Es müssen keine aufwendigen Kommunikations-Tools implementiert werden. Es ist auch offenkundig, dass die Mitarbeitenden untereinander über die Arbeitsinhalte und aktuellen Herausforderungen informiert sind. Diese Reduktion von Strukturierungsanforderungen eröffnet u. a. die Möglichkeit, mehr Ressourcen in die Innovationsförderung zu lenken. Es bleiben mehr Freiräume, um sich mit neuen Ideen auseinanderzusetzen und neues Wissen zu erarbeiten. Die Freiräume sind klar an Fähigkeiten und Erfahrung geknüpft. Mit jedem Erfolg gewinnt der Mitarbeitende mehr Freiräume, und je risikoreicher die Handlungen in den Freiräumen, desto mehr Personen tragen die Entscheidung am Ende mit. So entwickelt sich mit der Zeit ein Unternehmen, in dem keine Top-down-Entscheidungen eingeübt, sondern noch selbst Entscheidungen getroffen und verantwortet werden. Und in dezentralen Strukturen, aber dadurch auch marktnahen Geschäftseinheiten, wird tendenziell relativ schnell entschieden.

Bei Gore existieren keine Dienstwege über Vorgesetzte. Die Kommunikation soll immer „one to one" stattfinden. Bei Gore treten an die Stelle von Vorgesetzten sogenannte „natural leaders". Projektgruppen bilden sich eigenständig und ein oder mehrere Mitarbeitende übernehmen die Führungsrolle. Die Berechtigung zur Übernahme der Führungsrolle gründet in der Akzeptanz der Teammitglieder. Die Aufgabe eines „natural leaders" ist die Entwicklung eines „winning teams", und diese werden von Sponsoren begleitet, die von den Teams selbst ausgewählt werden (vgl. Flik und Rosatzin 2011).

Hauschildt und Salomo (2011) kommen zu dem Schluss, dass es **sieben Bedingungen** sind, die zu erhöhtem Innovationserfolg beitragen:

1. Systemoffenheit: Das Unternehmen soll sich nicht abschotten, sondern den Austausch mit verschiedenen Anspruchsgruppen pflegen.
2. Niedriger Organisationsgrad, um eine hohe Flexibilität zu erhalten. Arbeiten werden je nach Fähigkeiten vergeben.
3. Möglichst geringe Formalisierung der Informationsbeziehungen und ein schlanker Dienstweg.
4. Förderung der Zusammenarbeit zwischen verschiedenen Akteuren und Betroffenen. Dies fördert Problemlösung und Durchsetzung neuer Vorschläge.
5. Konfliktbewusstsein und Konflikte produktiv zur Erarbeitung neuer Lösungen einsetzen.
6. Achtsamkeit bei der Rekrutierung und Personalförderung.
7. Kompetenzen und Verantwortung so verteilen, dass der Einzelne sich Freiräume außerhalb der routinisierten Alltagstätigkeit verschaffen kann.

7.2.3 Zielkonflikte im Hintergrund

Das Auftreten von Zielkonflikten zwischen Innovationsprozess- oder Innovationsprojektverantwortlichen (Sekundärorganisation) und der Linie (Primärorganisation) kann auf verschiedene Ursachen zurückzuführen sein. Einerseits führen unterschiedliche Taktungen und Planungsvorgaben der beteiligten Funktionsbereiche zu Konflikten. Gerade der Marketingbereich ist nahe an den Endkunden (Abschn. 6.1.1), baut häufig „Druck" auf und fordert vom F&E-Bereich rasche Erfolge. Durch neue Produkte oder Produktapplikationen kann der Vertrieb den „Bauchladen" wieder füllen und kommt rascher zu Abschlüssen. F&E-Abteilungen geben sich eher langfristige Planungshorizonte und vermeiden schnelle Reaktionen. Vor allem im Rahmen der Produktentwicklung tauchen diese Konflikte häufig auf, wenn es z. B. F&E-Teams nicht gelingt, flexibel auf neue Anforderungen seitens des Marketings bzw. seitens der Endkunden zu reagieren. Irgendwann wird z. B. im Bereich der Technologie- oder Materialwahl eine Entscheidung getroffen, die dann nur noch schwer rückgängig zu machen ist.

Auch die räumliche Distanz zwischen den verschiedenen Funktionsbereichen ist eine potenzielle Konfliktquelle zwischen Primär- und Sekundärorganisation. Durch die räumliche Distanz wird die informelle Kommunikation erschwert. Der Ideenaustausch und transfer läuft nicht spontan. Der Trend zur Internationalisierung der F&E (Abschn. 1.4) verstärkt diese Problematik noch zusätzlich. Je stärker der Austausch auf virtuellen Strukturen basiert, desto voraussetzungsvoller ist die Kommunikation (vgl. Lühring 2007).

Die Funktionsbereiche „Marketing", „Produktion" und „F&E" verfolgen sehr unterschiedliche Ziele, und Innovation Leaders sind gut beraten, diese unterschiedlichen Zielhierarchien in ihrer Kommunikation zu berücksichtigen (vgl. Abb. 7.3.

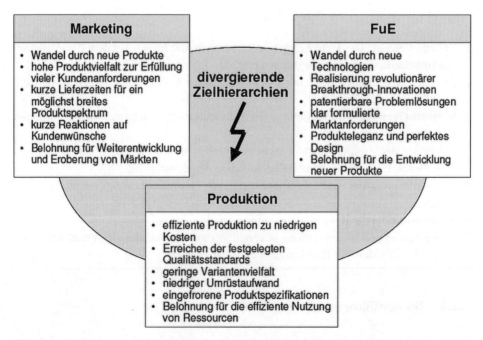

Abb. 7.3 Divergierende Zielhierarchien der Funktionsbereiche. (Quelle: Lühring 2007, S. 148, in Anlehnung an Song et al. 1997, S. 38)

7.2.4 Netzwerkstrukturen

Aus der Öffnungsperspektive, die hier gewählt wurde, liegt der Vorteil von Netzwerktheorien auf der Hand. Aber das heißt nicht, dass sich nach außen vernetzte Unternehmen nicht ständig auf interne Strukturen beziehen und sich die Frage stellen müssen, ob die interne Struktur noch das geeignete Repertoire an Antworten auf die aktuellen Umweltanforderungen bereithält. Netzwerktheorien liefern Antworten auf die Herausforderung, Kooperationen mit externen Partnern zu organisieren (Erler und Wilhelmer 2010). Zu den zentralen **Voraussetzungen einer Entwicklung netzwerkartiger Strukturen** zählen gemäß Weidmann und Armutat (2008, S. 82 f.):

1. die Identifikation mit der Organisation und ihren Leistungen,
2. das persönliche Interesse an hoher Qualität,
3. ein hohes Commitment zu Innovationsinitiativen und der unternehmensweiten Förderung von Innovationsfähigkeiten,
4. ein Verständnis für die langfristige Entwicklungsrichtung der Organisation und
5. die Bereitschaft und die Fähigkeit, Wissen zu teilen.

Die Zusammenarbeitsformen in externen Netzwerken sind auch für die Führungspraxis innerhalb von Unternehmen wegweisend, denn vielfach bedingt heute die unternehmensinterne Förderung von Innovativität ähnliche Strukturen und Vorgehensweisen. Führungskräfte haben sicherzustellen, dass der Informationsfluss innerhalb des Unternehmens gewährleistet ist und nutzbringend gefördert werden kann.

Wie bereits oben erwähnt, stellen allerdings Netzwerkstrukturen alleine nicht die Funktion von Hierarchien im Sinne von Erreichbarkeit und Konfliktlösung sicher. Ein weiteres Spannungsfeld, das von Innovation Leaders sorgfältig ausbalanciert werden sollte, liegt in der geeigneten **Kombination aus eher dezentralen, hochflexiblen Netzwerk-Organisationen (Öffnung) und einem hierarchischen Grundgerüst (Schließung)** (vgl. Abb. 7.4).

Beide Strukturdimensionen haben einen bedeutenden Einfluss darauf, wie viele innovative Produkte oder Dienstleistungen mit welcher Qualität und in welcher Geschwindigkeit erfolgreich vermarktet werden.

Während die hierarchische Gestaltung der Innovationstätigkeit eher dazu dient, Orientierung zu stiften, d. h. die Innovationsakteure auf ein gemeinsames Ziel ausrichtet und die damit verbundenen Konflikte reguliert, leisten Netzwerkstrukturen die Grundlage für die Entstehung von Innovationen und generieren damit Koordinationsbedarf. Durch Netzwerkstrukturen fließt neues Wissen in die Organisation, das verschiedene Organisationseinheiten verarbeiten. Rund um hierarchische Entscheidungslinien werden kontinuierlich zahlreiche Projekte lanciert und Prozesse gestaltet. Im operativen Geschäft werden ständig Entscheidungen getroffen und es finden viele kleinere Abstimmungen mit Akteuren innerhalb und außerhalb der Organisation statt, es entstehen immer wieder neue Organisationselemente, (Sub-)Arbeitsformen oder neue Kommunikationswege.

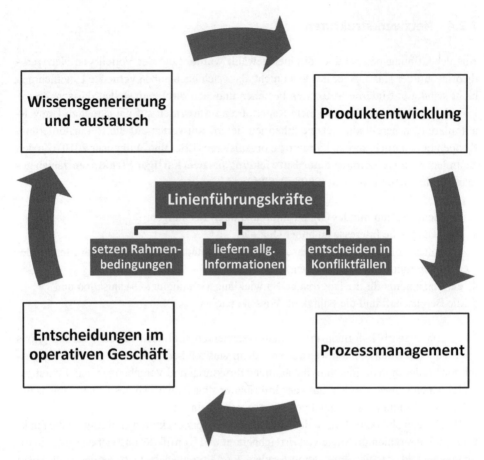

Abb. 7.4 Kombination von Hierarchie und Netzwerkstruktur. (Quelle: in Anlehnung an Weidmann 2005, zitiert in Weidmann und Armutat 2008, S. 81)

Die Linienführungskräfte legen in regelmäßigen Abständen, oft gemeinsam mit dem Innovations- und Technologiemanagement, die Innovationsstrategie, den favorisierten Zugang zu bestimmten Märkten sowie die Variationsbreite der zu entwickelnden Produkte oder Dienstleistungen fest. Die Hierarchie hat also eher die Funktion, Informationen zu bündeln bzw. zu kanalisieren und die Innovationsakteure zu orientieren. Das heißt aber nicht, dass die hierarchische Struktur keine Freiräume lässt, um Netzwerkstrukturen auszugestalten. Im Gegenteil: Es gilt, beides sinnvoll zu vereinen.

Die aktuellere Netzwerk-Forschung beschäftigt sich vermehrt mit der Debatte um die **Netzwerkdichte**. So bieten sich **lose Netzwerke** mit vielen sogenannten strukturellen Lücken tendenziell für die **Ideengenerierung** an, denn im Gegensatz zu einem **dichten Netzwerk**, geprägt von intensiven Beziehungen, deuten strukturelle Lücken den Kontakt zu unterschiedlichen Netzwerkpartnern an. Netzwerke mit strukturellen Lücken kennzeichnen sich durch eine geringe Kohäsion und fehlende Überlappungen der Kontakte (vgl. Burt 2001). Die Netzwerkakteure haben somit Zugriff auf unterschiedliche Informationsquellen, was wiederum die im Netzwerk vertretene Anzahl alternativer Denk- und Verhaltensweisen steigert (vgl. Obstfeld 2005). Diese **alternativen Denk- und Verhaltensweisen** und der Freiraum, der aus der Abwesenheit von intensiven Netzwerkbeziehungen entsteht, wirken sich positiv auf die Ideengenerierung aus. Ein **dichtes Netzwerk** hingegen bietet deutliche Vorteile für die **Umsetzung einer Innovation**.

Die mit dem Auf- und Ausbau von Netzwerken verbundenen Freiräume sind oben (Abschn. 5.3.7) den Kooperationsfreiräumen zugeordnet worden. Eine innovationswirksame Gestaltung dieser Kooperationsfreiräume als eine Möglichkeit der ergänzenden Steuerung der Innovationsfähigkeit hängt vom Ausbalancieren der Gegensätze „Vertrauen und Kontrolle", „Autonomie und Abhängigkeit" sowie „Kooperation und Wettbewerb" ab (Erler und Wilhelmer 2010, S. 230).

Ein Beispiel eines solchen weichen Steuerungsmechanismus bietet das INNOnetzwerk von **Swarovski**, welches Erler und Wilhelmer (2010) wie folgt beschreiben: „Von ihrer Funktionalität erfüllen Netzwerke wie das INNOnetzwerk von Swarovski die Rolle ‚sozialer Cockpits' für Organisationen: Sie helfen beim Steuern durch unwegsames Gelände, bringen eine realistischere Selbsteinschätzung, anregende Ideen, zukunftsorientierte Perspektiven und motivieren zum hohen persönlichen Einsatz" (S. 234). Ein erfolgreiches Netzwerk, das dieser Funktion eines Cockpits gerecht werden will, ist sorgfältig zu gestalten. Die Fähigkeit einer Führungsperson, interne und externe Netzwerke – im Sinne von vertrauensvollen, tragfähigen Beziehungen – aufzubauen, wird heute deshalb als wichtige Komponente des Führungserfolgs betrachtet (vgl. Ancona et al. 2007; Gloor und Cooper 2007; Ibarra und Hunter 2007; Stippler et al. 2010).

Das Konzept der **Führung als Beziehungsgestaltung** wird unter dem Netzwerk-Ansatz bedeutend geöffnet, womit die Komplexität der Führungsaufgabe steigt. Eine **wirksame Führung von Netzwerken** gründet in einem mehrstufigen Prozess. Neben dem Aufbau und der Pflege des Netzwerkes gilt es, dieses stetig unter den folgenden Aspekten zu beobachten: *Erstens*, wie gestalten sich die Beziehungen zwischen den Netzwerkpartnern, und *zweitens*, über welche Netzwerke verfügen die Netzwerkpartner außerhalb des eigenen Netzwerkes? Während die Führungskraft letztlich nur den Aufbau und die Pflege des Netzwerkes mitbestimmt, hängt der Führungserfolg auch stark von den nicht kontrollierbaren wechselseitigen Beziehungen der Netzwerkpartner ab (vgl. Balkundi und Kilduff 2006, S. 431).

▶ Vertrauensvolle und tragfähige Netzwerke aufzubauen und zu nutzen ist eine komplexe Aufgabe und ist fast nur über persönliche Beziehungen wahrzunehmen (vgl. Stipler et al. 2010). **Die erfolgreich netzwerkende Führungskraft** zeichnet sich durch **Bescheidenheit** und gute **Selbstführungskompetenzen** aus (Abschn. 9.3.1), denn sie ist sich der eigenen Grenzen in Bezug auf die Führungsaufgabe durchaus bewusst und nutzt das Netzwerk, um eigene (Wissens-/Informations-/Kompetenz-)Lücken zu füllen.

Besonders in komplexen, sich schnell verändernden Situationen ist ein autoritärer oder direktiver Führungsstil nicht angemessen. Vielmehr besteht vor diesem Hintergrund eine zentrale innovationsfördernde Führungsaufgabe darin, ein Beziehungsnetz mit Personen zu kultivieren und zu koordinieren, welches die unvermeidbaren Wissens-, Informations- oder Kompetenzlücken schließt (vgl. Ancona et al. 2007).

7.2.5 Innovationsprozesse

Innovationsprozesse haben in den letzten Jahren immer mehr Praktiker und Wissenschaftlerinnen in den Blick genommen. Im Folgenden werden die zentralen Herausforderungen im Rahmen des Prozessmanagements beschrieben sowie die klassischen Prozessmodelle, die sich in der Praxis finden sowie deren Konsequenzen für die Führung.

7.2.5.1 Zentrale Herausforderungen

Innovation wird in Unternehmen in den meisten Fällen als Prozess strukturiert und organisiert. Dass diese Prozessbeschreibungen meist vereinfachend sind und der Komplexität der Abläufe in der Realität nicht gerecht werden, ist schon erwähnt worden. Die Form und der Verlauf der Innovation sind vom sozialen Kontext abhängig, in dem Neuerungen entstehen und sich entwickeln. Dabei ist der Ausgang eines Innovationsprozesses prinzipiell unvorhersehbar. Die Betrachtung des Innovationsprozesses mit den Phasen Ideengenerierung, -akzeptierung und -realisierung ist einerseits hoch aggregiert. Andererseits kann die Ideensuche in modernen Unternehmen nicht als klar definierte Ausnahmeaufgabe verstanden werden, sondern vielmehr als Daueraufgabe. Weiterhin ist vor dem Hintergrund der oben gewählten systemischen Perspektive auch klar, dass sich Prozessphasen zeitlich nicht klar voneinander trennen lassen. Auch in den Phasen der Ideenumsetzung gibt es Nicht-Routineaufgaben, die zur Erfüllung mitunter auch größere Freiräume benötigen. Das muss sich in den Strukturen widerspiegeln.

▶ Die **Gestaltung von Innovationsprozessen** ist vor diesem Hintergrund als Beziehungs- und Kommunikationsgestaltung zu charakterisieren. Ein erfolgreich vollzogener Innovationsprozess ist nicht mehr Individuen zuzurechnen, sondern als kollektive Interpretationsleistung zu begreifen.

Die **klassischen Modelle** von Innovationsprozessen zeichnen sich durch sequenzielle Planungskonzeptionen, die Bestimmung verantwortlicher Funktionen und Personen sowie die Definition von Meilensteinen und Abbruchkriterien aus. Die Aufteilung des Prozesses ermöglicht es Führungskräften, Ideen effizient zu generieren und umzusetzen, die Produktionseinführungszeit zu messen sowie die Rationalität der Prozesse zu betonen (Bergmann und Daub 2008). Weiterhin können die Zufälligkeit des Prozesses und die Risiken reduziert sowie Transparenz und Kontrollierbarkeit erhöht werden.

Der Innovationsprozess lässt sich aber nicht rein linear planen, denn es bestehen verschiedene Verlaufsmöglichkeiten, und eine solche vereinfachte, modellhafte Vision wird der Komplexität der beobachtbaren Praktiken nicht gerecht. Innovative Prozesse zeichnen sich durch Komplexität, Unsicherheit und Unordnung aus und sind Ausgangspunkt verschiedener Veränderungsinitiativen. Innovation ist kein Prozess, der sich nach immer gleichen, allgemeingültigen Prinzipien organisieren lässt. Doch damit verringert sich auch die Voraussagbarkeit, wie es bereits Utterback und Abernathy (1975) in ihrer Modellierung ausführen. An die Stelle der linearen treten deshalb nun multidirektionale und durch Netzwerkstrukturen ergänzte dynamische Prozessmodelle.

7.2.5.2 Klassische Prozessmodelle

Das prozessuale Verständnis von Innovation ist **hoch anschlussfähig** an die betriebliche Realität. Innovationen entwickeln sich aus Ideen oder aufgrund von Innovationspotenzialen und durchlaufen in den allermeisten Organisationen einen Prozess, der mehr oder weniger stark strukturiert und detailliert beschrieben ist. Die Definition und die Ausdifferenzierung von Prozessen bestimmen die innovationsfördernde Führungspraxis maßgeblich. Prozesse bieten eine Möglichkeit, die Innovationstätigkeit von Unternehmen in gestaltbare, steuerbare, kontrollierbare und evaluierbare Tätigkeiten zu beschreiben und die Innovationspraxis auf ein Innovationsziel auszurichten.

Die **Grundcharakteristika der verschiedenen Innovationsprozess-Modelle** stimmen in den Eckpunkten überein. Alle Prozesse haben einen mehr oder weniger klar definierten Anfangspunkt, bei dem eine Idee auftaucht oder entwickelt wird. Dann folgt eine Entwicklungs- oder Konkretisierungsphase und zum Prozessende hin die Überführung des innovativen Produkts oder Angebots in den Markt. In verschiedenen Modellen werden diese drei Kernelemente eines jeden Innovationsprozesses in verschiedene Phasen unterteilt (vgl. Tab. 7.1).

Betrachtet man diese Auswahl von Innovationsprozessbeschreibungen, so stellt man fest, dass sich die Zahl und die beschriebenen Inhalte der Phasen zwar unterscheiden, dass der Grundaufbau von Innovationsprozessen in den unterschiedlichen theoretischen Ansätzen dennoch Übereinstimmungen aufweist. Es sind vor allem die **drei Haupttätigkeiten**, die sich unterscheiden lassen (vgl. Burr 2004): Die Inventionsphase, in der die neuen Ideen entstehen, die Innovationsphase, die der Konkretisierung der Idee dient und sie zur Marktreife führt, und die Diffusionsphase, die den Markteintritt der Innovation bezeichnet.

In Bezug auf die Führungsanforderungen und **Ansprüche in Bezug auf Freiheitsgrade** ist es aus unserer Sicht sinnvoll, die Phasenbeschreibungen auf nur **zwei Hauptabschnitte** zu beschränken:

In der **Kreativphase** 1) lassen sich alle Ansätze der Ideengenerierung und Konzeptentwicklung als die Suche nach dem Kern der letztlich umzusetzenden Innovationen beschreiben. Diese Suche ist in vielen Fällen noch unspezifisch und nicht immer klar strukturiert.

Die bei Burr (2004) als Innovations- und Diffusionsphase bezeichneten Abschnitte kann man 2) zusammenfassend als **Umsetzungsphase** bezeichnen. Diese umfasst die Selektion der richtigen Ideen und die stetige Weiterentwicklung der Ideen in stärker strukturierten Entwicklungs- und Umsetzungsprozessen. Diese Prozesse umfassen in verschiedenen der

Tab. 7.1 Phasenmodelle des Innovationsprozessmanagements. (Quelle: in Anlehnung an Derenthal 2009, S. 44)

Phase 1	Phase 2	Phase 3	Phase 4	Phase 5	Phase 6	Phase 7
Thom (1980, 2013)						
Ideengenerierung: Neue Ideen erarbeiten	Ideenakzeptierung: Neue Ideen prüfen	Ideenrealisierung und Erfolgsbeurteilung				
Albers und Eggers (1991)						
Ideengenerierung	Ideenumsetzung	Implementierung				
Cooper und Kleinschmidt (1991)						
Idee	Ideenselektion	Entwicklung	Test und Validierung	Produktion und Markteinführung		
Page (1993)						
Konzeptsuche	Konzeptscreening	Konzepttest	Wirtschaftlichkeitsanalyse	Produktentwicklung	Produkttest	Markteinführung
Song und Parry (1997a)						
Ideenfindung und Screening	Wirtschaftlichkeits- und Marktanalyse	Technische Entwicklung	Produkttest	Markteinführung		
Gruner und Homburg (2000)						
Ideengenerierung	Konzeptentwicklung	Projektdefinition	Produktentwicklung	Markteinführung		
Tidd und Bodley (2002)						
Konzeptentwicklung	Projektauswahl	Produktentwicklung	Markteinführung und Bewertung			
Hauschildt und Salomo (2007)						
Idee/Initiative	Entdeckung/Beobachtung	Forschung	Ggf. Erfindung	Entwicklung	Verwertungsanlauf	Laufende Verwertung

Abb. 7.5 Führungslogiken in der Kreativitäts- und Umsetzungsphase

oben beschriebenen Ansätze auch Test- und Validierungszyklen zur Verfeinerung und Justierung von Innovationen. Zum Schluss dieser Phase erfolgen die Kommerzialisierung der Neuentwicklung und deren Implementierung am Markt. In der Folge soll darauf eingegangen werden, welche Anforderungen diese beiden Phasen an das Führungsverhalten stellen.

7.2.5.3 Klassische Prozessmodelle und Implikationen für die Führung

Das Führungsverhalten kann nicht in allen Phasen des Innovationsprozesses gleich sein, und die Ausgestaltung der nutzbaren Freiräume muss den jeweiligen spezifischen Bedingungen der Phase angemessen sein. De Jong und Den Hartog (2007) haben das Führungsverhalten in Bezug zu innovativem Verhalten in zwei unterschiedliche Rubriken unterteilt: Einerseits Führungsverhalten, das eher mit der Phase der Ideengenerierung zusammenhängt und das die kreative Entwicklung von Innovationen ermöglicht. Andererseits ist ein Führungsverhalten auszudifferenzieren, das eher mit der Umsetzung von Ideen zusammenhängt und insofern eine stärker zielgerichtete Komponente beinhalten muss.

Abbildung 7.5 illustriert diese unterschiedlichen Anforderungen an das Führungsverhalten mit der Zuordnung von **generativen Führungslogiken** in der Kreativphase und von eher **fokussierenden Führungslogiken** in der Umsetzungsphase. Eine generative Logik im Führungsverhalten fördert die Generierung neuer Ideen und Lösungsvorschläge. Eine fokussierende Logik fördert in der Schlussphase des Innovationsprozesses die nötige Konkretisierung und Fokussierung auf das Produkt oder z. B. die Dienstleistung (Hohn 2000, S. 204). Mumford und Licuanan (2004) weisen richtigerweise darauf hin, dass diese beiden Logiken oder „Modi" sorgfältig zu unterscheiden sind:

> We cannot expect that extant models, typically models developed to account for leadership performance in more routine, or more normative, settings can be arbitrarily extended to account for the leadership of creative ventures. (Mumford und Licuanan 2004, S. 170)

Innovative Firmen müssen sicherstellen, dass diese beiden Arten des Führungsverhaltens in der Organisation praktisch umgesetzt werden. Denn das Unternehmen muss grundsätzlich sicherstellen, dass alle Führungskräfte sich bewusst sind, dass sie phasenbezogen führen, auch wenn sich die Phasen in der Praxis nicht trennscharf unterscheiden lassen.

Die Kreativphase ist durch die Ideenfindung geprägt. In Interviews mit Innovatoren fällt dabei in der Rückschau oft auf, dass die Generierung von Ideen entweder mystifiziert oder rational und planungslogisch rekonstruiert wird. Kreative Prozesse lassen sich jedoch nicht einfach und monokausal erklären. Eine moderne Legende über die Bedeutung des glücklichen Einfalls in der Phase der Ideensuche ist der oft zitierte Bericht über die Erfindung der Klebezettel in der Firma 3M. Dem berühmten „Einfall" geht aber oft eine „Phase der Inkubation" voraus, in der man eine Idee länger mit sich herumträgt, Analogien und Verbindungslinien zu den entstehenden Konzepten sucht und diese immer wieder prüft. Dies findet jedoch oft nicht bewusst statt, daher der Eindruck, dass Ideen einfach so vom Himmel fallen (Schuler und Görlich 2007, S. 33–34). Wie die obigen Phasenmodelle aufgezeigt haben, sind in der Kreativphase bis hin zur Phase der Umsetzung nicht nur Ideen gefordert, sondern auch eine Bewertung zu deren Brauchbarkeit sowie zu deren Kompatibilität zu strategischen Überlegungen und aktuellen oder künftigen Marktanforderungen. Zuerst wird also eine Idee im Hinblick auf ihre Realisierbarkeit bewertet, zu der bereits auch deren Durchsetzbarkeit und potenzielle Akzeptanz zählen kann. Parallel wird man allerdings meistens auch schon in dieser Phase bemüht sein, Kosten und Nutzen der Idee abzuschätzen und evtl. erste Anpassungen vorzunehmen, um das Kosten-Nutzen-Verhältnis zu optimieren, wobei in einer Frühphase der Entwicklung die Auswirkungen einer Idee nur schwer abgeschätzt werden können.

Hier stellt sich die Frage, ob und inwieweit die Führung die Generierung von Ideen fördern kann. Die Führung hat dazu einerseits die Möglichkeit, solche Mitarbeitende einzustellen, die „relativ zur Grundpopulation mehr Einfälle als andere Individuen haben (‚kreative Persönlichkeiten')" (Guldin 2012, S. 219), und andererseits kann die Führung dafür sorgen, dass diese kreativen Mitarbeitenden Arbeits- und Organisationsbedingungen vorfinden, die es ihnen ermöglichen, ihr Talent zu entfalten und erfolgsversprechende Ideen zu entwickeln.

In der Kreativitätsphase werden dies, wie in der Abb. 7.5 dargestellt, generative bzw. öffnende Führungspraktiken und prinzipien sein, die vor allem auch einen **delegativen Führungsstil** bedingen (Abschn. 3.6.4). Wenn Mitarbeitenden mit Kreativitätspotenzial herausfordernde Aufgabenstellungen, die dazu nötigen Ressourcen bzw. Handlungsfreiräume und die daraus resultierende Handlungsverantwortung konsequent übertragen werden, dann macht dies Mut, eigeninitiativ zu handeln. Dies wiederum ist die Bedingung dafür, dass Freiräume überhaupt für Experimente und Lernen genutzt und dadurch die Ideensuche und prüfung gefördert werden (vgl. Gebert 2002, S. 174). Aber Delegation alleine reicht als innovationsfördernde Führungsaufgabe nicht aus. Dazu muss ein **partizipativer und diskursiver Führungsstil** kultiviert und gefördert werden. Ohne die Möglichkeit zur kritischen Reflexion bestehender Denk- und Handlungsmuster im Unternehmen erhält die Führung keine kritischen Signale. Ohne eine „kritische Aufwärtskommunikation" (Gebert 2002, S. 177) gelangen evtl. wichtige, innovationsrelevante Informationen nicht bis zu den Entscheidungsträgern vor und dadurch werden dann auch keine Ressourcen zur Kreativitäts- und Innovationsförderung bereitgestellt. In einer Kultur des „kollektiven Schweigens" (Gebert 2002, S. 177) finden keine Lern- und Entwicklungsprozesse statt. Vielmehr siegt die Macht der Gewohnheit, es kommt zur Senkung des Anspruchsniveaus und es kommt kein Innovationsdrang auf (vgl. Gebert 2002, S. 178).

Die Umsetzung einer Idee bzw. eines Lösungsansatzes stellt hingegen neue Anforderungen an die Führung und verlangt eher nach schließenden, konkretisierenden Führungsansätzen. Hier gilt es als Führungskraft, den Innovationsprozess effektiv und effizient zu gestalten sowie verschiedene Arbeitsschritte zu überschauen und in den Kontext der Innovationsstrategie zu stellen. Dabei ist die **Nähe zu Change-Management-Themen**

automatisch gegeben, denn Innovationen führen per Definition zu Veränderungen des bisherigen Status und sind daher immer auch als eine Form der organisationalen Veränderung zu betrachten.

Die zentrale Führungsaufgabe in der Umsetzungsphase ist es, für die Durchsetzung, Einführung und Verbreitung der Kreation zu sorgen. Neben den technischen müssen organisationale Voraussetzungen geprüft werden, z. B. die Frage: Können wir dieses Produkt überhaupt auf unseren Maschinen herstellen oder müssen wir die Produktion evtl. auslagern und dafür Partner suchen? Daneben müssen betroffene Mitarbeitende oder ganze Abteilungen informiert und vom Nutzen der Umsetzung der Idee überzeugt werden.

Insbesondere wenn die Innovation auf **Widerstand** stößt und sich größere interne Barrieren aufbauen, sollten einflussreiche Personen (sog. Machtpromotoren) oder Fachexperten (sog. Fachpromotoren) hinzugezogen werden (Abschn. 6.2.2). „Wird auch die Phase der Implementierung allein den Erfindern überlassen, scheitern nicht die schlechteren Ideen – was gut wäre – sondern diejenigen, die nicht überzeugend genug vorgebracht werden" (Schuler und Görlich 2007, S. 36).

▶ Fakt ist, dass die folgenden Faktoren die **Akzeptanz kreativer Leistung** begünstigen:
  - Erkennbare Nützlichkeit (Kosten-Nutzen-Relation)
  - Kompatibilität mit existierendem sozioökonomischem bzw. soziotechnischem System
  - Eher mäßige Abweichung vom Gewohnten, Akzeptierten
  - Eher mäßige Komplexität
  - Nicht störend für soziale Interessen
  - Überzeugungsgeschick der Protagonisten
  - Unterstützung durch statushohe Personen
  - Aufgeschlossenheit der Betroffenen gegenüber Neuerungen

Wenn diese Bedingungen insbesondere vor dem Hintergrund des weiter vorne im Buch skizzierten Wechselspiels zwischen Routine und Innovation bzw. Konformismus und Nonkonformismus geschaffen werden (Abschn. 2.4.2), dann steigt die Wahrscheinlichkeit, dass Ideen als Innovationen in die betriebliche Wertschöpfung einfließen. Die oben aufgeführten Kriterien liefern einen guten Überblick über **zentrale Change-Barrieren** im Rahmen der Umsetzungsphase.

Damit ist aber noch nicht die Frage beantwortet, welche kreative Leistung es Wert ist, diesen Akzeptanzrahmen zu sprengen. Die Innovation Leaders müssten sich jedenfalls auf ungemütliche und widerstandsreiche Zeiten einstellen. Die Einführung von Neuem ist immer riskant und verlangt natürlich auch Mut, sich Widersprüchen und schwelenden Konflikten zu stellen und Wege zu finden, damit konstruktiv umzugehen. Hierin liegt gerade die zentrale Führungsfunktion im Rahmen der Umsetzungsphase. Die Auflistung ist also nicht so zu interpretieren, dass man die einzelnen Bedingungen anstreben sollte, sondern vielmehr als „Frühwarnsystem" für Innovation Leaders.

Die Umsetzungsphase puffert die in der Kreativphase eingegangene Risiken durch drei Faktoren ab: 1) klare strategische Ausrichtung und Innovationsziele, 2) die strategische Ausrichtung ist allen im Unternehmen bekannt und wird von allen geteilt und 3) als Ausdruck der gemeinsam getragenen strategischen Ausrichtung herrscht ein großes Vertrauen untereinander. In der Umsetzungsphase wird individuelle Kreativität in organisationale Innovativität verwandelt und Führungskräfte haben zu entscheiden, welche Innovationsinitiative angenommen oder abgelehnt werden soll. Damit weisen die Führungsentscheide in der Umsetzungsphase vor allem auch eine politische Dimension auf. Hier ist im Rahmen von Ablehnungs- und Priorisierungsentscheidungen viel Verhandlungsgeschick und Kompromissbereitschaft gefragt (vgl. Gebert 2002, S. 188 ff.).

Die Umsetzungsphase ist also die **„Hochphase" des Balance Managements**. Hier werden Innovation Leaders mit den meisten Widersprüchen konfrontiert, und diese gilt es geschickt auszubalancieren (Abschn. 3.4 und Kap. 5).

Die Generierung neuer Ideen ist in den meisten der von uns durchgeführten Studien nicht das Problem. Eine zentrale Führungsarbeit, die im Rahmen des Innovationsprozesses anfällt, ist die Selektion von Ideen. Die im Unternehmen aufkommenden Ideen sind zu filtern und zu bewerten bzw. eben für Entscheidungsprozesse vorzustrukturieren. Diese Führungsarbeit ist sehr zeitintensiv und erfordert viele Ressourcen. Ideengeber erwarten erstens Feedback, zweitens müssen Entscheidungsgrundlagen erarbeitet und drittens diese in Entscheidungsgremien studiert und kritisch reflektiert werden. Gerade im Industriegüterbereich sind Selektionsentscheidungen im Wissen zu treffen, dass vielfach hohe Investitionen zu tätigen sind.

Innovation Leaders müssen mit diesen oft unklaren Anforderungen und kontradiktorischen Bedingungen (vgl. Smith und Tushman 2005) umgehen und sie akzeptieren, um insgesamt ein wirksames Führungsverhalten in Innovationsprozessen an den Tag zu legen.

7.3 Fazit und Reflexionsfragen

Innovations-Betriebssysteme, die von Selbstorganisation und dementsprechend mehr Freiräumen für die Geführten geprägt sind, gelten oft als erstrebenswert. Die Mitarbeitenden aus den Business-Betriebssystemen betrachten die Mitarbeitenden aus den innovatorischen Betriebssystemen oft als „*privilegiert*" oder „*auserwählt*", denn sie müssen weniger Regeln einhalten bzw. werden nicht so streng kontrolliert. Die Kriterien der Leistungsbewertung sind andere und die Projekt-Deadlines sind nicht so streng. Oft sind die Fachkenntnisse so spezifisch ausgerichtet, dass nur wenige die Kompetenz haben, Fortschritte oder Leistungen zu bewerten. Zentral ist die Erkenntnis, dass sowohl Business- als auch Innovationsbetriebssysteme zentrale Funktionen zur Zukunftssicherung des Unternehmens übernehmen. Zudem gestaltet sich die Führung aus einer strukturellen Sicht als „Grenzmanagement".

In beiden Systemen sind innovationsfördernde Führungsaufgaben zu übernehmen, nur sind diese Aufgaben total unterschiedlich. Die Arbeit ist aber in beiden Systemen dringlich und tatsächlich arbeiten Mitarbeitende auch häufig gleichzeitig in beiden Systemen. Eine wichtige Handlungsmaxime für Führungskräfte muss also lauten: Tue Gutes und

7.3 Fazit und Reflexionsfragen

rede darüber! Das heißt, je komplexer die Strukturen, desto höher die Anforderungen an die Führungskräfte in Bezug auf Schnittstellenmanagement und den damit verbundenen kommunikativen Bedingungen.

Indem Unternehmen eine Kommunikationsphilosophie entwickeln, die den Austausch zwischen Mitarbeitenden mit verschiedenen Freiheitsgraden fördert und ermöglicht, dass die „Routine-Gruppe" immer weiß, was die „Freiraum-Gruppe" macht und umgekehrt, kann ein duales Betriebssystem gelingen.

Wenn ein duales Betriebssystem aber dazu führt, dass sich die Mitarbeitenden ständig unter Druck gesetzt fühlen, und in dem eine **Zerrissenheit** zwischen den Anforderungen des einen und des anderen Systems zum Ausdruck kommt, dann ist die Struktur in ihrer Wirkung kontraproduktiv. Die empirischen Ergebnisse haben deutlich gezeigt: Den Kopf frei zu bekommen, Muße zu haben, um neue Ideen zu entwickeln, und gleichzeitig in alltägliche Geschäfte und laufende Projekte eingebunden zu sein, ist kaum möglich. Wenn das Gefühl der Zerrissenheit zwischen Effizienz und Qualitäts- und Innovationszielen überwiegt und die Spannung zwischen diesen Zielen nicht als Quelle für die Innovationsfähigkeit genutzt werden kann, dann muss sich die Führung im Sinne der Kreativitätsförderung wieder für langfristigere Schonräume einsetzen.

Im Folgenden werden auf der Basis der empirischen Forschungsergebnisse zusammenfassend einige **Gestaltungsempfehlungen für die Führung in Kreativ- und Umsetzungsphasen** formuliert:

> **Gestaltungsempfehlung**
> **Führung in der Kreativphase**
> - Freiräume organisieren/Zeit für Ideengenerierung, Nachdenken und Experimentieren
> - Eigenverantwortung fördern, Vertrauen schaffen und Mitarbeitende ermutigen, sich für ihre Ideen einzusetzen
> - Vernetzung, Wissenszuwachs managen
> - Umgang mit Unsicherheit und Risiken schulen
> - Fachliche und emotionale Vertiefung und kreatives Schaffen zulassen und Identifikation mit der Tätigkeit fördern
>
> **Führen in der Umsetzungsphase**
> - Innovationscontrolling-Instrumente beherrschen und auf Organisationskontext anpassen
> - Interne Vermarktung von Ideen vereinfachen – Hierarchien überbrücken
> - Unterstützung von Mitarbeitenden beim Umgang mit Widerstand

Eine intensivere Auseinandersetzung mit der **Kombination zwischen hierarchischen und netzwerkartigen Strukturen** zur Förderung der Innovativität beinhaltet die folgende (nicht im Rahmen des empirischen Forschungsprojektes, Abschn. 4.2, entwickelte) Fallstudie:

> **Getränke AG**
>
> Die Getränke AG ist in der Entwicklung und Produktion von mineralwasserhaltigen Getränken sowie Spirituosen tätig. Die Getränke AG ist ein Familienunternehmen mit einer starken regionalen Verankerung. Das Unternehmen sieht sich seit Jahren einem „ruinösen" Wettbewerb ausgesetzt und ist daher gezwungen, neue, andersartige Produkte und dazugehörige Geschäftsmodelle zu entwickeln. Die Getränke AG gewinnt innovative Ideen vor allem aus Gesprächen mit einem Kreis aus kreativen, visionären Personen, die sich monatlich zu einem „**Zukunftsforum**" treffen und der Geschäftsleitung neue Ideen vorstellen, neue Impulse zu Produktentwicklungen, aber auch zu neuen Prozessen und Geschäftsmodellen geben.
>
> Neben der Geschäftsleitung beobachten die Mitglieder des „Zukunftsforums" den Markt kontinuierlich. Zudem setzen sich die Mitglieder auch immer wieder neu zusammen. Dies ist zentral, um stetig neue Impulse in das Unternehmen zu bringen. Weiterhin weist die Gruppe einen **interdisziplinären Charakter** auf. Sie besteht aus Technikern, Künstlern, Marketingexperten und weiteren – immer wieder neu integrierten – Impulsgebern. Die monatlichen Treffen dieser Gruppe werden auch jeweils von einer anderen Person moderiert, um eine einseitige Bewertung neuer Ideen zu verhindern. Die Sitzungen des „Zukunftsforums" werden jeweils sorgfältig protokolliert, und jedes Mitglied bekommt „Hausaufgaben" für das kommende Forum. Hier werden also Interdisziplinarität, moderierte Kreativität und eine hohe Verbindlichkeit miteinander verknüpft.
>
> Zusammenfassend wird das Zukunftsforum durch folgende „**Spielregeln**" getragen: 1) Vertrauen und Diskretion, 2) Selbstverwirklichung zurückstellen, 3) Auswechslung der Forumsmitglieder auf Verlangen der Geschäftsleitung, 4) schnelle Erledigung von Aufgaben, 5) Respekt gegenüber den strategischen Vorgaben, 6) die Schlussentscheidung liegt beim Management, 7) Mut, eine Idee aufzugeben.
>
> Wenn das Management beschließt, eine Idee des Zukunftsforums weiterzuverfolgen, dann wird eine **Machbarkeitsstudie** auf technischer Seite durchgeführt. Wenn diese positiv ausfällt, wird die Idee an das „**Arbeitsforum**" übergeben, welches für die Realisierung der Produktentwicklung und vermarktung zuständig ist. Parallel zu den beschriebenen Prozessen werden Marktforschungsdaten über das Konsumentenverhalten und Ergebnisse der Trendforschung (auch via Social Media) in den Innovationsprozess miteinbezogen. Die Geschäftsleiterin versteht sich als Prozess-Ownerin des Innovationsprozesses (siehe Abb. 7.6). Sie versucht kontinuierlich, die Prozesse der Öffnung (Einrichtung eines Zukunftsforums/Einbeziehung von Marktforschungsdaten) und die Prozesse der Schließung (Rückbindung der Ideen an die Vision bzw. Strategie des Unternehmens) miteinander zu einer Sinn- und Visionseinheit zu verbinden. So entsteht ein kontinuierlicher und wechselseitiger Dialog zwischen Zukunfts- und Umsetzungsfragen, der durch die Geschäftsleiterin geleitet und moderiert wird.

Auf der Basis dieser Fallstudie können Führungskräfte in ihrem Unternehmen nach sehr ähnlichen oder auch völlig abweichenden Gestaltungsmustern suchen und versuchen, diese in Bezug zur Fallstudie zu setzen. Was fällt auf? Was machen wir anders? Warum? Mit

7.3 Fazit und Reflexionsfragen

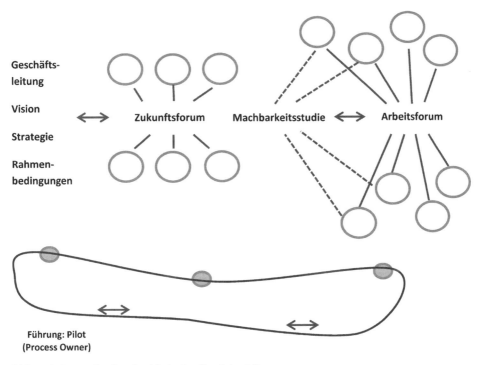

Abb. 7.6 Innovation Leadership in der Getränke AG

welchen Konsequenzen? In der nachfolgenden **Checkliste** sind Gestaltungsempfehlungen für die Netzwerkarbeit von Innovation Leaders aufgeführt:

> **Gestaltungsempfehlung Netzwerken als innovationsfördernde Führungsaufgabe**
> - Bauen Sie Brücken für heute und morgen. Konzentrieren Sie sich nicht nur auf das Networking auf einer operativen Ebene!
> - Bauen Sie auch ihre persönlichen Kontakte weiter aus, aber nicht nur auf der Basis von Sympathie für den Netzwerkpartner. Bilden Sie Ihre Netzwerke auch nach innovationsstrategischen Gesichtspunkten!
> - Investieren Sie langfristig in Ihre Netzwerke, auch wenn Sie kurzfristig daraus keinen Nutzen ziehen können!
> - Pflegen Sie Ihre Kontakte besonders in Krisenzeiten und vernachlässigen Sie diese nicht aus Zeitmangel. Oft kommt gerade in solchen Phasen wertvolle Unterstützung aus Ihrem Netzwerk!
> - Quantität ist nicht gleich Qualität – nehmen Sie sich Zeit für den Vertrauensaufbau. Nur so können Sie von Ihrer Investition in soziale Netzwerke auch wirklich profitieren!
>
> (Quelle: In Anlehnung an Stippler et al. 2010; Ibarra und Hunter 2007)

Literatur

Albers, S., & Eggers, S. (1991). Organisatorische Gestaltungen von Produktinnovations-Prozessen – Führt der Wechsel des Organisationsgrades zu Innovationserfolg? *Schmalenbach's Zeitschrift für betriebswirtschaftliche Forschung, 43*(1), 44–64.

Ancona, D., Malone, T. W., Orlikowski, W. J., & Senge, P. M. (2007). In praise of the incomplete leader. *Harvard Business Review, 85*(2), 92–100.

Baecker, D. (2000). Mit der Hierarchie gegen die Hierarchie. In P. M. Hejl & H. K. Stahl (Hrsg.), *Management und Wirklichkeit. Das Konstruieren von Unternehmen, Märkten und Zukünften* (S. 235–264). Heidelberg: Carl Auer.

Balkundi, P., & Kilduff, M. (2006). The ties that lead: A social network approach to leadership. *The Leadership Quarterly, 17*(4), 419–439.

Bergmann, G., & Daub, J. (2008). *Systemisches Innovations- und Kompetenzmanagement. Grundlagen – Prozesse – Perspektiven*. (2. Aufl.) Wiesbaden: Gabler.

Brown, J. S., & Duguid, P. (1991). Organizational learning and communities of practice. *Organizational Science, 2*(1), 40–57.

Burns, T., & Stalker, G. M. (1961). *The management of innovation*. London: Tavistock Publications.

Burr, W. (2004). Innovationen in Organisationen. *Organisation und Führung*. Stuttgart: Kohlhammer.

Burt, R. S. (2001). Structural holes versus network closure as social capital. In N. Lin, K. S. Cook, & R. S. Burt (Hrsg.), *Social capital: Theory and research* (S. 31–56). New Brunswick: Transaction Publishers.

Cooper, R. G., & Kleinschmidt, E. J. (1991). New product processes at leading industrial firms. *Industrial Marketing Management, 20*, 137–147.

De Jong, J., & Den Hartog, D. (2007). How leaders influence employees' innovative behaviour. *European Journal of Innovation Management, 10*(1), 41–64.

Derenthal, K. (2009). *Innovationsorientierung von Unternehmen. Messung, Determinanten und Erfolgswirkungen*. Wiesbaden: Gabler.

Erler, H., & Wilhelmer, D. (2010). Swarovski: Mit Netzwerken Innovationsprozesse starten. In S. Ili (Hrsg.), *Open Innovation umsetzen: Prozesse, Methoden, Systeme, Kultur* (S. 225–269). Düsseldorf: Symposion.

Flik, H., & Rosatzin, Ch. (2011). Innovationskultur: "It don't mean a thing if it ain't got that swing". In O. Gassmann & P. Sutter (Hrsg.), *Praxiswissen Innovationsmanagement. Von der Idee zum Markterfolg* (S. 253–269). München: Hanser.

Gebert, D. (2002). *Führung und Innovation*. Stuttgart: Kohlhammer.

Gloor, P. A., & Cooper, S. M. (2007). The new principles of a swarm business. *MIT Sloan Management Review, 48*(3), 81–84.

Gruner, K. E., & Homburg C. (2000). Does customer interaction enhance new product success? *Journal of Business Research, 49*, 1–14.

Guldin, A. (2012). Führung und Innovation. In S. Grote (Hrsg.), *Die Zukunft der Führung* (S. 213–233). Heidelberg: Springer.

Hauschildt, J., & Salomo, S. (2011). *Innovationsmanagement* (5. Aufl.) München: Vahlen.

Hohn, H. (2000). *Playing, leadership and team development in innovation teams*. Delft: Eburon.

Ibarra, H., & Hunter, M. (2007). How leaders create and use networks. *Harvard Business Review, 85*(1), 40–47.

Kotter, J. P. (2012). Die Kraft der zwei Systeme. *Harvard Business Manager, 12*, 22–36.

Lühring, N. (2007). Innovationsfördernde Organisationsstrukturen unter Berücksichtigung früher Innovationsphasen. In C. Herstatt & B. Verworn (Hrsg.), *Management der frühen Innovationsphasen. Grundlagen – Methoden – Neue Ansätze* (S. 136–164). Wiesbaden: Gabler.

Morgan, G. (2002). *Bilder der Organisation*. Stuttgart: Klett-Cotta.

Mumford, M. D., & Licuanan, B. (2004). Leading for innovation: Conclusions, issues, and directions. *Leadership Quarterly, 15,* 163–171.

Nagel, R., & Wimmer, R. (2002). *Systemische Strategieentwicklung. Modelle und Instrumente für Berater und Entscheider*. Stuttgart: Klett-Cotta.

Obstfeld, D. (2005). Social networks, the tertius iungens orientation, and involvement in innovation. *Administrative Science Quarterly, 50*(1), 100–130.

Page, A. L. (1993). Assessing new product development practices and performance: Establishing crucial norms. *Journal of Product Innovation Management, 10,* 273–290.

Schuler, H., & Görlich, Y. (2007). *Kreativität. Ursachen, Messung, Förderung und Umsetzung in Innovation*. Göttingen: Hogrefe.

Smith, W., & Tushman, M. (2005). Managing strategic contradictions: A top management model for managing innovation streams. *Organizational Sciences, 16*(5), 522–562.

Song, X. M., & Parry, M. E. (1997). A cross-national comparative study of new product development processes: Japan and the United States. *Journal of Marketing, 61*(2), 1–18.

Song, X. M., Montoya-Weiss, M. M., & Schmidt, J. B. (1997). Antecedents and consequences of cross-functional cooperation: a comparison of R & D, manufacturing and marketing perspectives. *Journal of Product Innovation Management, 14,* 35–47.

Stippler, M., Moore, S., Rosenthal, S., & Dörffer, T. (2010). *Führung. Ansätze – Entwicklungen – Trends. Teil 3: Führung als Beziehungsphänomen, Transformationale Führung, Werte und Ethik*. Leadership Series. Gütersloh: Bertelsmann Stiftung.

Thom, N. (1980). *Grundlagen des betrieblichen Innovationsmanagements* (2. Aufl.). Königstein: Hanstein.

Thom, N. (2013). Ohne Leadership kein Innovationserfolg. *HR Today, 12,* 40–41.

Thompson, V. A. (1965). Bureaucracy and innovation. *Administrative Science Quaterly, 10,* 1–20.

Tidd, J., & Bodley, K. (2002). The influence of project novelty on the new product development process. *R & D Management, 32,* 127–138.

Utterback, J. M., & Abernathy, W. J. (1975). A dynamic model of process and product innovation. *Omega, 3*(6), 639–656.

Weidmann, R. (2005). Über die Provokation von Unternehmensinnovationen: Wie man die Komplexität sozioökonomischer Systeme nutzen und kreative Potentiale zur Entfaltung herausfordern kann. In S. Etzel (Hrsg.), *Professionelles Personalmanagement im Gesundheits- und Sozialwesen*. Göttingen: Die Werkstatt.

Weidmann, R., & Armutat, S. (2008). *Gedankenblitz und Kreativität – Ideen für ein innovationsförderndes Personalmanagement*. Bielefeld: Bertelsmann.

innoLEAD©-Gestaltungsfeld 4: kulturelle Dimension der innovationsfördernden Führung

8

Die Auseinandersetzung mit den organisationskulturellen Rahmenbedingungen für Innovation ist – wie oben erwähnt – zentral. Aus diesem Grund werden im Folgenden einerseits die grundlegenden Merkmale einer Unternehmenskultur sowie verschiedene Innovationskulturtypen vorgestellt, andererseits wird die Funktion der Führung im Rahmen von Kulturentwicklung beleuchtet. Führungskräfte beziehen sich sehr häufig auf die entscheidende Bedeutung der Kultur für die Innovationskraft ihrer Unternehmung. Aber was genau steckt dahinter? Welchen Beitrag können Führungskräfte konkret zu einer „Innovationskultur" leisten? Wie kann man von dem häufig sehr pauschal formulierten Anspruch, eine „offene Kultur", ein „offenes Klima", eine „Vertrauenskultur" oder „Fehlerkultur" zu pflegen, hin zu dem Anspruch einer innovationsfördernden Führungskultur gelangen? Führungs- und Unternehmenskultur beeinflussen sich wechselseitig; Innovationskulturen kann man nicht „irgendwie" offen leben.

Eine innovationsfördernde Kultur hängt mit vielen Gestaltungsfeldern zusammen und ist letztlich ein emergentes Phänomen, das sich aus vielen Faktoren zusammensetzt. Führungskräfte sollten sich mit der „Kulturformel" nicht aus der Verantwortung stehlen, vielmehr müssen sie Kultur als Gestaltungsauftrag, den sie zusammen mit den Mitarbeitenden erfüllen, interpretieren. Führungskräfte vermögen mit zahlreichen Konzepten bzw. Praktiken die Wahrscheinlichkeit einer innovationsfördernden Kultur zu erhöhen. Sie sollten sich also als **Kulturarbeiter** verstehen und versuchen, aktiv einen Beitrag zur Entfaltung einer Innovationskultur zu leisten. „Kultur" ist zwar überall, wirkt sich aber auch negativ aus, wenn sie keine Aufmerksamkeit erfährt. Deshalb kommt der Führung hier eine besonders exponierte Rolle zu.

In Abb. 8.1 ist der Bezug des hier zugrunde gelegten „Kulturmodells" zum innoLEAD©-Modell noch einmal gesondert dargestellt.

Das Kapitel widmet sich zuerst den Perspektiven der Praxis. Dabei stehen die Kulturen der untersuchten Unternehmen, die sich durch Tradition, Unabhängigkeit und eine aus-

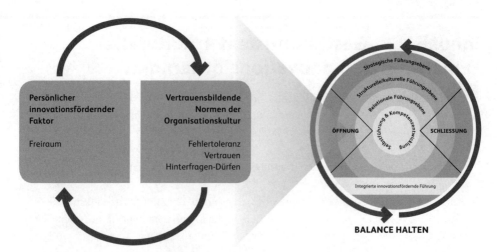

Abb. 8.1 InnoLEAD©: Gestaltungsfeld 4: kulturelle Führungsebene

geprägte Vertrauenskultur auszeichnen, im Fokus. Im Anschluss folgen theoretische Ausführungen zur Unternehmenskultur und Führungskultur sowie deren Bedeutung für die Entfaltung von innovationsförderlichen organisationalen Realitäten. Das Kapitel schließt mit einem Fazit und Reflexionsfragen im Sinne eines Innovationskultur-Checks.

8.1 Perspektiven aus der Praxis

Die Unternehmenskultur der untersuchten Unternehmen wird durch Tradition, Unabhängigkeit und das Streben nach einer Top-Position im (selbst definierten) Markt durch exzellente Qualität und eine hohe Kundenorientierung geprägt. Die Atmosphäre in den Unternehmen lässt sich charakterisieren durch einen hohen Stellenwert des fachlichen Austausches und eine hohe Leistungsorientierung, die alle Mitarbeitenden anspornt. Die Führungskultur zeichnet sich auf der Ebene der Führungschartas bzw. Führungsprinzipien dadurch aus, dass sie Partizipation, Mitsprache, Vertrauen, Flexibilität, Offenheit und Dezentralisierung von Verantwortung betont. Diese Prinzipien tragen dazu bei, den unternehmerischen Ehrgeiz und die intrinsische Motivation der Mitarbeitenden zu fördern, wie diese Zitate von F&E-Führungspersonen illustrieren:

> **Perspektive Führung: Mit guten Ideen die Mannschaft motivieren**
>
> Also von alleine läuft nichts. […] Deswegen versuche ich eher, mit guten Ideen die Mannschaft zu motivieren, und da lasse ich schon auch die Leute, die es gemacht haben, vorstellen. Das hat einen weiteren positiven Effekt, dass nicht alles nur von mir kommt, sondern dass es von der Mannschaft kommt. [So gelingt es,] den Ehrgeiz, die Motivation zu steigern. (F&E Leader)

> Die Mitarbeitenden verfügen über eine Selbstmotivation ohne Ende und übernehmen auch selbst Verantwortung, die schließlich der Firma zugutekommt. Dies gilt vor allem für den Bereich Forschung und Entwicklung. (F&E Leader)

Im Führungsalltag spielen Selbständigkeit und Selbstverantwortung eine bedeutende Rolle. Dennoch werden seitens der Führung zahlreiche Controlling-Instrumente eingesetzt und die Entscheidungsmuster orientieren sich stark an Prozessen und Standards. Mit dieser Ambivalenz können die Führenden und Geführten aber gut umgehen.

Wichtig ist auch, dass einzelne Freiraum-Initiativen seitens der Unternehmens- oder Personalführung von einer Kultur umgeben sind, in der man *„das Gefühl hat, dass man sich den Freiraum nehmen darf, und nicht wegen jeder Kleinigkeit nachfragen muss"*.

Perspektive Führung: Meine Leute spüren, dass sie Freiheiten haben
> Ich möchte eigentlich, dass meine Leute spüren, sie haben Freiheiten, egal, wo sie sich bewegen, sie müssen sich einfach innerhalb der vorgegebenen Ziele aufhalten. (F&E Leader)

Die Offenheit und Dezentralisierung der Verantwortung ist aufgrund der globalen Ausrichtung und der unterschiedlichen Märkte der Hidden Champions wichtig; so können sie direkt vor Ort beim Kunden entscheidungsorientiert handeln. Die Offenheit ist ebenso notwendig für die Zusammenarbeit mit verschiedenen Know-how-Trägern und die interdisziplinäre Zusammenarbeit im Rahmen von Innovationsprozessen.

Dazu kommt eine hohe **Fehlertoleranz** und **Großzügigkeit** in Bezug auf die Verschiebung von Projektdeadlines. Das ist *„Anti-Stress"*:

Perspektive Mitarbeitende: Kontrolle ist gut, Vertrauen ist besser
> Ich denke, eine gewisse Basis an Vertrauen, eine gewisse Basis an Antis-Stress [braucht es], sage ich jetzt einmal. Ich habe schon in Firmen gearbeitet, wo die Fehlertoleranz nicht hoch war, und dann geht man natürlich grundsätzlich mehr auf die sichere Seite. (F&E MA)

In allen Unternehmen ist die Rede von einer ausgeprägten Vertrauenskultur. Von den Führungskräften wie auch von den Geführten wird ein integres Verhalten erwartet.

Perspektive Führung: Freiraum steht im Zusammenhang mit Vertrauen
> Ein gewisser Freiraum steht im Zusammenhang mit Vertrauen, auch mit dem Hinterfragen-Dürfen, Freiraum im Zusammenhang mit Fehlertoleranz und dann halt eben diese Impulse. (F&E Leader)

Perspektive Mitarbeitende: Vertrauen und Selbstbestimmung
> Ich denke, der Erfolg ist sicher ein wichtiger Motivationsfaktor. Und die Freiheit, also die Eigenverantwortung war für mich immer wichtig: Selber entscheiden zu können,

Abb. 8.2 Fehlertoleranz und Freiräume

selber versuchen, einen Weg zu gehen. Und das war für mich immer wichtig, und das habe ich auch immer bekommen, und das ist ein wenig unsere Firmenkultur. (F&E MA)

Ich denke auch, dass Integrität bei uns eine große Rolle spielt, zum Beispiel das Thema Vertrauen. Wie das dann gelebt wird, ist wieder eine andere Frage, […] man sucht schon nach integren Personen, [Integrität] wird auch von den Führungskräften erwartet. (F&E MA)

Diese und ähnliche Aussagen der Befragten führt das Modell in Abb. 8.2 zusammen, welches die vertrauensbildenden Normen der Organisationskultur in einen rekursiven Zusammenhang mit dem persönlich erlebten und handlungsleitenden Freiraum stellt.

Durch ihre typischerweise offene und konsensorientierte Kommunikationskultur schaffen es die Unternehmen, nicht nur sorgfältig auf ihre Kunden, sondern auch auf ihre Mitarbeitenden einzugehen. Dies illustriert die nachstehende Episode:

Perspektive Mitarbeitende: Wir funktionieren sehr demokratisch

Wir sind relativ langsam, wir haben lange Entscheidungswege, weil wir sehr demokratisch funktionieren. Das kann ja auch wieder gut sein, die Entscheidungen dauern zwar sehr lange und sie werden hundertmal diskutiert, aber am Ende hat man den Konsens und man ist sich einig, dass man in diese Richtung gehen will. (F&E MA)

> **Perspektive Mitarbeitende: Offene Türen – offene Verhandlungen**
> Da kann man als Team oder als Einzelner jederzeit auf Kolleginnen und Kollegen zugehen und fragen: „Du, ist das wirklich so? Die anderen haben gesagt, dass es das bei uns nicht bringt." Wir haben also auch über verschiedene Hierarchiestufen hinweg die Möglichkeit, solche Dinge zu platzieren. In der Regel haben wir sowieso offene Türen. (F&E MA)

Eine Kultur der offenen Türen steigert die **Verhandlungsautonomie** (Abschn. 5.2.3) und den Einfluss auf die Kontextbedingungen der Arbeit. Je offener die Türen zu Entscheidungsträger/innen in Unternehmen sind, desto größer ist der Einfluss der Mitarbeitenden auf die Kontextbedingungen ihrer Arbeit.

Wie die Praxis zeigt, wird der Austausch unter den Mitarbeitenden für sehr wichtig erachtet. Die befragten Mitarbeitenden fordern das auch aktiv ein. Den persönlichen Erfahrungsaustausch, vor allem auch spontan zwischen Tür und Angel, sogenannte „*Ad-hoc-Kommunikationsfreiräume*", betrachten die Mitarbeitenden als einen sehr wichtigen Baustein in der Innovationsförderung. Durch den Austausch werden neue Ideen generiert. Diskussionen, Erfahrungsaustausch, andere Blickwinkel und gegenseitiger Ansporn fördern Innovationen. In Abgrenzung zu elektronisch gestützten Wissensmanagement-Tools wird der persönliche Erfahrungsaustausch als viel wirksamer erachtet. Hierin eröffnet sich für die Führungskräfte eine Ambivalenz, mit der sie umgehen lernen müssen. Alle diese informellen Kommunikationssituationen, die eine offene Unternehmenskultur ausmachen, sind nicht plan- und kontrollierbar. Eine Professionalisierung dieser Kommunikation würde aber den fluiden, spontanen Charakter zerstören. Auch hier benötigt die Führungskraft Gelassenheit.

Generell weisen die Unternehmen wie erwähnt eine **kundenorientierte Unternehmenskultur** auf, in der alle Handlungen der Mitarbeitenden auf den Kunden ausgerichtet sind. Aufgrund ihrer offenen Innovationskultur nehmen sie Kundenideen auf und lassen diese in die Produktentwicklungen einfließen. Dies kann nur mit einer Unternehmenskultur erreicht werden, die offen für externe und interne Kommunikation ist. Das verhilft den Unternehmen zu Flexibilität und ermöglicht eine langfristige Zielorientierung. Es zeigt sich, dass der Verankerungsgrad der Unternehmenskultur sehr hoch ist, und dass viele Mitarbeitende die kundenorientierte Unternehmenskultur leben.

Das hängt auch mit der **Glaubwürdigkeit** der Innovationsstrategie zusammen:

> **Perspektive Führung: Innovation glaubhaft rüberbringen**
> Jede Firma nimmt ja das Wort Innovation, das ist ja ein abgedroschener Begriff, in den Mund, aber letztendlich muss auch eine gewisse Ernsthaftigkeit dahinter stehen. Das deckt sich meiner Meinung nach auch bei der Zusammensetzung der Teilnehmenden an einem Vorprojektreview. Da sind wirklich auch Geschäftsführer drin, da sind auch Bereichsleiter drin, die sich dafür interessieren. Ich denke, das ist ganz wichtig, das war früher nicht der Fall. Das heißt, man muss schon zeigen, wir, die Führung, wir interessieren uns auch für die Innovation. Und nicht nur die Innovation machen, sondern man

muss auch wirklich zeigen und glaubhaft rüberbringen, dass man sich dafür interessiert und auch das eine oder andere mitgeht. (F&E Leader)

Auf der kulturellen Führungsebene wurden drei **Spannungsfelder** identifiziert:

(1) Kundenorientierung und Mitgliedschaft vs. fremdorganisierte Freiräume Der Blick in die Praxis zeigt zunächst, dass die Wortwahl in Bezug auf Führungsthemen in den F&E-Organisationseinheiten etwas unbestimmt ausfällt. Gerade in Bezug auf innovatorische Freiräume fällt es den Befragten häufig schwer, ihre Handlungslogiken genau zu beschreiben: Es sind eher viele kleine Freiräume, die sich die Befragten im Alltag „dazwischen" organisieren. Im Vordergrund stehen die Organisation und die Mitgliedschaft im sozialen System. Es sind eher Freiräume, die noch zwischen Kundenprojekte passen. Fremdorganisierte größere zeitliche Freiräume, wie diese im Unternehmen AH geschaffen wurden und punktuell auch in den anderen Unternehmen, erzeugen eine ständige Abwägungssituation, die zu 90 % zu Lasten der organisierten Freiräume geht. Kundenorientierung und das Erreichen der Projektziele gehen immer vor. Eine Auseinandersetzung mit formal eingerichteten Kreativzeiten passt auch nicht so richtig in ihr Bild von Innovationsförderung in der industriellen F&E, das sehr stark von Industriestandards geprägt ist. Die hektische Betriebsamkeit verunmöglicht es oft, alle Termine einzuhalten.

(2) Freiräume als Ego-Nummer Die Mitarbeitenden äußern explizit Vorbehalte in Bezug auf die Nutzung gewährter Freiräume, da sie Angst haben, dass dies von den Kolleginnen und Kollegen sowie von der Führung als „*Ego-Nummer*" betrachtet werden könnte. Da vor allem individualisierte Zeitbudgets fremdorganisierte Freiräume schaffen, kollidiert dies mit der Grundeinstellung, dass die Organisation weit vor der individuellen Selbstverwirklichung kommt. Doch die Loyalität zum Unternehmen und die langjährigen Betriebszugehörigkeiten der F&E-Mitarbeitenden gehen einher mit einem großen Vertrauen seitens der Führungskräfte, dass die Mitarbeitenden die ihnen gewährten Freiräume nicht ausnutzen. Von Egozentrikern oder „Forschungsdiven" ist kaum die Rede, die Orientierung am Projekt- bzw. Unternehmenserfolg ist viel dominanter.

Es kann aber zu Spannungen führen, wenn in Unternehmen, die nicht so sehr durch eine individualistische Leistungskultur, sondern vielmehr durch Mitgliedschaft geprägt sind, nur eine ganz bestimmte Gruppe von F&E-Mitarbeitenden innovatorische Freiräume erhält. Diese auserwählte Gruppe steht auch in den untersuchten Unternehmen prinzipiell unter **„Opportunismusverdacht"**: Die Mitarbeitenden stellen sich bei der Einrichtung von Freiräumen immer die Frage: Warum bekommen diese Mitarbeitenden mehr Freiräume als ich? Ist mein Wissen oder sind meine Talente weniger wert? Oder die Führungskräfte stellen sich die Frage: Warum wird mein Team nicht berücksichtigt? Denn mehr Freiraum wird grundsätzlich als Belohnung und als etwas Erstrebenswertes eingestuft. Wer mehr Freiraum hat, hat mehr Möglichkeiten, Einfluss auf die Zukunftsgestaltung des gesamten Unternehmens zu nehmen. Freiräume bedeuten vor diesem Hintergrund immer auch mehr **Macht**. Trotz Vertrauenskultur schimmert immer wieder die latente Angst der Führung durch, dass Freiräume zur Selbstverwirklichung missbraucht werden:

> **Perspektive Führung: Freiraum unter Opportunismusverdacht**
>
> Die Gefahr ist natürlich da und liegt in der Natur des Menschen, dass dieser versucht, Freiheiten auszunutzen. Wenn man im Straßenverkehr die Bussen abschaffen würde, dann würde es mit der Zeit immer mehr Leute geben, die diesen Freiraum ausnutzen und dann hätten wir irgendwann Chaos. Ich finde es gut, Freiräume zu schaffen, auch zeitlich, dass die Leute am Morgen, am Abend oder am Wochenende arbeiten können, aber man muss schauen, dass es im Rahmen bleibt. Die, die sich einsetzen, sollen sich nicht veräppelt fühlen. (F&E Leader)

Dieses Zitat erinnert etwas an das ethische Prinzip: „Der Ehrliche darf nicht der Dumme sein." Übertragen auf den hier gesetzten Arbeitskontext könnte dieses Prinzip lauten: „Der Effizienzsicherer darf nicht der Dumme sein." Wenn also Führungskräfte Personal für Innovationsarbeit mit hohen Freiheitsgraden selektieren und dabei einzelne Mitarbeitende oder Teams explizit ausschließen (müssen), muss eine Bewertungsgrundlage für die Selektion vorliegen (z. B. Assessment-Tests). Solche Auswahl- bzw. Entwicklungsentscheidungen sind sorgfältig zu begründen.

(3) Freiraum oder Freizeit? Die Auflösung der Grenze zwischen Arbeitszeit und Freizeit umschreibt ein weiteres Spannungsfeld: Einige der befragten F&E-Mitarbeitenden bezeichnen sich als leidenschaftliche Tüftler, die auch in ihrer *Frei*zeit an Aufgaben aus ihrer *Erwerbs*arbeitszeit arbeiten und keine klare Grenze zwischen Freizeit und Arbeit ziehen. Es ist üblich und Teil der F&E-Kultur, dass die Grenze zwischen Erwerbsarbeit und Arbeiten in der Freizeit eher fließend verläuft. Diese Auflösung der Grenze zwischen Arbeit und Privatleben wird auch als eine Form von „Befreiung" empfunden. Dadurch entfaltet sich gemäß den Befragten eine „*innere Freiheit*", eine Freiheit, die es erlaubt, seinen Interessen zu folgen, sowohl bei der Erwerbsarbeit als auch außerhalb. Der Fokus liegt auf der inhaltlichen Aufgabe bzw. der technischen Lösungssuche und nicht auf der Einhaltung von Arbeitszeiten. Dies gilt aus der Sicht der Führenden jedoch nicht für alle F&E-Mitarbeitenden. Auch in diesem Bereich gibt es viele Mitarbeitende, die eine klare Trennlinie zwischen Arbeit und Freizeit ziehen. Problematisch ist eher, dass die Freizeitarbeitenden häufig chronisch überlastet sind, weil sie immer Kreativaufgaben annehmen, hochmotiviert schwierige Aufgaben lösen und dadurch sehr beliebte Teammitglieder sind, die immer an der Grenze zur Selbstausbeutung arbeiten.

Nachfolgend werden die typischen **innovationsfördernden (führungs-)kulturellen Bedingungen** noch einmal zusammengefasst:

- Kundenorientierung und Blick nach außen
- Offenheit, Fehlertoleranz und Beweglichkeit (starke Verbindung zu Kundenorientierung)

- Integrität und Vertrauen
- Partizipation und Mitsprache
- Sachlichkeit und Berechenbarkeit
- Überlegte Schritte: Führung ohne existenziellen Druck mit gleichzeitig hoher Lernbereitschaft
- Intensive interne Kommunikation über die Bedeutung von Innovation
- Glaubwürdige Vermittlung der Innovationsstrategie
- Eigenständigkeit bewahren und gleichzeitig Gemeinsames betonen

In Bezug auf die **Bedeutung von Freiräumen** sticht bei den Unternehmen in der ILP-Studie hervor, dass die meisten Befragten „aufgesetzte", d. h. fremdorganisierte Freiräume ablehnen und im Führungsalltag eher viele kleine selbstorganisierte Freiräume eine wichtige Rolle spielen. Das Motto lautet: Die Summe macht`s. Wichtig ist ebenfalls die Bewahrung von Grauzonen, d. h. „U-Boot"-Projekte dulden, Projektbudgets großzügig gestalten usw. Vor allem die Führungskräfte betonen, dass man mit Regeln und Normen eben „*vernünftig*" umgehen muss.

Das nachfolgende Kapitel widmet sich den theoretischen Grundlagen einer Innovationskultur bzw. innovationsfördernden kulturellen Rahmenbedingungen.

8.2 Grundlagen: innovationsfördernde kulturelle Bedingungen

Der Blick in die Praxis zeigt: Die Unternehmenskultur hat einen erheblichen Einfluss auf die Konstruktion von Wirklichkeiten und eine entscheidende Bedeutung für die Innovationsförderung. Im Folgenden wird der Begriff der Unternehmenskultur theoretisch untermauert und in einem zweiten Schritt erläutert, wie eine innovationsfördernde Kultur aussieht und wie Führungskräfte diese leiten und initiieren.

8.2.1 Definition der Unternehmenskultur

Edgar Schein (1984) hat in den 1880er-Jahren ein theoretisches Konzept entwickelt, das eine sinnvolle Struktur bietet, um den Begriff der Unternehmenskultur fassbar zu machen. Seine Ausführungen dienen als Ausgangspunkt für die später erscheinenden Arbeiten zur Organisationskultur. Schein definiert den Begriff „Organisationskultur" als …

> …the pattern of basic assumptions that a given group has invented, discovered, or developed in learning to cope with its problems of external adaptation and internal integration, and that have worked well enough to be considered valid and, therefore, to be taught to new members as the correct way to perceive, think, and feel in relation to those problems. (Schein 1984, S. 3)

Die Unternehmenskultur wird in diesem Verständnis als Organisationsprinzip verstanden, das sich nur schwer fassen lässt. Dennoch wird den kulturellen Bedingungen für die Innovationsfähigkeit von Organisationen eine grundlegende Bedeutung zugesprochen. Prozes-

8.2 Grundlagen: innovationsfördernde kulturelle Bedingungen

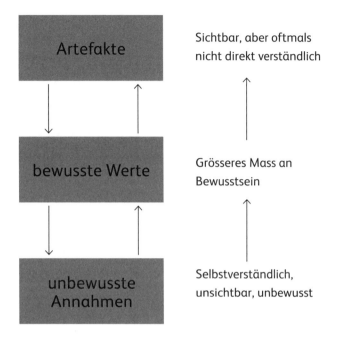

Abb. 8.3 Ebenen der Unternehmenskultur. (Quelle: in Anlehnung an Schein 2010, S. 23 f.)

se können sehr klar beschrieben und Strategien sehr zielgerichtet sein: Wie die Mitglieder in einer Organisation aber letztlich handeln, hängt immer auch von diffusen und nur bedingt steuerbaren Bedingungen ab.

Schein (1984, 2010) hat das Konzept „Unternehmenskultur" in drei Ebenen eingeteilt. So kann diese besser beobachtet und analysiert werden: 1) Die Ebene der Artefakte, 2) die der bewussten Werte und 3) die der unbewussten Annahmen (vgl. Abb. 8.3).

Die Ebene der Artefakte („artifacts") umfasst die sichtbaren Strukturen und Prozesse einer Organisation. Dies umfasst die Architektur der Gebäude, Logos und Kommunikationsunterlagen, die Ausstattung in den Räumen, die Art und Weise, wie sich die Mitarbeitenden kleiden und alles weitere Sicht- und Beobachtbare. Als Artefakte können aber durchaus auch Teile der Kommunikation oder die Art und Weise der Kooperation verstanden werden. So beispielsweise der wahrnehmbare Umgang mit Fehlern, tradierte Mythen und (Miss-)Erfolgsgeschichten oder ritualisierte Handlungen im Geschäftsalltag. Die Manifestation von organisationskulturellen Bedingungen auf dieser Ebene sind demnach gut wahrnehmbar, müssen aber vertieft analysiert werden, um deren Bedeutung und Verbindung mit anderen Ebenen zu verstehen.

Die mittlere Ebene der bewussten Werte („espoused values") umfasst Ziele, Ideale, akzeptierte Normen und Prinzipien, die durch Mitarbeitende einer Organisation geteilt werden. Sie bilden eine mehr oder weniger bewusste aber selten niedergeschriebene Handlungsanleitung, wie mit bestimmten Situationen und neuen Anforderungen innerhalb der Unternehmung umgegangen wird. Auf der zweiten Ebene sind die Verhaltensregeln angesiedelt, an die sich der Großteil der Mitarbeitenden hält und bei deren Missachtung individuelle Sanktionen zu erwarten sind. Sanktionen können dabei formell oder informell in Erscheinung treten.

Die unterste Ebene der unbewussten Annahmen („basic underlying assumptions") beeinflusst die beiden erstgenannten. Dies sind die bindenden und unhinterfragten Regeln der Zusammenarbeit. „[They] are so taken for granted that someone who does not hold them is viewed as crazy and automatically dismissed" (Schein 1984, S. 16). Die unbewussten Grundannahmen prägen das Weltbild der Individuen innerhalb der Organisation und über deren Stellung in der Welt. Es sind Glaubenssätze, die sich häufig in diffusen Gefühlen äußern und die sich um die Gestaltbarkeit der Welt, die Zukunftsfähigkeit von Organisationen, den Wert von Wahrheit und andere ähnliche große Sinnfragen drehen. „Die Vorstellungen umfassen u. a. Basisannahmen über die Umwelt (beherrschbar, übermächtig), die Realität (wie, durch welche Autoritäten/Verfahren wird entschieden, was wahr und damit Entscheidungsgrundlage ist), über die Natur des Menschen, die Verhaltensorientierungen, die Arbeit, menschliche Beziehungen" (Blättel-Mink 2006, S. 173).

Das ist zentral für die Diskussion von innovationsfördernden organisationalen Bedingungen und der Funktion von Führung. Diese Art von Glaubenssätzen bestimmen den Öffnungsgrad einer Organisation, ihre Bereitschaft, sich mit externen Partnern zu vernetzen, oder auch wie – und ob überhaupt – über Freiräume nachgedacht werden kann.

Die **Funktion von Organisationskulturen** vergleicht Simon mit dem Bestehen verschiedener Sprachen. „Ob man einer Sprach-(=Kommunikations-)Gemeinschaft gehört, weiß man, wenn man sie sprechen hört" (Simon 2007, S. 99). Außenstehend ist der, der die Regeln der Grammatik nicht beherrscht. Diejenigen, die der Sprache mächtig sind, müssen sich dagegen nicht immerzu auf grammatikalische Finessen konzentrieren, ihr Sprachgebrauch ist intuitiv oder eingeübt korrekt und passend. Sprache erhält so – wie Organisationskulturen auch – eine inkludierende und ausschließende Funktion. Wer dazugehört, merkt es. Wer nicht dazugehört, wird sich immer wieder an den impliziten Regeln stoßen.

Insofern ist Kultur eine wirkungsvolle Art, gewünschte Handlungsweisen innerhalb eines Unternehmens zu verankern, auch wenn eine direkte Steuerbarkeit nicht gegeben ist. Schließlich entstehen Werte „nicht zweckrational, sondern sie entwickeln sich evolutionär" (Simon 2007, S. 96). In diesem sozialkonstruktivistisch zu interpretierenden Verständnis sind Werte nicht zu steuern oder gar zu kontrollieren. Denn die Organisationsmitglieder interpretieren, verändern und erneuern in ihren alltäglichen Handlungen laufend die Unternehmenskultur. In Veränderungsprozessen wird oft ignoriert, dass dieser Vorgang so verläuft. „Kulturen sind demzufolge keine starren ‚Sachverhalte', sondern **Organisationskulturen definieren den Handlungsspielraum** und die Handlungsweise der in ihr interagierenden und kommunizierenden Individuen" (Bergmann und Daub 2008, S. 97, Hervorhebung durch Autoren).

> Mit der Erkenntnis, dass wir uns die Realität unseres Alltags erschaffen oder vervollkommnen, verfügen wir über eine Sicht unserer Kultur, die große Auswirkungen hat. Denn das heißt, dass wir versuchen müssen, unsere Kultur als einen fortlaufenden, **proaktiven Vorgang der Konstruktion von Realität** zu verstehen. Dadurch wird das gesamte Phänomen Kultur lebendig. (Morgan 2002, S. 185, Hervorhebung durch die Autoren).

8.2 Grundlagen: innovationsfördernde kulturelle Bedingungen

Absichtsvolle kulturelle Veränderungen können in Organisationen Widerstände auslösen. Anpassungen und Initiativen, die auf die oberste Kulturebene einwirken, vermögen durchaus positive Effekte und gewünschte Folgen nach sich zu ziehen. Je mehr Führungspersonen aber auf tiefer liegende Ebenen einzuwirken versuchen, umso eher ist mit ablehnenden Reaktionen der Mitarbeitenden zu rechnen. Die **Zugriffsmöglichkeit von Führungspersonen** ist hier äußerst limitiert, und Beeinflussungsversuche können kontraproduktiv wirken. „Es ist für die Mitglieder eben leichter, auf der Sachebene Neuentscheidungen als Prämissen des eigenen Verhaltens zu akzeptieren (technische Regeln: Programme, Strukturen), statt Entscheidungen über die Prämissen der eigenen Identität hinzunehmen" (Simon 2007, S. 101). Dies wird auch durch das folgende Zitat verdeutlicht:

> Schauen Sie einem Mitfahrenden in der U-Bahn längere Zeit in die Augen. Er wird zweifellos zuerst einmal wegschauen, sich aber immer unbehaglicher fühlen, wenn Sie ihn weiter anschauen, und vielleicht schließlich fragen, was los ist, den Platz wechseln oder an der nächsten Haltestelle aussteigen. [...] In jedem Fall werden Sie allmählich erkennen, dass das Leben in einer Kultur jeweils nur so lange reibungslos läuft, wie das eigene Verhalten sich mit den ungeschriebenen Regeln deckt. Überschreiten Sie diese Norm, bricht die Wirklichkeit des Alltags unweigerlich zusammen. (Morgan 2002, S. 182)

Der beschriebene Mechanismus der **In- und Exklusion** von passenden bzw. unpassenden Mitarbeitenden führt zu einer Verstärkung der herrschenden kulturellen Verhältnisse über die Zeit, er wird zur Norm. Pittrof (2011) weist darauf hin, dass bis in die 1980er-Jahre eine solche „starke" Unternehmenskultur als grundsätzlich positiv bewertet wurde (S. 96), diese Haltung aber über die Zeit überdacht werden musste und aufgrund von Forschungsresultaten nicht mehr haltbar war (vgl. Sackmann 1991). Seither wird der sich gegenseitig bereichernden individuellen **Vielfalt innerhalb einer Organisation** auch Positives abgewonnen und die Stärke einer facettenreicheren Unternehmenskultur unterstrichen. Chancen und Risiken einer starken Unternehmenskultur sind in Tab. 8.1 dargestellt.

Tab. 8.1 Chancen und Gefahren starker Unternehmenskulturen. (Quelle: in Anlehnung an Bleicher 2004; Pittrof 2011)

Chancen einer starken Unternehmenskultur	Risiken einer starken Unternehmenskultur
Handlungsorientierung durch Komplexitätsreduktion	Tendenz zur Abschottung
Effizientes Kommunikationsnetz	Blockierung neuer Ausrichtungen
Rasche Informationsverarbeitung und Entscheidungsfindung	Implementationsbarrieren
	Fixierung auf traditionelle Erfolgsmotive
Beschleunigte Implementation von Plänen und Projekten	Kollektive Vermeidungshaltung
	„Kulturdenken"
Geringer Kontrollaufwand	Mangel an Flexibilität
Hohe Motivation und Loyalität	Tradition anstatt Innovation
Stabilität und Zuverlässigkeit	

8.2.2 Innovationsfördernde Unternehmenskultur

Dass die Unternehmenskultur die Innovationsfähigkeit maßgeblich beeinflusst, ist heute allgemein anerkannt (vgl. bspw. Büschgens et al. 2013). Unternehmenskultur ist wie ausgeführt ein vielschichtiges Phänomen und erschließt sich deshalb dem Beobachter nicht so einfach. Unternehmenskultur ist als kollektives Phänomen zu verstehen, das Ideen, Vorstellungen und Werte umfasst (vgl. Blättel-Mink 2006). Es ist augenscheinlich, dass Kultur die Handlungsweisen von Organisationen beeinflusst, deren Mitglieder sich dessen aber nur bedingt bewusst sind. Kulturelle und strukturelle Faktoren stehen in einem wechselseitigen Verhältnis zueinander.

Unternehmenskulturen übernehmen wichtige Funktionen innerhalb von Unternehmen. Pittrof (2011) listet ein ganzes Bündel von Funktionen auf, die in verschiedenen Untersuchungen nachgewiesen werden konnten. Er geht zum Beispiel davon aus, dass eine Unternehmenskultur einen entscheidenden Einfluss darauf hat, ob sich Leistungsträger an eine Organisation binden oder durch Konkurrenten entzogen werden. Er bezeichnet diesen Sachverhalt als **Abschirmungsfunktion**. Die Kultur hat ebenso einen Einfluss einerseits auf die Führungsarbeit, andererseits auf die Produktivitätssteigerung und die Kosteneinsparungen, sie stiftet **Identität** oder gibt Orientierung, hat integrierende Wirkung für die Mitarbeitenden, motiviert sie, reguliert Konflikte, fördert evtl. den Austausch zwischen verschiedenen Unternehmungen, wirkt sinnstiftend – und fördert die Innovation (S. 30 ff.).

Gerade zur Steigerung der organisationalen Innovationsfähigkeit kommt der Organisationskultur also nachweislich eine wichtige Funktion zu. Gleich wie die Strategie zur Orientierung der Innovationstätigkeit gegen innen von großer Wichtigkeit ist, entfalten auch bewusste Werte oder sogar geteilte unbewusste Annahmen Wirkung. Büschgens et al. (2013) weisen darauf hin, dass geteilte unternehmenskulturelle Werte auf eine **Angleichung der Ziele von Management und Mitarbeitenden** hinwirken (S. 766). Die Setzung kultureller Werte vermag demnach durchaus, die Handlungsweise innerhalb einer Organisation zu bündeln und zu orientieren. In der Literatur findet sich dazu eine Vielzahl von Ansätzen zur Beeinflussung oder Ausgestaltung einer Kultur, die innovationsförderlich sein kann. Im Folgenden werden einige Konzepte und Ansätze geschildert, die zahlreiche Befunde der in Abschn. 8.1 geschilderten Praxisbeispiele bestätigen:

Goffin et al. (2009) plädieren dafür, dass vor allem sechs Bereiche des Unternehmens fokussiert werden sollen: 1) Organisationsstrukturen, 2) Machtstrukturen, 3) Symbole, 4) Geschichten, 5) Routinen und Rituale und 6) Kontrollsysteme. In diesen für die Autoren wesentlichen Bereichen werden jeweils **Best Practices** vorgeschlagen, welche die Innovationsfähigkeit verbessern:

1. Die Organisationsstrukturen sind so auszurichten, dass Einflüsse aus dem Markt schnell einfließen und Dringlichkeit innerhalb der Organisation erzeugen. Wiederholte Umstrukturierungen stellen sicher, immer wieder geeignete Lösungen für neue Herausforderungen zu entwickeln. Das Einsetzen eines Innovationsmanagers erlaubt es, dass

8.2 Grundlagen: innovationsfördernde kulturelle Bedingungen

Innovationsbestrebungen an einer konkreten Stelle ausgerichtet werden. Zudem sind Teams zu bilden, die über gewisse Autonomie verfügen, spezifische Fragestellung zu bearbeiten.
2. Die Machtstrukturen werden gezielt nivelliert, indem Führungspersonen darin geschult werden, Macht und Verantwortung auch zu delegieren.
3. Symbole werden genutzt, um den Innovationserfolgen nach innen zu mehr Aufmerksamkeit zu verhelfen: Kommunikation der Innovationsziele in Logos oder Claims, Innovationserfolge feiern und sichtbar machen, Anerkennung zollen und Innovationserfolge auszeichnen.
4. Erfolgsgeschichten tradieren und verbreiten.
5. Routinen und Rituale im Umgang mit gescheiterten Ideen, die Aktivität würdigen und Fehler tolerieren.
6. Kontrollsysteme flexibilisieren, adäquate Messgrößen definieren und Innovationsprozesse nicht zu eng fassen. (S. 452)

Eher kritisch zu beurteilen ist eine Form der künstlichen „Inszenierung" von Innovationsorientierung nach innen (mit Wandpostern, Innovationsmarathons, Innovation-Awards, Vorstellung von Innovationen in der Firmenzeitschrift etc.), ohne eine nachhaltige Lern- und Entwicklungsperspektive oder einen organisationalen Veränderungsprozess damit zu verknüpfen. Denn dann tauchen – verunsichert zwischen der Kluft des Innovationsmarketings und der Wirklichkeit des Alltags – Aussagen von Mitarbeitenden auf wie: *„Ich glaube schon, dass wir innovativ sind."* Wenn Innovativität seitens der Führung als Ziel ausgerufen und mit zahlreichen Innovationssymbolen untermauert wird, dann müssen unbedingt auch Taten folgen. Ansonsten entsteht bei den Mitarbeitenden eine lähmende Unsicherheit und mit der Zeit Demotivation und ein „Not-invented-here-Syndrom" (für Innovation ist das Innovationsmanagement zuständig, mit mir hat das nichts zu tun).

Thom und Piening (2009) betonen, dass sich eine innovationsfördernde Unternehmenskultur in einem kooperativen Führungsverhalten, dem Arbeiten mit Zielvereinbarungen, der Delegation von oben nach unten, einer Fehlerkultur, die risikobewusste Entscheidungen fördert, und einer offenen und transparenten Kommunikation widerspiegelt. Hauschildt und Salomo (2011) gehen in eine ähnliche Richtung und akzentuieren den Konnex verschiedener unternehmenskultureller Faktoren und des erhöhten Grades von Innovativität in Unternehmen (S. 63). So zum Beispiel:

Der Innovationserfolg wird gesteigert, wenn das unternehmerische Handeln gefördert wird. Ebenso regen die Führungskräfte die Mitarbeitenden dazu an, Initiativen zu lancieren, gekoppelt mit einer hohen Fehlertoleranz. Dazu geben sie ihnen Zeit und Mittel, um die Initiativen weiterzutreiben (Salomo et al. 2005).

Verbesserung des Innovationsklimas durch Vertrauen/Offenheit, Ideenunterstützung, persönliche Gestaltungsfreiheit, Akzeptanz unüblicher Ideen, Diskussionstoleranz und eine dynamische Atmosphäre (vgl. Sundgren et al. 2005).

Die innovationsfördernden Kulturmerkmale decken sich zu einem Großteil mit den Charakteristika von Kulturmerkmalen moderner Organisationen. In diesen Organisationen setzt die Führung auf eine hohe Produktivität gut ausgebildeter Mitarbeitender, auf Teamentwicklung, Selbststeuerung von Teams und flache Hierarchien und legt Wert auf Sozialkompetenz. Die Führungsbeziehungen in diesen Organisationen basieren auf „Respekt, Wertschätzung, Aufrichtigkeit, Offenheit, Transparenz, Eigenverantwortung, Kritikfähigkeit, Bereitschaft zum Lernen und Entwickeln oder Delegation von Verantwortung an Mitarbeitende" (Weidmann und Armutat 2008, S. 91). Für die **Förderung von Innovativität** sind jedoch zusätzliche **Kulturelemente** von besonderer Bedeutung (vgl. Weidmann und Armutat 2008, S. 91):

- Produktiver Umgang mit Unterschieden
- Freizügigkeit und Toleranz (Gewährenlassen)
- Kontinuität
- Offenheit
- Risikobereitschaft

Von der Oelsnitz (2009, S. 164) unterstreicht ebenfalls, dass sich klare Merkmale einer innovationsorientierten Unternehmenskultur benennen lassen. So beispielsweise:

- Geistige Offenheit von Führungskräften und operativem Personal,
- Aufgeschlossenheit gegenüber neuen Produkten, Verfahren, Kunden oder Partnern,
- hoher Stellenwert der horizontalen und informellen Kommunikation,
- eine Philosophie, die Information nicht als knappes Gut ansieht,
- Toleranz gegenüber Fehlern und Kosten, die durch das Experimentieren mit neuen Lösungen entstehen,
- Ideen- und Zeittoleranz,
- Kundenwunsch vor Kostendenken,
- Anerkennung von Eigeninitiative,
- eine insgesamt dynamische, handlungsorientierte Atmosphäre.

Damit bestätigt sich das Bild, dass kulturellen Bedingungen große Wichtigkeit einzuräumen ist, dass aber im Detail die Umsetzung in den Unternehmen sehr unterschiedlich ausfallen kann und auch muss, da sie zu den unternehmensspezifischen Bedingungen passen sollte.

Entscheidend sind, wie die hier vorgestellten Kulturansätze deutlich zeigen, die vertrauensbildenden Normen, die in der Organisationskultur verankert sind. **Offenheit** basiert auf der Bereitschaft, dem Beziehungspartner Einblick in das „Selbst" zu gewähren. **Toleranz** beschreibt die Akzeptanz des Andersseins. Beides sind wichtige Elemente einer

Abb. 8.4 Vertrauensbildung durch persönliche Faktoren und Normen der Organisationskultur. (Quelle: Stahl 2013, S. 119)

Innovationskultur (vgl. Abb. 8.4). Und diese Normen wirken sich direkt auf die vertrauensbildenden Faktoren aus, die in der Persönlichkeit der handelnden Person verankert sind (vgl. Stahl 2013, S. 118 f.).

8.2.3 Führungskulturelle Bedingungen

Die Ausführungen zur Unternehmenskultur zeigen klar, dass der Führung eine bedeutende Rolle in Bezug auf die Entwicklung einer innovationsfördernden Kultur zukommt (vgl. Schein 1995, S. 34; Sackmann 2000, S. 155). „In ihrer Rolle als Vorgesetzte sind sie immer Vor-Bild – ob sie wollen oder nicht. Führungskräfte stellen eine der besten Orientierungshilfen für Mitarbeitende dar" (Sackmann 2000, S. 155). Führungsbeziehungen gewähren oder verhindern die Möglichkeiten zur Innovation, deshalb sollte sich jedes Unternehmen im Rahmen einer bewussten Kulturgestaltung immer wieder die Frage stellen, welche innovationskulturelle Realität seine Führungskräfte tatsächlich vorleben.

Nach Burla et al. (1995) betont Führungskultur „das Beziehungsmäßige zwischen allen Beteiligten Akteuren" (S. 24), wohingegen die Organisationskultur das kollektive Selbstverständnis als ein aufeinander bezogenes Handlungsgefüge versteht. Dies bedeutet, dass die Führungskultur als Teil der Organisationskultur zu betrachten ist. Sie stellt den Mitgliedern eines kulturellen Kontextes ein gemeinsames Vorverständnis von Führung und Geführt-Werden zur Verfügung. Dieses Vorverständnis beinhaltet das notwendige Wissen, um bestimmte Handlungsweisen als Führungshandeln zu erkennen.

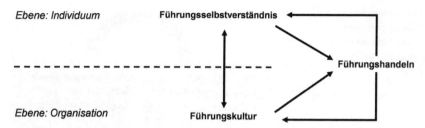

Abb. 8.5 Führungsselbstverständnis und Führungskultur. (Quelle: Kaudela-Baum et al. 2011, S. 9)

▶ Damit vermittelt die **Führungskultur** dem Handeln jenen Sinn, der im kulturellen Kontext akzeptierbar ist. Somit kann nicht jedes beliebige Führungshandeln realisiert werden, denn nur das im jeweiligen kulturellen Kontext verständliche und anerkannte Handeln hat eine Chance innerhalb des organisationalen Kollektivs (vgl. Burla et al. 1995, S. 24).

Zugleich richtet die Führungskultur das Führungshandeln an gewissen Grundprämissen aus (vgl. Burla et al. 1995, S. 24), d. h. an der spezifischen Ausgestaltung der Beziehungsthemen und Dynamiken. Diese „Themen wirken untergründig als ‚soziales Koordinatensystem' im Sinne einer ‚Grundprogrammierung' der Akteure und als heimliche Regisseure im gegenseitigen Beziehungshandeln" (Müller und Hurter 1999, S. 22). Denn sie sind der einzelnen Person meist nicht bewusst und in der Regel nur schwer zugänglich. So nehmen sie als Selbstverständlichkeiten auf das Handeln Einfluss.

Neben Führungskulturen sind Kulturen immer auch zugleich **Lernkulturen**, indem sie die Veränderung von Werten und Normen, Wissensbeständen und Handlungsfreiräumen mehr oder weniger fördern.

Das **Führungsselbstverständnis** der Führenden (Ebene: Individuum) und die **Führungskultur** der jeweiligen Organisation (Ebene: Organisation) bilden die Grundlage für das Führungshandeln in der Organisation (vgl. Abb. 8.5). Das konkrete Führungshandeln wirkt dann auf das Führungsverständnis und die Führungskultur zurück, indem es beide bestätigt oder ihnen partiell widerspricht. Dieser Widerspruch kann zu Lernprozessen, aber genauso auch zu Konflikten führen. Führungsentwicklung greift demnach zu kurz, wenn versucht wird, isoliert eine Veränderung der Verhaltensweisen der Führungsperson herbeizuführen.

Führungsentwicklung im Dienste der Innovationsförderung bedeutet eine Auseinandersetzung sowohl mit den individuellen als auch den **kollektiven Vorstellungen von Innovation Leadership**. Diese Vorstellungen können allerdings nicht einfach so abgefragt werden, denn in die Führungspraxis fließen unbewusste Grundannahmen sowohl der Führungsperson wie auch der Organisation ein.

Sie müssen nicht mehr begründet werden, weil sie weitgehend selbstverständlich sind: Man führt auf eine bestimmte Art und Weise, weil man es eben so macht. Die Führungskultur einer Organisation(seinheit), einer Branche oder eines Kulturraumes wird geprägt von einer Vielzahl ungeschriebener Regeln, Normen und Wertvorstellungen (vgl. Nagel et al. 1999), die häufig in sich widersprüchlich sind.

8.3 Fazit und Reflexionsfragen

Innovationsfördernde Führungsentwicklung bedeutet vor diesem Hintergrund, dass sich die einzelne Führungsperson mit ihrem individuellen Führungsselbstverständnis und die Organisation mit ihrer Führungskultur auseinandersetzen. In den untersuchten Unternehmen zählt zu dieser **Führungskultur** vor allem die geistige Offenheit von Führungskräften, die mit viel Fingerspitzengefühl in diesem hochstandardisierten Umfeld vor allem viele, kleinere Gelegenheiten zur Selbstorganisation von Freiräumen ermöglichen. In der Summe ordnen sich die meisten F&E-Mitarbeitenden in einem „freizügigen" Innovationsumfeld ein, in dem viele glaubwürdige Führungskräfte für die Innovationsvorhaben des Unternehmens einstehen. Im Vordergrund steht die gemeinschaftliche Anstrengung, die selbstgesteckten Innovationsziele zu erreichen. „*Ego-Nummern*" im Sinne einer rücksichtslosen Vereinnahmung von Slack zur Selbstverwirklichung ist ein Anti-Thema. Generell sind Alleingänge einzelner „Alpha-Tiere" die absolute Ausnahme. Die Unternehmen weisen eine ausgeprägte Teamorientierung und einen hohen Partizipationsgrad auf. Eine explizite Auseinandersetzung mit Freiheiten im Sinne von Muße zur Entfaltung individueller Kreativitätspotenziale ist jedoch in den Industrieunternehmen eher nicht üblich. Auch kreativitätsfördernde Freiräume werden mit Zielen geführt und Nachvollziehbarkeit, Berechenbarkeit und Kontinuität spielen auch in diesem generell freieren Arbeitskontext der F&E eine wesentliche Rolle. **Vieles bleibt im „Graubereich",** wird angedeutet, und die Führung will auch nicht alles so genau wissen, das ist eben auch ein Ausdruck von **Vertrauenskultur**: Entwicklungsarbeit ohne Worte. Das geht auch in die Richtung „Gewährenlassen", und nur, wenn intuitiv seitens der Führung zu viele Risiken wahrgenommen werden, wird interveniert.

▶ Oft werden in der Praxis Freiräume unhinterfragt gewährt und genutzt. Deutlich zur Sprache kommen Freiräume eigentlich nur, wenn sie entzogen oder ständig bedroht werden. An Freiräume gewöhnt man sich schnell, ihre Abschaffung wird im Gegensatz dazu als massiver und vor allem demotivierender Einschnitt in die Alltagsrealität erlebt.

Führungsentwicklungsmaßnahmen können nach der Zusammensetzung der Teilnehmenden unterschieden werden:

- **Fokus Führungsperson**: Setzt sich die Führungsperson mit ihrem eigenen Führungsselbstverständnis und verhalten auseinander, geschieht dies in der Regel im Rahmen von Coaching-Gesprächen oder Führungsweiterbildungen (Abschn. 9.3.1).

- **Fokus Organisation**: Entscheidet sich ein Team, eine Abteilung, ein Departement oder eine ganze Organisation dazu, Führung zum Thema zu machen, arbeiten zahlreiche Personen im Führungsentwicklungsprozess mit, die eine Führungsaufgabe wahrnehmen. Zusätzlich können (und sollten) auch die Mitarbeitenden, die Führung erleben, einbezogen werden (Abschn. 9.2.4).

Die Bearbeitung von Fallstudien oder Geschichten über ausgewählte Innovationsprojekte (Story-Telling) kann eine **Auseinandersetzung mit der eigenen Führungsrealität** fördern. Zwar handelt es sich evtl. nicht um die eigene Führungssituation, aber es handelt sich um Fälle mit Wiedererkennungseffekt. Doch was bedeutet nun Führungsentwicklung, wenn wir davon ausgehen, dass unter Führung die Gestaltung von Beziehungen verstanden wird? Führungshandeln kann das Bezweckte, das Gegenteil, gar nichts oder etwas anderes, Unerwartetes bewirken. **Versuche der Steuerung** haben die Eigendynamik der Führungsbeziehung zu respektieren. Eine differenzierte individuelle Reflexion erlaubt es, ein anderes Licht auf Führungssituationen zu werfen und damit Blockaden zu beheben, aber auch Potenziale zu erkennen und zu fördern. In diesem Sinne leisten verhaltensorientierte Fallstudien oder die Auseinandersetzung mit dem eigenen Führungsverständnis durch die Mitarbeit im Rahmen eines angewandten Forschungsprojekts inkl. der Rückspiegelung der Untersuchungsergebnisse (Abschn. 4.2) einen Beitrag zur Führungs- und damit immer auch zur Organisationsentwicklung.

Der **Fragenkatalog zur innovationsfördernden Führungskultur** kann zur Reflexion der Führungskultur in Bezug auf die Innovationsorientierung herangezogen werden.

Fragenkatalog zur innovationsfördernden Führungskultur: Trägt unsere Führungskultur zur Innovationsförderung bei?

Widersprüche und Unterschiedlichkeit
- Wie gehen wir in der Führung mit Widersprüchen um?
- Wie handhaben wir unterschiedliche Stärken von Mitarbeitenden?
- Wie viele Unterschiede lassen wir in der Bearbeitung von Aufgaben zu?
- Setzen wir auf Unterschiede in der Zusammensetzung von Gruppen?

Freiräume
- Wie viele Standards und Formalitäten haben wir, an die sich Mitarbeitende halten sollen?
- Wie freizügig werden Standards gegenüber Mitarbeitenden ausgelegt?
- Wo können Mitarbeitende frei entscheiden, solange sie das gesetzte Gesamtziel erreichen?
- Was lassen wir Mitarbeitende tatsächlich alleine entscheiden?
- Wann werden wir nervös, wenn etwas nicht nach unserer Vorstellung läuft?
- Wie offen sind wir für Ausnahmelösungen?
- Wie frei können Mitarbeitende Ihre Kooperationspartner (intern und extern) und Projekte Ihrer Wahl auswählen?
- In welcher Zeit können Mitarbeitende ihren eigenen Ideen nachgehen und diese weiterverfolgen?

8.3 Fazit und Reflexionsfragen

Entscheiden zwischen Herz und Verstand
- Wie kommen wir im Führungsgremium zu Entscheidungen?
- Wie spontan oder durchdacht fällen wir Entscheidungen?
- Wie sehr fließen emotionale und intuitive Verarbeitungsformen von Informationen in die Entscheidungsfindung ein?
- Sind die Einschätzungen, die unseren Führungsentscheidungen zugrunde liegen, von Dauer?

Offenheit und Vernetzung
- Mit wie vielen externen Partnern arbeiten wir in der Entwicklung und Umsetzung von Innovationsvorhaben zusammen?
- Sind unter den externen Partnern auch immer wieder neue Partner oder arbeiten wir immer mit den gleichen Partnern?
- Wie viele Impulse nehmen wir wahr und in unsere Überlegungen auf, die unsere aktuellen Haltungen und Entscheidungen *nicht* stützen?
- Welche Informationen geben wir in einer kritischen Situation an Mitarbeitende weiter?

Risikobereitschaft und Delegation
- Was machen wir, wenn Mitarbeitende oder externe Partner mehr Informationen haben möchten, als es uns behagt?
- Was machen wir, wenn unsere Mitarbeitenden mehr Verantwortung übernehmen wollen?
- Wie sehr sind wir bereit, Risiken einzugehen?

Kulturentwicklung
- Haben wir (als Führungsgremium) ein gemeinsames Verständnis von kulturellen Werten, die der Innovationsförderung dienen? Sind wir bereit, dieses Verständnis zu hinterfragen?
- Was machen wir, wenn die Mitarbeitenden ein abweichendes Verständnis haben?
- Was symbolisiert im Unternehmen unsere Innovationskultur?
- In welchen Kommunikationsforen und bei welchen Events werden kulturelle Werte erörtert?
- Wie kommunizieren wir? Wie kommunizieren unsere Mitarbeitenden? Welche Wertschätzung für abweichende Meinungen wird hierbei deutlich?
- Kommen unsere Werte in der Personalrekrutierung und -entwicklung zum Ausdruck? Welche Instrumente haben wir, um das sicherzustellen?

Der Fragenkatalog ist nicht abschließend zu verstehen. Führungskräfte sollten einfach die Fragen auswählen, die in Bezug auf das eigene Unternehmen und auf das eigene Führungsverhalten tatsächlich von Bedeutung sind. Für eine **Entwicklung einer innovationsfördernden Führungskultur** ist es wichtig, dass solche Reflexionsfragen ehrlich beantwortet und kritisch diskutiert werden. Dafür könnten sich **moderierte Führungsworkshops mit Kleingruppen** anbieten, die Gelegenheit für kritischen Austausch bieten.

Die Orientierung von Führungskräften an innovationsorientierten kulturellen Werten und Normen kann sich im Führungsalltag einerseits in konkreten **veränderten Verhaltensweisen** äußern, und andererseits in der Inszenierung dieser Veränderungen durch eine

öffentliche Verpflichtung (z. B. in Form von öffentlich publizierten Artikeln oder Führungsleitbildern).

Nehmen wir an, dass in einem Unternehmen z. B. bürokratische Verfahren immer großzügiger interpretiert werden und Führungskräfte prinzipiell nicht mehr so genau hinschauen, ob bspw. Gesuchseingaben für die Ideenentwicklung formal zu 100 % korrekt eingereicht werden. Wie könnte man „Entbürokratisierung" als Führungsthema in der Organisation bekanntmachen bzw. „inszenieren" oder durch Symbolik unterstreichen? Durch eine kontinuierliche Wiederholung eines großzügigen Umgangs mit formalen Prozessen, ein **gut kommuniziertes Pilotprojekt** für eine Teilorganisation oder eine offizielle Umgestaltung von bürokratischen Prozessen (z. B. Online-Eingaben, kurze Anträge bei kleineren Projekten usw.) können Erfolgserlebnisse geschaffen werden, die den Mitarbeitenden die Bedeutung des kulturellen Wandels aus Führungssicht nachhaltig vermittelt.

Literatur

Bergmann, G., & Daub, J. (2008). *Systemisches Innovations- und Kompetenzmanagement. Grundlagen – Prozesse – Perspektiven* (2. Aufl). Wiesbaden: Gabler.

Blättel-Mink, B. (2006). *Kompendium der Innovationsforschung*. Wiesbaden: VS Verlag für Sozialwissenschaften.

Bleicher, K. (2004). *Das Konzept integriertes Management. Visionen – Missionen – Programme* (7. Aufl). Frankfurt a. M.: Campus.

Burla, S., Alioth, A., Frei, F., & Müller, W. R. (1995). *Die Erfindung von Führung. Vom Mythos der Machbarkeit in der Führungsausbildung*. Zürich: Verlag der Fachvereine.

Büschgens, T., Bausch, A., & Balkin, D. B. (2013). Organisational culture and innovation: A meta-analytic review. *Journal of Product Innovation Management, 30*(4), 763–781.

Goffin, K., Herstatt, C., & Mitchell, R. (2009). *Innovationsmanagement. Strategien und effektive Umsetzung von Innovationsprozessen mit dem Pentathlon-Prinzip*. München: FinanzBuch.

Hauschildt, J., & Salomo, S. (2011). Innovationsmanagement (5. Aufl). München: Vahlen.

Kaudela-Baum, S., Nagel, E., Bürkler, P., & Glanzmann, V. (2011). (Hrsg.). *Führung lernen. Fallstudien zu Führung, Personalmanagement und Organisation*. Heidelberg: Springer.

Morgan, G. (2002). *Bilder der Organisation*. Stuttgart: Klett-Cotta.

Müller, R. W., & Hurter, M. (1999). Führung als Schlüssel der organisationalen Lernfähigkeit. In G. Schreyögg & J. Sydow (Hrsg.), *Führung – neu gesehen* (S. 1–54). Berlin: de Gruyter.

Nagel, E., Alioth, A., & Keller, T. (1999). Führungsentwicklung in der öffentlichen Verwaltung: die Erkundung der Führungslandschaft. In: R. Klimecki & W. R. Müller (Hrsg.), *Verwaltung im Aufbruch: Modernisierung als Lernprozess* (S. 235–260). Zürich: NZZ-Verlag.

Pittrof, M. (2011). *Die Bedeutung der Unternehmenskultur als Erfolgsfaktor für Hidden Champions*. Wiesbaden: Gabler.

Sackmann, S. (1991). Uncovering culture in organizations. *Journal of Applied Behavioral Science, 27*(3), 295–317.

Sackmann, S. (2000). Unternehmenskultur – Konstruktivistische Betrachtungen und deren Implikationen für die Unternehmenspraxis. In P. M. Hejl & H. K. Stahl (Hrsg.), *Management und Wirklichkeit. Das Konstruieren von Unternehmen, Märkten und Zukünften* (S. 141–158). Heidelberg: Carl Auer.

Salomo, S., Kleinschmidt, E. J., & de Bretani, U. (2005). Performance in international new product development programs: Effects of organizational culture commitment and NPD team. Proceedings to the 12th IPDM Conference.

Schein, E. H. (1984). Coming to a new awareness of organizational culture. *Sloan Management Review, 25*(2), 3–16.

Schein, E. H. (1995). *Unternehmenskultur. Ein Handbuch für Führungskräfte*. Frankfurt a. M.: Campus.

Schein, E. H. (2010). *Organizational culture and leadership* (4. Aufl). San Francisco: Jossey-Bass.

Simon, F. B. (2007). *Einführung in die systemische Organisationstheorie*. Heidelberg: Carl Auer.

Stahl, H. K. (2013). *Leistungsmotivation in Organisationen. Ein interdisziplinärer Leitfaden für die Führungspraxis*. Berlin: Erich Schmid.

Sundgren, M., Dimenäs, E., Gustaffson, J.-E., & Selart, M. (2005). Drivers of organizational creativity: A path model of creative climate in pharmaceutical R & D. *R & D Management, 35*(4), 359–374.

Thom, N., & Piening, A. (2009). *Vom Vorschlagswesen zum Ideen- und Verbesserungsmanagement. Kontinuierliche Weiterentwicklung eines Managementkonzepts*. Bern: Lang.

Von der Oelsnitz, D. (2009). *Die innovative Organisation. Eine gestaltungsorientierte Einführung* (2. Aufl). Stuttgart: Kohlhammer.

Weidmann, R., & Armutat, S. (2008). *Gedankenblitz und Kreativität –Ideen für ein innovationsförderndes Personalmanagement*. Bielefeld: Bertelsmann.

innoLEAD©-Gestaltungsfeld 5: relationale Dimension der innovationsfördernden Führung

9

Im Rahmen der personalen und relationalen Führungsebene, ein weiterer Baustein, um nicht zu sagen das „Herzstück" des innoLEAD©-Modells, geht es einerseits um typische Merkmale innovativer Personen (Führungspersonen und Geführte) und andererseits um die Beziehungsgestaltung zwischen diesen beiden sowie zwischen Führenden und Innovationsteams. Für diesen inneren Kern des innoLEAD©-Modells wurde ein Führungsbeziehungsmodell (vgl. Abb. 9.1) entwickelt, welches ausgehend von einer Führungsperson vier Beziehungsdimensionen aufspannt: *Erstens* die Beziehung der Führungsperson zu sich selbst sowie *zweitens* zu ihrer innovationsfördernden Rolle im gesamten Führungssystem des Unternehmens; *drittens* die Beziehung der Führungsperson zu ihren direkt unterstellten Mitarbeitenden und *viertens* die Beziehung der Führungsperson zu Innovationsteams als etablierte Organisationsform für die Entwicklung von Innovationen. Darüber hinaus werden hier die Grundlagen für die Kompetenzentwicklung von „Innovation Leaders" erarbeitet.

In Abb. 9.1 ist der Bezug des Führungsbeziehungsmodells zum innoLEAD©-Modell noch einmal gesondert dargestellt.

Die bisher erläuterten Zusammenhänge führen idealerweise zu konkreten Handlungen. Diese spielen sich in Führungsbeziehungen ab. Im Rahmen der Personalführung werden die Weichen für die Umsetzungen der vorherigen Gestaltungsfelder gelegt. Dazu gehören zentrale Fragen wie: Wie kann ich erreichen, dass sich meine Mitarbeitenden unternehmerischer verhalten? Wie ist es zuwege zu bringen, dass sich meine Mitarbeitenden Freiräume selbst organisieren? Wie schaffe ich es, dass meine Mitarbeitenden die von uns organisierten Freiräume auch nutzen? Wie kann ich die Selbstorganisation von Innovationsteams steigern? Wie gehe ich mit kreativen und eher umsetzungsstarken Mitarbeitenden um? Wie stelle ich Innovationsteams zusammen? Wie kann ich zu akzeptierten Selektionsentscheiden von Ideen kommen? etc.

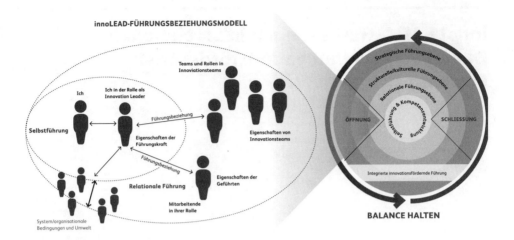

Abb. 9.1 innoLEAD© und das Führungsbeziehungsmodell

Die Antworten auf diese Fragen sollen zu einer kompetenteren Beziehungsgestaltung zwischen vor allem in Industrieunternehmen häufig sehr fachorientierten Führungskräften mit Innovationsförderungsauftrag und Geführten beitragen. Betrachtet man Unternehmen als soziale lern- und entwicklungsorientierte Systeme, stellt diese Beziehungsgestaltung den Kern des Modells, den zentralen „Treiber" der Innovativität dar. Weiterhin wird in diesem Abschnitt des Buches die Rolle des Personalmanagements als Partner im Rahmen der Innovationsförderung diskutiert.

9.1 Perspektiven aus der Praxis

Dieses Kapitel beleuchtet die Gestaltung von Führungsbeziehungen zwischen innovationsfördernden Führungskräften und ihren direkten Mitarbeitenden und die Herausforderungen, die dabei zu meistern sind.

Wie beschreiben die befragten Führungspersonen ihre innovationsfördernde Funktion genau? Welches **Führungsselbstverständnis** kommt dabei zum Ausdruck? Oft wird das kritische Hinterfragen von bestehenden Lösungen, bestehenden Produkten, Dienstleistungen oder Prozessen hervorgehoben. Eine Führungskraft formuliert dies so: „*Das sehe ich als meinen Job an: ‚Gibt es nicht einen Weg, wie man es schlauer machen könnte?'*"

Innovationsfördernde Führungskräfte treiben Reflexions- und damit Lernprozesse an. Sie stellen kritische Fragen und versuchen, ihre Mitarbeitenden im Rahmen von Entwicklungsprozessen in der **Rolle eines Coaches** zu begleiten.

> **Perspektive Führung: Die Leute begleiten**
>
> Also unser Job ist eigentlich, die Leute zu begleiten, die Leute zu coachen, so, dass sie es eigentlich fast nicht merken. Dann finde ich, machen wir einen guten Job. Und trotzdem muss man halt irgendwann einen Entscheid fällen, das gehört halt einfach dazu. Aber wenn die Spielregeln klar sind, wie entschieden wird, dann mache ich auch die Erfahrung, dass das kein Problem ist, die Leute akzeptieren das. (F&E Leader)

Auch ist es die Aufgabe der Innovation Leaders, die potenziellen Kreativen bzw. Innovatoren zu identifizieren, gezielt zu fördern und Teams zu entwickeln, in welchen diese Personen ihre Talente optimal entfalten und das nötige Wissen aus verschiedenen Disziplinen zusammenkommt.

> **Perspektive Führung: Talente freischaufeln**
>
> Man muss […] wissen, wer die Leute sind, die man für die Innovation herauspicken kann. Das sind gewisse Pioniere, Vorreiter, und denen muss man auch irgendwie Zeit geben. Das Blöde ist, dass diese Leute meistens wirklich sehr gut sind und daher sehr beliebt. Meistens sind das langjährige Mitarbeitende. Wenn die mitmachen, dann kommt das Projekt gut vorwärts. Die muss man daher wirklich freischaufeln, so dass man sagen kann: Du hast jetzt Zeit, dich um etwas Neues zu kümmern und das Tagesgeschäft lassen wir jetzt etwas auf der Seite liegen. (F&E Leader)

Die Innovationstalente muss man nicht motivieren, die haben bereits eine ausgeprägte Neigung, **eigeninitiativ und eigenverantwortlich** zu handeln. Das ist ein absolut durchgängiges und zentrales Thema in allen Unternehmen. Allerdings muss man diese **Selbstläufer** auch sorgfältig in Teams integrieren, ihnen „*Bodenhaftung geben*" und im Rahmen der Teamzusammenstellung darauf achten, dass diese Personen auch inspirierende Partner an die Seite bekommen, die „*auf dem gleichen Niveau*" sind. Das ist eine wichtige Grundlage für die Motivation in den F&E-Teams. Die nachfolgende Episode illustriert dieses Phänomen:

> **Perspektive Führung: Selbstläufer integrieren**
>
> Es gibt die innovativen Mitarbeitenden und die funktionieren von selbst. Man muss es dann höchstens noch ein bisschen allgemeinverträglich gestalten. Dann muss man ab und zu für eine gewisse Bodenhaftung sorgen. Diese Leute müssen auch einen gewissen Produkteunterhalt machen. Dann muss man auch versuchen, denen Mitarbeitende auf dem gleichen Niveau mitzugeben. (F&E Leader)

In den Interviews kam zum Ausdruck, dass das häufig nicht die „*bequemsten*" Mitarbeitenden sind, „*die können auch sehr unangenehme Fragen stellen*". Das wird einerseits geschätzt, aber andererseits fordern sie auch etwas, da „*kann man sich nicht zurücklehnen*".

Das heißt, wenn es sich eine Führungskraft zur Aufgabe macht, Innovationsförderung kompetent zu gestalten, dann ist das mitunter anstrengend und erfordert viel Kommunikation, ein hohes Einfühlungsvermögen und eine hohe Achtsamkeit in Bezug auf die Zusammensetzung von Mitarbeitenden bzw. Beziehungskonstellationen.

Freiräume in Führungsbeziehungen entstehen auch automatisch durch **Wissensvorsprung** von Mitarbeitenden. In den untersuchten Expertenorganisationen gibt es Spezialisten, deren Wissen nur wenige im Unternehmen teilen, d. h. die Kontrolle ist auf einer fachlichen Ebene sehr schwer.

> **Perspektive Führung: Freiraum dank Wissensvorsprung**
>
> Ein Elektroniker muss sich wirklich gut organisieren, um sich Freiräume zu beschaffen. Ich würde sagen, ein Ingenieur [aus einem Spezialgebiet], der kann drei Monate etwas anderes machen, bevor wir das wirklich bemerken. (F&E Leader)

Die befragten Führungspersonen können oft kaum beurteilen, ob die gewährten Freiräume wirklich im Sinne der Innovationsstrategie genutzt werden, weil das Fachwissen in diversen Spezialgebieten nicht ausreicht, um fundierte Entscheidungen zu treffen.

In der direkten Führungsbeziehung (*relationale Führungsebene*) eröffnen sich wichtige „Stellhebel" zur Innovationsförderung. Hier befindet sich die zentrale Quelle der Motivation, der Leistungsbereitschaft der Mitarbeitenden, und hier entscheidet sich, ob die Kreativen und Innovativen einen Platz im Team, in der Abteilung, im Unternehmen haben oder nicht.

In den Interviews wurde sehr häufig von **innovativen und nicht-innovativen Typen** gesprochen, im Sinne von: Man hat's oder eben nicht. Damit ist auch eine Haltung verbunden, dass man Innovationskompetenzen nicht so leicht entwickeln kann. Die Führung geht davon aus, dass ein Großteil der für die Innovationsarbeit notwendigen Kompetenzen „angeboren" ist und nur noch schwer im Zuge von Personalentwicklungsmaßnahmen erlernt werden kann. Oft ist auch die Rede von einem „inneren Feuer" bzw. einer „inneren Triebfeder", die nur schwer durch Führungsmaßnahmen zu beeinflussen sei. Auf der Basis der Interviews werden nun verschiedene Bausteine zusammengetragen, was den **innovativen Mitarbeitenden-Typus** in den F&E-Organisationseinheiten ausmacht bzw. wie die Führenden und Geführten diesen Typus charakterisierten:

> **Perspektive Mitarbeitende: Die Aufgabe reizt mich**
>
> Wenn Sie richtig gute Problemstellungen haben […], aber die kriegen Sie gar nicht so oft. Also kriegt man eine gute Problemstellung, dann nimmt man sich den Freiraum. Da bin ich überzeugt. […] Vor allem, wenn er selber an diesem Projekt arbeitet. Dann muss eine Lösung gefunden werden, **da setzt man dann alles daran**. (F&E MA)
>
> Ja. Also im Prinzip kann man auch generell sagen, dass so kreative Ideen, also kreatives Arbeiten nicht jedem liegt. **Es muss einem vom Typ her liegen**, dass man wirk-

lich den [freien Halbtag] so verwendet. Das merkt man ganz klar. Es gibt dann auch diese, die am [freien Halbtag] etwas früher heimgehen, und es gibt diese, die laufend Ideen bringen und sie dann auch eher umsetzen. Dann gibt es welche, die haben zwar Ideen, aber richtig umsetzen wollen sie diese nicht. Eigentlich hat man so die ganze Bandbreite. Richtig gut läuft es eigentlich da, wo die Leute von sich aus kreativ sind, denen es Spaß macht, die das Ganze reizt, die sowohl Ideen bringen als auch **Spaß haben, Dingen auch mal auf den Grund zu gehen.** (F&E MA)

In diesen Interviewausschnitten kommt die **intrinsische Motivation** zum Ausdruck, die Neugier und die Lust, den Dingen auf den Grund zu gehen. Kreativ sein ist mit Spaß verbunden. Es kommt die Nähe zwischen **Experimentieren** und **Spielen** zum Ausdruck. Weiterhin spielt die **Urheberschaft** eine große Rolle. „Selber machen" ist ein zentraler Antrieb. Auch ist der innere Drang herauszulesen, dass man einem Gefühl folgt, dass eine Lösung her „*muss*" – unbedingt. Dafür werden alle Hebel in Bewegung gesetzt. Das heißt, bei spannenden Problemstellungen, welche die eigene fachliche Weiterentwicklung und den Erfinder- bzw. Forschergeist berühren, organisieren die Mitarbeitenden ihre Freiräume ganz selbstverständlich selber. Die Leistungsbereitschaft basiert auch maßgeblich auf der **Selbstbestimmung** der Mitarbeitenden:

> **Perspektive Mitarbeitende: Es ist *meine* Entscheidung**
>
> Okay, der innovative Typ soll keine Angst vor Neuem haben, also keine Berührungsängste gegenüber neuen Themen. Dann muss der innovative Typ irgendeinen Freiraum haben, wo er sagt: „Ich will nicht gesagt bekommen, was ich mache, sondern ich mache es kurzzeitig", und er weist einen darauf hin: „Das ist meine Idee, ich habe etwas herausgefunden. Und ich werde nicht gedrängt, um irgendetwas herauszufinden, sondern das ist von **mir selber, mein innerer Trieb**." (F&E MA)

> **Perspektive Führung: Es ist *ihre* Entscheidung**
>
> Gute Führung ist, wenn es einem gelingt, die Mitarbeitenden in einen Flow zu kriegen. Also dass sie wirklich die Ziele selbst wollen. (F&E Leader)
>
> Nein, das möchte ich nicht, dass da praktisch jemand dazu gezwungen wird, innovativ zu sein. Das ist wie, wenn Sie mir jetzt sagen, ich soll ab morgen Klavier spielen können. Entweder ich habe da **Lust** dazu, das könnte mir liegen, dann mache ich es, oder aber ich habe andere Stärken. (F&E Leader)

In diesem Zusammenhang ergibt sich ein ganz klares Bild: Zwang und Kreativität schließen sich aus der Sicht der Befragten klar aus. Es war nie die Rede von einer Form von „aktivierendem Zwang", der sich positiv auf die Förderung der Innovationsfähigkeit auswirkt. Zeitdruck wird bis zu einem gewissen Grad als normal betrachtet, aber in keinem der fast sechzig Interviews kamen Elemente eines direktiven Führungsstils zum Ausdruck.

Kreative, innovatorische Tätigkeiten werden seitens Führenden *und* Geführten mit der Befreiung von Zwängen, Lust, Spaß, Leidenschaft, Eigenantrieb, Selbstbestimmung, Urheberschaft, Flow, Spontanität und dem inneren Antrieb, Dingen auf den Grund gehen zu wollen, beschrieben.

Grundsätzlich legt die Führung bei Innovationsinitiativen den Mitarbeitenden keine Steine in den Weg, wenn all die oben beschriebenen Aspekte im Verhalten der Geführten zum Ausdruck kommen und wenn das Engagement als sinnvoll erachtet wird. Dann versucht die Führung, dieser „Bottom-up"-Energie einen Raum zu geben. Deutlich wird aber auch, dass es von diesen selbstbewegten Innovationstypen gar nicht so viele gibt:

Perspektive Führung: Freiräume als Bedrohung

[Bezug: 10-Prozent-Regel à la Google]
    Das ist erst mal etwas Neues. Dann gibt's, glaub ich, auch einfach den Aspekt, dass viele Leute mit Freiräumen noch gar nicht so gut umgehen können. Auf einmal müssen sie ja selber was leisten. Wir hatten früher bei den Produktmanagern immer diese Klagen, dass sie so viele banale Arbeiten machen müssten und gar keine Zeit für Strategieentwicklung hätten. Ein Klassiker. Da haben wir gesagt: „Kein Problem, bleib 'ne Woche daheim und mach Strategien", dann: „Ja, da haben wir keine Zeit." Wenn einer kommt und sagt: „Ihr müsst eine Woche nach China", dann sind die weg. Ist überhaupt kein Problem, eine Woche nach China zu fahren. Die Woche Strategie ist immer ein Zeitproblem. Und da glaube ich nicht dran. Das ist ja ganz schwierig, vor einem weißen Blatt Papier zu sitzen und eine Strategie zu machen; ist ja gar nicht so einfach. So ähnlich, glaube ich, ist es zum Teil auch, wenn man den Freiraum hat. Man muss selber etwas bringen. Normalerweise kriege ich immer gesagt, was ich tun muss, jetzt nicht so direkt, aber da gibt's ein Projekt, Projektziele, gibt's Aufgaben, gibt's Tasklisten, was weiß ich. Und auf einmal ist gar nichts da, außer die freie Zeit. [...] Da wird's ja dann auch transparent, wer kreativ ist und wer nicht. Die Kritik ist aber [seitens der Mitarbeitenden]: „Wir haben zu wenig Zeit für Kreativität, wenn sie da ist." Aber das wäre die Frage, das rauszufinden, das wäre was, was mich interessiert. Bisher ist es nur eine Vermutung. [...] Es kann sein, dass die Leute die Zeit nicht kriegen, gibt's sicher auch manchmal, dann muss man beim Projektleiter noch dranbleiben. (F&E Leader)

In dieser längeren Episode wird einerseits deutlich, dass sich viele Mitarbeitende sehr schwer tun, sich tatsächlich auf „Auszeiten" einzulassen und der hektischen Betriebsamkeit zu entfliehen. Dauernd mit Routineaufgaben unter Druck zu stehen hat auch etwas Entlastendes. Wenn Mitarbeitende hocheffizient organisiert sind und keine freie Minute im Sinne von Muße zum Nachdenken haben, dann geht die Kunst verloren, sich selber Ziele zu setzen, sich sein Tätigkeitsfeld selbst zu entwickeln, sich selbst Entwicklungsräume zu schaffen (Abschn. 5.3.3). Vor allem von der Führung kurzzeitig freigeschaufelte Zeit kann zur Bedrohung werden („In einer Woche ist die Strategie fertig! – Jetzt entwickle!"). Gerade vor dem Hintergrund, dass die Mitarbeitenden bei vielen Aufgaben auf die

Mitarbeit von Teammitgliedern angewiesen sind, können individuell definierte zeitliche Freiräume mit einem großen Koordinationsaufwand einhergehen. Auch wird im obigen Zitat deutlich, dass **zeitliche Freiräume** oft nur **theoretisch vorhanden** sind. Prinzipiell kann sich jeder die Zeit nehmen, die er oder sie braucht, das gehört zur „Innovationskultur", aber eigentlich bräuchten die Mitarbeitenden **spontan Zeit**, und zwar dann, wenn sie „von der Muse geküsst" sind. Hier könnten dann Promotoren-Freiräume helfen, in dem man auf direktem Wege und unbürokratisch spontan Zeit freischaufelt (z. B. mit Vertretungslösungen).

In Bezug auf die **Führung von Innovationsteams** wird bei allen drei Unternehmen darauf Wert gelegt, dass je nach Entwicklungsphase entweder homogene Teams (häufig in einer früheren Entwicklungsphase) oder heterogene Teams (häufig in der darauf folgenden Phase) zusammengestellt werden. Die Sensibilität für die Vorteile heterogener Teams ist stark ausgeprägt. Weiterhin wird die Führungsfunktion sehr oft als die **Moderation von Teams** beschrieben.

> **Perspektive Führung: Der Sound im Team**
>
> Ich glaube, die Führung in einem innovativen Team […] muss verstehen, Mitarbeitende zu aktivieren, auf den Pfad zu bringen, zu motivieren, dass da überhaupt der Boden geschaffen wird, dass Ideen wachsen können. Das heißt, wenn man Teams zusammenstellt, […] da muss der Sound im Team da sein, sag ich mal, also das Beziehungsgeflecht, das muss irgendwie […] Es müssen Querdenker drinnen sein, aber auch die Akzeptanz von diesen Querdenkern, dass es nicht nur Spinner sind, sondern es muss irgendwie so eine gute Mischung da sein. Das Ganze muss dann entsprechend gesteuert werden. Das muss man moderieren. Das kann einem nämlich unter Umständen auch um die Ohren fliegen. […] Wenn man die Mittel bekommt, dann kann man da schon was bewegen. (F&E Leader)

Ein weiteres zentrales Thema in Bezug auf die Führung von Innovationsteams ist die **Schaffung von Diversität** unter den Teammitgliedern und ganz generell die Akzeptanz von Haltungen bzw. Wertvorstellungen, die nicht konform sind:

> **Perspektive Mitarbeitende: Diversität in den Persönlichkeitsstrukturen**
>
> Und ein Thema, das ich früher nicht ganz begriffen habe, ist das Thema der Diversität. Haben wir sie oder haben wir sie nicht? Die Frage ist doch, wie schaffe ich Diversität, und das ist auch wieder eine Stärke einer Organisation. Auch dass R&D langfristig als Investition betrachtet wird und nicht nur als Kostenpunkt. Ich meine eine Diversität in dieser Haltung und: Wie schaffe ich Diversität in Persönlichkeitsstrukturen? Wie gehe ich mit Haltungen um, die nicht Teil der Unternehmenskultur sind? Wer darf eigentlich mitreden? Das wäre allenfalls ein neuer Ansatz und könnte ein Thema in der Zukunft sein. (F&E MA)

Nachstehend werden die **typischen innovationsfördernden Führungsmuster** zwischen Führenden und Geführten zusammenfassend dargestellt:

- Wert legen auf Eigeninitiative und Eigenverantwortung
- Sinnzusammenhänge sehen und Rahmenbedingungen schaffen für Eigendynamiken
- Anerkennung und Feedback
- Sachlich-zielorientiert führen: Ergebnisorientierung statt enger Kontrolle
- Eingeforderte Werte werden vorgelebt
- Authentisches Führungsverhalten
- Führungspersonen werden vielfach aus langjährigen Mitarbeitenden rekrutiert: Man kennt Stärken und Schwächen der Mitarbeitenden
- Selbstverständnis und Zuschreibung der Führungskräfte als Coaches und Moderatoren in Teams
- An Mitarbeitende und ihre Ideen glauben und sie motivieren.

Die Bedeutung von **Freiräumen** im Rahmen dieser „Beziehungslogik" spielt eine zentrale Rolle und ist durch folgende Aspekte geprägt:

- Freiräume müssen berechtigt (legitimiert) sein und sind mit einer hohen Verantwortung verbunden
- Wer mit Freiräumen umgehen kann bzw. wer diese sucht, der bekommt sie auch
- Freiraum entsteht durch Seniorität und gute Kenntnisse organisationaler Bedingungen (Selbstorganisation der Freiräume fällt leichter)
- Freiräume entstehen implizit durch Wissensvorsprünge von hochspezialisierten Mitarbeitenden (Kontrolle unmöglich)
- Freiräume heißt, der Vorgesetzte hält den Rücken frei halten und wehrt Störung ab
- Freiräume entstehen durch die Organisation von Sonderlösungen.

Auch auf dieser Führungsebene entstehen einige **Spannungsfelder,** wenn innovatorische Freiräume zu gestalten sind. Einige davon wurden oben bereits skizziert. Zentral ist sicher die in der Befragung stark dominierende Rückführung von Beziehungsmustern in der Führung auf die Persönlichkeitsmerkmale (Typfrage) und die dadurch variierende Wirksamkeit von organisierten Freiräumen.

Wenn Führungskräfte die Mitarbeitenden und deren Leistungen gut einschätzen und entsprechend auch Freiräume gezielt einsetzen, entsteht **Vertrauen.** Das ist vor allem auch eine Frage der Nähe zu den Mitarbeitenden. Und Vertrauen ist ein wichtiger Baustein für die Innovationsförderung. Setzen Führungskräfte Freiräume qua strategischen Entscheidungen um, besteht die Gefahr, dass die Mitarbeitenden diese als etwas Aufoktroyiertes wahrnehmen und gegebenenfalls nicht akzeptieren. Freiräume müssen aus eigenem Antrieb heraus gestaltet werden, das ist absolut prägend für die Beziehungslogik zwischen Führenden und Geführten im F&E-Kontext. Man kann die Mitarbeitenden ganz generell als **Freiraumsuchende** und **Freiraumverweigerer** typisieren. Freiraumverweigerer kann man nicht zur Nutzung von innovatorischen Freiräumen zwingen. An dieser Stelle wird noch einmal der Vergleich mit dem Klavierspielen-Lernen angeführt: Es ist unmöglich, jemand zum Klavierspielen zu zwingen. Entweder man hat Spaß dran oder man lässt es.

9.2 Theoretische Grundlagen

Auf der Basis der in Kap. 3 entwickelten theoretischen Grundlagen zu Führung und Innovation stand bisher die Gestaltung der organisationalen Bedingungen im Zentrum der innovationsfördernden Führungsaufgabe. Diese organisationale Sicht und der starke Bezug auf Förderung der Innovationsfähigkeit werden nun um die Persönlichkeitsmerkmale von Führenden und Geführten sowie die Charakteristika von Innovationsteams ergänzt. Diese neue Sicht erfordert eine Ergänzung der bisherigen sozialwissenschaftlichen Theorien und Modelle um **eigenschaftstheoretische Ansätze**. Diese liefern zusätzlich wertvolle Reflexionsgelegenheiten der empirischen Ergebnisse aus der Fallstudienanalyse.

9.2.1 Führungsbeziehungen, Führungsrolle und Eigenschaften: ein Rahmenmodell

Aus der in Abschn. 2.3 entfalteten systemisch-konstruktivistischen Perspektive ist klar, dass erfolgreiche Führung als soziale Konstruktion zwischen Führungsperson und Geführten zu denken ist und dass Führung vor allem Anschlüsse in organisationalen Kommunikationsmustern finden muss, um Wirkung zu erzielen. Umrahmend zu den nachfolgenden Ausführungen ist vor allem zu betonen, dass Geführte sehr wohl in der Lage sind, sich an der Persönlichkeit der Führungskraft anzupassen, *et vice versa*. Auch haben sowohl Führungskräfte als auch Geführte bereits mit dem Eintritt in eine Organisation eine Vorentscheidung getroffen, sich mit ihrem „Eigenschaftsbündel" auf den gegebenen Innovationskontext „einzulassen", und damit wird die individuumszentrierte, eigenschaftsorientierte Management-Diagnostik grundsätzlich abgeschwächt bzw. in ein anderes Licht gerückt. Denn Eigenschaften und Kontext beeinflussen sich wechselseitig und können nicht isoliert betrachtet werden. Verstehen wir also **Führung als multifaktorielles, beziehungsorientiertes Geschehen**, in dem die Faktoren wie Führende, Geführte, Aufgaben, Umwelt etc. in komplexen Zusammenhängen zueinanderstehen, erscheint die Reduktion des klassischen Eigenschaftsansatzes auf einen Faktor sehr einseitig. Daher sind die hier zusammengestellten Forschungsergebnisse weniger als Rollenklischees oder „Vermessung" von Führungskräften oder Mitarbeitenden konzipiert, sondern vielmehr als „Gelegenheit", über prägende Merkmale in den jeweiligen Führungsbeziehungen nachzudenken, um sich und die Organisation weiterzuentwickeln.

Um der Fülle von Literaturbeiträgen bzw. Forschungsergebnissen in Bezug auf Rollen von Führenden und Geführten in der Innovationsförderung sowie kreativitäts- und innovationsfördernden Persönlichkeitseigenschaften einen Rahmen zu geben, wurde die Abb. 9.2 entwickelt.

Zur Diskussion der verschiedenen Beziehungsdimensionen und der jeweiligen Bedeutung der Eigenschaftsansätze im Rahmen der Kreativitäts- und Innovationsforschung werden **vier Dimensionen** unterschieden:

- Dimension Individuum: Ich und meine innovationsfördernde Rolle
- Dimension Dyade: Ich und innovative Mitarbeitende
- Dimension Gruppe: Ich und Innovationsteams
- Dimension Selbst: Ich und meine Beziehung zu mir selbst

Die vier Dimensionen werden in dieser Reihenfolge den nachfolgenden Kapiteln zugeordnet. Diese Zuordnung zu den einzelnen Dimensionen ist für die analytische Betrachtung wichtig, die Ebenen schließen sich jedoch nicht gegenseitig aus. Denn in der Führungspraxis gibt es verschiedene „Mischrollen" (Abschn. 6.2.2), mitunter wechseln Mitarbeitende diese Rollen in verschiedenen Kontexten mehrmals täglich. Weiterhin besteht eine rekursive Beziehung zwischen den Selbstverständnissen und Rollenkonzepten der Führenden und Geführten, deren Beziehungsverständnissen und den organisationalen Bedingungen sowie der Systemumwelt (Gruppierung von Personen außerhalb des Systems).

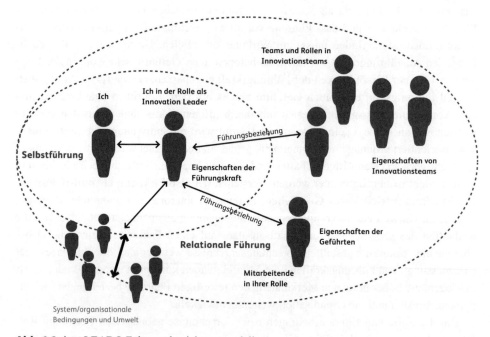

Abb. 9.2 innoLEAD© Führungsbeziehungsmodell

9.2.2 Dimension Individuum: Ich und meine innovationsfördernde Rolle

Innovationsförderndes Führen setzt sich aus der eigenschaftstheoretischen Perspektive mit der Frage auseinander, wie die Kreativität der Geführten am besten erkannt, gefördert und für innovatives Handeln genutzt werden kann.

Die Auffassung, dass sich Führungspersönlichkeiten durch angeborene, angeeignete oder attribuierte Eigenschaften von den Geführten unterscheiden, dass man also als Führungskraft geboren wird oder eben nicht, prägte besonders die frühe Führungsforschung (vgl. Wright 1996, S. 34; Den Hartog und Koopman 2002, S. 167). Durchsetzungsfähigkeit, Dynamik, Verantwortungsgefühl, Mut, Intelligenz, Entscheidungsfähigkeit, Selbstsicherheit zählen zu den häufig genannten Persönlichkeitsmerkmalen von Führungskräften. Diese Eigenschaften werden heute auch gerne erfolgreichen Topmanagern zugeschrieben (vgl. Neuberger 2002). Die Empirie eigenschaftstheoretischer Untersuchungen ist im Hinblick auf den Zusammenhang zwischen Persönlichkeitsmerkmalen und Führungserfolg eher schwach: Die zahlreichen Studien fokussieren meist einzelne elementare Eigenschaften (wie z. B. Mut) oder vergleichen die Wirkung unterschiedlicher Eigenschaften. Daher variieren auch die Ergebnisse von eigenschaftstheoretischen Untersuchungen stark (vgl. Bass 1981; Lord et al. 1986; Kirkpatrick und Locke 1991; Lord und Hall 1992; DeRue et al. 2011).

Zahlreiche der aktuell in der Führungs- und Innovationsliteratur diskutierten Führungseigenschaften wurden bereits in den klassischen Führungsansätzen im Abschn. 3.6 erläutert. Die **transformationale Führung** setzt vor allem auf Anregung, Inspiration, Vorbild, Wertschätzung, und im besten Fall kommt der Führungsperson ihr Charisma zugute (Abschn. 3.6.1). Durch diese Führungsweise sollen die Geführten sich eigenständig motivierende Ziele setzen, sich mit ihren Aufgaben und den Unternehmenszielen identifizieren und mit Begeisterung an der Erfüllung dieser Ziele arbeiten.

Die Implikationen aus der hier gewählten sozialwissenschaftlichen Perspektive und dem damit verbundenen Ansatz der **„beidhändigen Führung"** bzw. des „Grenzmanagements", der Netzwerktheorie und ihrer Implikationen für die innovationsfördernde Führungskraft und die Rolle der Führung in Bezug auf die Gestaltung von „offenen" Innovationskulturen vermitteln ein anderes Bild von innovationsfördernde Führungseigenschaften. Innovationsfördernde Führungskräfte sollten aus diesem Blickwinkel folgende **Eigenschaften** mitbringen:

- Bescheidenheit und Zurückhaltung in Bezug auf die Wirkung von Führungsinterventionen (soziale Systeme beharren auf Routine)
- Beziehungsorientierung (wem nicht gefolgt wird, der führt nicht)
- Wertschätzender Umgang mit Unterschiedlichkeit (Kooperation und Heterogenität als Quelle der Kreativität)
- Paradoxietoleranz (paradoxen Entscheidungssituationen bei Innovationsvorhaben)

- Umgang mit bzw. Überbrückung von Unsicherheit (Zukunftsparadox: die iterative Suche nach dem Neuen)
- Offenheit für verschiedene Sinnwelten (Führungskräfte als Grenzgänger zwischen Produktion und Kreation)
- Empathisch und kommunikativ (Führungskräfte als Brückenbauer zu externen Innovationspartnern).

Eng mit diesen Führungseigenschaften sind die unten aufgeführten **Führungspraktiken** im Sinne von „Good Practices" verknüpft:

- Förderung autonomen Handelns von Individuen und Teams (Loslassen und Freiräume schaffen für die Mitarbeitenden)
- Vertrauen schaffen und Ressourcen besorgen (Sicherheit und Kontinuität erreichen)
- Anerkennung, Begeisterung und Ermutigung mit auf den Weg geben (den Mitarbeitenden Inspiration geben)
- Reflexion von Handlungen und Entscheidungen (Lernen und Entwicklung vorantreiben).

Die Liste ließe sich noch um einige Eigenschaften und „Good Practices" erweitern. Aber bereits diese Zusammenstellung stellt hohe und vielfältige Ansprüche an einen Innovation Leader und beschreibt ein komplexes Eigenschaftsbündel. Kommt dazu noch der nicht seltene Zustand, dass **Innovation Leader als Experten** auch noch einer eigenen kreativen Arbeit nachgehen und selbst als F&E-Mitarbeitende tätig sind, dann können die oben genannten Eigenschaften leicht in Konflikt zu den Bedürfnissen als Mitarbeitende geraten. „Glücklicherweise werden Vorgesetzte in der Wissenschaft stärker auf Grund ihrer fachlichen Kompetenz anerkannt, als dies in anderen Tätigkeiten der Fall ist, wodurch die über das Fachliche hinausgehende Führungsleistung in den Rang einer notwendigen, aber nicht primären Aufgabe zurückfallen kann" (Schuler und Görlich 2007, S. 54). Umso wichtiger ist es, Mitarbeitende mit einer ausgeprägten Neigung zum eigeninitiativen und selbstbestimmten Handeln auszuwählen, um für möglichst wenige Führungssituationen zu sorgen, in denen ein direktiver Führungsstil notwendig ist.

Ganz generell ist im Rahmen von F&E-Organisationen der Einfluss von Expertenwissen als handlungsorientierende Kraft nicht zu unterschätzen. Der Einfluss beruht auf überlegenem Wissen oder größeren Fähigkeiten des Vorgesetzten im Vergleich zu den Mitarbeitenden. Eine vorgesetzte Person führt Innovationsvorhaben auf der Grundlage von **Expertenwissen**, wenn sie der geführten Person fachliche Anregungen gibt und ihre Kompetenz oder nützliche Erfahrung einsetzt. Der Einsatz von Expertenwissen durch Vorgesetzte ist im Innovationskontext besonders bedeutsam, weil hierdurch die Kreativität der Mitarbeitenden besonders stimuliert wird (Krause und Gebert 2004, S. 59).

Weiterhin müssen die oben aufgelisteten Eigenschaften auch nicht von einer einzelnen Führungskraft erfüllt werden, sondern wie bereits oben erwähnt, wird „Innovation Leadership" nicht selten in dualen Führungskonstellationen, d. h. im **„Tandem"** praktiziert oder von einem **Leadership-Gremium** wahrgenommen.

9.2.3 Dimension Dyade: Ich und innovative Mitarbeitende

Gemäss dem Zukunftsforscher Christian Hehenberger (2011) gehören in Europa rund neunzig Prozent der Beschäftigten zu den Bewahrern und Bremsern. Nur eine Minderheit ist Neuem gegenüber aufgeschlossen. Es sind nur etwa 10 bis 15 % der Mitarbeitenden, die Innovationen mit einem hohen Neuigkeitsgrad initiieren und sich auch aktiv gegen Widerstände durchsetzen (Kriegesmann et al. 2005). Dies deckt sich mit Aussagen der von uns befragten Führungskräfte: *„Es sind nur eine Handvoll Mitarbeitende, auf die ich mit anspruchsvollen Problemstellungen zugehen kann."* Oder: *„Ich gehe mit knifflige Aufgaben immer auf die gleichen Mitarbeitenden zu und die sind meistens total überlastet."*

Gerade aufgrund solcher Aussagen lohnt es sich, sich genauer mit Forschungsresultaten auseinanderzusetzen, was eine **„kreative Persönlichkeit"** ausmacht, was diese von einer **„innovativen Persönlichkeit"** unterscheidet und wie man insgesamt Mitarbeitende mit entsprechenden Persönlichkeitsmerkmalen entweder individuell oder im Team wirksam fördert und entwickelt. Es werden allerdings nicht nur Mitarbeitende mit einem außerordentlich hohen Kreativitäts- oder Innovationspotenzial entwickelt, sondern auch Mitarbeitende, die evtl. „nur" in gewissen Merkmalsdimensionen Stärken aufweisen. Nachfolgend werden zuerst Persönlichkeitsmerkmale von kreativen und danach von eher umsetzungsorientierten Mitarbeitenden mit dem Talent, Ideen in Innovationen zu verwandeln, erläutert.

9.2.3.1 Ich und der kreative Mitarbeitende

Galton (1869) hat den Grundstein zur empirischen Begabtenforschung bzw. personalen Kreativitätsforschung gelegt. Aus seiner empirischen Studie leitet er **drei Merkmale als Quelle schöpferischer Leistung** ab: 1) Intelligenz, 2) Motivation und 3) Macht. Konsequent weiterverfolgt hat diesen Forschungszweig dann Lewis Terman (1959). Seine Arbeiten bestätigten Galtons Annahme, dass Intelligenz sich in verschiedenen Varianten außerordentlicher Lebensleistungen bemerkbar macht bzw. Kinder mit einem sehr hohen IQ ihr Leben erfolgreich meistern (vgl. dazu Schuler und Görlich 2007, S. 11 f.). Somit war das Feld für die weiterführende eigenschaftsbezogene Kreativitätsforschung eröffnet, und in den nachfolgenden Jahren entstand eine regelrechte Flut an Merkmalslisten (vgl. Schuler und Görlich 2007) und Erklärungen von kreativem und innovativem Verhalten von Personen in deren Charakterzügen bzw. Eigenschaften (vgl. z. B. Barron 1955; MacKinnon 1965). Woran sind Personen mit Kreativitätspotenzial erkennbar?

„Kreative Köpfe" bringen, empirisch nachweisbar, gewisse Charaktereigenschaften mit sich. Diese **kreativitätsbedingenden und -begünstigenden Eigenschaften von Personen** lassen sich wie folgt zusammenfassen (vgl. Gardner 1999; Csikszentmihalyi 2010; Holm-Hadulla 2010; Schuler und Görlich 2007; Weidmann und Armutat 2008; Guldin 2012):

- **Intelligenz:** Kreative Personen sind überdurchschnittlich intelligent, wissensdurstig und bemühen sich um Bildung, zeigen vielfältige Interessen, haben Freude am Neuen, machen gerne neue Erfahrungen, verfügen über Fantasie und Vorstellungskraft, haben Freude daran, kreativ zu denken und zu handeln.
- **Intrinsische Motivation**: Personen mit Kreativitätspotenzial beantworten schwierige Fragen aus eigenem Antrieb, bemühen sich um Einsicht und Erkenntnis, arbeiten ausdauernd, entschlossen und konzentriert an einer Sache, legen ein eigenständiges Vorgehen an den Tag und sind geschickt in der Beschaffung von Informationen.
- **Leidenschaft und Energie:** Kreative Menschen ziehen ihre Energie aus der Leidenschaft für ihre Arbeit. Ohne Leidenschaft oder Passion verlieren sie schnell das Interesse, schwierige Aufgaben über eine längere Zeit hinweg zu verfolgen. Kreative halten eine affektiv-intuitive Sensibilität (vgl. Weidmann und Armutat 2008, S. 21) aufrecht und nutzen diese auch gezielt. Auch beziehen sich kreative Personen häufig auf geistige oder spirituelle Energien, den berühmten „sechster Sinn".
- **Nonkonformität und Ungebundenheit:** Kreative sind häufig „Querdenker", haben originelle Ideen, streben nach Unabhängigkeit, handeln eigenwillig und äußern unkonventionelle und abweichende Meinungen, die sie fundiert begründen. Kreative Menschen schätzen auch „das lockere Herumspielen mit Ideen" (Csikszentmihalyi 2010, S. 94).
- **Selbstvertrauen und Stärken ausspielen**: Das unter Selbstvertrauen zusammengefasste Bündel an Merkmalen vereint eine große Zuversicht in Bezug auf zukünftige kreative Leistungen, eine hohe emotionale Stabilität und die Bereitschaft, Risiken einzugehen. Damit verbunden ist auch der Mut, mit Traditionen zu brechen. Entscheidend ist jedoch nicht nur das Selbstvertrauen, sondern auch das Ausmaß, in dem es einer kreativen Person gelingt, ihre Stärken zu erkennen und für sich zu nutzen.
- **Offenheit:** Zu diesen Merkmalen zählen Neugierde bzw. Wissbegierde, das Bedürfnis nach Information und Hintergründen, das Bedürfnis nach Komplexität, ein breiter Interessensfokus und die Fähigkeit, Vieldeutigkeit und Unsicherheit zu ertragen.
- **Reflektieren:** Kreative Persönlichkeiten zeichnen sich dadurch aus, dass sie ihre Arbeit ständig hinterfragen und häufig ihre Gedanken und Problemstellungen notieren, um diese Notizen später mit anderen kritisch diskutieren. Holm-Hadulla (2010) zieht als prominente Beispiele Picasso, Freud, Gandhi und Mozart heran. Zentral ist die Bemühung um eine Rückmeldung zur Arbeit, anderen zuzuhören und auch über das eigene potenzielle Publikum bzw. die Zielgruppe der Erfindung nachzudenken.
- **Erfahrungen sinnvoll bewältigen:** Merkmale wie Intelligenz werden ergänzt durch Erfahrung, den erforderlichen Wissenshintergrund (hohe und breite Fachkompetenz) und die Fähigkeiten zur Selbststeuerung und beurteilung, d. h. auch die proaktive Entgegennahme von Feedback. Bei außergewöhnlich kreativen Menschen wird die systematische Erfahrungsbewältigung zu einer „Lebensgewohnheit" (Holm-Hadulla 2010, S. 182).

Es sei darauf hingewiesen, dass die oben zusammengefassten Kriterien grundsätzlich vor dem Hintergrund eines personalpsychologischen Kontextes (vgl. Schuler und Görlich

9.2 Theoretische Grundlagen

2007, S. 13) und damit auch eines Personalentwicklungs-Kontextes ausgewählt worden sind und kein Anspruch auf Vollständigkeit und Überschneidungsfreiheit der Merkmale erhoben wird (vgl. Schuler und Görlich 2007, S. 13).

Auch zeichnen sich gemäß Csikszentmihalyi (2010, S. 88) kreative Menschen gerade dadurch aus, dass sie die oben genannten, teilweise widersprüchlichen Eigenschaften miteinander vereinen. Beispielsweise kann demnach eine hohe Intelligenz die Kreativität auch negativ beeinflussen. Einige Menschen mit einem hohen IQ werden „selbstgefällig", verlieren die Neugier bzw. auch den Anreiz, das bestehende Wissen ständig kritisch zu hinterfragen. Zur Intelligenz sollte sich immer auch eine gewisse kindliche Naivität und Skepsis gesellen. Auch kommt bei kreativen Menschen die **paradoxe Eigenschaftskombination** von Disziplin und Spieltrieb häufig vor. Ohne harte Arbeit und Ausdauer lassen sich keine Experimente durchführen und auch die damit verbundenen Rückschläge und Hindernisse nicht bewältigen. Kreative Menschen gelten auch als rebellisch. Aber um Rebellion auszuleben, müssen auch kreative Köpfe die Regeln erlernt haben, von denen sie sich abheben. Auch Neugier führt nur zu kreativen Leistungen, wenn genügend Sicherheit in der Person und der Umgebung vorhanden ist. „Neugier wird erst produktiv, wenn sich fundierte Kennerschaft entwickelt hat" (Holm-Hadulla 2010, S. 52).

Die **Balance zwischen widersprüchlichen Eigenschaften** zu halten ist ein wesentlicher Aspekt kreativer Persönlichkeiten, und diese Balance muss von jedem Kreativen und seinem Umfeld immer wieder neu definiert werden (vgl. Csikszentmihalyi 2010; Holm-Hadulla 2010). Insbesondere bei Gardner (1999) und Csikszentmihalyi (2010) kommt deutlich zum Ausdruck, dass innovative Leistungen häufig nicht *en passant* entstanden sind, sondern das Ergebnis eines hohen und längerfristigen Engagements darstellen, das der Entfaltung einer Vielfalt an Eigenschaften und Mitteln bedarf.

Vor dem Hintergrund zahlreicher Plädoyers, dass **Querdenker**, Chaoten und auch Eigenbrötler für die Innovationsfähigkeit von Organisationen funktional seien, lohnt es sich weiterhin, sich mit dem Zweig der Kreativitätsforschung auseinanderzusetzen, der sich mit den **„psychopathologischen Zügen"** (Schuler und Görlich 2007, S. 18) von Kreativen auseinandersetzt. Schuler und Görlich referieren auf die Forschungsarbeit von Eysenck (1995), welche belegt, dass kreative Menschen überdurchschnittlich häufig durch **mangelnde Anpassungsbereitschaft** und Rücksichtnahme auffallen. Menschen mit mangelnder Anpassungsbereitschaft bezeichnet man mitunter als „ver-rückt" oder „ent-rückt" – man könnte vor dem Hintergrund des Freiraum-Begriffs auch von „ent-grenzt" sprechen. Das sind sprichwörtlich die Leute, die in einem Kollektiv *„aus dem Rahmen fallen"*.

Auch im Rahmen der Fallstudienanalyse kamen Führungskräfte immer wieder auf Geschichten zu sprechen, die von Ausnahmelösungen für Ausnahmetalente oder „Ausnahme-Teams" handelten: *„Für die beiden Mitarbeiter haben wir eine Sonderlösung getroffen, die arbeiten gerne für sich und die arbeiten auch in einem anderen Gebäude, aber das stört niemand, das ist okay so. Die fühlen sich wohl."*

Ein Blick in die Literatur bringt zum Vorschein, dass eine anhaltende, aufgabenbezogene Aufmerksamkeit (**Abtauchen in die Materie**) eine Strategie von kreativen Mitarbeitenden sein kann, um Stress zu mindern und Erregung und Affekte zu kontrollieren.

„Hierzu bietet der **Tätigkeitsbereich Kunst** – mit Einschränkungen auch die Wissenschaft – den erforderlichen Freiheitsspielraum, andere Berufsbereiche weniger, die Schule am wenigsten. Deshalb fallen kreative Kinder (im Unterschied zu allgemein intelligenten Kindern) manchmal als hypersensibel, feindselig, arrogant und unangepasst auf. Wirklich ‚Verrückte', die große Leistungen erbringen, finden sich allenfalls in der Kunst, weil es dort kein Richtigkeitskriterium gibt" (Schuler und Görlich 2007, S. 19, Hervorhebung durch die Autoren).

Das heißt, in allen anderen begrenzteren Kreativ-Räumen neben der Kunst, in denen es Strategien, Ziele, Richtigkeitskriterien oder Deadlines gibt, können Kreative nicht ganz so extensiv oder eben nur ein bisschen aus dem Rahmen fallen und müssen sich immer auch ein Stück weit anpassen. Auch hier liegt ein **Schlüssel in der Personalführung von Kreativen**: **Wie verrückt kann sich jemand aufführen** bzw. wie sehr kann jemand aus dem Rahmen fallen? Wo sind die Grenzen und welche Kriterien werden für diese Entscheidung entwickelt? Diese Frage verschärft sich in Bezug auf die Internationalisierung von F&E-Einheiten: Dann muss auch noch der Aspekt der Interkulturalität berücksichtigt werden.

In Bezug auf den Umgang mit **Freiräumen** bzw. Autonomie stechen vor allem die folgenden Eigenschaften von kreativen Menschen ins Auge (vgl. Schuler und Görlich 2007):

- Nonkonformität
- Offenheit
- Intrinsische Motivation
- Leidenschaft.

Nonkonformität bedeutet, dass eine Person Unkonventionelles bevorzugt, ein hohes Autonomiestreben hat, individualistisch geprägt ist und durch Eigenwilligkeit auffällt. **Offenheit** meint, dass die Person flexibel ist. Hierzu gehört auch, Widersprüche und unsichere Situationen zu ertragen. Personen, die **intrinsisch motiviert** sind, zeichnen sich aus durch einen Wunsch nach Wahlfreiheit und Autonomie, den Wunsch nach Herausforderung, eine starke Einbindung in ihre Aufgaben, Neugierde und Spaß. Extrinsisch Motivierte zeichnen sich aus durch ihren Wunsch nach Wettbewerb und Bewertung, ihre Fokussierung auf monetäre Anreize und den Wunsch, über andere zu bestimmen. Sie sehnen sich nach Kontrolle, orientieren sich an Strukturen und Zielen, die andere vorgeben, und verspüren keinen Wunsch nach Autonomie (vgl. Amabile et al. 1994). Sie bevorzugen Ordnung (vgl. Myers und McCaulley 1988). Studien, die den Zusammenhang zwischen intrinsischer Motivation und innovativem Handeln belegen, wurden z. B. von Schwennen et al. (2007) oder von Unsworth et al. (2000) durchgeführt. Organisationsmitglieder, die sich durch einen **leidenschaftlichen Bezug zur Arbeit** charakterisieren lassen und eine hohe emotionale Beteiligung an den Tag legen, können den Abstand zu Organisationszielen verlieren. Sie sind so in ihrem Schaffensbereich vertieft, dass sie z. B. Kundeninteressen oder Marktbedürfnisse ausblenden oder Tabus ignorieren, die ihr eigenes kreatives Entwickeln verhindern könnten (vgl. Weidmann und Armutat 2008). Weiterhin benötigen leidenschaftlich arbeitende Menschen Freiräume für selbstbestimmtes, intuitives und nicht rational begründbares Handeln.

Die Beziehungsgestaltung zwischen der kreativitätsfördernden Führungsperson und der geführten Person sollte als ein **Führen in die Selbstverantwortung** betrachtet werden. Führungskräfte sollten ihre Mitarbeitenden dabei unterstützen, einen Überblick über die Ziele der Organisation(seinheit) zu erhalten, ihre Entscheidungen unterstützen, was für sie wichtig bzw. unwichtig ist, und auch dafür Sorge tragen, dass die Wichtigkeit eines Aspektes so konkret wird, dass Mitarbeitende damit auch selbständig umgehen können und handlungsfähig werden (vgl. Weidmann und Armutat 2008).

Führungskräfte sollten Mitarbeitende dabei stärken, auf ihr **Bauchgefühl**, ihre Intuition zu hören. Für die Urteilskraft sind Emotionen und Intuitionen von großer Bedeutung. Sie sind häufig entscheidend dafür, welche Elemente und welche Kombinationen von komplexen Zusammenhängen wahrgenommen werden bzw. nicht wahrgenommen werden, und wie Informationen und Konzepte in einer neuartigen Weise miteinander verknüpft werden (vgl. Gigerenzer 2008).

9.2.3.2 Exkurs: Kreativität, Intuition und die Kunstdomäne

> Mit Logik kann man Beweise führen, aber keine neuen Erkenntnisse gewinnen. Dazu gehört Intuition. (Henri Poincaré)

Facherfahrung dient häufig der Legitimation, auch intuitiv entscheiden zu dürfen. Das spart Zeit und eröffnet wiederum neue Freiräume, die Berufsanfänger häufig noch nicht haben. Die tun sich schwer mit der Selbstorganisation von Freiheit für Intuition (außer bei Typ-Google-Unternehmen, da bekommen alle diesen Freiraum kraft Unternehmensführung legitimiert, den zu nutzen, Abschn. 5.4). Und doch weiß man: Die innovativen Teams sind diejenigen, die fachlich gut durchmischt sind. Das gilt auf sachlicher Ebene wie für die Lerntiefe.

Zur Sachebene: Nichts öffnet das eingefahrene Denken so sehr wie der persönliche spontane Gedankenaustausch mit Kollegen oder mit Interessierten, die ihrerseits an etwas ganz anderem arbeiten. Viele Unternehmen wissen das und bauen die Büroräumlichkeiten ihrer Innovationsteams so, dass möglichst viel spontaner Kontakt zwischen den Mitarbeitenden entstehen muss – an der Kaffeemaschine, im Fitnessraum, im Park und überall – nur nicht bei einem der beiden, die sich treffen. Es sind die sogenannten „dritten Orte", an denen Ideen und Inspirationen entstehen, meist im Vorbeigehen und unbeabsichtigt – dann ist die Intuition am aktivsten.

Und zur Lerntiefe: Neue Ideen können selbst bei den erfahrensten Mitarbeitenden durch noch ganz unerfahrene angestoßen werden und umgekehrt. Deshalb mischen Firmen ihre Innovationsteams zum Teil ganz gezielt mit ganz Erfahrenen und mit noch ziemlich unerfahrenen Mitarbeitenden. Denn die **Intuition kann überall wirken** – die Reibungsfläche aus Erfahrung und Unbekümmertheit kann den Funken auslösen. Nur: Was ist „Intuition" eigentlich?

Das Wort „Intuition" stammt aus dem Lateinischen, und „intuere" bedeutet so viel wie „hineinsehen" oder „erkennen". Intuition ist das, was Menschen erfahren, wenn sie ihren Blick nach innen richten, in sich hineinhören und in sich hineinspüren. Intuition ist also etwas sehr Individuelles und Persönliches (vgl. Gonschior 2013, S. 8).

> Intuition ist immer dann gefragt, wenn ich mich auf keine äußeren Vorgaben stützen kann. Wenn ich mich nicht an starren Regeln orientiere, wenn ich bei meinen Entscheidungen auf mich verwiesen bin, wenn ich mich von einem Gefühl für das Richtige, das Stimmige, das im Moment Passende leiten lasse, ohne genau sagen zu können, warum. Immer dann bin ich im Reich der Intuition. (Gonschior 2013, S. 8)

Der Umgang mit Intuition spiegelt also den Kern unserer Persönlichkeit. „Wer über Intuition spricht, gibt sein Innerstes Preis" (Gonschior 2013, S. 8). Intuition bringt Menschen in Berührung mit ihren inneren Bildern und Lebensentwürfen (vgl. Gonschior 2013, S. 51). Intuition führt wie Meditation in einen „inneren Raum der Stille" (Gonschior 2013, S. 50). Intuition kann auch als „das Geheimnis des Nichtwissens" (Gonschior 2013, S. 143) betrachtet werden. Intuition ist unser gesamter Denkapparat, in dem Logik nur eine von vielen Funktionen erfüllt (vgl. Gonschior 2013, S. 63). Viele bekannte Wissenschaftler, u. a. Physiker und Mathematiker begründen ihre wissenschaftliche Kreativität nicht mit dem Verstand, sondern mit Intuition (vgl. Gonschior 2013). Mit Intuition lassen sich die richtigen Fragen ausspüren. Die Fragen, die man dann mit Hilfe des Verstandes bearbeiten kann.

Intuition kann man auch als „Bauchgefühl" oder „Ahnung" verstehen (vgl. Gigerenzer 2008, S. 25). Intuition bezeichnet ein Urteil, „das rasch im Bewusstsein auftaucht, dessen tiefere Gründe uns nicht ganz bewusst sind und das stark genug ist, um danach zu handeln" (Gigerenzer 2008, S. 25). Bauchgefühle basieren demnach auf einfachen Faustregeln, die sich „evolvierende Fähigkeiten des Gehirns zunutze machen" (Gigerenzer 2008, S. 26). Intuitive Urteile sind also als Instrumente zur schnellen Verarbeitung komplexer Problemstellungen zu interpretieren und sind daher sehr nützlich für Unternehmen. Das Gehirn versucht, auf der Grundlage von Faustregeln die wichtigsten Informationen für eine Entscheidung zu sondieren, der Rest wird außer Acht gelassen. Tiefere Gründe sind nicht bewusst genug, um danach zu handeln. Also handelt man intuitiv.

Intuition berührt aber nicht nur die individuelle Kompetenz, sondern ist auch ein Kulturthema, eine kollektive Kompetenz, sie basiert auf Erfahrungswissen von allen Mitarbeitenden (vgl. Zeuch 2010, S. 113 ff.).

Die Liste ließe sich natürlich noch verlängern. Die Literatur zu und die Begriffsvielfalt von Intuition nehmen vor allem in letzter Zeit stark zu. Wir können sicher festhalten: Intuition ist etwas schwer Definierbares. Intuition greift dort, wo der Verstand die Kontrolle abgibt, füllt eine Verstandeslücke.

Für welche Bereiche der Kreativitätsförderung können intuitive Verarbeitungsmechanismen funktional sein? Oft wird innovativen Mitarbeitenden die Fähigkeit zugeschrieben, „das Gras wachsen zu hören", „Trends aufzuspüren" oder „den richtigen Riecher zu haben". Das Neue kommt in unsere Welt, indem an Dingen gearbeitet wird, die es so noch nicht gibt. Innovationsarbeit kann somit nicht bzw. nur zu einem geringen Grad rational

9.2 Theoretische Grundlagen

begründet werden. Gleichzeitig ist die Investition (Zeit, Energie, Geld, Personal) in die Entstehung von Innovationen häufig sehr hoch, und dadurch entstehen Risiken, die von Entscheidungsträgern – nicht nur, aber eben häufig zu einem großen Teil – auf der Basis von Intuitionen – dem berühmten **Bauchgefühl** – getroffen und legitimiert werden müssen. Gerade hier kommt die Bedeutung von **Vertrauen** (in die Intuitionen der Mitarbeitenden) und **Offenheit** (für Ausdrucks- und Bewertungsformen von Innovationschancen jenseits des Verstandes) im Rahmen der Kulturentwicklung von Unternehmen zum Ausdruck.

Die Bedeutung eines offenen, spielerischen Zugangs zur eigenen Intuition und zu innovationswirksamen Affekten kann man auch an den Arbeiten bedeutender Künstlerinnen und Künstler ableiten. Wer sich mit bedeutenden Kunstwerken wie der „Mona Lisa" von Leonardo da Vinci (Abschn. 3.4) auseinandersetzt, der spürt als betrachtende Person, dass der Maler weiß, wovon er in seiner Bildsprache redet, welche Gefühlszustände er ausdrücken möchte. Der besonders reflektierte Umgang mit den eigenen Gefühlen, der eigenen Haltung, der eigenen Lebensgeschichte ist die Quelle des Erfolges von Kunstschaffenden. Diese machen in ihrem Umfeld die Erfahrung, dass es keiner bestimmten Anordnung, Logik oder eines rationalen Prozesses bedarf, um die eigene Arbeit zu begründen.

Kunstschaffende eröffnen oft einfach einen Denkraum und experimentieren damit; den einen gefällt es, den anderen nicht. Und das ist in der Domäne der Kunst auch kein Problem. Eine ganz grundlegende heuristische Kompetenz, sich mit der Kunst auseinanderzusetzen, besteht in dem Abrufen von emotional-intuitiven Verarbeitungsmechanismen. **„Kunst ist Geschmackssache"**, entweder man lässt sich auf sie ein oder eben nicht. Begründen oder rechtfertigen muss man das im Allgemeinen nicht. Das bietet eine große Freiheit.

Auch ist es gerade für die Entfaltung des Kreativitätspotenzials von Mitarbeitenden wichtig, ihnen Selbstvertrauen zu ermöglichen. Damit ist das persönliche Vertrauen in die Leistungsfähigkeit und -bereitschaft eines Mitarbeitenden gemeint. Sind das Vertrauen und der **Glaube an die Mitarbeitenden** ehrlich gemeint und tief empfunden, kann die Führungsperson den Mitarbeitenden „beim Aufbau eines Kreislaufs von sich immer wieder erneuernden kreativen Energien unterstützen, der Menschen zu Höchstleistungen führen kann. Versucht man allerdings, diese Energie ohne eine eigene klare und ehrliche innere Beteiligung an einem anderen Menschen auszulösen, werden sich kaum Erfolge einstellen" (Weidmann und Armutat 2008, S. 101).

Mit den obigen Ausführungen wurde bereits deutlich, dass nicht klar definiert werden kann, welche dieser Eigenschaften nun in welchem Masse maßgebend oder absolut zwingend für die Entfaltung von Kreativitätspotenzial in einer bestimmten Domäne (Abschn. 2.2.3) sind. Auch treten diese Merkmale bei kreativen Menschen natürlich nicht alle gleichzeitig auf.

▶ Ein Blick in die Praxis genügt: Es gelingt nur wenigen Personen und damit auch Unternehmen, wirklich herausragende kreative Leistungen zu vollbringen, und damit ist auch klar, dass diese Leistungen vielfältig determiniert sind und eben bspw. auf einer Kombination aus einem Zusammenwirken von Intelligenz, Ehrgeiz, Ausdauer, Risikobereitschaft, emotionaler Stabilität und Wissen beruhen. Und dieser Mix an Persönlichkeitsmerkmalen in einer Person muss wiederum in der Interaktion mit anderen kreativen und innovativen Persönlichkeiten und vor dem Hintergrund der spezifischen Domäne, d. h. dem soziokulturellen Kontext, betrachtet werden.

Die Messung von Merkmalsausprägungen bietet, wie bereits oben erwähnt, **Kommunikations- und Reflexionsmomente**, die Individuen und Teams weiterbringen. Auch für die **Personalselektion** und die **Teamentwicklung** kann die Messung von Merkmalsausprägungen im Rahmen von **Assessment-Centern** interessant sein.

9.2.3.3 Ich und der innovative Mitarbeitende mit Umsetzungspotenzial

Gemäss Schuler und Görlich (2007) und Guldin (2012) sind für die Befähigung zur Innovation zusätzliche, teilweise vollkommen andere Eigenschaften zentral. Organisationsmitglieder, die **Ideen in Innovationen umsetzen** und diese durchsetzen, kann man an den Eigenschaften erkennen, die in Tab. 9.1 dargestellt sind.

Vor dem Hintergrund der Balance-Management-Perspektive ist sicher der Kontrast zwischen dem hohen Autonomiestreben und der Unkonventionalität als Merkmalen kreativer Personen einerseits und dem **Realitätssinn** sowie der **Anpassungsbereitschaft** von Personen, die Ideen in marktfähige Produkte verwandeln, andererseits hervorzuheben. Erfolgreiche Innovatoren sind also, im Vergleich zu kreativen Personen, leichter in ein bestehendes System zu integrieren und arbeiten lieber in Teams und gemeinsam. Sie brauchen also eher weniger Freiräume zur Entfaltung ihres Beitrages zur Innovationsfähigkeit der Organisation, sondern eher unternehmerischen Weitblick, ein gutes Beziehungsnetz

Tab. 9.1 Eigenschaften von Mitarbeitenden, die Ideen umsetzen. (Quelle: in Anlehnung an Schuler und Görlich 2007, S. 19)

Eigenschaften von Mitarbeitenden, die Ideen umsetzen
Kontakt- und Kommunikationsfähigkeit
Überzeugungskraft
Anpassungsbereitschaft
Realitätssinn
Verkäuferisches Geschick
Unternehmerisches Denken und Handeln
Ressourcen akquirieren können
Teams, Koalitionen und Netzwerke bilden können
Konkurrierende Ideen integrieren
Probleme antizipieren
Planen und Gestalten
Mikropolitik zum Wohle der Umsetzbarkeit betreiben
Freude an der Durchsetzung von Ideen und der Ausübung von Macht

und **Durchsetzungskraft**. Diesbezüglich sollte die Führung sich unbedingt mit der Frage auseinandersetzen, in welche Hände die Produktion von Ideen und in welche Hände die Verantwortung für die wirtschaftliche Umsetzung gelegt werden sollte. Kreative investieren ihre Energie typischerweise in die Entwicklung neuer Ideen und nicht in die Durchsetzung der alten. Gemäss Schuler und Görlich (2007) scheitern viele gute Ideen an der Phase der Durchsetzung.

Dies korrespondiert mit der Aussage vieler Führungskräfte, die nicht über die Menge an guten Ideen klagen (*„Ideen haben wir genug, das ist nicht das Problem, wir haben sogar noch Hunderte Ordner im Archiv mit Ideen"*), sondern eher über mangelnde Fähigkeiten und Ressourcen im Hinblick auf deren Bewertung und Umsetzung. Es bringt also nichts, wenn Unternehmen in der „Frühphase" des Innovationsprozesses (Abschn. 7.2.5) großzügig Freiräume gewähren, um danach in der Umsetzungsphase sofort in den „Effizienzmodus" bzw. eine stark fokussierende Führungspraxis zu verfallen und keine Ressourcen mehr für die Ideenbewertung und selektion zur Verfügung zu stellen. Häufig sind die verfügbaren Ressourcen von professionellen Innovationsmanagerinnen und managern nicht ausreichend, um alle Ideen, die in der Frühphase generiert werden, sorgfältig zu bewerten. Was passiert? Die Kreativen fühlen sich nicht ernst genommen, warten auf Feedback und es kommt Frustration auf. Dies kann durch das richtige Verhältnis von Kreativen und umsetzungsstarken Mitarbeitenden entschärft werden.

9.2.4 Dimension Gruppe: Ich und Innovationsteams

Aus einer ganzheitlich verstandenen, organisationsbasierten Innovation-Leadership-Perspektive interessieren aber nicht nur die kreativen Spitzenleistungen, sondern auch wie Führungskräfte Spitzenleistungsträger und „normale" Leistungsträger in der gleichen Organisationseinheit führen und vor allem **Teams so zusammenstellen**, dass sich in einem Team sowohl Kreativitäts- als auch Innovationspotenzial möglichst gut entfalten (siehe Beispiel der Firma Appelsiini, Abschn. 9.2.4).

9.2.4.1 Zentrale Herausforderungen

Zahlreiche Unternehmen arbeiten in globalisierten Teams mit internen und externen Wissenspartnern zusammen, um neue Produkte und Dienstleistungen zu entwickeln (vgl. von Zedtwitz et al. 2004). Innovationsteams, die mit der Aufgabe betraut sind, diese globalen Ressourcen zu nutzen und in erfolgreiche Innovationen umzuwandeln, sind daher zunehmend heterogen und über unterschiedliche Standorte verteilt (vgl. Hirshhorn et al. 2002). Innovieren findet heute maßgeblich in Teams statt. Die Steuerung und Förderung innovationsorientierter Teamarbeit zählt zu den zentralen Aufgaben von Innovation Leadern auf einer **unteren und mittleren Führungsebene** (vgl. Stoker et al. 2001; Jassawalla und Sashittal 2002; Eisenbeiss et al. 2008). Im Rahmen dieser Teamführungsaufgabe stellen sich **zwei grundsätzliche Herausforderungen** (vgl. Gebert 2004):

Die erste Herausforderung lautet, dass man bei der Gestaltung von innovationsförderlicher Teamarbeit auf dilemmatische Konstellationen (Abschn. 2.4.1) stößt. Zum Beispiel wird der offenen Kommunikation und dem offenen Austausch von Ideen und Meinungen grundsätzlich eine positive Wirkung auf den Teamerfolg zugeschrieben. Doch gleichzeitig stellt Offenheit auch ein Risiko dar. Offenheit kann auch den Dissens verstärken und das Konfliktpotenzial im Team so fördern, dass die Zusammenarbeit maßgeblich erschwert wird (vgl. Gebert 2004, S. 10). Die innovationsförderliche Teamarbeit birgt zahlreiche der weiter oben (Abschn. 3.4) erörterten „Sowohl-als-auch"-Entscheidungssituationen und Konstellationen.

Die zweite Herausforderung lautet, dass viele Erkenntnisse und Handlungsempfehlungen zur Führung von Innovationsteams stark kontext- und kulturgebunden zu interpretieren sind. Daher schreiben zahlreiche Autoren unterschiedlichen Entwicklungsphasen eines Teams unterschiedliche Erfolgsfaktoren zu (vgl. z. B. Stoker et al. 2001). Beispielsweise kann die Zusammenarbeit von Teammitgliedern über längere Zeit anfänglich negative Effekte von Diversität ins Positive wenden (vgl. van Knippenberg und Schippers 2007). Auch die Differenzierung zwischen inkrementeller und radikaler Innovation, zwischen Ideengenerierung und -implementierung (vgl. West 2002) oder zwischen Forschungs- und Entwicklungsaktivitäten erweisen sich in diesem Kontext als sinnvoll (vgl. Elkins und Keller 2003; Mann 2005; Vetterli et al. 2012).

9.2.4.2 Teaminnovation und Innovationsteam

Teaminnovation steht für die Kombination von Quantität und Qualität von Ideen, die im Team entwickelt und implementiert werden (Eisenbeiss et al. 2008, S. 1439) und die anhand unterschiedlicher Indikatoren, wie beispielsweise Patenten, innovativen Prozessen oder neu entwickelten Verkaufskonzepten, gemessen werden (vgl. Mann 2005, S. 308).

▶ **Teaminnovation** ist ein dynamisches Zusammenspiel individueller Fähigkeiten einzelner Teammitglieder und innovationsorientierter Teamprozesse, die über die individuelle Kreativität von Teammitgliedern kreative Teamprodukte entstehen lassen (vgl. Pirola-Merlo und Mann 2004).

▶ **Innovationsteams** stellen daher einen grundlegenden Baustein für die Innovationsaktivitäten in einem Unternehmen dar und lassen sich grundsätzlich als „Teams aus Mitarbeitern, die bei der Lösung von Problemen oder der Suche nach Verbesserungsmöglichkeiten im Unternehmen in organisatorischer Weise zusammenarbeiten" (Noé 2013, S. 160) definieren. Meist zeichnen sich Innovationsteams durch funktionsübergreifende Erfahrungen und Fachwissen (vgl. Noé 2013), multidisziplinäre Hintergründe und Ausbildungen (vgl. Stoker et al. 2001), hochqualifizierte Arbeitskräfte (Mann 2005) sowie Aufgaben mit Forschungs- und Entwicklungscharakter (vgl. Messinger 2008) aus.

Typischerweise arbeiten Innovationsteams unter schwierigen Bedingungen, geprägt von einem hohen Grad an Unsicherheit über die Ziele, hohem Zeitdruck, sich schnell verändernden Prioritäten und hohen Interdependenzen. Die häufigsten Problemstellungen in Innovationsteams sind dementsprechend Stress, Konflikte mit anderen Arbeitsgruppen und mangelnde Anerkennung (vgl. Messinger 2008). Trotzdem lassen sich **Merkmale von Innovationsteams** äußerst schwierig definieren.

In der heutigen Literatur werden einerseits Innovationsteams beschrieben, die der gängigen Vorstellung eines Teams als feste organisationale Einheit im Unternehmen entsprechen, d. h. das Team sitzt räumlich zusammen und arbeitet über einen längeren Zeitrahmen an unterschiedlichen Innovationsaufgaben zusammen (vgl. Messinger 2008).

Andererseits gewinnen zunehmend auch alternative Formen von Innovationsteams an Bedeutung. Diese arbeiten oftmals virtuell zusammen und/oder werden ad hoc und nach den Kompetenzen der einzelnen Mitarbeitenden für spezifische Innovationsaufgaben zusammengestellt (vgl. Edmondson 2012). Auch die Aufgaben beziehungsweise Ziele der Innovationsteams unterscheiden sich: Einige werden explizit mit dem Ziel, die Selbsterneuerung der Organisation durch **radikale Innovationen** voranzutreiben, gegründet (vgl. Vetterli et al. 2012), während andere vielmehr das Ziel verfolgen, im Sinne von **inkrementellen Innovationen** „kundeninduzierte Kreativität und Innovation zu steigern, und Arbeitsprozesse kontinuierlich verbessern und die Verpflichtung zur Qualität erhöhen" (Noé 2013, S. 160).

Vor dem Hintergrund der Fallunternehmen aus der empirischen Studie bietet sich auch eine nähere Betrachtung von **Forschungs- und Entwicklungsteams** an, denn diese übernehmen oftmals die Funktion des Innovationsteams im Unternehmen. Dementsprechend nehmen sie in der aktuellen Literatur zur innovationsförderlichen Teamarbeit eine prägende Rolle ein. Somit werden im Folgenden Erkenntnisse zu F&E-Teams auch auf Innovationsteams angewendet (vgl. Stoker et al. 2001).

Im Gegensatz zu einem Produktionsteam feilen F&E-Teams selten an der Qualität und Effizienz ihrer Zusammenarbeit, vielmehr arbeiten sie in Form von Projektgruppen zusammen, wobei die Projektdauer von einem Monat zu einem Jahrzehnt reichen kann und sich die Teams jeweils bei Beendigung des Projekts wieder auflösen (vgl. Elkins und Keller 2003; Mann 2005). In diesen Projekt- oder Wissensteams arbeiten hochqualifizierte Wissenschaftler, Techniker, Ingenieure und weitere Spezialisten fachübergreifend daran, aus Wissen Innovationen zu generieren (vgl. Elkins und Keller 2003; Mann 2005). Demgemäß betont insbesondere der F&E-Sektor die Bedeutung von innovationsorientierter Teamarbeit (vgl. Eisenbeiss et al. 2008).

9.2.4.3 Der innovationsorientierte Teamgeist

Gebert (2004) spricht von „innovationsorientiertem Teamgeist", wenn der „Geist", in dem die Gruppe zusammenarbeitet, eine deutliche Innovationsorientierung aufweist (S. 23). Anhand eines zweidimensionalen Konstruktes (vgl. Abb. 9.3) und aufbauend auf empirischen Studien (vgl. u. a. Edmondson 1999; Gilson et al. 2002) definiert Gebert (2004) den innovationsorientierten Teamgeist zusammenfassend als „eine Funktion hoher Ausprägung sowohl auf der kognitiven als auch auf der sozialen Dimension" (S. 24).

Die **kognitive Dimension** steht dabei für das ständige Lernen und das selbstkritische und proaktive Hinterfragen von bisherigen Problemlösungen und Problemlösestrategien.

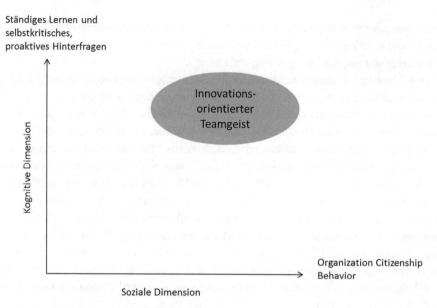

Abb. 9.3 Zweidimensionales Konstrukt „Innovationsorientierter Teamgeist." (in Anlehnung an Gebert 2004, S. 24)

Die **soziale Dimension** steht für das Engagement und den gruppenspezifischen Zusammenhalt (auch *Organizational Citizenship Behavior*). Viele Studien zur innovationsorientierten Teamarbeit setzen entweder bei der kognitiven oder sozialen Dimension an und sind daher an diese Definition anschließbar (vgl. Gebert 2004, S. 24).

Ferner wird dem **Teamklima** eine stark innovationsfördernde Rolle zu geschrieben (vgl. Eisenbeiss et al. 2008; Mann 2005; Michaelis et al. 2010). Gebert (2004) definiert das „innovationsorientierte Teamklima über kognitive, soziale und motivationale Voraussetzungen innovationsbezogenen Engagements" (S. 64). Mann (2005) wiederum beschreibt es kurzerhand als eine allgemeine Teamstimmung, die von einem **lebendigen, gut gelaunten Austausch an Ideen** geprägt ist (S. 308).

9.2.4.4 Innovationsfördernde Teamzusammenstellungen und -prozesse

Wenn es um innovationsfördernde Teamzusammenstellungen geht, werden Charakteristiken des Teams, wie beispielsweise Teamgröße und -zugehörigkeit, Diversität oder Ziel- und Aufgabenabhängigkeit, auf ihre innovationsfördernde Wirkung untersucht. Insbesondere der Zielabhängigkeit konnten Hülsheger et al. (S. 1136) eine positive Beziehung zur Teaminnovation nachweisen. Die Zielabhängigkeit ist die Abhängigkeit der Leistungsbewertung und Honorierung einzelner Teammitglieder von der Zielerreichung. Der **Diversität von Innovationsteams** wird generell eine starke innovationsfördernde Bedeutung ausgewiesen (vgl. z. B. Keller 2001), aber je stärker die Diversität ausgeprägt ist, desto höher ist auch die Wahrscheinlichkeit, dass dilemmatische Konstellationen entstehen, Konflikte auftauchen und die Teams zunehmend Gefahr laufen, ein gemeinsames Verständnis der

Vision	Aufgabenorientierung
- Gemeinsames Verständnis von Teamzielen - Hohes Commitment, Ziele gemeinsam zu erreichen	- Gemeinsames Bemühen um hohe Leistung und Qualität - Streben nach Exzellenz - Intrinsische Motivation
Partizipative Sicherheit	**Unterstützung für Innovation**
- Eine kooperative Haltung der Teammitglieder untereinander - Offener, vertrauensvoller Austausch von Ideen und Meinungen - Gegenseitige Unterstützung - Partizipation	- Erwartung, Zustimmung und praktische Unterstützung bei der Entwicklung und Umsetzung von neuen Ideen - Offenheit für Veränderungen

Abb. 9.4 Dimensionen eines innovationsförderlichen Teamklimas. (in Anlehnung an Anderson und West 1998; Hülsheger et al. 2009)

Aufgabe zu verlieren (vgl. van Knippenberg und Schippers 2007). Die Herausforderung ist es deshalb, ausreichend, aber nicht zu viel Diversität im Team zuzulassen.

Auch dem **Teamprozess** wird in Anlehnung an die Teamklimatheorie von Anderson und West (1998) eine innovationsförderliche Wirkung zugeschrieben. Dabei sind insbesondere **vier Dimensionen** zentral (vgl. Abb. 9.4).

Die ausführliche Meta-Analyse von Hülsheger et al. (2009) zeigt, dass die Erkenntnisse zu innovationsförderlichen Teamprozessen nur schwer zu verallgemeinern sind. Doch die vier in Abb. 9.4 aufgeführten Variablen weisen eine signifikante Beziehung zu Kreativität und Innovation auf (S. 1136). Als weitere innovationsförderliche Variablen des Teamklimas werden zudem ein ausbalancierter und ausgeprägter Umgang mit interner und externer Kommunikation (vgl. Mann 2005; Messinger 2008; Hülsheger et al. 2009), der Teamzusammenhalt (vgl. Messinger 2008) und die Erwartungen und der Druck von außen bzw. das damit verbundene Gefühl von **Sicherheit und Vertrauen** genannt (vgl. West 2002).

Die Ergebnisse von Mann (2005) heben zudem hervor, dass unterschiedliche Aspekte des Teamklimas für unterschiedliche Teams und verschiedene Phasen der Zusammenarbeit von stärkerer Bedeutung sind: Für **Forschungsteams** zeigt die partizipative Sicherheit die stärkste Beziehung zu Innovation auf, während für die **Entwicklungsteams** der Aufgabenorientierung eine größere Bedeutung zugeschrieben worden ist (S. 309).

Aktuelle Studien zeigen weiter, dass dem Teamklima eine entscheidende, moderierende Rolle zukommt (vgl. Eisenbeiss et al. 2008; Michaelis et al. 2010), die es erst erlaubt, innovationsförderliche Führungsinitiativen auch in innovatives Teamverhalten zu übersetzen.

9.2.4.5 Die Rolle der Teamführung

Die herausragende Rolle in der Förderung von Teaminnovationen kommt daher dem **Team- oder Projektleiter** zu (vgl. Elkins und Keller 2003; Mann 2005). Diese Aufgabe umfasst in der Essenz den kompetenten Umgang mit **fünf grundlegenden Herausforderungen** für Führungskräfte, die Innovations-, Forschungs- und Entwicklungsteams leiten (vgl. Bain et al. 2005, S. 50 ff.):

- Ein hoher Grad an Unsicherheit und Risiko
- Die Balance zwischen Kreativität fördern und Projektvorgaben einhalten
- Teamarbeit zwischen individualistischen Wissensarbeitern fördern
- Eigenes Fachwissen nutzen und die Expertise von Teammitgliedern entwickeln
- Stakeholder offen und transparent informieren und gleichzeitig das Team schützen

Die innovationsorientierte Teamführung stellt die Teamleitenden vor komplexe, vielschichtige und oftmals dilemmatische Aufgaben und erfordert somit neue, breitgefächerte Führungskompetenzen.

Die aktive Gestaltung eines innovationsförderlichen Teamklimas gehört zu den Hauptaufgaben des Teamleiters. Führungspraktiken, die ein solches begünstigen, schreiben Mitarbeitenden einen **hohen Grad an Autonomie** zu, anerkennen individuelle und teambasierte Leistungen, betonen den Teamzusammenhalt und gewährleisten den Teammitgliedern kontinuierlich Freiräume (vgl. Elkins und Keller 2003, S. 596). Die größte Herausforderung ist es jedoch, die **Balance** zu finden zwischen aufrichtiger, gegenseitiger Unterstützung in der Entwicklung und Umsetzung von neuen Ideen und der gegenseitigen sorgfältigen Beobachtung und kritischen Bewertung von Ideen zur Einhaltung von Projektvorgaben (vgl. Hülsheger et al. 2009, S. 1140). Um den hohen Grad an Autonomie zu gewährleisten und Freiräume zu schaffen, müssen Führungskräfte die zur eigenständigen Ausführung der Aufgabe benötigten Entscheidungskompetenzen an Teammitglieder delegieren (Abschn. 3.6.2, vgl. Gebert 2004).

Eine zentrale Rolle in der innovationsförderlichen Führung kommt dem Vertrauen zwischen Führungskraft und Teammitgliedern sowie der Teammitglieder untereinander zu (vgl. Gebert 2004; Mann 2005). Ein von gegenseitigem Vertrauen geprägtes Teamklima ermöglicht erst die zuvor erwähnten Führungspraktiken und fördert die offene Diskussion und die kritische Evaluation von neuen Ideen (vgl. Gebert 2004).

Eine Führungskraft gewinnt das **Vertrauen der Teammitglieder** gemäß Mann (2005) primär durch zwei grundlegende Faktoren: Die Zuverlässigkeit und die Kompetenz. Oftmals angewandte, vertrauensbildende Führungspraktiken beinhalten die offene, ehrliche und transparente Kommunikation, das persönliche Kennenlernen von Teammitgliedern, Integrität und das Einhalten von Versprechen sowie das Demonstrieren der eigenen Führungskompetenz (vgl. Mann 2005, S. 307).

Zusammenfassend gilt, dass aufgrund der hohen Komplexität und Unsicherheit der Innovationsaufgabe dem Teamleitenden vielschichtige **Aufgaben** zugeschrieben werden (vgl. u. a. Elkins und Keller 2003; Messinger 2008):

- Das Team mit einer motivierenden Vision zu Höchstleistungen antreiben,
- klare, strategische Ziele definieren und dennoch die nötige Flexibilität beibehalten,
- Vertrauen und Kollaboration im Team aufbauen,
- das Team nach außen vertreten und vor externen Einflüssen schützen sowie
- stets das Projektmanagement im Blick behalten.

Ferner zeichnet sich **der ideale Teamleiter** durch technische Expertise, eine starke Leistungs- und Lernorientierung und eine bescheidene Haltung aus. Erfolgreiche Führungskräfte von Innovationsteams dürfen sich weiterhin nicht nur auf ihre internen Aufgaben (d. h. das Inspirieren und Motivieren von Teammitgliedern) fokussieren, sondern müssen auch nach außen gerichteten Rollen gerecht werden.

9.2.4.6 Rollen im Innovationsteam

Vor dem Hintergrund dieser Komplexität bietet es sich an, die Aufgabe der innovationsförderlichen Teamführung als **Konstrukt aus mehreren Führungsrollen** zu betrachten (vgl. Elkins und Keller 2003; Bain et al. 2005). Bain et al. (2005, S. 55) präsentieren ein empirisch erprobtes Modell mit drei essenziellen Führungsrollen (siehe Abb. 9.5):

Der **„Knowledge Builder"** zeichnet sich durch ein fundiertes Verständnis der grundlegenden fachspezifischen Herausforderungen des Projekts aus, welches es ihm bzw. ihr ermöglicht, das Projektteam zu beraten, Expertenwissen einzubringen, die Qualität der Teamarbeit zu beurteilen, neue Strategien oder Initiativen zu lancieren und innerhalb wie außerhalb der Organisation nach neuen Ideen zu suchen.

Die Rolle **„Stakeholder Liaison Handling"** bezweckt, den Informationsfluss und die Kommunikation zwischen dem Projektteam und den internen und externen Stakeholdern sicherzustellen (z. B. Topmanagement, Marketing und Verkauf, Kunden, Investoren). Diese Rolle fordert vom Teamleitenden, über die Grenze des Teams hinaus als Botschafter/in, Verfechter/in, Anwältin oder Anwalt und Ressourcen-Beschaffer/in zu agieren und die Unterstützung zu gewährleisten, auch wenn im Prozess Ideen entstehen, die das organisationale Establishment gefährden könnten (Jassawalla und Sashittal 2002). Diese Aufgabe des „boundary spanning" wird daher von zahlreichen Autoren als Schlüsselkompetenz zur erfolgreichen Führung von Innovationsteams betrachtet, die zudem mit dem Voranschreiten des Projekts stetig an Wichtigkeit gewinnt (Messinger 2008). Gerade im Hinblick auf die **steigende Bedeutung von Open Innovation** wird diese Rolle in Zukunft sicherlich noch an Gewicht gewinnen, dennoch wird sie allzu oft vernachlässigt und die strategische, langfristige Wirksamkeit von Führungskräften nur selten erkannt (vgl. Mann 2005, S. 306).

Die grundlegende Aufgabe des **„Team Builders"** ist es, eine einwandfreie Teamarbeit zu gewährleisten, ein Umfeld frei von destruktiver Konkurrenz oder emotionalen Konflikten sicherzustellen und ein innovationsförderliches Teamklima zu fördern.

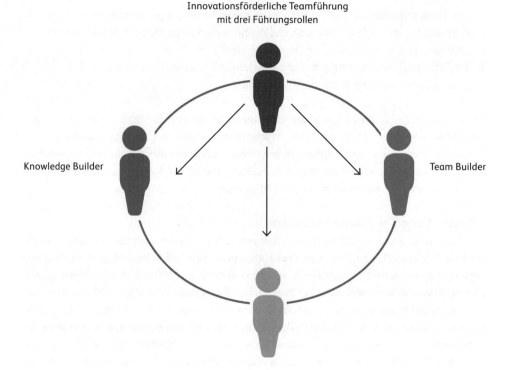

Abb. 9.5 Drei Führungsrollen des erfolgreichen Teamleiters von Innovations-, Forschungs- und Entwicklungsprojekten. (Quelle: in Anlehnung an Mann 2005)

Von Bedeutung ist auch, dass diese drei Rollen oftmals dieselbe Person ausführt, dies jedoch keine Bedingung für die erfolgreiche Führung von Innovationsteams ist. Führt der Projekt- oder Teamleitende zum Beispiel eine Rolle exzellent aus, übernehmen meist Teammitglieder oder Kollegen die anderen Rollen. Wird die Führungskraft jedoch in keiner der Rollen als kompetent wahrgenommen, kann sie kaum auf den Respekt und den Rückhalt des Teams zählen und eine erfolgreiche Teamarbeit kann meist nicht mehr gewährleistet werden (vgl. Mann 2005, S. 306).

Mit Blick auf die Komplexität der Innovationsarbeit bietet sich eine Rollenverteilung über die Führungsaufgabe hinaus an. Ein solcher Ansatz bietet die Flexibilität, die Teamrollen den spezifischen Aufgaben und der jeweiligen Projektphase anzupassen. Diese Flexibilität wird erhöht, wenn man bedenkt, dass die Teammitglieder mehrere und wechselnde Rollen übernehmen können. Beispielsweise erläutern Kelley und Littmann (2006) **zehn Rollen**, die Teammitglieder spielen, bzw. unterschiedliche „Hüte", die sich Teammitglieder aufsetzen können, um kreative Innovationen und Ideen zu fördern (vgl. Abb. 9.6).

Grundsätzlich unterscheiden Kelley und Littmann (2006) dabei zwischen den lernenden, organisierenden und aufbauenden Rollen (S. 8 ff.):

9.2 Theoretische Grundlagen

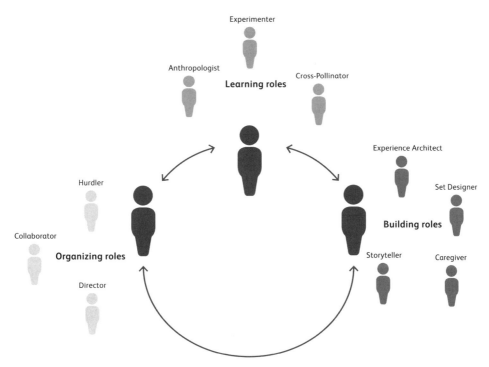

Abb. 9.6 Rollen im Innovationsteam. (Quelle: in Anlehnung an Kelley und Littmann 2006)

- Die **lernenden Rollen** stehen für das Entdecken von neuen Informationsquellen und für den daraus resultierenden kontinuierlichen Aufbau und die Weiterentwicklung von Wissen. Beispielsweise analysiert der „Cross-Pollinator" andere Branchen oder andere Kulturen und überträgt das gewonnen Wissen auf das eigene Unternehmen.
- Die **organisierenden Rollen** tragen der Erkenntnis Rechnung, dass auch die besten Ideen in einer Organisation um Zeit, Aufmerksamkeit und Ressourcen kämpfen müssen, und wird meistens von Individuen übernommen, die sich mit den politischen Prozessen der Organisation gut auskennen. Ein Beispiel für diese Rolle ist der „Hurdler", der Wege sucht, um Probleme zu lösen und Widerstände zu überwinden.
- Die **aufbauenden Rollen** bezeichnen den Beginn der Umsetzung, wo die Ideen und Erkenntnisse der lernenden Rolle und das Empowerment der organisierenden Rolle kanalisiert und in marktfähige Innovationen umgewandelt werden. Der „Storyteller" beispielsweise verpackt Innovationen in authentische Geschichten, die Emotionen und Handlungen hervorrufen, ein gemeinsames Verständnis von Zielen schaffen und die Zusammenarbeit fördern. Der „Storyteller" führt Mitarbeitende und die Organisation mit seinen Geschichten in die Zukunft.

9.2.4.7 Teamführung zwischen Öffnung und Schließung

Die Teamarbeit kann im Spannungsfeld zwischen öffnenden und schließenden Führungslogiken betrachtet werden. Innovationsorientierte Teamführung bedeutet, die **Balance zu**

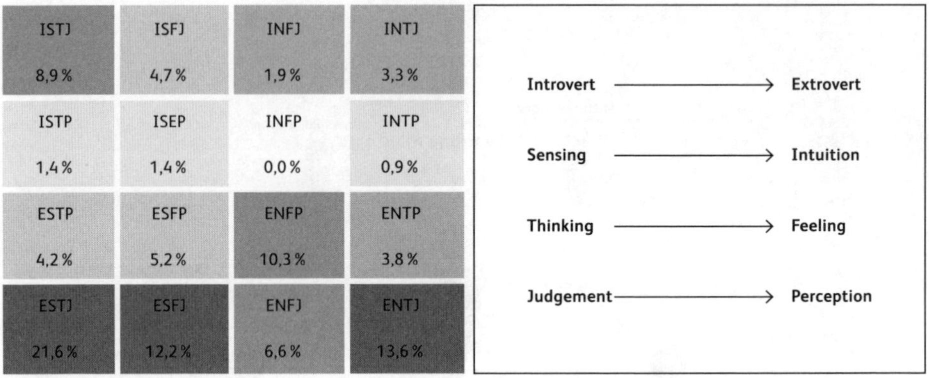

ISTJ	ISFJ	INFJ	INTJ
8,9 %	4,7 %	1,9 %	3,3 %
ISTP	ISEP	INFP	INTP
1,4 %	1,4 %	0,0 %	0,9 %
ESTP	ESFP	ENFP	ENTP
4,2 %	5,2 %	10,3 %	3,8 %
ESTJ	ESFJ	ENFJ	ENTJ
21,6 %	12,2 %	6,6 %	13,6 %

Introvert ⟶ Extrovert

Sensing ⟶ Intuition

Thinking ⟶ Feeling

Judgement ⟶ Perception

Abb. 9.7 Zusammenstellung von Innovationsteams mit dem MBTI. (Quelle: Kola-Nyström 2013)

finden zwischen gegenseitiger Unterstützung in der Entwicklung und Umsetzung von neuen Ideen und der gegenseitigen sorgfältigen Beobachtung und kritischen Bewertung von Ideen, um die Projekteingaben einzuhalten (vgl. Hülsheger et al. 2009, S. 1140). Die komplexen und unterschiedlichen Kontexte von Innovationsteams erfordern zudem eine Relativierung von Erfolgsfaktoren und Empfehlungen zur innovationsfördernden Teamarbeit (vgl. Gebert 2004, S. 11; Mann 2005). Zahlreiche Untersuchungen zur Teamleistung beziehen sich auf die Vorstellung von Teams als feste Einheiten. Hier haben Teams die Möglichkeit, gegenseitiges Vertrauen aufzubauen, die Rollenaufteilung unter den Mitgliedern kennenzulernen, klar strukturierte Aufgaben zu entwickeln und somit ein stabiles, leistungsförderliches Umfeld aufzubauen (vgl. z. B. Hackman 2002). Im Fall von sich konstant verändernden, oftmals virtuellen Teamkonstellationen, wie sie heute immer häufiger werden, verändern sich auch die Faktoren erfolgreicher Teamarbeit (vgl. Edmondson 2012). Insbesondere die **wachsende Bedeutung des „boundary spanning"** bzw. der Vernetzung nach außen wird in Zukunft von vielen Teamleadern von Innovations-, Forschungs- und Entwicklungsteams eine veränderte Priorisierung sowie zusätzliche Kompetenzen erfordern. Die Komplexität der Aufgabe zeigt, dass eine sorgfältige und auf die Aufgabe ausgerichtete Selektion von Team- und Projektleitenden sowie deren persönliche Entwicklung eine Herausforderung darstellt, der meist nur wenig Rechnung getragen wird.

Gerade für Führungskräfte in größeren oder virtuellen Organisationseinheiten ist es oft nicht leicht, die passenden Personen für Innovationsprojekte auszuwählen. Das Telekommunikationsunternehmen Appelsiini aus Finnland nutzt bspw. den Myers-Briggs-Typeninventar-Test (MBTI, vgl. Bents und Blank 1992), um Innovationsteams zusammenzustellen (vgl. Abb. 9.7).

Die Nutzung solcher Testverfahren kann helfen, geografische Distanzen zu überwinden, und bietet mögliche Anhaltspunkte für die Zusammensetzung von Innovationsteams.

9.3 Dimension Selbstführung und Kompetenzentwicklung

Im Kern des innoLEAD©-Modells steht die Frage: Wie müssen Führungskräfte sich selbst führen, damit sich Handlungsfreiräume vergrößern? Des Weiteren werden in diesem Kapitel basierend auf dem innoLEAD©-Modell die Implikationen für die Kompetenzentwicklung von innovationsfördernden Führungskräften diskutiert. Im Gegensatz zum bisherigen Aufbau des Buches werden in diesem Kapitel einzelne Zitate direkt in die begrifflichen und konzeptionellen Grundlagen integriert und nicht in einem gesonderten Kapitel erläutert. Hier fließen insbesondere auch Beobachtungen des Forschungsteams während der diversen Workshops mit ein.

9.3.1 Selbstführung

Warum die Betonung auf Selbstführung bzw. Selbstregelung? In innovativen Unternehmen ist ein routinierter Umgang mit Zeitplanung, Projektmanagementinstrumenten etc. nicht immer einfach. Die oben beschriebenen Spannungsfelder erfordern die Setzung von Prioritäten, und wenn viele Ideen, d. h. viele Entscheidungsmöglichkeiten vorhanden sind, dann ist das richtige Setzen von Prioritäten eine echte Herausforderung. Dabei spielt die **Fähigkeit zur Selbstbeobachtung** und **Selbstwirksamkeitserwartung**, das ist die Überzeugung, durch eigene Handlungen angestrebte Ziele erreichen zu können, eine bedeutende Rolle (vgl. Stahl 2013, S. 200). Gerade in **paradoxen Führungskontexten** ist es wichtig, dass Führungskräfte ein tieferes Verständnis ihres Selbsts pflegen. Wenn eine Führungsperson bei ihren Mitarbeitenden Lern- und Entwicklungsprozesse fördern möchte, dann muss sie auch an sich selbst hinterfragen, wie ihr Lernen funktioniert und wie sie selbst mit anderen zusammenarbeitet. Gerade wenn wenig klare Vorgaben oder Anweisungen vorliegen, müssen sich Führungskräfte ständig überlegen, wie sie selbst passende Strukturen schaffen und mit ihren Handlungen einen Beitrag zur Zukunftsfähigkeit des Unternehmens leisten können und auch welche Werte sie ihren Entscheidungen zugrunde legen. Peter Drucker hat den Satz geprägt: „Wer andere führen will, muss zunächst imstande sein, sich selbst zu führen" und ermutigt Führungskräfte zur Selbstführung (vgl. Drucker 2005). **Selbstführung** heißt gemäß Stahl (2013, S. 201):

- Das eigene Verhalten beobachten und sich die Konsequenzen aus dieser Beobachtung eingestehen;
- die eigenen Gefühle und Stimmungen zielgerichtet beeinflussen;
- Impulse kontrollieren und aufschieben;
- die eigenen Absichten auch tatsächlich verwirklichen.

Damit ist ein hoher Anspruch an die Führungskräfte formuliert. Vor allem, weil in einem Selbst, wie es Schulz von Thun (2005) ausdrückt, nicht nur ein ICH wohnt, sondern mehrere ICHs. Die **Kunst der Selbstführung** liegt deshalb nach Schulz von Thun auch in der

Kunst, das „innere Team" mit den verschiedenen ICHs zu führen, verschiedene Teamplayer und auch das „Oberhaupt" im Team und v. a. innere Teamkonflikte zu erkennen und ihnen konstruktiv zu begegnen. Das „Oberhaupt" versucht die Beiträge der verschiedenen ICHs zu berücksichtigen und ist der „steuernde Moderator des Geschehens" (Schulz von Thun 2005, S. 87).

Bei der inneren Konfliktbearbeitung ist es wichtig, dass man sich einerseits mit den unterschiedlichen Ansichten und den Interessen dahinter auseinandersetzt, sich aber bei widersprüchlichen oder paradoxen Beiträgen der „inneren" Teammitglieder auch gleichzeitig die Frage stellt: „Wozu ist es gut, dass du (zuweilen) auch da bist? Was kann ich an dir schätzen? Wozu bedürfen wir einander, damit unsere ‚Gesamtperson' gut leben kann?" (Schulz von Thun 2005, S. 155). Das „Oberhaupt" der inneren Stimmen muss am Ende entscheiden, wer in welcher **Entscheidungssituation** Vorrang haben und wie die gegenseitige Ergänzung aussehen soll. „Wer soll künftig mehr Raum einnehmen, wer soll sich ‚gesundschrumpfen'?" (Schulz von Thun 2005, S. 155).

Gerade im Innovationskontext werden sich auf einer solchen **inneren Innovationsteamkonferenz** Figuren wie der/die absatzorientierte Marketingleiter/in, der/die pflichtbewusste Kundenbetreuer/in oder der/die leidenschaftliche Tüftler/in und Tagträumer/in, der/die Kostenminimierer/in oder der/die Visionär/in begegnen und ihre Interessen „äußern". Wichtig ist: Wer sich selbst wirksam führt, lässt eine „Diskussion" zwischen diesen inneren Teammitgliedern zu, schält die Interessen hinter der jeweiligen Position heraus und reflektiert sie. Nur so kommen Führende in komplexen und politisch aufgeladenen Entscheidungssituationen (siehe unten) zu einem ausgewogenen Urteil.

Auf die Frage an einen Technologiemanager, was er macht, wenn der Abteilungsleiter in Bezug auf die innovationsfördernden Maßnahmen nicht mitzieht, antwortet dieser:

> **Perspektive Technologiemanager zur Abteilungsleitung: Ich kann dir nur helfen, aber du musst das machen**
>
> Ich muss zuerst viel Diplomatie machen. Ich mache auch ganz klar: „Du kannst mir das sagen [dass du das nicht machst], aber am Ende bist du verantwortlich. Du kannst entscheiden, das nicht zu machen, aber du kannst das eigentlich nicht bewusst machen. Ich kann dir nur helfen, das zu machen, aber du kannst nicht sagen: ‚Ich mache das nicht.' Du musst das machen. Das ist dein Job [...]" Vielleicht mache ich es flexibel und sage: „Ok, wir machen das nicht diese Woche, wir machen das in zwei Wochen." Aber ich erinnere sie immer, dass sie das machen müssen. (F&E Leader=Technologiemanager)

Das Interview zeigt, dass eine klare Positionierung in den diversen Führungskonstellationen im Bereich der innovationsfördernden Führung häufig nicht einfach ist. Oft ist Diplomatie gefragt und damit verbunden die Fähigkeit, sich selbst zu führen, d. h. **die eigenen Impulse selbstsicher zu kontrollieren** bzw. aufzuschieben, um die langfristigen Ziele zu erreichen.

Welche Kompetenzen sind damit angesprochen?

9.3.2 Kompetenzentwicklung

Es gibt zahlreiche Definitionen zum **Kompetenzbegriff**. Zwei davon werden nachfolgend vorgestellt.

Baitsch (1998) definiert Kompetenz aus einer psychologischen Perspektive als „System innerpsychischer Voraussetzungen, das sich in der Qualität sichtbarer Handlungen niederschlägt und diese reguliert" (S. 93). Bergmann und Daub (2008) definieren Kompetenz als „selbstorganisierte Problemlösefähigkeit" (S. 74), die einer Person jeweils von anderen Personen zugeschrieben wird.

▶ Wir verstehen **Kompetenz** hier ebenfalls als **selbstorganisierte Problemlösefähigkeit** und als relationales Konstrukt, d. h. keine Führungsperson kann von sich selbst behaupten: „Ich bin sozialkompetent", sondern Kompetenz ist mit einer Kompetenzzuschreibung in einem sozialen System verbunden, also eine soziale Konstruktion.

Kompetenzentwicklung wird „als eine Befähigung zur Selbstentdeckung und -erprobung" (Bergmann und Daub 2008, S. 75) verstanden. Die Entwicklung von innovationsfördernden Kompetenzen bei Führungskräften muss diese befähigen, ihre Eigenschaften, Stärken und Schwächen zu erkennen und weiterzuentwickeln (vgl. Bergmann und Daub 2008, S. 75). Persönlichkeiten und Eigenschaften entwickeln sich schon früh heraus. Die Entwicklung von Persönlichkeit ist die Entdeckung von Persönlichkeitsmerkmalen und je nach Anforderung, die Weiterentwicklung von ausgewählten Merkmalen. Was jeweils wichtig ist an einer Führungsperson, welche Kompetenzen sie braucht, welches Verhalten sie zeigen soll, ist immer vom Horizont der Betrachter bestimmt. Führungskompetenzen lassen sich daher nicht „büffeln", sondern viel wichtiger ist es, wenn Führungspersonen gemeinsam im Dialog herausfinden, wie sie selbst führen, wie sie geführt werden wollen und wie sie führen wollen. Lernkonzepte sollten sich auf der Basis dieser Klärung gestalten.

Kompetenzen und Kompetenzprofile orientieren zahlreiche **Personalaktivitäten**. Idealerweise werden sie unternehmensspezifisch formuliert und dienen der Organisationsentwicklung, Personalauswahl und -entwicklung, Einsatzplanung und der Leistungsbewertung. „Soll Kreativität, die über weitere Zwischenstufen zu Innovationsprozessen führen kann, unterstützt werden, dann ist die Bereitstellung kompetenzförderlicher Arbeitssysteme und Organisationsstrukturen unumgänglich" (Baitsch 1998, S. 102).

▶ Daher ist es von grundlegender Bedeutung für die Führung, **gemeinsam mit der Personalabteilung innovationsfördernde Kompetenzbausteine** in den Kompetenzprofilen der Organisation zu berücksichtigen.

Dafür müssen natürlich zuerst einmal **innovationsfördernde Kompetenzaspekte** identifiziert werden. Diese ergeben sich aus den Überlegungen der vorherigen Kapitel:

Die Fähigkeit, sich selbst zu erkennen und zu führen, wird auch **intrapersonale Kompetenz** genannt (vgl. Stahl 2013, S. 202). Neben einem klaren Strategiebezug, der innovationsfördernden Mitgestaltung der organisationalen Bedingungen (Kontextbezug) und der Beziehungsgestaltung zu Geführten bzw. Innovationsteams (Sozialkompetenz) ist diese Kompetenz zentral. Wie bereits oben erwähnt: Nur wer sich selbst führen kann, ist in komplexen Situationen entscheidungsfähig und kann akzeptierte Entscheidungen treffen und diese auch erfolgreich umsetzen. Wer nicht in der Lage ist, sich selbst ins Bild zu setzen, kann die Konsequenzen der Führungsentscheidungen nicht antizipieren.

Laut Stahl (2013, S. 100 f.) sind die Fähigkeiten der Selbstführung, Selbstreflexion und des Selbstvertrauens wichtige Schritte zur **heuristischen Kompetenz**. Diese beinhaltet persönliche Problemlöseverfahren, eben Heuristiken, die der Bewältigung neuartiger Situationen dienen. Bergmann und Daub (2008) sprechen in diesem Zusammenhang von **Selbstkompetenz** im Sinne von „Kenntnissen und Fähigkeiten, die es ermöglichen, sich mit neuen Lebenssituationen auseinanderzusetzen" (S. 76). Diese Kompetenz ist beim Eintritt in das Berufsleben weitestgehend gefestigt, kann aber bei einer Bereitschaft zur Selbstreflexion und Stärkung des Vertrauens in die eigene Problemlösefähigkeit weiterentwickelt werden, z. B. durch **Coaching oder Mentoring**.

▶ Wer als Führungskraft z. B. immer wieder aus widersprüchlichen oder **paradoxen Situationen** flüchtet und sich das irgendwann auch eingesteht, kann zusammen mit einem Coach lernen, bewusster mit solchen Situationen umzugehen, und entdeckt so vielleicht alternative Lösungswege. Oder wer einen Mentor (z. B. einen erfahrenen Manager) an die Seite gestellt bekommt, gewinnt an Vertrauen und lernt so, besser mit Entscheidungen in einem unsicheren, widersprüchlichen Kontext umzugehen.

Ein weiterer Kompetenzbaustein lässt sich aus der Fähigkeit, kompetent mit nicht eindeutigen Situationen umzugehen, ableiten. Häufig überbrücken Innovation Leaders das mit einem ausgeprägten Humor (zur **Überbrückung von Uneindeutigkeit**) und einer großen Gelassenheit. Häufig übernehmen F&E-Mitarbeitende auch erst nach einer langjährigen Fachlaufbahn die Rolle des Innovation Leaders, d. h. da ist auch viel **Selbstsicherheit** im Umgang mit verschiedenen Stakeholdern mit im Spiel.

Viele innovative Unternehmen setzen auch vor diesem Hintergrund im Rahmen ihrer Personalpolitik auf Mitarbeitende mit nicht ganz typischen oder **„gebrochenen" Lebensläufen**. Damit sollen Mitarbeitende mit einem unabhängigeren, freieren Blick auf Problemstellungen eingestellt werden. Das kann insgesamt die heuristische Kompetenz im Unternehmen anheben. Selbstkompetenz ist stark durch verschiedene Erfahrungen in der Kindheit und im Berufsleben geprägt.

Selbstführung heißt aber auch, wie bereits oben in der Auflistung hervorgehoben, das eigene Verhalten genau zu **beobachten**, d. h. Führungskräfte sollten zu **„Forschern in eigener Sache"** (Burla et al. 1995, S. 133) werden, indem sie ihre Innovationsrealität rekonstruieren, interpretieren und so bewusster (und möglicherweise auch anders) gestalten. Hier geht es also um die **Selbstreflexionskompetenz**, um die Reflexion des eigenen Führungsverständnisses und des eigenen Verständnisses von Innovationsförderung. Dies wird auch seitens der Mitarbeitenden eingefordert:

> **Perspektive Mitarbeitende: Der hinterfragende Chef**
> Also in meiner Vorstellung muss es ein Firmenklima sein, hinunter bis zu jedem Abteilungsleiter, zu jedem Teamleiter, dass man sich Leute sucht, die selbständig denken, die sich hinterfragen, die ihr Umfeld hinterfragen, inklusive ihrem Chef, und die das auch artikulieren können. Das ist für mich der beste Boden für Innovation. Und es muss dann auch ein Klima sein, wo Entscheidungen in Frage gestellt werden dürfen. (F&E MA)

Je nachdem, welches Bild sich die Führungskraft z. B. vom Innovationsgegenstand und Innovationsgrad macht, wird sie ihre Aufgabe zur Förderung von Innovation anders definieren, auf andere Dinge achten und zu anderen Instrumenten greifen. Deshalb wurde im Rahmen des ILP-Projektes auch ein Aktionsforschungsansatz mit entsprechenden Reflexionsschlaufen im Rahmen von Workshops gewählt – als Form einer Achtsamkeits- und Reflexionsübung und Schärfung der Beobachtung des eigenen Selbstverständnisses und Verhaltens. Durch die Reflexion der im gesamten Buch präsentierten Führungs- und Innovationsmanagementepisoden konnten das eigene Selbstverständnis von Innovation, Innovationsförderung und die dazugehörigen Selbstverständlichkeiten in der Führung betrachtet werden.

Wer Selbstreflexionskompetenz mitbringt, der eröffnet **Raum für kontroverse Diskussionen**, ist andauernd in Interaktion mit den Geführten und kann die Folgen von Führungsentscheidungen gut abschätzen. Eine ausgeprägte Selbstreflexionskompetenz vermehrt die Handlungsalternativen seitens der Geführten, denn diese haben keine „starren" Antwortschemata vor Augen, und so wird insgesamt der Möglichkeitsraum erweitert. Damit verbunden ist auch eine **Integritätskompetenz** im Sinne der Fähigkeit, sich auch einmal außerhalb des Mainstreams zu bewegen und seiner inneren Überzeugung auch gegen Widerstände zu folgen.

Vor dem Hintergrund der Anforderungen an Innovation Leaders, sich in verschiedenen Netzwerken zu bewegen und unterschiedliche Wissensquellen zu erschließen, ist natürlich auch eine hohe **Sozialkompetenz** vonnöten, d. h. Kenntnisse und Fähigkeiten mit Beziehungen zwischen verschiedenen internen und externen Know-how-Trägern unter Einbezug der eigenen Person wahrzunehmen und nachhaltig zu gestalten (vgl. Bergmann und Daub 2008, S. 76).

In Abschn. 9.2.3 wurde die Bedeutung von Emotionen und Intuitionen angesprochen. Beziehungsgestaltung mit kreativen Personen ist ein sensibles und komplexes Gebilde und benötigt in vielen Situationen das richtige Gespür. Hier sind **intuitive Kompetenzen** gefragt bzw. ein professioneller Umgang mit Intuition. Damit sind Fragen verbunden wie: Wie gründlich reflektiere ich über die Bedeutung der inneren Stimme(n)? Welchen Stellenwert hat das Bauchgefühl für mich, für das Unternehmen, für die Kultur, in der ich arbeite? Unternehmen, die auf Freiräume und damit auf Selbstverantwortung, Selbstorganisation, Fehlertoleranz und Vertrauen setzen, schaffen optimale Bedingungen für die Berücksichtigung intuitiver Körpersignale.

Im Hinblick auf die Berücksichtigung der organisationalen Bedingungen in Bezug auf die Innovationsförderung ist auch eine hohe **Systemkompetenz** gefragt. Innovationsfördernde Führungskräfte müssen wissen, wie die einzelnen organisationalen Elemente, wie z. B. Strategie, Struktur und Kultur zusammenwirken.

Weiterhin ist eine hohe **Sachkompetenz** und Glaubwürdigkeit gefragt, d. h. die Führungskräfte müssen sich im Innovationsbereich fachlich auskennen, um Prioritäten zu setzen, Ideen zu selektieren und um Feedback zu geben. Das zeigt sich deutlich in der Praxis: Es gibt selten Technologie- und Innovationsmanager, die nichts von der Materie verstehen, und meistens werden diese Stellen als Teilzeitstellen in Kombination mit einer Fachstelle ausgefüllt.

▶ Im Zentrum der Kompetenzentwicklung für Führungskräfte im Innovationskontext stehen aber, abgeleitet aus unseren empirischen Erhebungen, ganz klar die **Selbstführungs- und die Sozialkompetenz**. Die erstgenannte ist zentral, um mit der Eigendynamik der Organisation, um mit Unsicherheit, Widersprüchen und Freiräumen im Zuge der Innovationsförderung umzugehen. Letztgenannte ist zentral, um in einem wissensintensiven Umfeld interne und externe Knowledge-Partner zu finden und kunstvoll miteinander zu vernetzen. Grundbedingung zur Kompetenzentwicklung überhaupt sind die **Reflexionskompetenz** und **intuitive Kompetenz** und die Offenheit, sich mit seinem eigenen Führungsselbstverständnis und seinem intuitiv-emotionalen Sensorium auseinanderzusetzen.

Im Hinblick auf die Entwicklung der Reflexionsfähigkeit für Innovation Leaders ist die nachfolgende Übung von Kuczmarski (1996, S. 115 f.) hilfreich. Diese **Übung** zwingt Führungskräfte, ihr Führungsselbstverständnis und ihre Rolle in Bezug auf die Innovationsförderung zu hinterfragen.

Übung: Was ist mein persönlicher Beitrag zur Innovationsförderung?

1. **Formuliere deinen persönlichen Beitrag** (kurze Statements) zur Innovationsförderung im Unternehmen. Das wird dir helfen, deine Haltung in Bezug auf Innovation zu klären, und es wird auch deinen Kolleginnen und Kollegen helfen, auch daran zu glauben.
2. **Tell me your innovation story:** Lies innerhalb von dreißig Tagen einige Fachartikel über Produkt-, Prozess- und Geschäftsmodellinnovationen aus anderen Unternehmen. Überlege dir, welche Aspekte sich gut auf deine eigene Praxis übertragen lassen (oder nicht), und verfasse deine eigene Geschichte bzw. deinen eigenen Artikel zum Thema „Innovation in meinem Unternehmen".

- Das Verfassen einer eigenen „Innovation Story" hilft, sich den Beitrag von Innovationen zur Unternehmensentwicklung und auch seinen eigenen Beitrag zur Innovationsförderung klar vor Augen zu führen.
- Zudem sind solche Artikel ein hervorragendes Kommunikationsinstrument. Wenn z. B. mehrere Manager/innen einen solchen Artikel verfassen und diesen in Kleingruppen diskutieren oder auch via Online-Tools wie Intranet, Firmen-Blogs usw., dann kann eine kritische Auseinandersetzung in Bezug auf die jeweiligen Innovation-Mindsets, die Grundeinstellungen zur Bedeutung von Innovation im Betrieb, stattfinden.

Quelle: in Anlehnung an Kuczmarski 1996, S. 115 f.

9.4 Gestaltung von Führungsbeziehungen jenseits der Norm

In den vorangegangenen Kapiteln wurde deutlich, dass innovationsförderliche Arbeitsbedingungen auch bedeuten, dass die Tätigkeiten entsprechend der jeweiligen Persönlichkeiten, deren Interessen und Stärken, verteilt werden. Fasst man die Einblicke in die diversen Studien zusammen, so lässt sich folgender Schluss ziehen:

- **Personen, die Freiraum eher ablehnen**, sind konventionell orientiert, bevorzugen Routineaufgaben, sind gewissenhaft, extern orientiert, extrinsisch motiviert, regelbewusst und haben eine niedrige Ambiguitätstoleranz.
- **Personen, die Freiräume bevorzugen**, sind künstlerisch-sprachlich orientiert, intern orientiert, intrinsisch motiviert, unkonventionell, fühlen sich wohl in einem dynamischen Umfeld und haben eine hohe Ambiguitätstoleranz.

Vor diesem Hintergrund stellt sich die Frage, was „Balance-Management" ganz konkret in der alltäglichen Personalführung heißt. Läuft eine Führung von hochkreativen Persönlichkeiten zwangsläufig auf ein **„Leading by Exceptions"** heraus? Müssen bestehende Grenzen (Standards, Richtlinien) für hochtalentierte Forscherinnen und Forscher immer wieder situativ angepasst werden, um diesen ein adäquates Maß an innovatorischen Freiräumen zu gewähren? Welche Folgen hat dies für das gesamte Führungssystem, die Führungs- und Innovationskultur? Wie weit kann die Führung hier gehen? Welche Bedingungen müssen für **Ausnahmeregelungen** geschaffen werden?

Gemäss Holm-Hadulla (2010) lehnen viele kreative Talente Mentoren und Leitbilder ab:

> In ihrem Streben nach Originalität und Unabhängigkeit fällt es ihnen schwer, auch potenziell hilfreiche Autoritäten anzuerkennen. Dabei spielen ungelöste Rivalitätsprobleme eine oft unterschätzte Rolle. Die Annahme von Regeln der Expertengemeinschaft ist für originelle und kreative Persönlichkeiten oft so schwierig, dass Konflikte mit den Kollegen ihr kreatives Potenzial schwer beschädigen. (Holm-Hadulla 2010, S. 43–44)

Hochkreative Menschen haben große Schwierigkeiten, formale Aufgaben korrekt und zügig zu erledigen und Standards genau einzuhalten. Sie konzentrieren sich sehr auf ihre Stärken. Auch fällt ihnen die eigene Einordnung in ein soziales und hierarchisches Regelwerk nicht leicht. Das zeigt sich bspw. in Bezug auf die Orientierung an festen Arbeitszeiten und in einer ausgeprägten Skepsis gegenüber Weisungsrichtlinien.

> Hochkreative Mitarbeitende sollte man so weit wie möglich von allen diesen Realitäten fernhalten und nur so weit an diese, für sie problematischen Organisationsmerkmale heranführen, als dies tatsächlich zwingend erforderlich ist. Konkret bedeutet dies, dass diese Menschen relativ viel administrative Unterstützung bekommen und ihre Vorgesetzten recht permissiv mit Regelüberschreitungen umgehen. (Weidmann und Armutat 2008, S. 92)

Wie bereits oben angemerkt, neigen kreative Personen zu **Nonkonformität** und Ungebundenheit, brechen gerne mal Tabus und lancieren kleine „Rebellionen". Diese Distanz ist durchaus funktional im Hinblick auf die Kreativitätsförderung. Distanz erleichtert einen freien und kritischen Blick auf die Umwelt und erhöht die Möglichkeit, Ideen intellektuell zu durchdringen. **Separatismus** von den allgemeinen unternehmens- und führungskulturellen Werten und Normen kann aber auch als problematisch betrachtet werden. Hochkreative, die sich immer weiter von der Alltagsrealität zurückziehen, Firmenanlässe, Mittagessen mit Kollegen, gemeinsame Rituale vernachlässigen und sich ausschließlich auf ihr Spezialgebiet und ihr fachliche Aufgabe konzentrieren, lösen oft Ablehnung ihrer Person hervor (vgl. Weidmann und Armutat 2008), sie unterwandern kulturelle Werte und in Unternehmen mit einer starken Kultur (Abschn. 8.2.1) kann das zum Bruch zwischen Organisation und Mitarbeitenden führen.

Wenn es keine Balance mehr gibt zwischen der Fokussierung auf den kreativen Prozess und der betrieblichen Realität, „ist es nicht unwahrscheinlich, dass das eigene kreative Denken, Streben und Handeln von den Kundenbedürfnissen und anderen unternehmensrelevanten Aspekten abgekoppelt wird. Irgendwann kann es für die innovativen Menschen hinreichend gute Gründe für einen dauerhaften Rückzug in den vielzitierten Elfenbeinturm geben" (Weidmann und Armutat 2008, S. 42). Das heißt, die Personen leben ihr Kreativitätspotenzial aus, aber die Verwertungsmöglichkeiten nehmen mit der Zunahme der Distanz zur Organisation deutlich ab.

Wenn ein/e Abteilungsleiter/in z. B. die Entscheidung trifft, ein Team von drei Ausnahmetalenten mit einem Entwicklungsauftrag sowohl räumlich, strukturell und kulturell für eine gewisse Zeit vom Rest der Organisation abzusondern (z. B. in einem Spin-off- oder Spin-along-Modell), kann das bis zu einem gewissen Grad für die Innovativität der Organisation funktional sein – insbesondere, wenn die Organisation sich zum Ziel gesetzt hat, auch **disruptive Innovationen** hervorzubringen. Die Ausnahmetalente bekommen genügend Freiraum für die Weiterentwicklung von Ideen, bis diese reif genug sind, um wieder in die etablierten Wertschöpfungsprozesse überführt zu werden. Die Irritation, die ihre Verhaltens- und Arbeitsweisen gegenüber Kolleginnen und Kollegen auslösen, wird durch Desintegration in Grenzen gehalten.

Eine **produktive Separationslösung** kann nur dann nachhaltig funktionieren, wenn mindestens eine der beiden folgenden Bedingungen erfüllt ist (vgl. Weidmann und Armutat 2008):

- Regelabweichungen bzw. Nonkonformität sind Teil der **Unternehmenskultur**. Das heißt, es gibt zwar Regeln, Normen, Standards usw., die werden aber sehr flexibel ausgelegt und nicht immer so strikt eingehalten. Es herrscht eine Grundhaltung, dass ein Ausprobieren neuer Wege wertgeschätzt wird. Es gilt: soviel Regeln wie nötig, soviel Innovativität und Adaptionsfähigkeit wie möglich.
- Führungskräfte nehmen ihre Verantwortung ernst und schaffen neben den oben skizzierten kulturellen Bedingungen auch **kommunikative Bedingungen** für solche Separations-Lösungen. Das heißt, sie schaffen Gelegenheit durch Institutionen wie Entwicklertreffen, Tech-Talks, Innovationsfrühstück-Treffen, Communities-of-Practice-Sitzungen, dass diejenigen, die „desintegriert" sind, sich punktuell immer wieder integrieren und den Kolleginnen und Kollegen berichten, was in der Separation abläuft. Die Ideen der von der Führung auserwählten kreativen Personen werden vorgestellt und auch immer wieder an der Alltagsrealität gespiegelt und kritisch hinterfragt. Beide „Welten" müssen sich aufeinander einlassen, und die Führung kann das aktiv unterstützen und fördern, z. B. indem sie auf die unterschiedlichen Erfolgsformeln und auch typischen Projektverläufe eingeht.

In Bezug auf die Projektverläufe muss die Führung zum Verständnis beitragen, dass die Erfolge hochkreativer Entwicklungsprozesse unter Umständen sehr viel Zeit in Anspruch nehmen können und nicht kurzfristig zu Produktivitätssteigerungen oder mehr Absatz führen. Für kreative Prozesse sind **andere Zeitstrategien** zu entwickeln und explizit zu vertreten als für Verbesserungsprozesse, damit müssen sich auch bei Desintegrationsstrategien neue Formen des Projektmanagements entwickeln.

Im Rahmen der im Buch zugrunde gelegten Forschungsprojekte kamen sehr unterschiedliche Zeiträume von Innovationsprojekten zum Ausdruck. Ist ein/e Forscher/in aus der industriellen F&E mit Innovationsprojekten befasst, dann gelten 5–10 Jahre als „normal". Ein Expertenteam aus einem Nahrungsmittelunternehmen strebt hingegen bei seinen Projekten einen wesentlich kürzeren Zeitraum von ca. 1–2 Jahren an. Insgesamt zeigen sich hier über verschiedene Branchen und Arten von Innovationsprojekten hinweg bemerkenswerte Unterschiede (vgl. Wastian und Schneider 2007). Führungskräfte müssen ihre Mitarbeitenden erstens für diese Unterschiede sensibilisieren, zweitens dafür sorgen, dass der rekursive Charakter von Innovationsprozessen mit vielen Feedback- und Rückkopplungsschlaufen mit dem Desintegrations-Modell harmoniert. Konstruktiv entwickelt sich eine Separation nur dann, wenn sie gut in die Prozess- und damit Kommunikationsabläufe eingebettet ist.

9.5 Implikationen für das Personalmanagement

Das Personalmanagement bzw. das Human Resource Management (HRM) unterstützt als Innovationspartner das Technologie- und/oder Innovationsmanagement und die Linienführungskräfte auf allen innoLEAD©-Ebenen. Voraussetzung dafür ist die Anerkennung der Personalmanagementkompetenzen für die Förderung der organisationalen Innovationskompetenz. Um das Personalmanagementwissen im Dienste der Innovationsförderung zu nutzen, ist es unabdingbar, dass die Führungsverantwortlichen von sich aus aktiv auf das Personalmanagement zugehen und mit der Abteilung gemeinsam innovationsfördernde Maßnahmen entwickeln.

Im Vorwort wurde bereits betont, dass sich dieses Buch vorbehaltlos dem Postulat anschließt, dass der **Mensch im Mittelpunkt der Innovation** steht. In der Praxis – und das kommt auch in den von uns untersuchten Industrieunternehmen zum Ausdruck – wird dieses Postulat zwar ernst genommen, aber nicht als gemeinsamer Gestaltungsauftrag von Innovationsmanagement-Professionales, Innovation Leaders und Personalmanagement-Professionals betrachtet. Im Rahmen der Workshops mit verschiedenen Führungspersonen aus dem technologischen Bereich waren in zwei Unternehmen auch die Personalleitenden beteiligt. Und die Grundhaltung war in beiden Unternehmen gleich: *„Wenn ihr Unterstützung benötigt, dann machen wir das gerne, aber das muss von euch kommen."* Die Haltung ist eher dienstleistungsorientiert bis defensiv-abwartend; die Personalleitenden hängen sich nicht ohne klaren Auftrag *„aus dem Fenster"*. Unter der These, dass sich sowohl die Personalleitenden als auch die Innovation Leader gemeinsam aus dem Fenster lehnen: Um was geht es bei einer **aktiven Rolle der Personalabteilung als Innovationspartner**?

Auf der strategischen Ebene geht es um…
eine Berücksichtigung der Innovationsstrategie in der Personalstrategie. Die Innovationsfähigkeit eines Unternehmens muss als strategischer Erfolgsfaktor der Personalabteilung offiziell festgelegt und kommuniziert werden. Damit ist auch klar, dass es strategisch gewollt ist, dass das Personalmanagement eine aktive Rolle im Rahmen der Zukunftsentwicklung einnimmt und die Personal- und Organisationsentwicklung als ineinandergreifende Prozesse verstanden werden. Wichtig ist dabei, dass die **personalstrategischen Ziele** im Hinblick auf die Innovationsförderung auch auf einzelne Abteilungen heruntergebrochen werden, um möglichst konkrete Ansatzpunkte für die Rolle des Personalmanagements zu definieren. HR-Praktiken können die Innovationsfähigkeit eines Unternehmens nur dann gezielt stärken, wenn sie sorgfältig auf die Innovationsstrategie abgestimmt sind (vgl. Dorenbosch et al. 2005; Jiménez-Jiménez und Sanz-Valle 2005).

Auf der strukturellen Ebene geht es um…
die Unterstützung der Führungskräfte und Mitarbeitenden in Bezug auf arbeitsorganisatorische Maßnahmen, wie z. B. die Eröffnung von Möglichkeiten des mobilen Arbeitens, Home-Office-Lösungen, flexible Arbeitszeitsysteme, die Implementierung von Frei-

raum-Prozent-Regeln, die Möglichkeit, längere Kreativpausen einzulegen, Sabbaticals zu beantragen sowie die Unterstützung der Linie bei der **Organisation von „Ausnahmelösung"**, d. h. der Separation oder Integration von Abteilungen oder Teams, die besonders hochgesteckte Innovationsziele verfolgen. Gerade in Bezug auf die Kommunikationsarbeit im Rahmen der Vermittlung zwischen dem „Business-Betriebssystem" und dem „Innovations-Betriebssystem" (Abschn. 7.1.1) bietet sich eine enge Zusammenarbeit mit Personalexpertinnen bzw. –experten an. Hier liegt der Fokus auf der **Schnittstellenkommunikation** zwischen den Welten der Produktion und der Kreation.

Weiterhin kann sich die Personalabteilung im Bereich „Workspace Innovation" (vgl. Toker und Gray 2008) professionalisieren und sowohl Einfluss auf die Gebäudearchitektur als auch die Struktur des Wissensmanagements sowie die Zusammenarbeit in virtuellen Arbeitsräumen mitgestalten (z. B. Wissensmanagement via R&D-Wikis, Wissensmanagement auf dem Intranet, Begleitung virtueller Kommunikation bei Entwicklungsprojekten in internationalen F&E-Teams, Förderung der interkulturellen Kompetenz und der Kompetenzen in Bezug auf den Umgang mit Online-Kommunikationslösungen usw.). So können die Fachkräfte aus der Personalabteilung vor allem arbeits- und organisationspsychologische Erkenntnisse in Führungsentscheidungen rund um diese Themenfelder mitbeeinflussen.

Es ist zentral, kreativen Mitarbeitenden physische Räume zur Verfügung zu stellen, in denen sie ungestört kreativ werden können, in denen sie sich optimal vernetzen und ihre Ideen austauschen. Ein innovationsfördernder Arbeitsplatz zeichnet sich aus durch eine hohe Autonomie der Mitarbeitenden in Bezug auf Wahl und Einrichtung des Arbeitsplatzes für eine bestimmte Tätigkeit. Das heißt, ein variables Arbeitsumfeld mit **frei wählbaren Projektflächen** oder einzelnen Arbeitsplätzen, die den jeweiligen Bedürfnissen im Innovationsprozess gerecht werden, eignet sich dafür sehr gut. Je nach Bedarf können Mitarbeitende sich in Kollaborationsräumen austauschen, in **Rückzugsräumen** in Aufgaben vertiefen oder sich entspannen, in **Experimentierräumen** oder Laboren Tests durchführen oder in **„Spielräumen"** ihre spielerische Seite ausleben (Abschn. 5.2). Einzelne Studien versuchen objektive Richtlinien für kreativitätsfördernde Räume zu etablieren, doch fördern räumliche Faktoren die Kreativität meist auf indirekte Weise (z. B. über die Motivation). Das eigene Büro wurde früher in erster Linie als Statussymbol betrachtet. Heute jedoch wird ein Büro vielmehr als dynamisches „Eco-System" betrachtet, welches Mitarbeitende befähigt, ihren Arbeitsplatz den eigenen Präferenzen und Bedürfnissen anzupassen (vgl. Oksanen und Stahle 2013). Doch auch hier ist es zentral, räumliche Veränderungen dem organisationsspezifischen Kontext anzupassen, denn das Kopieren von bestehenden Konzepten erwies sich in der Vergangenheit oftmals als wenig erfolgreich (vgl. Morrow et al. 2012).

Innovationsförderung basiert maßgeblich auf einem professionellen Umgang mit Informationen. Das **Wissensmanagement** ist ein wichtiges Gestaltungsfeld für das Personalmanagement. Im Zentrum steht dabei vor allem die Gestaltung von Wissensaustausch auf einer persönlichen Ebene. Im Hinblick auf die Gestaltung von Austauschgelegenheiten wie Communities of Practices oder Fachexperten-Austausch, Entwicklertreffen usw. kann die Personalabteilung wichtige Moderationsfunktionen übernehmen und als „neutrale" Abteilung dabei mitwirken, dass vor allem die interdisziplinäre Zusammenarbeit gefördert wird. Besonders funktionsübergreifende Arbeitserfahrungen und laterale Karriereentwicklungen stimulieren Mitarbeitende, ihre Expertise und ihre Erfahrungen zu teilen, neues Wissen zu gewinnen und die Erkenntnisse in ihrer Arbeit zu nützen. Jiménez-Jiménez und Sanz-Valle (2008) empfehlen daher besonders für innovative Unternehmen breite, transparente Karrierepfade. Auch horizontale Prozesse und On-the-job-Entwicklungsmaßnahmen wie funktionsübergreifende Teamarbeit, Job Enlargement, Job Enrichment sowie Job Rotation, fördern den funktionsübergreifenden Kontakt zwischen Mitarbeitenden. Weiterhin unterstützen diese Maßnahmen den Aufbau von funktionsübergreifenden Kompetenzen (vgl. Levenson 2012).

In Bezug auf die zunehmende Vernetzung von innovationsgetriebenen Unternehmen mit externen Partnern und der Öffnung bisher geschützter Wissensbereiche gegenüber diesen müssen Veränderungsprozesse im Hinblick auf Risikofreude, Bereitschaft zur Weitergabe von Wissen, Akzeptanz von Ideen von außerhalb der Organisationsgrenzen (z. B. die „Proudly-found-elsewhere"-Leitidee von Procter & Gamble, d. h. man ist im Unternehmen auch auf Ideen stolz, die nicht im Unternehmen entwickelt wurden) lanciert werden, d. h. auch ein kultureller Wandel eingeleitet werden. Damit wären wir bei der kulturellen Führungsebene.

Auf der kulturellen Ebene geht es um…
die Unterstützung der Innovation Leader sowie der Professionals aus dem Innovations- und Technologiemanagement bei der Gestaltung einer Innovationskultur, die ebenso wie die Struktur einen Beitrag zur Öffnung des Unternehmens und der Wissensbasis leistet. Neben der oben bereits genannten **offenen Kommunikation** und der Förderung des Wissensaustausches unter den Mitarbeitenden ist die Förderung von **Diversität** in der Belegschaft eine zentrale Aufgabe des Personalmanagements. Die Abteilung Human Resources kann einen Beitrag leisten, dass sich die Belegschaft mit Mitarbeitenden zusammensetzt, die entweder über kreativitätsfördernde Eigenschaften oder über umsetzungsorientierte „Macher" -Eigenschaften verfügen. Generell werden Lern- und Effektivitätsvorteile erreicht, wenn Menschen mit unterschiedlichen Problemzugängen zusammenarbeiten. Das wirkt sich positiv auf die Innovationsfähigkeit aus (vgl. Sepehri und Wagner 2000). Wie in Abschn. 9.2.4 deutlich wurde, ist die Diversität insbesondere in der Zusammensetzung von Innovationsteams äußerst relevant. Hier kann das Personalmanagement auf einer operativen Ebene sehr konkreten Support leisten und Instrumente (Assessments etc.) zur Selektion von Teammitgliedern bereitstellen.

Bei der **Personalauswahl** können Rekrutierungsexperten *erstens* ein besonderes Augenmerk auf die Stellenbeschreibungen in Stellenanzeigen legen. Hier kommt es darauf an, dass die oben beschriebenen Merkmalsausprägungen sich auch in der Ansprache potenzieller Kandidaten niederschlagen. McEntire und Greene-Shortridge (2011) empfehlen zur Förderung der organisationalen Innovationsfähigkeit eine spezifische Rekrutierungsstrategie für externe Talente zu entwickeln. Einerseits empfehlen sie dabei die

9.5 Implikationen für das Personalmanagement

aktive Beteiligung von Mitarbeitenden und Führungskräften im Rekrutierungsprozess sowie andererseits eine aktive Teilnahme von Rekrutierungsspezialisten in professionellen Netzwerken, Verbänden, Communities und Konferenzen.

Zweitens können Personalexpert/innen beim Einsatz von eigenschaftsdiagnostischen Verfahren, Verhaltensdiagnosen durch Arbeitsproben oder biografischen Diagnosen im Rahmen der Rekrutierung unterstützen (vgl. Schuler und Görlich 2007, S. 85 f.).

Gerade in Unternehmen, die sich mit disruptiven Innovationen auseinandersetzen, deren Entwicklungen große Handlungsfreiräume seitens der Mitarbeitenden erfordern, kommt der Personalauswahl eine entscheidende Funktion zu. Gerade in einem solchen Innovationskontext benötigt das Unternehmen Mitarbeitende vom Typ „Selbstläufer", die eigeninitiativ arbeiten und sehr gut mit Druck und auch Widerständen umgehen, einen ausgeprägten Durchhaltewillen aufweisen etc. Die Rekrutierung nimmt hier eine Schlüsselfunktion im Innovationsmanagement ein. Im Rahmen der innovationsfördernden Personalauswahl stehen die folgenden Fragen im Vordergrund (vgl. Weidmann und Armutat 2008, S. 108):

- Welches Innovationspotenzial kennzeichnet die Aufgabe, die erledigt werden soll?
- Welche innovationsfördernden Kompetenzaspekte spielen im Besonderen eine Rolle?
- Welche Diversity-Anforderungen sind mit Blick auf das soziale Arbeitsumfeld zu stellen?

Im Rahmen der Auswahl von Innovation Leaders ist es sinnvoll, mit Kompetenzprofilen zu arbeiten, welche die oben skizzierten Sachverhalte berücksichtigen. Das Personalauswahlverfahren ist daher so zu gestalten, dass diese Kompetenzen geprüft werden können. Ferner kann die Auswahl durch unterschiedliche Tests unterstützt werden, beispielsweise ist der *kognitive Fähigkeitstest* ist bis anhin einer der besten Indikator für die zukünftige Leistung von Managerinnen und Managern. Im Kontext der Innovation sind insbesondere das bildliche Vorstellungsvermögen, der Redefluss und symbolisches Denken von Bedeutung. Symbolisches Denken bezeichnet die Fähigkeit abstrakte Symbole zu erkennen, geistig zu verarbeiten und daraus eine logische Beurteilung der Situation sowie Entscheidungen abzuleiten (vgl. Cascio und Aguinis 2008). Der *Innovation Potential Indicator* misst die kreativen Fähigkeiten sowie die Fähigkeit Innovationsideen umzusetzen und empfiehlt sich vor allem um die Übereinstimmung von Job und Person zu testen (vgl. Burch et al. 2008). Auch die Passung zwischen Person und Organisationskultur und insbesondere die Frage, inwiefern die Werte Kreativität und Innovation den gleichen Stellenwert für den Kandidaten und das Unternehmen haben, ist empfehlenswert (vgl. McEntire und Greene–Shortridge 2011).

Gmür und Schwerdt (2005) zeigen in ihrer Metaanalyse zum statistischen Zusammenhang zwischen Personalmanagementmaßnahmen und Unternehmenserfolg auf, dass diverse Studien zu Personalauswahlpraktiken zum Schluss kommen, dass eine intensive Selektion neuer Mitarbeitender zu einer Optimierung der Humanressourcen und zur Verbesserung der Unternehmensleistung führt. Diesen Studien liegen Hypothesen dieser Art zugrunde: Je größer der Aufwand ist, den ein Unternehmen bei der Auswahl neuer

Mitarbeitender betreibt, umso größer ist sein betriebswirtschaftlicher Erfolg. Gmür und Schwerdt (2005) kommen zum Ergebnis, dass die Variable „Rekrutierungsaufwand" über alle Studien hinweg einen signifikanten Effekt auf den Unternehmenserfolg hat. Gerade weil vor einem systemtheoretischen Hintergrund deutlich wird, dass die Wirksamkeit einer transformationalen Führungspraxis von zahlreichen Systembedingungen abhängt und sich Menschen in Organisationen nur beschränkt steuern und entwickeln lassen, liegt in der Einstellungsentscheidung ein großes Führungspotenzial. Fehlentscheidungen zum Zeitpunkt der Einstellung lassen sich durch Entwicklungsmaßnahmen und Leistungssteuerung nur noch schwer ausgleichen und können unter Umständen Projektteams auch stark in ihrer Entwicklung hemmen.

Eine weitere Funktion des Personalmanagements liegt bei der Unterstützung der Führungskräfte, das implizite Wissen der Mitarbeitenden besser zugänglich zu machen. Für alle kontrollorientierten Führungskräfte ist es häufig nur schwer erträglich, kommt aber oft vor: Trotz aller Workshops mit Kreativitätstechniken und Bemühungen seitens Innovations- und Wissensmanagement sowie Beratungsunternehmen in diesem Bereich bleibt der entscheidende „kreative Funke" aus und das für Innovationsvorhaben wertvolle Wissen bleibt in den Köpfen der Mitarbeitenden verborgen. Warum? Dieses Wissen beruht auf allen privaten und beruflichen Erfahrungen, die ein Mitarbeitender in seinem Leben gemacht hat, die Erinnerungen sind nicht nur mit „hard facts" verbunden, sondern auch mit Emotionen, mit Geschichten und Episoden, die tief im Gedächtnis verankert sind. Hier könnten Personal- und Kreativitätsexperten einen Beitrag leisten, indem sie Führungskräfte dabei unterstützten, das implizite Wissen der Mitarbeitenden an die Oberfläche zu holen, und indem sie dabei mitwirken, emotionale Freiräume für Mitarbeitende zu schaffen, d. h. Methoden zu entwickeln, wie in standardisierten Prozessen und zwischen Innovationskennziffern auch eine ganzheitlichere Betrachtung des Kreativitätspotenzials von Mitarbeitenden Raum einnehmen kann. Aktuelle Studien zu strategischem HRM zeigen, dass sogenannte AMO-Praktiken, welche gleichzeitig und in dynamischer Weise die Fähigkeiten (ability) und die Motivation (motivation) von Mitarbeitenden fördern und ihnen Raum und Möglichkeiten (opportunities) geben, diese Fähigkeiten zu nutzen, sich positiv auf das Verhalten von Mitarbeitenden auswirken: Sie fördern das Vertrauen der Mitarbeitenden in die Organisation, den (Wissens-) Austausch und die Kooperation, das Zusammengehörigkeitsgefühl und wirken sich positiv auf das affektive Commitment von Mitarbeitenden aus (vgl. Chuang et al. 2013; Gardner et al. 2011).

Grundlage für eine Veränderung der Unternehmenskultur hin zu einer Innovationskultur ist eine **offen kommunizierte Vision** der Unternehmensführung in Bezug auf den Stellenwert von Innovation. Die Vision bzw. das Innovationsselbstverständnis muss die Führung authentisch leben und kommunizieren. Hier kann das Personalmanagement bei der Auswahl von Weiterbildungsmaßnahmen helfen.

Auf der relationalen Ebene geht es um…
die Personalentwicklung und den Personaleinsatz. Das heißt, die Mitarbeitenden werden mit Unterstützung der Personalabteilung den jeweiligen Kompetenzen entsprechend einer

9.5 Implikationen für das Personalmanagement

Tätigkeit zugeordnet. Beispielsweise sollten kreative Menschen logischerweise mit einem Aufgabenportfolio betraut werden, das ihnen viele Freiräume gibt. Grundlage für eine **kompetenzbasierte Personalentwicklung** ist die Erfassung innovationswirksamer Kompetenzen von Mitarbeitenden und die Zugänglichkeit dieser Daten für Führungskräfte. Bei der Personalentwicklung in hochkreativen Arbeitsfeldern ist es zudem wichtig, dass das Personalmanagement gemeinsam mit dem Topmanagement festlegt, welche Leistungsbewertungskriterien gelten sollen. Am Beispiel von Google (Abschn. 5.4) konnte gezeigt werden, wie wichtig es ist, einhergehend mit der Schaffung von Freiräumen auch die passenden **Leistungsbewertungskriterien** zu definieren. Erstens ist es in einem kreativen Kontext schwierig, klare Ziele zu formulieren. Im Zusammenhang mit der obigen Ausführung zum „Zukunftsparadox" wurde deutlich, dass gerade bei der Entwicklung von Innovationserfolgen die Ziele nicht vorab definierbar sind. Zweitens kann die bis zum Innovationserfolg erforderliche Arbeitszeit nur schwer abgeschätzt werden. Im Vordergrund der Leistungsbewertung steht also nicht die Zielerreichung, sondern vielmehr eine Fortschrittsbetrachtung. Das ist ein grundlegender Unterschied, und für diese Herausforderung hat das Personalmanagement Lösungen bereitzustellen.

Weiterhin geht es im Rahmen der Unterstützung von Führungskräften bei einer innovationsfördernden Gestaltung von Führungsbeziehungen darum, Arbeitszeitsysteme zu entwickeln, die den Anforderungen der Innovatorinnen und Innovatoren gerecht werden. Diese Systeme müssen zwingend einen **eigenverantwortlichen Umgang mit Arbeitszeit** unterstützen. Dabei muss die Führung in Zusammenarbeit mit dem Personalmanagement präventiv die Mitarbeitenden in Bezug auf **Selbstmanagementpraktiken** schulen und vor allem die hochkreativen Mitarbeitenden vor Überarbeitung (bis hin zur Selbstausbeutung) schützen (vgl. Weidmann und Armutat 2008, S. 111). Dem **Gesundheitsmanagement** kommt hier eine wichtige Bedeutung für die Innovationsförderung zu. Wenn nur 10 bis 15 % aller Mitarbeitenden im hochkreativen Bereich tätig sind (siehe Abschn. 9.3.1) und die Führung bei herausfordernden Problemstellungen immer wieder auf die gleichen „High Potentials" zugeht, dann sind diese Personen dringend dabei zu unterstützen, bewusst mit ihren Ressourcen bzw. ihrer kreativen Energie umzugehen und gesund zu bleiben. In diesem Bereich kann die Personalabteilung Weiterbildungen anbieten oder den Mitarbeitenden ein Coaching vermitteln.

Personalmanagementexperten können auch eine innovationsfördernde Funktion wahrnehmen, indem sie mit der Führung **Anreizsysteme** für verschiedene Rollenträger im Innovationssystem entwickeln. Wenn kreatives und innovatives Verhalten gefördert werden soll, muss sich das auch in den Anreizsystemen niederschlagen. Anerkennungs- und Belohnungssysteme sollten nicht nur Erfolge, sondern auch Fehlschläge würdigen. Auch Fehlschläge können ein Ergebnis sein und wichtige Lernmomente erzeugen. Eigentlich ist nur Passivität negativ zu sanktionieren. Wer aktiv und engagiert an einem Ergebnis arbeitet und das sorgfältig dokumentiert und kommuniziert, erarbeitet gemeinsam mit der vorgesetzten Person immer wieder eigene Ziele, diskutiert diese und passt die Ziele immer wieder an. Grundsätzlich wird ein ergebnisorientiertes Entlohnungssystem einem Innovationssystem gerecht, das auf große Handlungsfreiräume bei der Methodenwahl setzt.

Gemäss Shipton et al. (2005) fokussieren sich Mitarbeitende besonders im Rahmen einer leistungsbasierten Entlohnung primär auf das Erreichen von spezifischen, kurzfristigen Zielen und vernachlässigen dabei längerfristige Ziele wie Kreativität und Innovation. Chen und Huang (2009) empfehlen daher besonders bei langfristigen, unsicheren, fachübergreifenden Innovationsprozessen einen formalisierten Leistungsbeurteilungsprozess, der die Wichtigkeit der Innovation als Unternehmenspriorität signalisiert und das Innovationsverhalten fördert. Die Beurteilung der Teamleistung unterstützt zum Beispiel die Entwicklung einer teamorientierten Unternehmenskultur, die wesentlich zum Erfolg von Innovationsprojekten beiträgt. Die teambasierte Leistung in der Beurteilung wird in Abhängig von der Wichtigkeit und Häufigkeit der Teamarbeit gewichtet (vgl. Jiménez-Jiménez und Sanz-Valle 2005; Chen und Huang 2009).

Monetäre Anreize werden seitens der Befragten in den Fallstudien immer wieder „nebenbei"erwähnt. Die Grundhaltung zu monetären Anreizen, die sehr häufig in der Ideengenerierungsphase zum Einsatz kommen, lautet: Es schadet sicher nicht, aber dadurch wird die Motivation nicht beeinflusst. Auch gemäß Amabile (1998) offerieren Manager erfolgreicher, kreativer Unternehmen ihren Mitarbeitenden selten extrinsische Belohnungen für spezifische Resultate, aber sie feiern gemeinsam Erfolge und Misserfolge (vgl. Amabile 1998). Wenn die Vergabe der monetären Mittel sich am Output des Innovationsverhaltens, d. h. an erfolgreichen Produkten oder Patenten orientiert und dies gar noch mit symbolischen Handlungen der Geschäftsleitung im Sinne einer „Inszenierung von Innovationserfolgen" begleitet ist, dann kann sich das durchaus positiv im Sinne einer stärkeren Identifikation mit dem Unternehmen und Stolz auf die geleistete Arbeit niederschlagen. Grundsätzlich werden monetäre Anreize dem **Typus des Selbstläufers** und Freiraumsuchenden nicht gerecht. Für diesen Mitarbeitenden-Typus sind vielmehr Freiräume die zentrale Währung, d. h. entweder die Befreiung von Zwang (bspw. durch Bürokratieabbau, weniger Standards und Formalia) oder der Vermehrung von Handlungsalternativen, die sich bspw. durch den Besuch von Fortbildungen, Konferenzen usw. ergeben. Alles, was dazu beiträgt, innovatorische Freiräume zu vergrößern, und neue Perspektiven im Sinne von zusätzlichen Lern- und Entwicklungsmöglichkeiten bietet, motiviert diesen Typus Mitarbeitenden.

Im Rahmen der Entwicklung von Instrumenten zur Durchführung von Zielvereinbarungsgesprächen liegt ebenfalls ein wichtiges innovationsförderndes Handlungsfeld für das Personalmanagement. Hier können Führungskräfte bei einer angemessenen Formulierung von Zielen bzw. der Unterscheidung zwischen Zielen und Innovationsaufgaben unterstützt werden.

Auf der Ebene der Selbstführung und Kompetenzentwicklung von Führungskräften geht es um...
die Rolle des Personalmanagements in Bezug auf die Begleitung der Führungsentwicklung von Führungskräften, die Verantwortung für Innovationsprozesse bzw. projekte übernehmen und z. B. durch Angebote im Sinne von Erfahrungsaustausch (Intervisionslernen mit anderen Führungskräften im Unternehmen), Coaching, Selbstmanagement, Konfliktma-

nagement, Umgang mit paradoxen Situationen, professionelle Wahrnehmung von Emotionen und Intuitionen usw. adäquate Unterstützung anzubieten. Im Zentrum steht hier die Eröffnung von Möglichkeiten seitens des HRM, die Fähigkeit zur Selbstbeobachtung und Selbstwirksamkeitserwartung zu schulen. Insbesondere wenn Führungskräfte ein ganzes Portfolio von Hochrisiko-Projekten führen, müssen ausreichend Gelegenheiten für Feedback und v. a. auch Zwischenschritte gewürdigt werden, damit das Selbstvertrauen in die Führungsaktivitäten nicht abnimmt.

Literatur

Amabile, T. M. (1998). How to kill creativity. *Harvard Business Review, 76*, 77–87.
Amabile, T. B., Hill, K. G., Hennessey, A., & Tighe, E. M. (1994). The work preference inventory: Assessing intrinsic and extrinsic motivational orientations. *Journal of Personality and Social Psychology, 66*(5), 950–967.
Anderson, N., & West, M. A. (1998). Measuring climate for work group innovation: Development and validation of the team climate inventory. *Journal of Organizational Behavior, 19*, 235–258.
Bain, P. G., Mann, L., Atkins, L., & Dunning, J. (2005). R & D project leaders: Roles and responsibilities. In L. Mann & L. Atkins (Hrsg.), *Leadership, management, and innovation in R & D project teams* (S. 49–70). Westport: Praeger.
Baitsch, C. (1998). Innovation und Kompetenz – Zur Verknüpfung zweier Chimären. In F. Heideloff & T. Radel (Hrsg.), *Organisation von Innovation. Strukturen, Prozesse, Interventionen* (S. 89–103). München: Rainer Hampp.
Barron, F. (1955). The disposition toward originality. *Journal of Abnormal and Social Psychology, 51*, 478–485.
Bass, B. M. (1981). *Stogdill's handbook of leadership. A survey of theory and research*. New York: Free Press.
Bents, R., & Blank, R. (1992). *Der M.B.T.I. (Myers-Briggs-Typen-Indikator)*. München: Claudius.
Bergmann, G., & Daub, J. (2008). *Systemisches Innovations- und Kompetenzmanagement. Grundlagen – Prozesse – Perspektiven* (2. Aufl). Wiesbaden: Gabler.
Burch, G. S. J., Pavelis, C., & Port, R. L. (2008). Selecting for creativity and innovation: The relationship between the innovation potential indicator and the team selection inventory. *International Journal of Selection and Assessment, 16*(2), 177–181.
Burla, S., Alioth, A., Frei, F., & Müller, W. R. (1995). *Die Erfindung von Führung. Vom Mythos der Machbarkeit in der Führungsausbildung*. Zürich: Verlag der Fachvereine.
Cascio, W., & Aguinis, H. (2008). Staffing twenty-first-century organizations. *The Academy of Management Annals, 2*(1), 133–165.
Chen, C. J., & Huang, J. W. (2009). Strategic human resource practices and innovation performance – The mediating role of knowledge management capacity. *Journal of Business Research, 62*(1), 104–114.
Chuang, C.-H., Jackson, S. E., & Jiang, Y. (2013). Can knowledge-intensive teamwork be managed? Examining the roles of HRM systems, leadership, and tacit knowledge. *Journal of Management*. doi:10.1177/0149206313478189.
Csikszentmihalyi, M. (2010). *Kreativität. Wie Sie das Unmögliche schaffen und Ihre Grenzen überwinden* (8. Aufl). Stuttgart: Klett-Cotta.

Den Hartog, D. N., & Koopman, P. L. (2002). Leadership in organizations. In N. Anderson et al. (Hrsg.), *Handbook of industrial, work & organizational psychology: Organizational psychology* (Bd. 2) (S. 166–187). Thousand Oaks: Sage.

DeRue, D. S., Nahrgang, J. D., Wellman, N., & Humphrey, S. E. (2011). Trait and behavioral theories of leadership: An integration and meta-analytic test of their relative validity. *Personnel Psychology, 64*(1), 7–52.

Dorenbosch, L., van Engen, M., & Verhagen, M. (2005). On-the-job innovation: The impact of job design and human resource management through production ownership. *Creativity and Innovation Management, 14*(2), 129–141.

Drucker, P. (2005). Managing oneself. *Harvard Business Review, 83*(1), 100–109.

Edmondson, A. (1999). Psychological safety and learning behavior in work teams. Administrative Science Quarterly, 44, 350–383.

Edmondson, A. (2012). The importance of teaming. *Harvard Business School – Working Knowledge*.http://hbswk.hbs.edu/item/6997.html. Zugergriffen: 8. Mai. 2014.

Eisenbeiss, S. A., van Knippenberg, D., & Boerner, S. (2008). Transformational leadership and team innovation: Integrating team climate principles. *Journal of Applied Psychology, 93*(6), 1438–1446.

Elkins, T., & Keller, R. T. (2003). Leadership in research and development organizations: A literature review and conceptual framework. *The Leadership Quarterly, 14*(4), 587–606.

Eysenck, H. J. (1995). *Genius: The natural history of creativity*. New York: Cambridge University Press.

Galton, F. (1869). *Hereditary genius*. London: McMillan.

Gardner, H. (1999). *Kreative Intelligenz. Was wir mit Mozart, Freud, Woolf und Gandhi gemeinsam haben*. Frankfurt a. M.: Campus.

Gardner, T. M., Wright, P. M., & Moynihan, L. M. (2011). The impact of motivation, empowerment, and skill-enhancing practices on aggregate voluntary turnover: The mediating effect of collective affective commitment. *Personnel Psychology, 64*, 315–350.

Gebert, D. (2004). *Innovation durch Teamarbeit*. Stuttgart: Kohlhammer.

Gigerenzer, G. (2008). *Bauchentscheidungen. Die Intelligenz des Unbewussten und die Macht der Intuition*. München: Goldmann.

Gilson, L. L., Shalley, C. E., & Milne, S. H. (2002). *The critical role of creativity in the relationship between team processes and performance*. Paper presented at the Academy of Management Meeting, Denver.

Gmür, M., & Schwerdt, B. (2005). Der Beitrag des Personalmanagements zum Unternehmenserfolg. Eine Metaanalyse nach 20 Jahren Erfolgsfaktorenforschung. *Zeitschrift für Personalforschung, 19*(3), 221–251.

Gonschior, T. (2013). *Auf den Spuren der Intuition*. München: Herbig.

Guldin, A. (2012). Führung und Innovation. In S. Grote (Hrsg.), *Die Zukunft der Führung* (S. 213–233). Heidelberg: Springer.

Hackman, J. R. (2002). *Leading teams. Setting the stage for great performances*. Boston: Harvard Business School Press.

Hehenberger, C. (2011). *Zurück in die Zukunft*. Gutau: Institut für Marketing und Trendanalysen.

Hirshhorn, R., Nadeau, S., & Rao, S. (2002). *Innovation in a knowledge-based economy: The role of government*. Calgary: University of Calgary Press.

Holm-Hadulla, R. (2010). *Kreativität. Konzept und Lebensstil*. Göttingen: Vandenhoeck & Ruprecht.

Hülsheger, U. R., Anderson, N., & Salgado, J. F. (2009). Team-level predictors of innovation at work: A comprehensive meta-analysis spanning three decades of research. *Journal of Applied psychology, 94*(5), 1128–1145.

Jassawalla, A. R., & Sashittal, H. C. (2002). Cultures that support product-innovation processes. *The Academy of Management Executive, 16*(3), 42–54.

Jiménez-Jiménez, D., & Sanz-Valle, R. (2005). Innovation and human resource management fit: An empirical study. *International Journal of Manpower, 26*(4), 364–381.

Jiménez-Jiménez, D., & Sanz-Valle, R. (2008). Could HRM support organizational innovation? *International Journal of Human Resource Management, 19*(7), 1208–1221.

Keller, R. T. (2001). Cross-functional project groups in research and new product development: Diversity, communications, job stress, and outcomes. *Academy of Management Journal, 44*(3), 547–555.

Kelley, T., & Littman, J. (2006). *The ten faces of innovation: IDEO's strategies for defeating the devil's advocate and driving creativity throughout your organization*. London: Profile Books.

Kirkpatick, S. A., & Locke, E. A. (1991). Leadership: Do traits matter? *The Executive, 5*(2), 48–60.

Kola-Nyström, S. (2013). *Sourcing Innovation from Introverts*. Presentation, ISPIM Conference, Helsinki.

Krause, D., & Gebert, D. (2004). Förderung der Innovationsgeneigtheit und innovationsbezogener Verhaltensweisen. *Wirtschaftspsychologie aktuell, 1*, 56–60.

Kriegesmann, B., Kerka, F., & Kley, T. (2005). Innovationswiderstand und Gegenstrategien innovativer Kräfte – Empirische Analysen zum Fuzzy-Front-End des Innovationsprozesses. In B. Kriegesmann (Hrsg.), *Berichte aus der angewandten Innovationsforschung (No 218)*. Bochum: IAI.

Kuczmarski, T. (1996). *Innovation. Leadership strategies for the competitive edge*. Chicago: NTC Business Books.

Levenson, A. (2012). Talent management: Challenges of building cross-functional capability in high-performance work systems environments. *Asia Pacific Journal of Human Resources, 50*, 187–204.

Lord, R. G., & Hall, R. J. (1992). Contemporary views of leadership and individual differences. *Leadership Quarterly, 3*, 137–157.

Lord, R. G., DeVader, C. L., & Alliger, G. M. (1986). A meta-analysis of the relation between personality traits and leadership perceptions: An application of validity generalization procedures. *Journal of Applied Psychology, 71*(3), 402–410.

MacKinnon, D. W. (1965). Personality and the realization of creative potential. *American Psychologist, 20*, 273–281.

Mann, L. (2005). *Leadership, management, and innovation in R & D project teams*. Westport: Praeger.

McEntire, L. E., & Greene-Shortridge, T. M. (2011). Recruiting and selecting leaders for innovation: How to find the right leader. *Advances in Developing Human Resources, 13*(3), 266–278.

Messinger, R. H. (2008). *Leadership competencies for effective global innovation teams* (Doctoral Dissertation). Online verfügbar von ProQuest Dissertations and Theses Database (UMI No.3326217)

Michaelis, B., Stegmaier, R., & Sonntag, K. (2010). Shedding light on followers' innovation implementation behavior: The role of transformational leadership, commitment to change, and climate for initiative. *Journal of Managerial Psychology, 25*(4), 408–429.

Morrow, P., McElroy, J., & Scheibe, K. (2012). Influencing organizational commitment through office redesign. *Journal of vocational behavior, 81*, 99–111.

Myers, I. B., & McCaulley, M. H. (1988). *Manual: A guide to the development and use of the Myers-Briggs type indicator*. Palo Alto: Consulting Psychologists Press.

Neuberger, O. (2002). *Führen und führen lassen: Ansätze, Ergebnisse und Kritik der Führungsforschung* (6. Aufl). Stuttgart: Lucius & Lucius.

Noé, M. (2013). *Innovation 2.0: Unternehmenserfolg durch intelligentes und effizientes Innovieren*. Wiesbaden: Springer Gabler.

Oksanen, K., & Stahle, P. (2013). Physical environment as a source for innovation: Investigating the attributes of innovative space. *Journal of Knowledge Management, 17*(6), 815–827.

Pirola-Merlo, A., & Mann, L. (2004). The relationship between individual creativity and team creativity: Aggregating across people and time. *Journal of Organizational Behavior, 25*(2), 235–257.

Schuler, H., & Görlich, Y. (2007). *Kreativität. Ursachen, Messung, Förderung und Umsetzung in Innovation.* Göttingen: Hogrefe.

Schulz von Thun, F. (2005). *Miteinander reden 3- Das „innere Team" und situationsgerechte Kommunikation.* (14. Aufl). Reinbek: Rowohlt.

Schwennen, C., Streicher, B., Jonas, E., & Krämer, B. (2007). Commitment als Promotor für innovatives Verhalten am Arbeitsplatz. *Wirtschaftspsychologie, 9,* 34–42.

Sepehri, P., & Wagner, D. (2000). Managing Diversity – eine empirische Bestandsaufnahme. *Personalführung, 7,* 50–59.

Shipton, H., Fay, D., West, M., Patterson, M., & Birdi, K. (2005). Managing people to promote innovation. *Creativity and Innovation Management, 14*(2), 118–128.

Stahl, H. K. (2013). *Führungswissen.* Berlin: Erich Schmid.

Stoker, J. I., Looise, J. C., Fischer, O. A. M., & Jong, R. D. (2001). Leadership and innovation: Relations between leadership, individual characteristics and the functioning of R & D teams. *International Journal of Human Resource Management, 12*(7), 1141–1151.

Terman, L. (1959). *The gifted group at mid-life: Genetic studies of genius (Vol. V).* Stanford: Stanford University Press.

Toker, U., & Gray, D. O. (2008). Innovation spaces: Workspace planning and innovation in U.S. university research centers. *Research Research Policy, 37,* 309–329.

Unsworth, K. L., Brown, H., & McGuire, L. (2000). *Employee Innovation: The roles of idea generation and idea implementation.* Paper presented at SIOP Conference April 14–16, New Orleans, Louisiana.

Van Knippenberg, D., & Schippers, M. C. (2007). Work group diversity. *Annual Review of Psychology, 58,* 515–541.

Vetterli, C., Hoffmann, F., Brenner, W., Eppler, M., & Uebernickel, F. (2012). Designing innovation: Prototypes and team performance in design thinking. Proceedings of the 23rd International Society of Professional Innovation Management. Barcelona. https://www.alexandria.unisg.ch/Publikationen/218901. Zugegriffen: 8. Mai. 2014.

Von Zedtwitz, M., Gassmann, O., & Boutellier, R. (2004). Organizing global R & D: Challenges and dilemmas. *Journal of International Management, 10*(1), 21–49.

Wastian, M., & Schneider, M. (2007). Zeitliche Merkmale von Innovationsprozessen und Projektverläufen – Ansatzpunkte für ein besseres Projektmanagement. In K. Weis (Hrsg.), *Zeitstrategien in Innovationsprozessen. Neue Konzepte einer nachhaltigen Mobilität* (S. 161–178). Wiesbaden: DUV.

Weidmann, R., & Armutat, S. (2008). *Gedankenblitz und Kreativität – Ideen für ein innovationsförderndes Personalmanagement.* Bielefeld: Bertelsmann.

West, M. A. (2002). Sparkling fountains or stagnant ponds: An integrative model of creativity and innovation implementation in work groups. *Applied Psychology: An International Review, 51*(3), 355–387.

Wright, P. M. (1996). *Managerial leadership.* London: Routledge.

Zeuch, A. (2010). *Feel it! So viel Intuition verträgt ihr Unternehmen!* Weinheim: Wiley.

10 Die eigene Praxis befragen und die eigene Praxis selbst beschreiben

Zum Schluss wird *einerseits* eine „Checkliste" zur Reflexion der Führungs- und Innovationsrealität im eigenen Unternehmen vorgestellt, die als Diskussionsgrundlage vor der Auswahl potenzieller Führungs- und Managementinstrumente zur Innovationsförderung dient. *Andererseits* werden drei Fallstudien für die Weiterbildung von Führungskräften präsentiert, die als Grundlage für den Erfahrungsaustausch unter Führungskräften in innovationsorientierten Unternehmen dienen.

10.1 Die eigene Praxis befragen: das Führungs- und Innovationsverständnis erkunden

Wie in Abschn. 9.3.1 bereits ausgeführt, kommt der Reflexionskompetenz für alle weiteren Gestaltungsfelder eine grundlegende Bedeutung zu. Zusätzlich zu den Episoden, die bisher im Buch dargestellt wurden, wurde eine „Checkliste" für innovationsverantwortliche Führungskräfte entwickelt. Die vorangegangenen Kapitel und vor allem die Episoden aus dem Forschungsprojekt haben gezeigt, wie vielfältig die Führungs- und Innovationsrealitäten sein können, und diese Realitäten beeinflussen die Möglichkeiten zur Umsetzung von Führungsinstrumenten oder auch Trainingskonzepten zur Kompetenzentwicklung von Führungskräften maßgeblich. Bevor also seitens der Führung innovationsfördernde Führungs- und Managementinstrumente ausgewählt werden, sollte sich die Führung bzw. das Führungsgremium mit der Führungs- und Innovationsrealität im eigenen Unternehmen kritisch auseinandersetzen bzw. sie selbst genau erforschen. Zur Unterstützung können die folgenden Aspekte miteinbezogen werden:

Was ist eine Innovation und wie innovieren wir? (Gegenstand) Je nachdem, welches Bild sich die Führung von Innovation macht, wird sie ihre Aufgabe anders definieren, auf andere Dinge achten und zu anderen Ansätzen gelangen.

Dominieren im Unternehmen Bilder von Innovation als neues Produkt, eine neue Technologie, neue Dienstleistung, neuer Prozess, neues Geschäftsmodell, Neupositionierung eines Produktes oder einer Dienstleistung oder als ein Paradigmenwechsel? Wird Innovation als radikaler Wurf oder als kontinuierliche Verbesserung gedacht? Werden die Mitarbeitenden, die Kunden oder einzelne Helden als Innovationsquelle beschrieben? Wird Innovation als Selbstverständlichkeit bzw. als natürlicher Drang der Mitarbeitenden beschrieben oder eher als von außen getriebener Zwang? Wird Innovation als sozialer und damit auch spannungsreicher sowie widersprüchlicher Prozess betrachtet oder wird sie als rationaler, planbarer Prozess gedacht?

Worum geht es bei der Förderung von Innovation aus Führungssicht? (Die Führungsaufgabe) Die Bandbreite möglicher Führungsaufgaben orientiert sich meistens am Verständnis des Handlungsgegenstandes – also an der Vorstellung, wie Innovation gefördert werden soll – und dies ist durch folgende Aspekte determiniert.

Soll mit Hilfe einer Innovationsstrategie ein strategiegeleiteter Veränderungsprozess über alle Hierarchieebenen eingeleitet werden? Oder sollen mit flacheren Hierarchien und kleineren Unternehmenseinheiten mehr Eigenverantwortung und mehr zusammenhängende, d. h. als sinnvoll erlebte Arbeitsabläufe geschaffen werden? Geht es um mehr Unternehmergeist und Selbständigkeit? Oder geht es darum, einen Wertewandel einzuleiten, d. h. die Grundhaltung, das Mind-Set der Mitarbeitenden zu verändern? Geht es darum, Innovationsprozesse transparenter, planbarer, nachvollziehbarer, effizienter zu machen und die Berechenbarkeit bzw. Kontrollmöglichkeit von Innovationsrisiken zu optimieren? Steht die interaktive Wertschöpfung bzw. die Öffnung der Organisationsgrenzen im Innovationsprozess im Vordergrund? Geht es mehr um die Unterstützung der Lösungsfindung bei vorgegebenen technischen Problemstellungen? Geht es um Marktforschung oder Zukunftsforschung? Geht es um Kreativitätsförderung und Methoden wie Brainstorming? Sind alle Funktionsbereiche in die Innovationsförderung miteinbezogen oder nur eine einzelne Abteilung? Wie breit wird die Führungsaufgabe definiert?

Wer sind meine Geführten? (Die Partner in der Führungsbeziehung) Das Verständnis des Geführten oder einer Gruppe von Geführten definiert das Gegenüber in der Führungsbeziehung, das mit seinen Vorstellungen und Erwartungen an die Führungsperson herantritt. Die individuellen Geführten bzw. die Gruppe geführter Personen unterscheidet sich vom Gegenstand der Innovation bzw. der Förderung von Innovation durch seine Subjekthaftigkeit bzw. durch die Gruppendynamik. Es kommt dabei auf subjektive bzw. gruppenbezogene Wahrnehmungen, Sichtweisen und Reaktionen an und es gilt, zu diesen Anschluss zu finden oder auch diese zu beeinflussen.

Ist der/die Geführte der/die Mitarbeitende, der/die ausgewählte F&E- oder Marketing-Mitarbeitende, das Projektteam, die oberste, mittlere oder untere Managementebene? Oder ist es gar keine Personengruppe, sondern die Organisation als Ganzes?

Wie sind meine Geführten? (Das Menschenbild) Die Vorstellung vom Geführten und die Aspekte, die die Führungsperson zu dessen Charakterisierung zu verwenden pflegt, manifestieren sich in den Beziehungsbotschaften der Führungsperson und lösen im Zusammenspiel mit dem Selbstverständnis der Geführten eine spezifische Beziehungsdynamik aus.

Ist der/die Geführte eine unternehmerisch denkende, eigeninitiative, selbständige, intrinsisch motivierte, vertrauensvolle, kompetente, mitdenkende, kreative, offene, leidenschaftliche Person oder eher eine berechnende, zum opportunistischen Verhalten neigende, extrinsisch motivierte, untergeordnete und misstrauische Person? Das Mitarbeitenden-Bild bestimmt die Vorstellung davon, was zwischen Führenden und Geführten geschehen soll: Ob die Führungskraft bspw. glaubt, dass man, sobald von der Organisation Freiräume geschaffen werden, diese als Spielwiese missbraucht oder dass dabei eine einmalige Chance entsteht, die Innovationskultur zu verändern und das Potenzial der Mitarbeitenden noch stärker in die Innovationsförderung einfließen zu lassen.

Wie funktioniert innovationsfördernde Führung? (Die Methoden) Die Vorstellung der Führungsperson über die zweckmäßigen Methoden und das Vorgehen zur Förderung von Innovativität sind nicht nur von dieser abhängig, sondern stehen auch im Zusammenhang mit ihrem Bild des Unternehmens, der Kunden, der Lieferanten, der Wettbewerber, der Hochschulen, des Marktes usw.

Wird das Unternehmen durch den Markt getrieben und steht es unter Innovationsdruck? Will es aber eigentlich nicht innovieren? Wartet es bis zum letzten Moment mit der Lancierung von Innovationsinitiativen, bis es nicht mehr anders geht? Oder bestimmt das Unternehmen die Spielregeln auf dem Markt proaktiv mit und setzt mit Innovationen immer wieder neue Maßstäbe und sucht konstant nach Möglichkeiten, um sich weiterzuentwickeln? Innovation ist dann zentraler Teil der unternehmerischen Identität. Oder geht es vor allem um den Zukauf von Kreativität durch die Akquisition neuer Firmen? Um die Zusammenarbeit mit externen Partnern bei der Entwicklung neuer Produkte? Wird die innovationsfördernde Führung als Expertenaufgabe betrachtet oder wird diese Aufgabe vom Topmanagement und den Linienführungskräften wahrgenommen? Welche Funktionsbereiche arbeiten im Rahmen der innovationsfördernden Führung zusammen? Ist die Personalabteilung involviert oder nicht?

Welche Bedeutung spielen Freiräume in der Führung? (Die Voraussetzung für die Umsetzung der Methoden) Bisher wurde „Innovation Leadership" grundsätzlich aus einer Perspektive der Eröffnung und Gestaltung von Freiräumen zur Innovationsförderung betrachtet. Welche Vorstellungen von Freiräumen herrschen im Unternehmen vor bzw. welches Bild von Freiräumen dominiert aus der Sicht der Organisationsmitglieder?

Geht es hauptsächlich um fremdorganisierte Freiräume, die von der Unternehmensführung für eine größere Gruppe von Mitarbeitenden langfristig eingerichtet werden, d. h. um „verordnete", „aufgesetzte" Freiräume von oben, mit denen die allgemeine Botschaft verbunden ist: Seid innovativ! Oder dominiert das Bild von strategisch relevanten Forschungs- und Entwicklungsaufträgen, für die einer kleineren Gruppe von Mitarbeitenden mittelfristig Freiräume organisiert werden, mit der Botschaft: Kümmert euch darum! Oder taucht vielmehr das Bild von vielen, kleinen, selbstorganisierten Freiräumen auf, die mitten im Alltag immer wieder eingerichtet werden? Freiräume, die eher spontan organisiert werden und in der Verantwortung der Mitarbeitenden selbst liegen? Oder werden Freiräume unmittelbar mit der Erlaubnis und Unterstützung von erfahrenen Fachexperten oder Vorgesetzten verknüpft, die den Mitarbeitenden den Rücken frei halten?

Was ist erfolgreiche Führung im Rahmen der Innovationsförderung? (Das Ziel) Welche Vorstellungen werden mit Erfolg verknüpft? Wann hat die Führung einen guten Job gemacht?

Ist die Führung erfolgreich, wenn sich niemand gestört fühlt? Zum Beispiel, wenn die Linienverantwortlichen mit Innovationsfragen nichts zu tun haben? Oder eher, wenn die Mitarbeitenden motiviert sind? Wenn Deadlines von Innovationsprojekten eingehalten werden? Wenn Innovationskennziffern wie die Anzahl von Patentanmeldungen erreicht werden? Wenn das Unternehmen wächst und der Umsatz stimmt? Wenn an einem Entwicklertreffen hundert Mitarbeitende teilnehmen und ihre Erfahrungen austauschen? Wenn jeder Mitarbeitende drei neue Ideen auf die KVP-Plattform eingespeist hat? Wenn von hundert neuen Ideen zwei umgesetzt wurden und am Markt erfolgreich sind? Wenn mehr Kundenvorschläge in der Entwicklungsabteilung landen? Wenn die Zusammenarbeit mit einer Hochschule zu bahnbrechend neuen Erkenntnissen geführt hat?

Wer bin ich als Führungsperson? (Das Selbstverständnis) Zwischen all diesen oben genannten Vorstellungen verortet sich jede Führungsperson – egal auf welcher Hierarchieebene oder mit welchem Funktionsbezug – mit einem spezifischen Selbstverständnis. Jede Führungsperson konstruiert sich als „Führungsperson" aus den Beziehungen, die sie eingeht, und aus den Beziehungsrealitäten, die sie dabei mitgestaltet. So wächst eine spezifische Führungsidentität als reflexives Konzept der Führungsperson selbst.

Je nachdem, wie die Führungskraft den Bezug zur Umwelt knüpft und welche Rolle sie sich zuweisen lässt, versteht sie sich als Entwicklungs- und Dialogpartner, Mentor, Coach, Berater, Innovation Agent, Wissensmanager, Technologiemanager, Innovationsmanager, Process Owner, Qualitätsmanager, Networker, Controller, Innovationsvermarkter etc.

Egal welches Selbstverständnis zum Ausdruck kommt, eines ist klar: Es vermittelt Sicherheit und wird von den Beziehungspartnern als Ausdruck eines professionellen Selbstverständnisses wahrgenommen. Aber dieses Selbstverständnis ist immer auch durch Brüche gekennzeichnet. Manche Selbstverständnisse stehen im Widerspruch zueinander, andere überlappen sich. Die Grenzen sind häufig nicht trennscharf zu ziehen.

10.2 Fallstudien

10.2.1 Das neue Duo

In der Firma MOTORS GLOBAL MARKET (kurz: MOTORS) findet zur Zeit ein Generationenwechsel auf verschiedenen Führungsebenen statt. Auch die Leiterin Forschung und Entwicklung (F&E), Dr. Sylvia Meyer, sowie der Leiter Human Resources Management (HRM), Dr. Martin Marx, haben vor einem Jahr bei MOTORS ihre Stellen angetreten. Ihre beiden Vorgänger hatten rund zwanzig Jahre die Leitung der beiden Bereiche inne. Denn die Firma setzte auf Kontinuität und Beständigkeit, auf interne Führungsentwicklung und auf loyale, beständige Beziehungen zu ihren Mitarbeitenden. Diese Haltung spiegelt sich auch in den langjährigen Beziehungen zu ihren Industriekunden wider.

MOTORS ist eine europäische Firma und stellt (in Europa und Asien) Schiffsmotoren her, die sie weltweit vertreibt. Der Wettbewerbsdruck im Markt nimmt spürbar zu. Gefragt sind qualitativ hochwertige, sichere und energieeffiziente Motoren, dies alles zu „Kampfpreisen". Das heißt, dass in dem Unternehmen mit weltweit 2000 Mitarbeitenden einerseits das Qualitätsmanagement und das Nullfehler-Prinzip im Vordergrund stehen. Andererseits ist aber auch die Etablierung von Innovationsteams und Innovations-Agenten (Führungskräfte und Fachexpertinnen und -experten, die bei F&E-Projekten als interne Fach- und Machtpromotoren hinzugezogen werden), welche die Innovativität fördern (v. a. im Bereich der Energieeffizienz), sowie die Prozess- und Verfahrensinnovationen (zur Kostenreduktion) von großer Bedeutung. Darüber hinaus wurde vor einigen Jahren die erste Produktionsniederlassung inklusive F&E-Abteilung in Asien gegründet, die auch für den asiatischen Markt produziert. Grundsätzlich arbeitet die Fertigung eng mit der Entwicklungsabteilung zusammen. Eine komplett von Geschäftsprozessen losgelöste Grundlagenforschungsabteilung existiert nicht. Vielmehr gibt es verschiedene Entwicklungsteams, die in der Vorentwicklung tätig sind, die bisher – stark von der Kundenseite und der Marketingabteilung getrieben – vorgegebene technische Probleme lösen. Dabei sind vor allem die inkrementellen Innovationen von Bedeutung. Zudem entwickelt das Unternehmen in Innovationsnetzwerken zusammen mit verschiedenen Beratungsunternehmen, Partnerunternehmen oder auch Hochschulen neue Ideen im Rahmen von F&E-Projekten. Trotz dieser maßvollen Öffnung nach außen lautet die Innovationsstrategie von MOTORS: „Wir innovieren in Märkten, die wir kennen." Die Entwicklung von Technologien für andere Märkte ist zwar nicht verboten, wird aber nicht proaktiv gefördert und ist auch mittelfristig nicht Teil der Geschäfts- und Innnovationsstrategie. Die Geschäftsleitung ist der Ansicht, dass es in den bestehenden Märkten noch genügend Raum für Wachstum und Innovation gibt. Man hatte früher bereits schon einmal „Ausflüge" in andere Märkte gewagt, ist dabei aber gescheitert und dieses „Versagen" hat sich dem Topmanagement tief im Gedächtnis eingeprägt.

Der Druck, im Bereich „Energieeffizienz" bzw. CleanTech ganz vorne mitzuspielen, ist jedoch enorm. Die Marktseite und auch die verschärften staatlichen Auflagen im Bereich der Energieeffizienz haben die Geschäftsleitung gezwungen, ihre gängige Innovationspraxis zu hinterfragen und v. a. bei der Besetzung von Schlüsselführungsstellen darauf zu achten, dass die Personen Erfahrung in der Umsetzung von Innovationsstrategien mitbringen. Damit ist der erste Grundstein für eine stärkere Öffnung und damit die Chance auf radikalere Innovationswege gelegt, ohne die bestehende Innovationsstrategie grundlegend in Frage zu stellen.

Die Gebäude von MOTORS am Hauptsitz wirken funktional und nüchtern. In den Büros sieht man noch da und dort Regale mit grauen Leitz-Ordnern und die Vorgesetztenbüros haben „Vorzimmer", in denen die Assistierenden arbeiten.

Dr. Meyer und Dr. Marx haben beide vorher in einem anderen Unternehmen gearbeitet. Die Geschäftsleitung hat sie von außen geholt, um „frischen Wind" in die Firma zu bringen. Außerdem haben beide bei ihren früheren Arbeitgebern größere Innovationsprogramme auf internationaler Ebene begleitet. Martin Marx war vorher in der Funktion als Head Learning & Development in einem großen internationalen Produktionsunternehmen tätig. Er hat sich vor allem mit der erfolgreichen Implementierung von „Action Learning-Programmen" (d. h. eher kurze und in die alltägliche Arbeit integrierte Weiterbildungseinheiten, die immer wieder Reflexionsschlaufen ermöglichen und mehrheitlich im Unternehmen stattfinden) in der Führungs- und Personalentwicklung einen guten Ruf bei seinem ehemaligen Arbeitgeber erarbeitet. Sylvia Meyer ist 39 Jahre alt und bringt neben ihrer Promotion im Bereich Maschinenbau/Verfahrenstechnik einen Executive MBA in Innovation Engineering and Management mit, den sie erfolgreich in den USA absolviert hat. Des Weiteren hat sie in den letzten zwei Jahren für ihren früheren Arbeitgeber eine F&E-Abteilung in Asien aufgebaut.

Der Vorgänger von Herr Marx arbeitet immer noch bei MOTORS, er leitet nun die letzten drei Jahre vor seiner Pensionierung die Personalrekrutierung. Der Vorgänger von Frau Meyer ist heute CEO von MOTORS und hat sie bewusst als Fachexpertin und „Innovation Leader" eingestellt.

Frau Meyer hat in enger Abstimmung mit Herrn Marx verschiedene Initiativen zur Innovationsförderung lanciert. Vor sechs Monaten wurde z. B. ein 24stündiger Innovationsmarathon durchgeführt, währenddem die Firma geöffnet war. Durch die Nacht hindurch haben die Mitarbeitenden mit Innovations-Coaches in verschiedenen Schichten neue Ideen entwickelt und Prototypen gebaut. Sie legten damit einen Baustein zu einer offenen, inspirierenden Innovationskultur. Dabei wurden u. a. die Methode „Design Thinking" angewandt, wofür sogar ein Professor von einer renommierten Universität aus den USA eingeflogen wurde. Die Aktion kam in der Belegschaft sehr gut an. Einige ältere Ingenieure haben die Aktion zwar ins Lächerliche gezogen und waren nicht bei allen Projekten konzentriert dabei. Aber insgesamt hat der Innovationsmarathon die Glaubwürdigkeit der neuen Öffnungsstrategie in Bezug auf das Innovationsfeld „CleanTech" gestärkt. Daneben wurde ein Innovationsteam, das sich aus Mitgliedern unterschiedlicher Funktionsbereiche zusammensetzt, ins Leben gerufen und verschiedene Innovationsprojekte lanciert. Herr Marx und sein Team unterstützten dabei Frau Meyer bei der Rekrutierung und Zusammenstellung der Teams sowie bei der Programmentwicklung des Innovationsmarathons, der Suche nach geeigneten Referenten und bei den Kooperationen mit Hochschulen.

Nach dem ersten Jahr bei MOTORS treffen sich Frau Meyer und Herr Marx zu einem Mittagessen. Frau Meyer beklagt sich über das Verhalten diverser F&E-Teamleitenden und auch einzelner F&E-Ingenieure. „Der Innovationsmarathon verlief so vielversprechend. Es wurden so viele gute Ideen entwickelt. Aber irgendwie ist das nun alles versandet. Keiner zieht mehr richtig mit. Der Produktionsleiter sagte kürzlich zu mir, dass er einfach keine Leute für die ‚Hobby-Forschungsprojekte' abstellen kann. Mit ‚Hobby-Forschungsprojekte' meint er die Projekte, die ich mit interdisziplinären Teams am Freitagnachmittag lanciert habe. Und diese Teams ziehen auch nicht richtig mit. Weißt Du, ich habe auch bei diesen Friday-Improve-Projekten die Aufgaben so offen formuliert, ich habe so viele externe Personen reingeholt. Ich wollte, dass die Mitarbeitenden sich wirklich mal völlig frei von unseren Standardprozessen, Reglementen, Vorschriften und Kaizen Gedanken machen über echte Zukunftsthemen und Zukunftstechnologien – Blue Horizon! Und was kam dabei raus? Alles völliger Mainstream! Von radikal neuen Ideen keine Spur!"

Martin Marx hörte aufmerksam zu und schmunzelte: „Aber, Sylvia, Du kannst doch keine Wunder erwarten in so kurzer Zeit. Wir müssen nun einfach diverse Initiativen starten, damit wir Schritt für Schritt mehr Freiräume für kreative Prozesse außerhalb unserer ‚strengen' Prozesse schaffen. Die letzten Jahre hat die Firma alle Freiräume wegoptimiert. Alle sind zu 100 % ausgelastet und werden von Projekt zu Projekt ‚verschoben'. Sei nicht so ungeduldig. Die meisten Mitarbeitenden arbeiten hier seit zwanzig Jahren in der Firma und sind extrem auf die Erfüllung von Kundenwünschen ausgerichtet. Links und rechts daneben haben die fast keinen Kopf für andere Dinge. Auf Knopfdruck kann man keine alten Pfade verlassen. Und außerdem sind unsere Führungs- und Personalinstrumente immer noch die alten. Wir müssen nun parallel sowohl die F&E-Team- und Projektleitenden als auch die Mitarbeitenden weiterbilden, sie für unsere neuen Innovationsziele sensibilisieren und noch unsere Führungs-Tools entsprechend anpassen".

Sylvia Meyer nickte und dachte an den Neubau, der nun bald bezogen werden kann. MOTORS hat vor zwei Jahren begonnen, ein neues F&E Gebäude zu bauen, mit Großraumbüros, in welchen man Projektflächen einrichten kann und mehr Möglichkeiten bestehen, sich spontan in Pausenzonen auszutauschen: ein schönes, offenes und helles Gebäude mit modernen Büromöbeln und auch einer Relax-Zone, wie man das von Google kennt. Sie dachte: „Eventuell gibt das auch noch mal etwas Rückenwind für unsere Innovationsziele und die Ideen sprudeln ganz automatisch auf dem Gang. Und gerade die jüngeren Ingenieure werden das sicher sehr schätzen."

Zum Schluss stellte sie Martin Marx die Frage: „Was meinst Du? Was wäre nun ein sinnvolles weiteres Vorgehen, um unsere Leute langfristig stärker für Innovationsthemen zu motivieren und gleichzeitig unseren Kosten- und Qualitätsdruck nicht aus den Augen zu verlieren? Und wie soll ich mich genau verhalten – auch gegenüber der Geschäftsleitung?"

10.2.2 Der freie Halbtag

Missmutig starrt Martin Sulzer an die Wand des Besprechungsraums, während Volker Hell sich über das „Boundary Free Work" (BFW)-Programm aufregt. Martin Sulzer ist ein erfahrener Ingenieur (Senior Expert) und verantwortlich für das gesamte Technologiemanagement der Produktsparte MEASURE der Firma INDUSTRY.

Bei MEASURE arbeiten aktuell rund 1500 Mitarbeitende, davon ca. 250 Mitarbeitende in der Forschung und Entwicklung (F&E). Die Firma INDUSTRY ist ein Schweizer Unternehmen mit 2.5 Mrd. € Umsatz, 13.000 Beschäftigten weltweit und macht rund 220 Mio. € Gewinn. Das Unternehmen INDUSTRY ist familiengeführt und die angebotenen Geräte und Systeme sind alle für den Industriegüterbereich bestimmt. Sie haben einen Lebenszyklus von 15 Jahren und mehr. Die Kunden sind Industrieunternehmen aus verschiedenen Branchen (z. B. Chemie, Life Sciences, Öl und Gas). INDUSTRY pflegt zu den meisten Kunden eine langjährige und intensive Geschäftsbeziehung. Die Produkte sind vom Design her wenig spektakulär, aber INDUSTRY innoviert kontinuierlich in kleinen Schritten und ist bei den meisten Produkten Technologieführer. Technologisch sind die Produkte Spitzenklasse, im Technologiescouting ist INDUSTRY äußerst erfolgreich und hat dafür auch schon Preise gewonnen. INDUSTRY kann man als typisches Hidden Champion-Unternehmen bezeichnen. Die Kunden wollen sichere und technologisch fortschrittliche Produkte. Radikale Innovationen spielen eher eine untergeordnete Rolle. Dafür werden die Kundenbedürfnisse oft hervorragend in den Innovationsprozess integriert. Die Leistungen von INDUSTRY sind nahe an dem Zustand, den man als perfekt bezeichnet.

Neben technologiebasierten Produktinnovationen ist das Unternehmen mindestens genauso stark im Bereich der Prozessinnovationen. Auch zeichnet sich INDUSTRY dadurch aus, dass ein überdurchschnittlich hoher Anteil des Umsatzes in die Forschung und Entwicklung fließt und das nicht punktuell, sondern kontinuierlich, Jahr für Jahr. Die Unternehmensführung von INDUSTRY und insbesondere der CEO, Markus Jawkowski, betont immer wieder in Interviews in der Firmenzeitung wie auch auf Firmenanlässen, wie stark der Innovationserfolg von der engen Zusammenarbeit zwischen der F&E-Abteilung und den anderen betrieblichen Funktionen abhängt. In den forschungsintensiven Abteilungen – die meisten davon befinden sich in Deutschland und in der Schweiz – arbeitet die F&E-Abteilung Hand in Hand mit der Fertigung und häufig sogar an einem zentralen Standort, im gleichen Gebäudekomplex. Eine eigene Grundlagenforschungsabteilung oder Vorentwicklung gibt es bei INDUSTRY nur in sehr wenigen Technologiebereichen und wenn, dann sind diese Abteilungen sehr klein und nur für eine begrenzte Zeit eingerichtet. Die Innovationsdynamik orientiert sich stark an den Kundenbedürfnissen. Die Marketingabteilung übermittelt jeweils die Kundenwünsche an die F&E-Abteilung und vergibt interne Entwicklungsaufträge. Das Technologieumfeld kann als stabil bezeichnet werden. In vielen Abteilungen haben deshalb die Entwickler ihre Endkunden schon Jahre nicht mehr gesehen. Die Marketingabteilung bildet die alleinige Schnittstelle zum Kunden und definiert Problemstellungen. Diese werden dann von der F&E-Abteilung technisch gelöst.

Das technologische Know-how ist stark auf das Kerngeschäft fokussiert. Neuartige Technologien können nicht abgedeckt werden und im Unternehmen sind nur wenige Spezialisten vorhanden, die dann mit externen Forschungsinstituten oder Hochschule kooperieren. INDUSTRY pflegt die Beziehungen zu externen F&E-Partnern intensiv und ist hervorragend vernetzt. In der F&E- und Marketingabteilung arbeiten mehrheitlich Ingenieure aus verschiedenen Fachrichtungen wie Physik und Informatik. Das Unternehmen hat eine geringe Fluktuationsquote. Die Angestellten haben sich auf die Branche und die dazugehörigen Technologien spezialisiert und entwickeln ihre Karriere meistens intern. Individualismus und Performance-Orientierung zählen weniger als Mitgliedschaft und Vertrauen. INDUSTRY ist ein sehr sozialer Arbeitgeber und engagiert sich in sozialen Projekten an den jeweiligen Standorten. In den letzten sechs Jahren hat INDUSTRY begonnen, vermehrt kleinere, innovative Unternehmen mit wertvollem Know-how hinzuzukaufen und sich dadurch Wettbewerbsvorteile zu verschaffen.

Martin Sulzer hat zusammen mit Katharina Sommer (Ingenieurin und Director Technology für den gesamten Konzern) während der letzten zwei Jahre ein neues Arbeitszeitmodell für F&E-Ingenieurinnen und -ingenieure bei MEASURE entwickelt und eingeführt. Das Kernstück des neuen Arbeitszeitmodells ist das „Boundary Free Work"-Programm: Es handelt sich um eine 15-Prozent-Regel, also um die Organisation von 15 % „freier" Arbeitszeit für innovative Vorentwicklungsprojekte bis hin zu Grundlagenforschungsprojekten. Die Idee ist, dass die Mitarbeitenden sich rund einen halben Tag in der Woche für kreative Nebenprojekte reservieren, also für Aufgaben neben den von der Linie geführten Projekten. Die Führungskräfte sorgen dafür, dass mit den 15-Prozent-Arbeitszeit ein sinnvoller Beitrag zur Zukunftssicherung von MEASURE geleistet wird. Katharina Sommer hat das Programm mit dem „Segen" des CEO, Markus Jawkowski, gemeinsam mit Martin Sulzer für die Sparte MEASURE aus der Wiege gehoben.

Martin Sulzer und Katharina Sommer kennen sich seit zehn Jahren und haben schon viele Projekte zur Innovationsförderung im Unternehmen initiiert und umgesetzt. Vor allem für die Förderung der Ideenentwicklung haben sie bereits zahlreiche Maßnahmen entwickelt, die inzwischen auch auf breiter Basis akzeptiert werden. Vor vier Jahren haben die beiden ein F&E-Wiki für den gesamten Konzern gestartet, seither läuft der Austausch über verschiedene F&E-Projekte sehr systematisch ab. Vor allem haben nun alle Tochtergesellschaften Einblick in die laufenden F&E-Aktivitäten. Am Anfang hatten alle Mitarbeitenden zwar noch gestöhnt und moniert, dass sie kaum Zeit hätten, um die Templates für die Datenbank auszufüllen. Es war ein echter Kraftakt, bis eine kritische Masse an Informationen im hausinternen F&E-Wiki abgelegt waren. Natürlich gibt es auch heute noch kritische Stimmen und vor allem der Informationsaustausch mit China steckt immer noch in den Kinderschuhen. Aber niemand hat damit gerechnet, dass das Projekt sofort fruchtet. Alle sind zufrieden mit dem Fortschritt. Die Verantwortlichen für das Technologiemanagement im Konzern waren sich auch einig, dass man die Angestellten nicht mit dem Wiki überfahren möchte und dass dieses Wissensmanagement-Instrument eine gewisse Anlaufzeit benötigt. Alle Veränderungsprojekte brauchen ihre Zeit, das ist auch Martin Sulzer klar. Er hat Spaß an Pilotprojekten und packt vor allem zusammen mit Katharina immer wieder völlig neue „Kisten" an. Er vertraut Katharina zu 100 % und scheut daher auch nicht, hin und wieder das Risiko in Kauf zu nehmen, mit einem Projekt zu scheitern.

Volker Hell ist Leiter F&E bei MEASURE und er sitzt an diesem Morgen im Besprechungsraum und fährt Martin Sulzer an: „Ich muss Dir echt sagen, Martin, ich habe ja schon einige von Deinen Innovations- und Technologiemanagement-Projekten mit Dir zusammen umgesetzt, aber dieses 15-Prozent-Projekt geht zu weit. Das tangiert wirklich zu sehr meine Projektplanung, die Projektportfolios. Wir sind doch nicht Google! Wir haben langjährige Industriekunden, Produktlebenszyklen von teilweise über 15 Jahren. Wir innovieren hier in kleinen Schritten und die Kunden verstehen doch manch neues Produkt nicht einmal. Denen geht es vielmehr um Sicherheit und Qualität. Die Abteilungsleiter ziehen doch bei den Plänen auch nicht mit. Du kannst mir nicht sagen, dass die das alle umsetzen. Was letztlich doch vor allem zählt, ist, dass wir die Entwicklungsaufträge für die zentralen Kundenprojekte fristgerecht und mit innovativen Lösungen abschließen. Und selbst das schaffen wir kaum. Wir rennen den Deadlines seit Jahren hinterher. Und jetzt kommst Du mit der Katharina und ihr macht hier einen auf ‚grüne Wiese' und ‚Entrepreneurship'. So mitten im Alltagsgeschäft, mitten in der ganzen Kaizen-Logik. Das kann doch gar nicht gehen. Also ich finde, das ist nicht zu Ende gedacht."

Volker Hell, 52 Jahre alt, hat an der ETH Zürich studiert und an einer renommierten Universität in Shanghai promoviert. Er ist sehr ehrgeizig und hat schon einige Innovationspreise mit seinen F&E-Teams gewonnen. Er publiziert immer wieder in den Top-Journals in seinem Technologiegebiet, ist auch ein gut gebuchter Referent an Technologieforen und leitet eine internationale Community of Practice in seinem Forschungsfeld. Bevor er zu INDUSTRY kam, hat er mehrere Jahre in den USA, China und Finnland Führungspositionen im Bereich F&E inne gehabt.

Katharina Sommer stellt ihre Kaffeetasse ab, unterbricht den F&E-Leiter und wendet sich an Volker Hell. „Volker, Du weißt doch. Diese 15-Prozent ‚Kreativzeit' ist eine Spende vom CEO für die F&E-Belegschaft. Jawkowski steht da voll dahinter. Auch wenn wir die Produkte und Dienstleistungen für die Kunden die nächsten zehn Jahre noch perfekter entwickeln und die neuesten Technologie und Software einbauen, dann kann uns trotzdem irgendwann die Luft ausgehen wenn die großen Würfe ausbleiben. Und die Frage lautet doch: Wie können wir inmitten von unseren effizienten und qualitätsgetriebenen Prozessen Freiräume für unsere Forschenden und Top-Entwickler schaffen? Freiräume für Querdenker, für Leute, die ganz schräge Ideen haben, die uns aber vielleicht mal richtig in eine Pole-Position bringen? Wir stehen auf dem Markt immer etwas scheu in der zweiten Reihe und gehen überhaupt keine Risiken ein. Sollen wir so weiter machen?" Und Katharina Sommer legt noch nach: „Und ehrlich gesagt, MEASURE hat das kalkulierte F&E-Budget doch die letzten Jahre nie richtig ausgeschöpft. Nur einige wenige Teams haben sich wirklich Zeit für Grundlagen- und Vorentwicklungsprojekte freigeschaufelt, der Rest hat gar keine Projektanträge eingereicht. Ich habe das Gefühl, hier hetzen alle den Deadlines der Kundenprojekte hinterher, aber langfristige F&E- und Innovationsziele werden seit geraumer Zeit nicht mehr konsequent verfolgt. Wir sitzen auf unserem Geld und schaffen es nicht, die Innovationspipeline konstant zu füllen. Das ist doch unser Problem."

10.2 Fallstudien

Volker Hell schaute in die Runde und ergriff erneut das Wort: „Machen wir doch eine kurze Bestandsaufnahme. Welche Eindrücke haben unsere Ingenieure und Ingenieurinnen beim letzten Workshop mit diesem Team von der Hochschule über das Programm geschildert? Ich kann das gerne noch mal zusammenfassen." Volker Hell holt sein Tablet aus der Tasche und schaltet das Foto vom Flip Chart aus dem Workshop auf. „Okay. Lasst mich das mal durchgehen. 1) Punkt: Wo ist das Kundenproblem?, 2) Punkt: BFW gibt es nicht, 3) Punkt: Knotenpunkt Technologiemanagement = fehlende Kontrolle und Austausch über Kreativprojekte, 3. Überstundenabbau und BFW passen nicht zusammen, 4) BFW ist kein Freiraum, zu viel Bürokratie (Anträge etc.), 5) Unklare strategische Prioritäten, Fertigung geht immer vor, 6) Mitarbeitende wurden nicht gefragt, 7) Kreativ bin ich irgendwann, aber nicht auf Knopfdruck, 8) Verbindung mit KVP muss besser laufen, 9) Trennung Ideenentwicklung und Routinearbeit ist nicht klar, 10) Beim BFW kann man auch Kaizen-Sachen entwickeln, 11) Wenn ihr Kreativzeit reservieren müsst, was machen wir dann in der restlichen Zeit? – Ich meine, da haben wir doch einen bunten Strauß an offenen Fragen. Ihr könnt nicht so tun, als ob das Programm hier voll gefruchtet hätte."

„Dagegen ließe sich ja was unternehmen", sagte Martin Sulzer. Bis jetzt stehe ich ja ziemlich alleine für das Programm und bin irgendwie der ‚Rufer in der Wüste'. Wenn Du und die Abteilungsleitenden nicht mitziehen, dann wird das Programm auch nicht akzeptiert bzw. nicht mit unserer strategischen Intention umgesetzt. Ich möchte Dich daran erinnern, dass der Chef das voll pushen will. Ich bin bisher alleine verantwortlich dafür, ob unsere Leute, was aus diesen ‚geschenkten' 15 % Arbeitszeit machen. Hier trennt sich doch auch ein bisschen die Spreu vom Weizen. Ich kann ja nicht alle persönlich motivieren, ihr Kreativitäts- und Innovationspotenzial auszuschöpfen. Da liegt es doch nahe, dass es aktuell noch ein bisschen unklar ist, wie wir genau von dieser Maßnahme profitieren. Und wenn mich aus der Linie niemand unterstützt und hinter dem Programm steht, dann wird das auch nichts. Das ist doch klar. „Ich habe ein 60 %-Pensum als Technologiemanager. Ich kann das nicht alleine tragen."

„Martin hat recht", kommentiert Katharina Sommer. „Ich finde es auch nachvollziehbar, dass es verschiedene Varianten der Umsetzung dieser 15-Prozent-Regel gibt. So eng wollen wir das gar nicht umsetzen, dass ich jetzt bereits von einem Misserfolg sprechen würde. Wir experimentieren gerade noch etwas, das stimmt schon. Aber ist das nicht auch produktiv, wenn wir die Umsetzung nicht gleich vollkommen fertig gedacht haben? Lass doch die Mitarbeitenden auch ein bisschen mitdenken und mitgestalten. Wie Du weißt, Volker, ist das BFW-Programm ein Pilotprojekt bei INDUSTRY. Und es kann ja auch nicht sein, dass man als Vorgesetzte/r in diesem Betrieb immer, wenn man mit einer neuen Idee an einen Mitarbeitenden herantritt, hört: ‚Ne sorry, dafür habe ich leider keine Zeit.' Sobald hier mal was auf dem weißen Blatt Papier entwickelt werden soll, gehen alle auf Tauchstation. Da muss man doch auch mal sagen können, ‚Nein, ich lass das nicht gelten, ich will, dass Du das in Deinen 15-Prozent machst.' Da unterstütze ich Martin voll und ganz. Die kreativen Köpfe sind völlig überlastet und alle rennen mit den Ideen zu den gleichen Leuten. Die arbeiten auch noch am Feierabend oder am Wochenende. Volker, findest Du das okay?"

„Na ja" meinte Hell, „ihr macht euch das schon ganz schön einfach. Wir stehen hier total unter Druck. Kommen kaum nach, meine Top-Leute aus der Entwicklung werden ständig für Notfallübungen in die Fertigung abgerufen und dann sollen sie noch am Mittwoch- oder Freitagnachmittag ein bisschen kreativ sein. Man kann nicht ein bisschen kreativ sein unter der Woche. Dafür haben wir auch nicht die passende Kultur. Dann steckt die Leute lieber mal zwei Wochen in ein Innovation Lab oder eine Summer School, wo zentrale Ideen weiterverfolgt werden. Das ist doch viel produktiver in unserem Laden. In den USA kann man so was machen, dort herrscht eine total andere Kultur, die Leute sind viel ehrgeiziger, leistungsorientierter und auch die Personalbeurteilung stellt total auf die individuelle Leistung ab. Die können vielleicht mit solchen Tools zur Innovationsförderung umgehen. Aber wir hier in der Schweiz und auch in unseren deutschen Niederlassungen können das nicht 1:1 übernehmen. Unsere Firma gibt es seit über siebzig Jahren, die Fluktuationsrate ist verschwindend gering, die Leute identifizieren sich voll und ganz mit INDUSTRY, die setzen auf Mitgliedschaft und tun so oder so alles für den Betrieb. Und da kommt ihr mit dieser ‚hippen' Maßnahme und jetzt sollen alle noch höher springen? Da dreht ihr am falschen Hebel, entschuldigt bitte."

Martin Sulzer schaute während Hells Ausführungen aus dem Fenster und schaltet sich nun wieder ins Gespräch ein: „Was Du vergessen hast zu erwähnen, ist, dass auch viele langjährige Mitarbeitende gesagt haben, dass mit dem BFW-Programm die Glaubwürdigkeit unserer Innovationsbemühungen wirklich gestiegen ist. Zum ersten Mal haben wir echt gehandelt und eine Menge Geld in die Hand genommen, um den Laden hier ein bisschen aus dem Dornröschenschlaf zu wecken. Das darfst Du nicht vergessen. Die Symbolkraft dieser 15-Prozent-Regel ist stark und es geht doch nicht darum, dass alle nun hochtrabende Innovationsprojekte in Angriff nehmen und ihre Kundenprojekte liegen lassen. Es geht doch vielmehr um die Idee, dass wir auf Kreativität angewiesen sind. Von morgens bis abends. Dass alle ständig die Augen und Ohren offen halten und sich auf dem Markt und in Bezug auf neue Technologien umschauen. Und das gibt's ja auch nicht gratis. Ich denke, damit musst Du schon leben, Volker."

Katharina Sommer blickt auf die Uhr und im Besprechungsraum herrscht Stille. „Also, ich muss jetzt bald los. Was machen wir nun? Ich finde die Verunsicherung und Verärgerung von Volker nachvollziehbar. Ich bin aber auch überzeugt, dass wir das Programm nicht leichtfertig absägen sollten. Das wäre kein gutes Signal. Ich finde das sehr gefährlich. Ich frage mich, ob wir nicht einfach mit diesem Dilemma leben müssen. Einerseits haben wir strenge Kundenprojekte, müssen Null-Fehler-Produkte liefern, garantieren höchste Qualität, optimieren laufend unsere Prozesse und sparen Kosten und GLEICHZEITIG versuchen wir, uns zu öffnen, unsere Fühler auszustrecken und auch mal ein bisschen Zeit für Muße herbei zu zaubern und nicht den gesamten Outlook-Kalender zu verplanen, sondern kleine Innovationsinseln zu schaffen, Zeit zum Nachdenken. Das muss doch irgendwie gehen."

Martin Sulzer stimmt ihr zu. Dieser Prozess kostet Zeit. Das muss allen Beteiligten klar sein. Er wendete sich zu Hell und sagte: „Lass uns doch mal mit vier bis fünf Abteilungsleitenden zusammensitzen. Wir denken noch einmal nach, wie wir mit diesen widersprüchlichen Signalen, die aus der erfolgreichen Bearbeitung der Kundenwünsche und der Etablierung eines kreativen Flow entstehen, umgehen können. Wir bereiten das zusammen vor."

Hell nickt verhalten und meinte: „Ja, prinzipiell gut", dachte aber, während er so langsam aufstand und sich das Meeting auflöste, dass keine leichte Aufgabe vor ihnen liegen würde.

10.2.3 Die Insellösung

Jan Hafner ist Leiter der F&E-Abteilung von SYSTEMS, einem familiengeführten internationalen Maschinenbaukonzern mit Sitz in der Schweiz. SYSTEMS hat eine weltweite Vertriebs- und Service-Organisation. SYSTEMS fertigt vor allem Aufzüge, Rolltreppen sowie Rollbänder und prägt diesen Markt zusammen mit zwei anderen Großunternehmen.

SYSTEMS hat weltweit rund 35.000 Mitarbeitende, am Hauptsitz in der Schweiz arbeiten rund 2500 Personen. Die Produkte haben einen langen Lebenszyklus, die Technologieentwicklung kann als stabil bezeichnet werden. Die Innovationstätigkeit von SYSTEMS bewegt sich schon seit Jahren im Bereich der Entwicklung innovativer Geschäftsmodelle, Dienstleistungsinnovationen und Innovationen im Bereich von technischen Applikationen sowie intelligenter Software, welche die Nutzung der Produkte für die Endkunden verbessert. Aufzüge transportieren seit Jahrzehnten Menschen und Waren hoch und runter, daran hat sich bis heute nicht viel geändert. Auch sehen Rolltreppen heute noch ziemlich so aus wie vor zwanzig Jahren – in den vergangenen Jahren gab es also kaum radikale Innovationen und es scheinen auch keine in Sicht zu sein. Dem Unternehmen geht es heute insbesondere darum, die Energieeffizienz und den Komfort technisch ständig zu verbessern. Insgesamt würde SYSTEMS weder sich noch die ganze Branche als hochinnovativ bezeichnen. Vielmehr steht SYSTEMS sowie deren Konkurrenz immer stärker unter Kostendruck. Die Konkurrenz aus China nimmt zu und drängt auf den Markt. Das Motto lautet: höchste Sicherheit und Qualität, aber billig. Die beiden Hauptkonkurrenten haben die F&E-Abteilung bereits nach China verlagert.

Jan Hafner ist sechzig Jahre alt und kennt die Unternehmerfamilie schon sehr lange. Er ist persönlich befreundet mit dem Unternehmensgründer. Die Familie hatte ihn damals direkt angefragt, ob er die Leitung der F&E-Abteilung übernehmen wolle. Er verfügt über eingehende Kenntnisse der Branche und hat große Erfahrung in der Leitung von F&E-Projekten und – Abteilungen. Er ist bestens vernetzt, hat zahlreiche eigene Unternehmen gegründet und verkauft. Kurz: Er ist ein erfahrener F&E-Manager mit einem ausgeprägten Hang zum Unternehmertum.

Nach reiflicher Überlegung hat er dem Angebot der SYSTEMS zugesagt, aber nur befristet auf zwei Jahre. Er arbeitet bewusst als Freelancer und hat sich zahlreiche Freiheiten – auch vertraglich – rausgenommen als Zeichen seiner Unabhängigkeit. Finanziell hat Hafner den Job nicht nötig. Er macht ihn aus Leidenschaft. Er hat nur unter der Bedingung zugesagt, dass er bei der Besetzung von Schlüsselpositionen in seinem Team ein großes

Wörtchen mitreden kann. Diese Tatsache führt dazu, dass er immer mit einer gewissen Leichtigkeit (bis zur Überheblichkeit) über die Gänge spaziert; natürlich kommt ab und zu Kritik an seinen Entscheidungen auf, aber alle wissen: Der Hafner macht sowieso, was er will. Also lassen es die meisten Kolleginnen und Kollegen bleiben, Kritik an ihm oder seinen Handlungen zu üben. Und der Erfolg gibt ihm recht.

Seine Abteilung liefert immer wieder herausragende Ideen und Prototypen für zukunftsweisende Innovationsschritte. Des Weiteren schätzen alle Abteilungsleitenden das Technologie-Scouting von der Hafner-Gruppe. Die Gruppe kennt sich in der Branche bestens aus und weiß, was weltweit in der F&E läuft. Das Team von Hafner besteht aus 35 Mitarbeitenden, worunter sich auch viele externe Mitarbeitende, die nur temporär für Hafner arbeiten, befinden. Das sind mehrheitlich Mitarbeitende aus Forschungsinstituten, Universitäten und Fachhochschulen – alles hochqualifizierte Spezialisten, Physiker, Mathematiker, IT-Spezialisten, Elektro-Ingenieure usw. Hafner arbeitet auch mit externen Beraterinnen und Beratern zusammen. Er sagt immer: „Angestellte schlafen mit der Zeit ein, es muss immer wieder frisches Blut reinkommen, sonst läuft nichts." Hafner ist kein Freund von Harmonie und Sonnenschein. Unterschiedliche Grundhaltungen, verschiedene kulturelle Wurzeln, Disziplinen, Widersprüche, paradoxe Situationen sind für ihn ein wichtiger Innovationstreiber und eine entscheidende Energiequelle, um Innovationen voranzutreiben. Sobald es zu harmonisch wird, langweilt Hafner sich und sorgt wieder für „Reibung". Ein Standardspruch von Hafner gegenüber seinen Mitarbeitenden lautet: „Ich erwarte nicht, dass ihr mich liebt für diese Entscheidung."

Räumlich haben sich Hafner und sein Team eine eigene „Insel" auf dem Betriebsgelände geschaffen: Die F&E-Abteilung ist in einer alten Fabrikhalle auf dem Betriebsgelände untergebracht, mit Flohmarktmöbeln, alten Sofas, Designer-Tischen und viel „Frei-Raum" zwischen den Büroplätzen. Die Atmosphäre in der F&E-Abteilung könnte man als kreativ-chaotisch bezeichnen. Es gibt weder eine Kleiderordnung noch eine übliche Büro-Aufteilung. Das gesamte Gebäude ist sanierungsbedürftig, es wirkt insgesamt eher „heruntergekommen". Aber Jan Hafner liebt diese „unfertige" Umgebung. Er braucht erstens Abstand zur Fertigung und zweitens zu den Managementetagen der Firma. Durch die räumliche Distanz ist es für ihn auch einfacher, seinen Leuten den Rücken für die Grundlagenforschung frei zu halten. Er will nicht, dass seine Leute jeden Morgen an Stechuhren vorbei laufen müssen und ständig mit dem hektischen Alltag in der Produktion konfrontiert werden. Es versteht sich von selbst, dass dieses spezielle Setting mit den von der Geschäftsleitung bewilligten Freiheiten enorme finanzielle Ressourcen beansprucht.

Zur Managementetage gehört auch der 37-jährige Marius Wehner, der Controlling-Chef von SYSTEMS. Er kam vor drei Jahren zum Unternehmen und hat vor einem Jahr den Executive MBA an der Hochschule St. Gallen abgeschlossen. Er ist heute mit Jan Hafner verabredet und möchte mit ihm das Budget für die kommenden zwei Jahre anschauen. Die beiden unterscheiden sich nicht nur vom Alter her deutlich. Sie haben auch völlig verschiedene Vorstellungen von F&E-Management und der Budgetierung von Innovationsprojekten, vor allem was den zeitlichen Horizont angeht.

So herrscht auch heute im Besprechungsraum eine gewisse Spannung zwischen den beiden. Wehner zückt seine Budgetzahlen und sagt zu Hafner: „Du, Jan, wenn ich Deinen Headcount über die letzten drei Jahre anschaue, da liegst Du wirklich weit über dem Durchschnitt. Es ist ja nicht die erste F&E-Abteilung, für die ich das Controlling mache. Aber Du sprengst einfach den Rahmen. Du musst da nachhaltig runterkommen." Hafner fährt sich mit der Hand durch die Haare und schaut Wehner unwillig an. „Ja, ich wusste, dass Du damit kommst. Aber sag mal, wie kommst Du eigentlich auf die Vorgaben? Ich habe dem CEO immer gesagt, ich brauche ein Ziel und ein Budget und dann geht das schon. Es war immer so vereinbart, dass ich keinen Headcount bekomme, jetzt habt ihr das einfach hinten rum wieder eingeführt und ich muss mich schon wieder mit den Zahlen herumschlagen. Und dann kürzt ihr mir auch noch das Gesamtbudget für die neuen Projekte für die kommenden zwei Jahre. Ihr setzt mich hier mit den Zahlen so unter Druck, dass ich mich irgendwann nicht mehr um die wirklich wesentlichen Dinge kümmern kann. Ich bin hier ständig am Balancieren, anstatt mich um die neuen Entwicklungen und die entsprechenden Mitarbeitenden zu kümmern. Ihr wollt alles immer stärker kontrollieren, das geht in meinem Bereich nicht auf, und das weiß der Chef. Ich glaube, ich muss mal wieder mit ihm zusammen Mittag essen gehen."

Wehner hat mit dieser Reaktion gerechnet, aber er kann Hafner nicht völlig „frei" arbeiten lassen. Hafner darf nicht glauben, dass er in einer komplett controllingfreien Zone arbeitet und das inmitten einer Reorganisationsphase mit Sparrunden. „Na, ja", entgegnet Wehner, „Du hast ziemlich große Freiheiten hier, das weißt Du ja. Aber ohne Budget und Headcount geht auch bei Dir nichts. Da müssen wir schon durch."

„Weißt Du, das Problem ist, dass in letzter Zeit bei SYSTEMS alles nur noch so organisiert wird, dass man alles unter Kontrolle bringen will. Bis zum letzten Prozessschritt wird alles dokumentiert und kontrolliert. Alle Energie wird auf Bereiche gelenkt, die man kontrollieren kann. Aber weißt Du was? Innovationsarbeit ist nicht zu kontrollieren. Wir haben an unserem letzten Baby, der SOLUTION Technology, fast zehn Jahre gearbeitet und niemand konnte genau vorhersagen, wie lange wir brauchen und ob der Markt das Ding annimmt. Aber jetzt haben wir einen Riesenerfolg. Wenn ich da immer den Headcount im Blick gehabt hätte, hätte mir vielleicht gerade der Programmierer gefehlt, der das Ding zum Fliegen gebracht hat. Es tut mir leid, das ist doch absolut dumm. Ich versuche das hier so offen wie möglich zu halten. Und dafür brauche ich einfach ausreichend Mittel und vor allem VERTRAUEN. Sonst kann ich gleich einpacken."

„Du hast im Prinzip recht, aber auch ich muss meinen Job machen", kommentiert Wehner die Ausführungen des F&E-Leiters. „Bevor wir neue Leute anstellen – Du hast nun gleich vier neue Stellenanträge eingereicht –, sollten wir das Problem grundsätzlicher zu lösen versuchen. Die F&E-Ausgaben müssen in den nächsten zwei Jahren deutlich runter. Wir haben jetzt einiges auf die Beine gestellt. Aber es kann ja auch nicht sein, dass wir in der Fertigung jeden Prozessablauf hundert Mal auf weitere Einsparungen prüfen und Du das Geld aus dem Fenster wirfst. Wir wollen ja weiterhin die Forschung und Entwicklung in der Schweiz behalten, aber dazu müssen auch alle einen Beitrag leisten. Vielleicht kannst Du ja auch mal ein paar Projekte an indische oder chinesische Doktoranden auslagern? In meiner früheren Firma haben wir das öfter gemacht. Ich sag Dir, ein indischer Doktorand kostet Dich 50.000 SFR im Jahr und ein Doktorand von der ETH kostet Dich das Dreifache. Leider sehe ich nicht, dass Du auch mal über solche Lösungen nachdenkst. Da bist Du total unflexibel."

Hafner steht auf und blickt auf das Betriebsgelände. Wie soll er auf die Worte Wehners reagieren? Er hat in den letzten Wochen viel gearbeitet und fühlt sich irgendwie ausgelaugt. Er versteht auch nicht, warum Wehner gerade jetzt kommt und den Sparfuchs heraushängt. Er hält sich mehr oder weniger an die Headcount-Vorgaben, er unterwirft sich den Halbjahresabschlüssen und macht den ganzen Mist mit, aber manchmal hat er einfach die Nase voll. „Muss ich mir das antun?", fragt sich Hafner. „Gerade jetzt, wo SYSTEMS auf der Basis der SOLUTIONS Technology einen Spin-off gegründet hat? Ach, das war ja auch so eine Geschichte. Damals dachten alle, dass man das SOLUTIONS-Angebot in die Produktpalette von SYSTEMS integrieren könne. Aber da kam ja so ein Gegenwind vom Vertrieb, dass sie mit SOLUTIONS am Schluss einen eigenen Weg gegangen sind und ein eigenes Unternehmen gegründet haben. SOLUTIONS Technology erfordert einfach eine ganz neue Denkweise und auch völlig neues Vertriebs-Know-how, das passte einfach nicht mehr zusammen. Eigentlich schade, dass ich das am Ende nicht zurückintegrieren konnte. Es scheint, SYSTEMS ist für radikale Innovationsprojekte einfach nicht geschaffen, das kann nur außerhalb der dicken Betriebsmauern stattfinden. Auch radikal neue Produkte verkraftet SYSTEMS nicht, diese müssen von einem separaten Unternehmen abgewickelt werden. SYSTEMS ist so was von unbeweglich. Das zeigt sich auch immer wieder in den neuen Angriffen vom Controlling. Diese MBA-Typen gehen mir wirklich auf die Nerven. Die haben verlernt, ganzheitlich zu denken. Und Weitblick haben die schon gar nicht. Alles Kontrollfreaks, die keine Risiken eingehen. Keiner von denen hat je ein Unternehmen gegründet, geschweige denn mal eins in den Sand gesetzt und Geld verloren. Und von denen muss ich mir Vorschriften machen lassen! – Will ich das überhaupt? Basiert Innovation nicht auf Freiheit? Gibt es die in so einem großen Laden überhaupt?"

„Wehner", sagte Jan Hafner. „Ich bin irgendwie unschlüssig, wie ich mit dem gekürzten Budget und den Headcount-Vorgaben umgehen soll. Ich muss da mal eine Nacht darüber schlafen. Und eben mal zusammen mit dem Chef Mittag essen gehen. Habe ich schon lange nicht mehr gemacht. Ich glaube, es wird wieder mal Zeit."

Wehner: „Du tust ja gerade so, als hinge von den beantragten Stellen und der leichten Kürzung Deines Budgets die Zukunft unseres gesamten Unternehmens ab. Natürlich ist auch die Geschäftsleitung an neuen Entwicklungen interessiert. Natürlich müssen wir unsere Marktposition behaupten. Aber du weißt selbst, wie knapp die Budgets seit der Umstrukturierung sind. Mir fehlen die Mittel, um Dir alle Wünsche zu erfüllen. Willst du wirklich, dass wir weiter das Kerngeschäft schröpfen, nur damit Du noch an zwei weiteren neuen Ideen arbeiten kannst, die vielleicht nicht mehr als Seifenblasen sind? Du hast doch schon ein ordentliches Budget, das ist doch nicht so schlecht."

Hafner zögert, bevor er antwortet: „Du magst SOLUTIONS Technology und alles andere, was wir hier machen, bisher vielleicht noch nicht wirklich ernst genommen haben, aber die F&E hat beim CEO höchste Priorität. Und wenn ihr das vom Business her weiterhin blockiert, bleibt mir keine andere Wahl, als das direkt gegenüber dem Chef so zu kommunizieren."

Hafner legt nach. „Weißt Du, wir sind wirklich sehr dicht an den Kunden dran. Weltweit. Wir holen deren Bedürfnisse direkt ab. Und was ist, wenn die in ein paar Jahren völlig neue Mobilitätsbedürfnisse haben und wir verpennen das völlig? Wir haben so viele verschiedene Anspruchsgruppen, die in die Entwicklung miteingebunden werden. Wir haben so viele internationale Kunden mit unterschiedlichen Bedürfnissen. Vor allem in der Softwareentwicklung liegt Potenzial, um unsere Firma radikal neu zu erfinden. Hier müssen wir investieren und zwar nachhaltig und nicht einfach aufgrund von ein paar Halbjahreszahlen oder Sparübungen zentrale Entwicklungen blockieren. Deshalb habe ich auch die Stellenanträge für die IT-Spezialisten formuliert. Hier liegt die Zukunft und nicht im Maschinenbau."

Wehner reagierte gelassen. „Ja, das mag vielleicht stimmen. Aber eventuell müssen wir auch mal darüber nachdenken, mehr auf die Akquisition kleinerer Start-up Firmen zu setzen, die das Know-how mitbringen, als alles selbst entwickeln zu wollen. Das kommt uns unter Umständen billiger, als wenn wir unsere Abteilung immer weiter aufzublasen und eine 100%-Stelle nach der anderen schaffen. Das macht die Konkurrenz doch auch."

Printing: Ten Brink, Meppel, The Netherlands
Binding: Ten Brink, Meppel, The Netherlands